普通高校交通运输类专业系列教材

国际集装箱运输与多式联运

主　编　杨家其　涂　敏
主　审　吴永富

武汉理工大学出版社
·武　汉·

内 容 简 介

本书系统论述了国际集装箱运输与多式联运的基本理论、业务流程、运营组织与管理方法。全书共分十章。内容主要包括国际集装箱运输系统的构成、特点，国际集装箱运输设施、设备与工艺系统，国际海运集装箱运输组织与箱务管理，国际海运集装箱运输业务，国际集装箱陆空运输组织及业务，集装箱运输经济分析，国际集装箱多式联运总论，集装箱多式联运运价及费用计收，国际集装箱多式联运责任、保险及货损处理，国际集装箱与多式联运单证等。

本书可作为高等院校交通运输、物流管理等专业的本科生、研究生教材及专业教师的教学参考书，也可作为港口企业、海运企业、外贸运输企业及交通运输事业单位参考用书和有关培训的教材。

图书在版编目(CIP)数据

国际集装箱运输与多式联运/杨家其，涂敏主编．—武汉：武汉理工大学出版社，2013.12
ISBN 978-7-5629-4195-8

Ⅰ. ①国… Ⅱ. ①杨… ②涂… Ⅲ. ①国际运输-集装箱运输-多式联运 Ⅳ. ①U169.6

中国版本图书馆 CIP 数据核字(2013)第 313135 号

项目负责人：陈军东　　**责任编辑**：陈军东
责 任 校 对：余士龙　　**装帧设计**：董君承
出 版 发 行：武汉理工大学出版社
地　　　址：武汉市洪山区珞狮路 122 号
邮　　　编：430070
网　　　址：http://www.techbook.com.cn
经　　　销：各地新华书店
印　　　刷：武汉兴和彩色印务有限公司
开　　　本：787×1092　1/16
印　　　张：17.125
字　　　数：446 千字
版　　　次：2014 年 3 月第 1 版
印　　　次：2014 年 3 月第 1 次印刷
定　　　价：32.00 元

前　言

国际集装箱运输是一种先进的现代运输方式，与传统的件杂货散运方式相比，它具有运输效率高、经济效益好及服务质量优的特点。随着世界经济贸易的不断发展以及集装箱运输技术的不断完善和成熟，国际进出口货物运输的集装箱化已成为世界各国保证国际贸易的最优运输方式。开展集装箱多式联运已成为运输企业和物流企业的主要发展方向。

国际集装箱运输与多式联运涉及面广、环节多、影响大，是一项高度系统化的运输工程，其整体功能的发挥依赖于各系统的协调发展和紧密配合。同时，国际集装箱运输与多式联运具有很强的专业性和竞争性，要求各环节的管理人员、技术人员和业务人员具有较高的专业素质和业务水平。只有全面系统地了解和掌握国际集装箱运输系统所涉及的理论知识、专业技术，提高工作人员的业务素质，才能更充分地发挥国际集装箱运输的优越性。本书正是为了适应这一要求而编写的，该书从运输经济学和集装箱多式联运系统理论出发，结合国际货运公约和实际运输操作实践，对集装箱运输与多式联运中的组织、管理中的诸多环节进行详尽的阐述，对集装箱运输中的运费计算、责任划分进行了系统的介绍，可作为高等院校交通运输管理、物流管理和外贸运输经济等相关专业本科、研究生的教科书，也适合于航运企业、物流企业和外贸企业培训业务人员之用。

本书根据集装箱运输与国际多式联运的最新发展态势，结合现代物流服务的新需求，对集装箱运输业务流程、运营组织管理的内容、方法和操作程序进行了更新，补充了相关法规公约如鹿特丹规则等内容，并对集装箱多式联运责任做了新的规定，同时在每一章节后增加了典型案例分析，使得教材内容更符合广大读者专业学习和研究的需要。

本书由武汉理工大学交通学院杨家其教授、涂敏副教授主编。全书共十章，其中，第一章以及第六至十章由杨家其编写；第二至五章由涂敏编写；本专业博士研究生张文芬参加了本书的部分章节编写及全书的编辑校核工作。全书由杨家其统稿。吴永富教授担任主审，负责全书的审稿工作。

由于编者水平有限，书中不足之处在所难免，恳请广大读者不吝赐教。鉴于本书涉及的集装箱运输理论属于交通运输业中发展最快的领域，书中的内容可能存在与发展不同步的欠缺，也恳请广大读者与同行专家批评指正，以利于本书的修改完善。

编　者

2013 年 12 月

目　录

1 绪　　论

1.1 国际集装箱运输与多式联运的产生与发展

国际集装箱运输是一种先进的现代化运输方式，与传统的件杂货散运方式相比，它具有运输效率高、经济效益好及服务质量优的特点。正因为如此，集装箱运输在世界范围内得到了飞速发展，已成为世界各国保证国际贸易的最优运输方式。

1.1.1 国际集装箱运输的产生与发展

早在1801年，英国的安德森(James Anderson)博士首先提出了集装箱运输的设想，1845年英国铁路曾使用载货车厢互相交换的方式，视车厢为集装箱，使集装箱运输的构想得到初步应用。19世纪中叶，在英国的兰开夏已出现运输棉纱、棉布的一种带活动框架的载货工具，就是集装箱的雏形。1900年，英国铁路开始使用集装箱来运输货物，从此集装箱运输正式登上历史舞台，之后，集装箱运输技术相继传播到美国(1917年)、欧洲大陆(1926年)及日本(1930年)等国家和地区。随着公路运输的发展，集装箱运输在这些地区的公路运输中也被广泛使用。在这以后的20年内，公路运输迅速发展，使铁路运输在陆上运输的统治地位相对下降，两种运输方式激烈竞争的结果使其不能协调合作，集装箱运输的优越性不能充分发挥，对集装箱运输的发展造成了不利影响，使得世界范围内集装箱运输的发展处于停滞状态。到了20世纪50年代后期，集装箱运输从陆上运输发展到了海上运输。美国泛大西洋轮船公司的麦克林(Malcon Mclean)最早提出基于在一个经营人的组织管理下实现陆海联运的设想，把集装箱运输由陆上推向海上，此后基于集装箱的国际多式联运以其开创者所不曾预料的速度在世界范围内快速发展。

纵观集装箱运输的发展历史，不难发现它历经了从无到有、从小到大的过程，并逐渐发展成为现代化运输方式。不同时期的社会生产力发展，客观上需要与之相适应的运输方式。运用产品生命周期理论分析集装箱运输的起源和发展过程，可以发现集装箱运输历经了具有客观规律性的四个不同时期：萌芽期、开创期、成长扩展期和现代成熟期等。

1. 萌芽期　1830年至1956年为集装箱运输的萌芽期。在英国工业革命过程中，随着运输业的发展出现了因人力装卸费时费力与先进的运输工具不相适应的矛盾。为解决这一问题，1830年英国在铁路运输中采用了集装箱这种大型容器，来装运杂货和煤炭，并且从火车换装到马车上，以减少换装时间，加快装卸速度，同时，也出现了在铁路上使用大容器来装运百杂货的案例。1853年美国铁路也采用了容器装运法。从某种意义上而言，这可以算是世界上最早出现的集装箱运输的雏形。由于当时还是工业化初期，这种大容器运输货物的方法，受到了种种条件的限制，以致后来被迫中止使用。

到了20世纪初，铁路运输受到了公路运输的严峻挑战。为了与公路运输竞争，1926年英、美、法、日等国在自己的铁路系统中先后采用了集装箱运输。与此同时，公路运输为与铁路运输抗衡，也发展了自己的集装箱运输。由于当时各国铁路运输和公路运输所采用的集装箱的外形、结构、尺寸各不相同，1931 年，国际集装箱协会在法国巴黎成立，打算共同制定统一的集装箱标准规范。由于当时铁路、公路各部门为了各自的利益而互不相让，制定统一的集装箱标准规范这一构想未能实现。各种运输方式之间不能实现集装箱的多式联运，因此集装箱的优势未能得到充分发挥，集装箱的发展又一次遭遇挫折。

直到 20 世纪 50 年代随着社会生产力的发展，在美国等一些发达国家，落后的件杂货运输方式严重影响到生产效率和经济效益的提高，客观要求变革这种运输方式。

2. 开创期　1956 年至 1966 年为集装箱运输的开创期。1956 年 4 月，美国泛大西洋轮船公司在一艘 T—Z 型油船甲板上设置了一个可装载 58 只 35 ft 集装箱的平台，并取名为“马科斯顿”号，航行于纽约至休斯敦航线上。经过 3 个月的试运行后，“马科斯顿”号在经济上获得了巨大的成功，平均每吨货物的装卸费从原来的 5.83 美元下降到 0.15 美元，仅为原来装卸费用的 1/39。铁的事实充分证明集装箱运输可以大幅度降低运输成本，可以获得较好的经济效益，从而显示出集装箱运输的巨大优越性。因而，该公司于 1957 年 10 月又将 6 艘 C—2 货船改装成吊装式全集装箱船，并取名“盖脱威城”号(Gate way City)，载重量 9000 t，可装载 226 个 35 ft 集装箱，仍航行于纽约—休斯敦航线上，这是世界上第一艘全集装箱船。自此，海上集装箱运输才成为现实。

1960 年 4 月，泛大西洋轮船公司改名为海陆运输公司。1961 年 5 月，该公司陆续开辟了纽约至洛杉矶、旧金山和阿拉斯加的航线，从而奠定了在本国进行集装箱运输的基础。在此期间，美国的马托松等其他船公司也先后开辟了夏威夷等航线，集装箱运输从此便逐步开展起来了。

应该指出的是，这一时期所使用的船舶都是由货船改装成的集装箱船，没有专用的集装箱泊位，使用的都是非标准的 17 ft、27 ft 和 35 ft 的集装箱，集装箱运输的航线只限于美国国内。这是该时期的主要特征。

3. 成长扩展期　1966 年到 20 世纪 80 年代末的这段时期，是集装箱运输的成长扩展期，集装箱运输的优越性也是在此时期在全世界范围内得到人们的认同。除美国外，一些发达国家和地区(欧洲、日本、大洋洲等)都相继开展了集装箱运输。集装箱运输从国内沿海运输走向远洋、国际运输，这一时期先后开辟了北美——欧洲的大西洋航线，北美——日本、大洋洲的太平洋航线，到 1983 年已覆盖了世界各主要航线。世界集装箱的保有量大幅度增加，到 1970 年已达到 51 万 TEU(国际标准箱)，到 1983 年又猛增到 440 万 TEU。集装箱运输船舶也由改装船逐渐过渡到专用船(载箱量 500～2000 TEU)，并出现了一些新的船型(滚装船、载驳船等)，世界集装箱船队的规模迅速扩大，1970 年载箱能力达 23 万 TEU，1983 年又增加到 208 万 TEU。

各国为了适应集装箱运输的发展和实际需要，纷纷对港口设施投入巨额资金，改建、新建了集装箱专用码头，到 1983 年全世界集装箱专用泊位已达 983 个，各专用码头均配备了集装箱专用机械(装卸桥、龙门起重机、跨运车等)，港口装卸效率有了极大提高。在 1967—1983 年间国际标准化组织(ISO)制定了集装箱的国际标准，运输中使用的集装箱在世界范围内逐渐标准化，对集装箱运输的发展起到了重要作用。在此期间也对传统的件杂货运输管理方法进行了全面改革，与集装箱运输相适应的新的管理体系(机构、技术、方法等)逐步形成并不断完善。随着电子计算机的普及应用，在集装箱运输各环节中，特别是在信息处理方面，电子计算机被广泛应用。特别要提出的是，在这一时期内制定和通过了许多地区性和世界性的集装箱运输法规和公约，对集装箱运输的发展和其优越性的发挥，起到了保障和促进作用。

这一时期集装箱运输发展的重要特征表现在：集装箱运输从美国本土逐步走向国际化，集装箱运输船舶运载能力迅速提高，出现了载箱量为 700～1000 TEU 的第一代和载箱量为 2000 TEU 的第二代的集装箱船，出现了集装箱专用泊位。集装箱规格趋于国际标准化，统一采用国际标准化组织 ISO 所规定的 20 ft、40 ft 的标准集装箱。港口设施不断现代化，电子计算机得到了更为广泛的应用，现代化管理水平和手段得到了更大的提高。

4. 现代成熟期 20 世纪 80 年代末至今，国际集装箱运输进入现代成熟期。世界各主要航线上已基本实现了件杂货运输的集装箱化。目前，美、日、西欧等多数发达国家和地区的主要港口已不再办理件杂货业务，在连接北美、欧洲、远东、大洋洲等区域的全球主要航线上，集装箱运量的比重高达 80%～90%。集装箱运输发展最快的是亚太地区，其次是欧洲。世界上已有 200 多个国家和地区、400 多个港口、1 万多个专用泊位开展集装箱运输。法国船舶经纪公司全球集装箱运输数据研究中心的一份报告显示，截止到 2012 年 1 月 31 日，全球集装箱船队运力已经扩大到 1668 万标准箱，而 2006 年 1 月 31 日仅为 913 万标准箱，6 年增长幅度为 82.7%。

世界范围的集装箱运输系统已经形成并有效地运行着。许多新工艺、新船型、新机械及新的管理技术与方法，新的信息管理及通信手段都已经在这一阶段产生和发展起来。集装箱运输本身的特性和优点，大大降低了多式联运经营人在全程运输过程中的风险。随着集装箱运输系统的建立、运行及有关法规的完善，由美国进而扩大到世界范围内的集装箱运输突破了传统运输中各方面独立组织、独立运作的港（站）—港（站）交接方式，并且综合利用了各种运输方式的优点，达到由多式联运经营人统一组织完成包括不同运输方式的“门到门”交接的、优质全面的运输及相关服务的效果。

进入现代成熟期后，一些大型的船舶公司也得到了迅速的发展。2010 年全球集装箱海运量为 1.38 亿 TEU，同比增幅 11.5%，2011 年增幅约为 10.6%，达到 1.53 亿 TEU。据 CI-online统计，截至 2012 年 3 月 6 日，全球二十大班轮公司共有集装箱船 2865 艘，运力为 11767641TEU，占全球集装箱船总运力的 70.6%；已订造集装箱船 236 艘，运力为 2145304 TEU，占全球订造集装箱船运力的 75.2%。由此可见，全球二十大班轮公司在现有运力和订造运力方面均占有绝对的主导优势，决定着全球集装箱航运市场的发展方向。世界前 20 名集装箱船公司（截至 2012 年 3 月 6 日）见表 1-1。2011—2012 年世界 20 大集装箱港吞吐量见表 1-2。

表 1-1 世界 20 大集装箱船公司船舶运力统计表（截至 2012 年 3 月 6 日）

排名	现有船舶				订造船舶		
	船公司	船舶数量	运力（TEU）	平均船舶运力（TEU）	船舶数量	运力（TEU）	占现有运力比例（%）
1	马士基航运	417	1899969	4556	29	285100	15
2	地中海航运	425	1881690	4428	25	254984	14
3	达飞海运	267	1070023	4008	7	92040	9
4	中远集团	147	602349	4098	25	205576	34
5	赫伯罗特	136	596737	4388	9	118800	20
6	长荣	158	586130	3710	20	160000	27

续表 1-1

排名	现有船舶				订造船舶		
	船公司	船舶数量	运力（TEU）	平均船舶运力（TEU）	船舶数量	运力（TEU）	占现有运力比例（%）
7	美国总统	143	582839	4076	20	185400	32
8	韩进海运	107	494135	4618	9	117900	24
9	中海集团	124	493944	3983	11	92000	19
10	东方海外	88	392759	4463	13	138776	35
11	南美轮船	112	382680	3417	0	0	0
12	商船三井	92	381324	4145	0	0	0
13	日本邮船	87	371435	4269	4	18000	5
14	汉堡南美	96	335424	3494	28	154360	46
15	川崎汽船	78	331639	4252	0	0	0
16	阳明海运	81	329987	4074	12	76700	23
17	现代商船	68	316546	4655	0	0	0
18	以星航运	72	282469	3923	13	152968	54
19	太平船务	106	232920	2197	6	27200	12
20	阿拉伯联合	51	202642	3973	5	65500	32
总和		2855	11767641	4122	236	2145304	18

（资料来源：CI-online）

表 1-2　2012 年世界 20 大集装箱港吞吐量排名　（单位：万 TEU）

2012 年排名	2011 年排名	港口	2012 年吞吐量	2011 年吞吐量	同比增速（%）
1	1	上海	3253	3174	2.5%
2	2	新加坡	3166	2994	5.80%
3	3	香港	2311	2411	−5.4%
4	4	深圳	2294	2258	1.6%
5	5	釜山	1703	1618	5.3%
6	6	宁波	1683	1472	14.3%
7	7	广州	1452	1430	1.5%
8	8	青岛	1450	1302	11.4%
9	9	迪拜	1327	1301	2.0%
10	11	天津	1230	1157	6.30%
11	10	鹿特丹	1187	1185	0.20%
12	13	巴生	999	960	4.1%

续表 1-2

2012 年排名	2011 年排名	港口	2012 年吞吐量	2011 年吞吐量	同比增速(%)
13	12	高雄	984	964	2.1%
14	14	汉堡	893	901	−0.9%
15	15	安特卫普	863	866	−0.3%
16	16	洛杉矶	808	794	1.8%
17	19	大连	806	640	25.9%
18	17	丹戎帕拉帕斯	772	750	2.9%
19	18	厦门	720	646	11.5%
20	22	丹戎不碌	638	580	10.0%

(资料来源:集装箱运输;www.chinaports.org)

1.1.2 国际多式联运的产生与发展

国际多式联运是一种利用集装箱进行联运的新的运输组织方式。它通过采用海、陆、空等两种以上的运输手段,完成国际的连贯货物运输,从而打破了过去海、铁、公、空等单一运输方式互不连贯的传统做法。国际货物多式联运早已存在,但一直发展缓慢,多式联运的兴起在很大程度上归结于运输技术的改进。特别是把货物由一种运输方式转移到另一种运输方式的转运技术的改进使得多式联运更加容易实现。集装箱的出现是运输技术的重大突破,它使得货物在运输方式的转换时更加简单。尤其是经过几十年的发展集,装箱运输软硬件成套技术臻于成熟,才促使多式联运在世界范围内有了长足的进步,国际集装箱多式联运成为国际货物多式联运的主要形式。集装箱运输本身就是多种运输方式的联合运输,而多式联运是国际集装箱联运的高级形式。当今世界上,国际集装箱运输已进入多式联运的时代,提供优质的国际多式联运服务已成为集装箱运输经营人增强竞争力的重要手段。

近年来,世界经济全球化和区域经济一体化的发展,极大地推动了国际集装箱多式联运的发展。在欧洲,多式联运的需求不集中,大多为 800 km 以内的中短途运输,长途运输由于需要边境运输通道和运输网络转接,发展较难。对距离超过 500 km 的地区,铁路运输具有很强的吸引力。欧洲海铁联运的主要模式为南/北部港口(鹿特丹港、汉堡港、安特卫普港等)到内陆腹地(德国、意大利、瑞典等国)。欧洲各国铁路路网发达,技术装备先进,铁路运输由国家铁路公司垄断经营,近年又推行了“网运分离”的铁路行业改革,整体服务水平较高。但是由于受到欧洲板块的限制,运输需求主要来自运距为 800 km 以内的货物,再加上欧洲四通八达的内河网和高速公路网,卡车和驳船给铁路运输带来了巨大的挑战。由于近年来各主要港口和政府部门的大力支持,海铁联运和海河联运运输量持续增长,同时由于近期在铁路方面政策支持和重大基础设施投资等措施,预计欧洲地区海铁联运运输量还将继续保持良好增长势头。

美国多式联运的主要需求来自东/西部港口(洛杉矶-长滩港区、纽约港-新泽西港区等)到内陆芝加哥等地,其长途运输主要以海铁联运为主,公路运输作为完成门到门服务的辅助运输方式。铁路运输主要由 4 个一级铁路公司支配,铁路公司拥有路网、机车车辆和集装箱办理站,提供的服务水平不高且参差不齐。由于运输需求主要以远距离为主,铁路运输相对于卡车具有明显优势,同时在关键的东西通道上来自驳船的竞争十分有限。因此,目前美国多式联运行业发展迅速，而且其中绝大部分国际多式联运都是以海铁联运形式完成的。美国多式联运的主要表现形式为海铁联运和驼背运输，海铁联运的主要运输方向为由西向东（来自亚洲的外贸进口货物），而驼背运输则主要服务于内贸货物的中长距离运输。近年来，多式联运需求增长迅速，海铁联运的发展受铁路运输能力的限制比较明显，最大的集装箱港口——洛杉矶港由于铁路运能不足，多次发生集装箱压港事件，海铁联运量增长缓慢。

国际航运市场的竞争日趋激烈，多式联运如果仅仅着眼于"一票到底"的运输过程，将不能满足客户的要求。货主要求承运人拥有完整的运输网络，能将原材料和产成品利用"门到门"运输方式准确无误地运往世界各地，且能适应不断变化的环境。此外，承运人还必须在运输的各个环节中为货主提供增值服务。这要求国际集装箱多式联运业必须以它的综合能力、精确程度以及高度可靠性、及时性的运输和完善的综合物流服务来满足顾客的要求。在这种形势下，多式联运经营者要在全球市场上生存与发展，就必须将服务范围拓展到各个领域。如：班轮公司除了经营传统的海运业务以外，还须介入陆上运输、代理、仓储和流通领域。承运人必须拥有综合物流系统，去统辖从发货人到收货人的整个物流过程。

可见，在集装箱多式联运基础上产生和发展起来的综合物流的实质是以集装箱多式联运为核心的，中间包括储存、装卸、搬运、包装、流通加工、配送和货物信息跟踪等多个环节。综合物流是国际集装箱多式联运的发展趋势，综合物流管理将成为世界运输业的重要力量。

1.1.3　我国国际集装箱运输及多式联运的发展现状

1973 年 9 月，天津港第一次接卸进口国际集装箱，揭开了我国国际集装箱运输的序幕。1978 年 9 月，中国远洋运输总公司开辟了第一条上海—澳大利亚的集装箱运输航线。由此，我国国际集装箱运输从 70 年代起步，80 年代夯实基础，90 年代全面进入发展时期。

2012 年，我国沿海和内河港口中，集装箱吞吐量排名前十位依次是上海港、深圳港、宁波一舟山港、广州港、青岛港、天津港、大连港、厦门港、苏州港、连云港港。其中，苏州港、连云港港年集装箱吞吐量首次突破 500 万 TEU，从而使我国港口集装箱吞吐量 500 万 TEU 以上港口由 2011 年的 8 个增加至 10 个，前十强港口均跻身 500 万 TEU 以上港口"俱乐部"。在全国前十的集装箱港口中，上海港以 3252.9 万 TEU 的成绩傲视群雄，为国内唯一的 3000 万 TEU 以上超级大港，同时也继续位居世界第一大集装箱港；深圳港仍为唯一的一个 2000 万标箱级港口，排名第二，但增速在国内十强中垫底；紧追深圳港之后的宁波一舟山港在 2012 年一举跨过 1500 万 TEU 大关，以 10%左右的增速大踏步前进，将 2011 年紧随其后的广州港甩在了身后，2011 年二者差距不到 50 万 TEU，2012 年扩大到 164 万 TEU；而 2011 年离广州港还有 120 余万标箱差距的青岛港，2012 年再步步紧逼，差距不到 5 万 TEU，仍居第五；天津港仍排名第六，统计数据显示，包括天津港在内，排名前六的集装箱港口座次 2012 年与 2011 年并无变化，前六大集装箱港均跻身 1000 万 TEU 以上超级港口"俱乐部"（具体见表 1-3）。

表 1-3　2011—2012 年中国大陆港口集装箱吞吐量十强　　（单位：万 TEU）

排名	港口	2012 年	2011 年	同比增幅（%）
1	上海港	3252.90	3173.93	2.49
2	深圳港	2294.13	2257.08	1.64

续表 1-3

排名	港口	2012 年	2011 年	同比增幅（%）
3	宁波一舟山港	1683.00	1471.92	14.34
4	广州港	1474.36	1425.04	2.24
5	青岛港	1450.00	1302.01	11.36
6	天津港	1230.00	1158.76	6.15
7	大连港	806.40	640.03	25.90
8	厦门港	720.17	646.50	11.40
9	苏州港	586.59	468.53	25.20
10	连云港港	502.00	485.19	3.46

（资料来源：www.portcontainer.com；www.chinaports.org）

2012 年末全国拥有水上运输船舶 17.86 万艘，比上年末减少 0.4%；净载重量 22848.62 万 t，增长 7.5%；平均净载重量 1279.38 t/艘，增长 7.8%；载客量 102.51 万客位，增长 1.7%；集装箱箱位 157.36 万 TEU，增长 6.7%；船舶功率 6389.46 万 kW，增长 7.4%。2012 年，我国的集装箱船队总规模扩大到 300 多艘，50 多万 TEU，居世界第六位。其中我国两大集装箱运输企业：中远集团集装箱运输公司拥有各类集装箱船 147 艘，运力达 602349 TEU，在世界集装箱班轮公司中排名第四位；中海集团集装箱运输公司拥有各类集装箱船 124 艘，运力达 493944 TEU，在世界集装箱班轮公司中排名第九位。

多年来，我国集装箱运输始终处于分段运输阶段，国际集装箱多式联运尚处于发展初期。当前在我国国际集装箱联运中，存在分段运输、国际联运、国际多式联运三种运输组织形式，其中分段运输的运量占我国国际集装箱运输总量的 90%以上。

我国多式联运的需求主要来自三大经济发达地区：长三角、珠三角以及环渤海地区。内陆公路运输和水路运输已经基本实现市场化，铁路运输部门由一家国有企业控制。内陆运输需求主要在 500 km 以内，公路运输和沿江地区的水路运输具有较大竞争优势。目前多式联运的服务对象几乎全部是外贸货物，尤其以进口方向居多。由于广大中西部地区外向型经济发展相对滞后，铁路运能近年十分紧张，再加上来自公路和水路的竞争，集装箱海铁联运发展十分缓慢。由于目前我国多式联运主要是以外贸货物运输为主，还没有全社会集装箱多式联运运量的统计数据。从国内最大的集装箱港口——上海港来看，集装箱多式联运主要以江海联运为主，并呈现较快的增长势头，2011 年江海联运量达到 2322 万 TEU，占港口集装箱吞吐量的 16.39%；而海铁联运由于受到运输体制、铁路运能不足、港铁分离等因素影响，发展步伐一直非常缓慢，2011 年海铁联运量仅有 41.1 万 TEU，占港口集装箱吞吐量的 0.29%。

20 世纪 80 年代后期，国家把发展交通运输放在突出位置，对交通基础设施建设投入了大量资金，并制定了“三主一支持”（即公路主骨架、水运主通道、港站主枢纽和支持保障系统）的长远发展规划。但是，目前我国在集装箱多式联运通道运输网络规划、建设及运营管理过程中还存在如下一些问题：

（1）理念的差异及体制的分割。多式联运是先进的运输方式，其基本特征为多种运输方式之间可以连贯实施，一次托运，一次结算，一票到底，全程负责，最终实现“门到门”的服务，是现代物流实现全程供应链服务的载体，体现了运输组织的全程性。但运输体制的分割、各地区不同的重视程度，造成了条件的差异和统一的商务、货运规章的缺失。除了各省市相关管理部门以外，我国与国际集装箱运输管理和业务工作有关的国家级的部门还有：商务部、交通运输部、海关总署、质检总局、国家技术监督局、外汇管理局、保险等部门，每个部门都出台有相关的管理条例及政策，但有些政策是指导性的，可操作性不强，往往会使多式联运组织出现障碍，使其优越性不能得到充分的发挥。

(2)各种运输方式发展的不平衡，阻碍了多式联运的发展。第一，国家规划的 20 个沿海主枢纽港口、23 个内河主枢纽港口、45 个公路主枢纽城市、12 个铁路大型国际集装箱办理站和 25 个铁路集装箱口岸站，相互衔接协调不够，缺乏有效协调配合，直接影响到各种运输方式的有效衔接。第二，各种运输方式尚未形成合理的分工，市场范围交叉严重，在同类货源上进行盲目竞争，不能合理发挥各自的优势。加上各种方式自主经营和收费，缺少全程服务，信息资源不能共享，运输管理水平较低，不利于降低运输成本，阻碍了集装箱多式联运的发展。第三，铁路集装箱发展滞后，比重偏低，不利于集装箱多式联运的开展。截至 2011 年，我国公路和水路集疏运所占比例分别为 84%和 14%，铁路集疏运所占比例只有 2%，海运和铁路的集装箱联运量仅占港口集装箱吞吐量的 5%不到，而欧美国家海铁联运的比重一般在 40%左右。由此可见，铁路运输已成为我国集装箱多式联运的瓶颈。

(3)地区的不平衡。我国各地区经济发展的不平衡、观念的差异，也影响着多式联运的顺利发展。多式联运的优越性主要体现在它的全程性，因此，地区的不平衡也成为其发展中的一道"坎"。随着我国"东部率先发展"、"西部大开发"、"振兴东北老工业基地"和"中部崛起"等国策的实施，各地区对集装箱多式联运的需求将随之增强，改善集装箱多式联运环境条件需要一个过程，但也必将提到各地区的议事日程上来。

(4)枢纽的不配套。运输枢纽是综合运输体系中的重要环节，建设多种运输方式之间"零距离"、"无缝对接"的综合型枢纽，必将成为多式联运、综合运输和现代物流基础设施建设的重点。规划的集装箱货运站主要分布在东部沿海地区，而且设置过多，出现与实际需求脱节和运力过剩的现象；内陆缺少集装箱办理站，且规模小，缺少配套设备，不能与集装箱运输系统协调运作，使沿海与内陆城市之间的集装箱运输需求不能得到充分满足。从枢纽内分布上来看，一些枢纽内集装箱办理站过密，不利于集约型经营模式的形成和集装箱的运输组织。当前综合型枢纽数量上的缺乏和现有设施的不完善影响了多式联运的效率。

(5)软环境亟待改善，高新技术应用尚需加强。软环境和高新技术是多式联运的保证。在我国，国际集装箱多式联运中环节多、单证多、单证流程复杂。我国各港口口岸、铁路、公路、海关、检验部门、理货部门、保险部门等单证多达百种，这些单证分别由各主管部门根据需要自行设计。其中有的参照了联合国或者其他国际组织的有关标准和要求，大多数为非标单证。就铁路系统而言，一批 20 ft 集装箱的单证在使用"货物运单"时就达 39 张之多，使用"联运单据"时有 44 张之多，过境箱单证 22 张以上。其次，在我国，海关手续复杂，海关监管点不足，导致很多内地验关业务需由货主到口岸地区或去大城市请来验关人员，延长了运输时间，增加了费用。虽然目前部分地区采取了 EDI 报关，但比例太少。此外，港口海关对海铁集装箱多式联运的开箱查验率较高，达到 30%左右，导致许多货主产生开箱查验费。因此，在管理规章及制度方面，应最大限度地简化货物通关、查验、征税、结汇和退税等手续，以缩短集装箱在节点上的停留时间，提高运输效率，加速周转。在各种运输方式和枢纽的组织与运输管理中，应充分利用高新技术,如自动化装卸技术、RFID 技术和 EDI 系统等,提高技术含量,集装箱多式联运才能释放出更多的潜在优势。

我国自开办国际集装箱多式联运以来,已证实其具有多方面的优越性。多式联运与原有的分段运输相比,更容易满足从发货地点"快速、高效和廉价"地到达收货地点的运输要求,因为它是由多式联运经营人与托运人签订一个运输合同,在两种以上不同运输方式中实行运输全程一次托运、一票到底,采用单一费率一次收费、统一理赔和对货物联运全程负责的一种高级运输组织形式。由于它把水运的运量大、成本低,铁路运输不受气候影响、可横贯内陆实现准时运输,公路运输机动灵活、便于送货上门等各种运输优势综合起来利用,相较于原有的分段运输,它不仅缩短了运输时间,降低了运输成本,还可获得一定的经济效益和巨大的社会效益,因此为托运人和货主提供了更多的便利。国际集装箱多式联运的兴起和发展,对世界贸易结构、各种运输方式以及港口和车站的功能与组织形式均产生重大的影响,促使其发生重大的变化。所以,目前世界各国对国际集装箱多式联运的发展都极为重视,正在建立和完善国际集装箱多式联运体系,制定相关法规,以从体系和法律上来保障其得到顺利、健康的发展。

1.2 国际集装箱运输系统构成

国际集装箱运输是一个涉及面广并由诸多子系统所构成的大系统,是一个复杂的运输系统工程。因此必须对国际集装箱运输进行系统研究,以实现系统最优化。

国际集装箱运输系统,由适箱货源、国际标准集装箱、集装箱船舶、集装箱港口码头、集装箱货运站、公路运输、铁路运输及航空运输等基本要素及其管理功能子系统组成。任何一个子系统的工作质量和功能状态均将影响到全局,因此必须做好每一子系统的各项工作,发挥其最优功能,从而实现整个集装箱运输系统的优化,最大限度地实现货物"门到门"运输。

1.2.1 适箱货源及揽货管理

为了保证集装箱运输顺利进行,首先必须具备足够的适箱货源。一般来说,并不是所有货物都适合于集装箱运输:对于那些物理及化学属性适合于装箱的货物,并且货价高、运费率较高、承受运价能力大的货物,属于最佳装箱货;对于那些货价、运费率均较高,承受运价能力较大的货物,且在物理及化学属性上也适合于装箱的货物,称为适于装箱货;对于那些在物理及化学属性上可以装箱,但其货价和运费率较低,很难承受集装箱运输高运价的,若用集装箱运输,在经济上不一定合理的货物,称为可装箱但不经济装箱货;对于那些因物理及化学属性和经济上的原因不能装箱,如原油、矿砂、桥梁构件等货物,称为不适于装箱货。

集装箱运输所指的适箱货源主要是前两类货物。做好适箱货源的组织工作,提高揽货工作质量,为国际集装箱运输提供充足而稳定的货源,做好适箱货源子系统的各项工作,是保证国际集装箱运输正常进行的关键。

1.2.2 国际标准箱及箱务管理

国际标准箱是国际集装箱运输必要的装货设备。提供满足各种适箱货物要求的各种类型的集装箱并做好箱务管理工作,是国际集装箱运输正常进行的重要环节。对集装箱的有关内容,将在本书第二章中详细论述。

1.2.3 集装箱船及其营运管理

集装箱运输船舶是集装箱的载运工具，是完成集装箱运输任务的重要手段。集装箱船与传统货船相比，具有船舶吨位大、功率大、航速高、货舱开口大、货舱尺寸规格化、船体形状比较“瘦削”、稳性要求高等特点。它一般可分为全集装箱船(吊装式全集装箱船、滚装式集装箱船)、半集装箱船、多用途船及载驳船等，要根据航线上货流(货种、流向和流量)情况、港口条件、航运市场竞争情况等确定采用哪种类型的集装箱船舶。正确选配使用适宜的集装箱船舶，搞好集装箱运输船舶的营运管理，是实现整个集装箱运输系统优化的重要环节。

1.2.4 集装箱码头及装卸作业子系统

集装箱码头是集装箱不同运输方式换装的枢纽，是集装箱运输系统的重要组成部分，也是集装箱的集散地。因此，集装箱码头在整个集装箱运输系统中具有重要地位和作用。做好集装箱码头的各项工作，对于加速车、船和集装箱的周转，降低运输成本，提高整个集装箱运输系统的效率和经济效益，均具有极重要的意义。

随着国际集装箱运输及多式联运的迅速发展，世界“集装箱化”的比例不断提高，集装箱运输比例不断上升，集装箱船舶日趋大型化和高速化，因而要求集装箱码头实现装卸作业高效化、自动化，管理工作现代化、标准化和规范化，具有现代化的硬件和软件系统，以满足国际集装箱运输系统对集装箱码头的要求。

1.2.5 集装箱货运站

集装箱货运站是集装箱运输中的一个必不可少的重要环节。根据货运站所处的地理位置和职能的不同可分为设在集装箱码头内的货运站、设在集装箱码头附近的货运站及集装箱内陆货运站等。

货运站作为集装箱货物的集散点，是集装箱运输的纽带和桥梁。它的主要任务是：集装箱货物的承运、验收、保管和交付；拼箱货的装箱和拆箱作业；整箱货的中转；重箱和空箱的堆存和保管；票据单证的处理；运费、准存费的结算；其他(如联系集装箱维修、保养等)。

1.2.6 公路运输子系统

公路集装箱运输是多式联运的重要运输方式。为运输 20 ft、30 ft、40 ft 的集装箱，公路应满足以下要求：车道宽度 3 m；最大坡度 10%，停车视线最短距离 25 m，最低限高 4 m。公路集装箱运输车辆，应根据集装箱的箱型、种类、规格尺寸及使用条件来确定。一般有集装箱货运汽车及集装箱拖挂车，而拖挂车适合公路长途运输，是公路集装箱运输的主要车型。做好公路集装箱营运管理工作，搞好货运组织工作和车辆的运行管理，是公路运输子系统的重要任务。

1.2.7 铁路运输子系统

我国铁路集装箱运输近年来发展较快，已经成为国际集装箱运输系统的重要环节和不可缺少的运输方式。目前，全国现有北京东、杨浦、大朗、成都东、重庆东和昆明东 6 个直属站和北京、上海等 18 个集装箱中心站，还有铁路中转站 128 个，专门用于办理国际集装箱运输。此外，还有 40 多个集装箱专门办理站即将改造完成，开通铁路国际集装箱专列线 13 余条，典型的专列线有郑州(武汉)—香港,天津—阿拉木图,青岛—郑州,塘沽—芬兰,天津—乌兰巴托;欧亚大陆桥运输线路有:呼和浩特—法兰克福,大连(满洲里)—鹿特丹,天津(二连浩特)—鹿特丹,连云港(阿拉山口)—鹿特丹。

铁路集装箱专用车长度主要有 80 ft、60 ft 和 40 ft。一般 60 ft 专用车可装载 3 只 20 ft 集装箱或 1 只 40 ft 集装箱和 1 只 20 ft 集装箱。做好铁路集装箱运输的组织和运营工作,协调铁路、公路、海运及港口码头的配合协作,对整个集装箱运输系统具有重要意义。

1.2.8 其他相关组织

集装箱运输系统的组织中除了集装箱船公司、集装箱港口装卸公司、铁路运输公司、公路运输公司、内河运输公司、航空公司以外,还包括以下各具特色的公司:

1.2.8.1 无船承运人公司

无船承运人是指不拥有或不经营船舶,为承运第三人的货物而与航运公司签订合同的人。它是随着集装箱多式联运的发展而出现的联运经营人。联运经营人可由参与某一运输区段的实际承运人担任,也可由不参加实际运输的经营者——无船承运人来担任。

无船承运人具有以下特点:

(1)不是国际贸易合同的当事人;

(2)在法律上有权订立运输合同;

(3)本人不拥有运输工具;

(4)有权签发提单,并受提单条款约束;

(5)因订立运输合同而对货物全程运输负责;

(6)具有双重身份:对货物托运人来说,是承运人或运输经营人,而对实际运输货物的承运人而言,又是货物托运人。

无船承运人经营的业务范围有:

(1)作为承运人签发货运提单,并因签发提单而对货物托运人负责。

(2)代表托运人承办订舱业务。无船承运人根据货物托运人的要求和货物的具体情况洽订运输工具。

(3)承办货物交接。无船承运人根据托运人的委托,在指定地点接受货物并转交给承运人或其他人。如从内陆运输出口的货物,则交给指定的海运承运人。在交接过程中,无船承运人为托运人办理理货、检验、报关等手续。

(4)代办库场业务。代办集装箱拆箱、拼箱业务。

无船承运人由于其特殊性质,在多式联运经营中具有极其重要的地位,并在一定程度上促进了货主与船公司之间的相互协作,对集装箱运输发挥着重要作用。

1.2.8.2 集装箱出租公司

开展集装箱运输,船公司既要付出巨额投资购置集装箱船,还要购置约船舶载箱量三倍的集装箱,所有这些巨额投资,必须在开展集装箱运输之前全部投入,为此,船公司不堪重负。此外,如何有效地使用集装箱,解决集装箱在营运中的回空、堆放、保管、维修、更新等问题,管理难度很大,也需投入大量的人力、物力和财力。集装箱租赁业就是顺应船公司的客观需求而发展起来的。租赁者根据自己运输业务的需要,向出租公司租用集装箱,与租箱公司进行协商,灵活采用不同的租赁方式以满足用箱的需求。

1.2.8.3　集装箱船舶出租公司

集装箱船舶租赁业务始于20世纪60年代，是随着集装箱运输的发展而兴起的行业。由于集装箱运输市场供求关系的变化，航线货流出现不平衡，为了解决这类不平衡，可采用租赁集装箱船的办法来解决。租赁者有规模较小的船公司，也有需租船的货主，甚至有较大的船公司。目前，集装箱租船市场的份额有不断上升的趋势。

1.2.8.4　国际货运代理人

随着国际贸易以及运输方式的发展，特别是国际集装箱多式联运，运送货物所涉及的面越来越广，情况相当复杂。货主和运输经营人不可能亲自办理每一项具体业务，而通过国际货运代理公司便能解决以上问题。

国际货运代理人的主要业务有：订舱、揽货、货物装卸业务办理、报关、理货、拆装箱、集装箱代理、货物保险等。国际货运代理人一方面作为货物承运人与货物托运人签订运输合同；另一方面又作为委托人与运输部门订立合同。

1.3　国际集装箱运输与多式联运的特点

1.3.1　国际集装箱运输的特点

现代集装箱运输是把集装箱作为运输包装和基本运输单元，使货物成组化，并在运输过程中采用专用的现代化装卸设备、运输工具等在集装箱运输系统中开展的运输。从上节集装箱运输的发展过程中可以看出：尽管从麦克林试验至今仅有50多年的时间，但现代集装箱运输的产生对交通运输业具有深远的影响，并引起了一场革命性的变化。由于集装箱运输具有运输质量高、装卸效率高、载运量大等特点，到目前为止，在国际贸易中以集装箱运输货物（件杂货）的比重已达到80%以上。在发达国家和主要航线上已基本实现了件杂货物的集装箱化。集装箱运输的特点主要体现在以下几个方面：

1.3.1.1　运输高效率

集装箱是一种具有标准规格的大型“容器”。件杂货物装入集装箱后，以集装箱为单元进行运输，从根本上改变了原来因货物品种繁多，外包装尺寸、形状不一，单件重量差别很大而不能使用大型机械的不利状况。集装箱具有标准化的外形尺寸和重量，为运输过程中大型专用设备、工具的使用和自动化生产创造了最基本的条件。集装箱运输的高效率主要体现在以下几个方面：

（1）装卸速度高

货物集装箱化为大型装卸机械的使用创造了条件，大大提高了装卸作业的效率，据集装箱运输初期统计，集装箱装卸效率为传统件杂货方式的4倍，为托盘的1.7倍。随着大型集装箱装卸桥和桥式起重机的使用和不断改进，装卸速度有了进一步提高，目前在卸船作业中一个装卸循环的时间已可低于90 s。

集装箱由于具有密封的特点，在装卸过程中受天气影响（特别是雨天）较小，这对于运载工具来讲，从另一个角度缩短了装卸时间。随着大型、专用装卸设备的使用，使装卸成本大大下降。

（2）运载工具在港、站停留时间短，营运效率高由于装卸速度的提高和装卸作业受天气影响较小，运载工具(船、车等)在港、站或其他装卸地点的停留时间大大缩短。在麦克林试验中纽约—休斯敦航线一个航次的总时间从 434 h 缩短到 294 h，船舶在该航线每年理论航行次数由 19.35 次增加到 28.56 次，两艘集装箱船即可达到三艘传统货船的能力和运费收入。集装箱运输大大提高了运载工具的利用效率、周转速度和经济效益。

(3)提高了港(站)设施、设备的利用率

集装箱货物周转较快，在港、站、库、场停留时间较短，由于集装箱的强度比传统件杂货运输包装的强度要大很多，可以多层堆码，因而库、场与其他港(站)设施利用率有较大提高。

(4)货物的运达速度较快，贸易双方资金周转较快

随着装卸、运输效率的提高及集装箱运输(特别是国际运输)法规的完善，带来通关、检验、理货等手续的简化及集装箱运载工具速度的提高，使集装箱货物的运达速度有了较大提高。这对于贸易活动的买方来说可以缩短订货周期，而卖方可以提前结汇，双方资金流转效率都有所提高。

1.3.1.2 运输高质量

集装箱具有坚固、密封的特点，在运输过程中箱内货物不易发生被盗事故并足以有效地防止恶劣天气和环境对箱内货物的损害。

在运输和装卸过程中，与外界接触的是箱子而不是货物，因此货物破损事故大为减少。同时货物本身的包装可比传统散运形式有所简化，节省了包装费用。

集装箱是一种大型货箱，可以把几十件甚至上百件货物集中作为一个整体，在运输各环节中(包括装卸、仓储)始终把箱作为运输单元，在多次作业、理货中大大减少了货差和丢失现象。

减少货物丢失、损害和差错事故，节省包装费用，加上前面提到的提高运达速度等，都说明了集装箱运输是一种高质量的运输形式。

1.3.1.3 资本高密集

集装箱运输是以集装箱运输系统为基础的。集装箱运输系统是由高效率的码头、海上运输船舶、内陆集疏运系统及大量的集装箱等组成。这些设施设备、运输线路和集装箱是需要大量投资的，仅就集装箱运输的初期投资来看，全集装箱船舶的造价是一般件杂货船造价的 4 倍以上。一只 20 ft 钢质集装箱(密封式干货箱)造价为 2 500～3 000 美元，而一只冷藏箱造价为同尺度普通箱的 3～4 倍左右。如普通箱与冷藏箱按 3∶1 比例为船舶配备集装箱(包括正常载运及周转箱)，则一艘载重为 1000 TEU 的中型集装箱船所需的投资就高达 1000 万美元以上。集装箱和船舶的高投资，使船公司的成本结构发生很大变化。许多集装箱运输(船)公司的固定成本在总成本中所占比例达 2/3 以上。

集装箱运输需要专用的码头、堆场等设施和专用、高效的装卸、搬运机械设备。这些设施、设备与传统的港口设施、设备相比，技术上的要求要高得多，使所需投资大大提高。为了顺利开展集装箱运输，系统中的其他环节如内陆集装箱运输线路(公路、铁路、内河航道等)，运输工具(专用汽车、火车、内河船舶等)与内陆货站等都应该根据集装箱的实际需要投资兴建、扩建，这部分投资额更为巨大。这些都说明集装箱运输是一项需要大量投入的资金密集型行业。迅速发展集装箱运输对于广大发展中国家来讲是较为困难的，这也是集装箱运输在发达国家首先开展的主要原因。

应当指出，集装箱运输的高投入在某种程度上抵消了上述的费用低、船舶周转快、人工费

用低等带来的效益。特别是在发展中国家,集装箱运输的直接费用并不低廉。但如从总费用及社会效益来看,由于加快运达速度,减小货损货差,节省包装费用及增大通过能力、规模效益等方面的综合结果,集装箱运输仍不失为一种比较经济的运输形式。

1.3.1.4　高度系统化

“系统工程”这个词目前有两种含义:一是指大的、综合性涉及多个方面的工程项目;二是指设计、建设和运行上述项目的一般思想和方法。说集装箱运输是一项系统工程,从上面两个意义来讲都是成立的。

首先,集装箱运输是把高效装卸的专业化码头,快速周转的运输船队,四通八达的集疏运网络,功能齐全的中转站,具有较强实力的运输经营人,遍及世界的代理网络,科学准确的信息传递和单证流转,各种运输方式综合的组织和管理,先进的经营思想,标准化的货物和技术工艺,完善的法规体系,协调工作的口岸各部门(海关、三检、理货、保险及其他运输服务等)有机地结合在一起的大规模的运输过程。

其次,集装箱运输是一项高度系统化的运输过程,其整体功能的发挥依赖于上述各方面的协调发展与密切配合。现代集装箱运输从产生时起就把不同运输方式紧密结合在一起,实现了多种方式的综合组织,这些特点打破了长期以来各种运输方式独立发展、独立经营和独立组织的局面,使得集装箱运输在系统规划和建设、企业经营、运输组织和管理的基本思想和方法技术等方面与传统运输相比都发生极大变化,系统工程的思想和方法在这些发展变化中发挥了重要作用。

由于集装箱运输优越性的发挥取决于各方面、各环节的协调发展,密切配合和综合组织,因此要求各环节各部门的管理、技术业务人员具有较高的素质和配合精度。

集装箱运输所具有的上述特点和优越性,使集装箱运输在世界范围内得以迅速发展,并使物流全过程:包装、装卸、运输、保管及信息传递环节都发生了革命性的变化。这也是集装箱运输被称为“运输史上的革命”的原因。

1.3.2　国际集装箱多式联运的特点

根据多式联运的定义、条件及业务特点等实际情况,国际多式联运有多方面的特点。国际多式联运是根据国际多式联运合同进行的,是多式联运经营人与发货人订立的,符合多式联运条件的运输合同。该合同是以多式联运经营人签发的多式联运单证(即多式联运提单)证明的,有偿承担运输的合同。多式联运的货物主要是集装箱货物或是集装化的货物。在运输过程中一般以集装箱作为运输的基本单元。货物集装箱化促进了多式联运的发展,而现代集装箱运输自产生时起就与多式联运紧密地联系在一起,使得国际多式联运具有集装箱运输的高效率、高质量、高投人、高技术和系统性的特点。国际多式联运的发展与集装箱运输系统特别是集疏运系统的完善有紧密的关系。

多式联运是一票到底,实行全程单一费率的运输。发货人只要办理一次托运、一次计费、一次保险,通过一张单证即可实现从起运地到目的地的全程运输。国际多式联运具有简单化、统一化的特征。同时,它也是不同运输方式的综合组织,无论涉及几种运输方式,分为多少个区段,多式联运的全程运输都是由多式联运经营人完成或组织完成的,多式联运经营人要对运输的全程负责。

多式联运货物的全程运输,除由多式联运经营人本人承担部分区段运输外,多区段的运输是通过其与各区段的实际承运人订立分运(分包)合同来完成的。各区段的实际承运人对自己承担区段的货物运输负责。在起运地接管货物,在最终目的地交付货物及全程运输中各区段的衔接工作及有关服务业务均由多式联运经营人在各地的分支机构(或代表)或委托的代理人完成。这些代理人及随后各项业务的第三者对自己承担的业务负责。多式联运经营人可以通过货物运输路线和运输方式的选择、运输区段的划分和对各区段实际承运人的选择,达到降低运输成本,提高运达速度,实现合理运输的目的。

从上述特点可以看出,国际多式联运通常以集装箱为运输单元。在多式联运经营人的统一组织下,将不同的运输方式,不同区段的运输过程,不同区段的运输衔接及相关的服务和全程运输中所涉及的实际承运人、代理人、相关机构和运输系统中的各环节有机地组合在一起,构成连续的、综合性的一体化国际货物运输,是一项具有高度系统性的运输工程。在国际多式联运的运营和组织过程中,系统工程的思想、技术与方法占有重要的地位。

1.4 国际集装箱多式联运与综合物流

1.4.1 国际集装箱多式联运与综合物流的关系

综合物流是指对资源从原产地到最终消费者的有关选址、移动和存储业务活动进行的一个优化过程,是创造时间、空间价值的经济活动。它是以给顾客提供优质的服务为目标,以信息技术为支撑,以交通运输为主要手段,结合包装、装卸、搬运、仓储、配送等环节,为供应链各个节点上的企业提供后勤服务的经济活动。随着现代物流的发展,物流业已经逐渐成为沟通生产和流通两大环节的融合点。

综合物流是以运输为主要环节的综合服务体系。随着世界经济一体化的深入,使得综合物流的内涵逐步扩展,跨越国界的国际物流或大物流是综合物流发展的趋势。服务化和信息化是世界性产业结构调整的方向,综合物流产业是信息化发展的产物,它的最大特征是提供高效、便捷的产品增值服务。从这个意义上讲,综合物流是在多式联运的基础上,向前延伸到工厂的出货、货物检查、货物仓储等前伸服务,向后延伸到货物的收取、存储、配送等后延服务的一种物流,是“门到门”运输的一次革命性改进,是将整个服务贯穿深化的结果。即生产、销售企业完全从运输中脱离出来,将所有涉及货物运输、配送的任务都交给第三方物流公司来完成,这和世界上现行的多式联运经营人的业务功能相似。因此,世界各大航运商在开展多式联运服务的基础上,纷纷成立自己的物流公司,向货主提供更加完善的综合物流服务。

从综合物流和多式联运的形成和发展不难看出,多式联运是综合物流服务体系的基础和一种运输服务组织形式。而综合物流业的兴起,必将在更大的范围内开展多式联运服务,使得运输服务上升到一个更高的层次。

多式联运与综合物流既相同又有区别,其相同点主要表现在:

(1)运输功能。集装箱多式联运和综合物流系统集中了整个交通运输大系统的多种运输方式,它将一个或几个方向的货流通过几种运输方式的紧密衔接,把多区段、多环节、超区域性的运输过程组成一个连续有效的运输链,从而实现“门到门”的运输。

(2)经济功能。集装箱多式联运和综合物流系统的经济功能主要体现在对区域经济的拉动上。经济的发展往往是朝着发展阻力最小的方向进行扩散的,由于集装箱多式联运和综合物流系统中有多种运输方式与良好的运输基础设施，使大量货物通过该系统进行集散时的阻力最小，区域经济通过这种重要的运输干线系统与周围外界进行物质能量交流，其间便产生较大的接触优势，导致新的经济活动的产生和发展，在集装箱多式联运和综合物流系统的交通干线两侧形成产业带。生成轴理论和点轴带理论从不同角度阐述了交通运输建设与产业带形成的内在联系，为集装箱多式联运和综合物流系统发展服务的干线往往能够触发产业或促成沿线产业带的形成。

(3)服务增值功能。综合物流系统具有全方位为顾客服务的功能，这种高质量的服务水平从整体上具有服务增值功能，被人们称为第三个利润源泉。

除此以外，两者对硬件设施的要求基本相同。比如都需要有完善的运输网络、设施，需要通过多种运输方式的配合实现商品的位移，需要有配套的仓储条件、商品检验、信息系统的支持来实现货物的通畅流动等。

两者的不同首先表现在概念所涉及的内容，多式联运只考虑了货物的空间移动，各参与运输方和承运者间也只是简单的承托关系。而综合物流包含了更为丰富的内容，作为多种运输方式的集成，它不仅要能够满足现代化交通运输系统的要求，将传统的相互独立的海、陆、空各种运输方式按照科学、合理的流程组织起来，形成一种有效利用的资源、保护环境的服务体系；并且要能够打破运输环节独立于生产环节之外的企业界限，通过供应链的概念建立起对企业供产销全过程的计划和控制等，这比多式联运涉及更广。

其次，两者在理念上也存在重大差异。多式联运作为一种单纯的运输组织形式，其主要目的是为客户提供高质量、低成本的运输服务，其“门—门”的服务仅限于运输过程，除了完成货物的安全、便捷、快速、低廉的运输服务外，不存在任何增值服务；而综合物流打破了运输环节独立于生产环节之外的企业界限，通过供应链的概念建立起对企业供产销全过程的计划与控制，以全程服务为目标，考虑包括运输在内的物流各个环节的成本与质量，实现了货物流、资金流、信息流和商务流的有机统一，突破了运输服务的中心是运力的观点，强调了运输服务的宗旨是客户第一并注重在物流过程中提供便捷、低廉、高效的增值服务，降低了社会生产总成本，使供应商、制造商、物流服务商及最终消费者达到共赢的战略目的。

近年来，随着航运市场的激烈竞争，多式联运如果仅仅着眼于“一票到底”的运输过程，将不能满足客户的要求。因此，全方位的综合物流将成为多式联运发展的必然趋势，给多式联运带来新的变革。为了发展综合物流业，国家在物流节点的建设、集疏运通道建设、物流企业的培育等方面都做出了规划，而这些规划几乎都与集装箱多式联运系统有关。我国的一些大型交通运输企业已经开始自觉地拓展综合物流的服务功能。

1.4.2 综合物流与集装箱多式联运的一体化发展

综合物流与集装箱多式联运的一体化发展是我国集装箱运输融入世界航运市场的要求。近年来，我国集装箱多式联运和现代物流的迅速发展，虽然为实现综合物流与集装箱多式联运的一体化发展提供了一定基础，但是随着科学的不断进步、技术的快速革新，这种新形势对集装箱多式联运提出了更高的要求，以下为有待改进和发展的几方面。

(1)进行制度创新。继“三主一持”规划后，2009 年年初，国务院正式通过了物流产业振兴规划并确定了振兴物流业的九大重点工程，其中多式联运和转运设施被列为首位。在这种新形势下，探索适合我国国情的振兴集装箱多式联运之路，充分发挥集装箱多式联运和综合物流的整体效应，实现二者的一体化，就有了广阔的发展空间。但由于运输体制的分割，各地区的重视程度不同，商务、货运规章难以统一，集装箱运输发展受到很大制约。因此，进行制度创新，建立统一的运输管理体制，对运输网络进行规划和协调，加强立法，对集装箱多式联运发展显得十分重要。

(2)加强信息化建设。集装箱多式联运的信息化建设在1997年末建成集装箱运输EDI示范工程后取得蓬勃发展。目前，我国已经建立了与国际接轨的集装箱运输EDI标准体系。其中上海、天津、青岛、宁波等4个港口均建立了以港口EDI服务中心为中心的准星形结构的开放型EDI网络，覆盖了当地各船公司(或其船舶代理)、货运代理、集疏运场站、监管部门、港口码头以及外轮理货等单位，并与当地其他行业的EDI网络互联。为有效提高集装箱多式联运效率，以信息技术创新带动机制创新，以信息化带动货物运输集装箱化，实现集装箱多式联运的跨越式发展就成为必然。而现代物流是信息化的产物，信息化是发展现代物流的技术保障，我国集装箱多式联运信息化建设取得的上述成就为发展现代物流的信息系统奠定了良好的基础。然而，国内大多数物流中心功能并不完善，软件系统仍然跟不上硬件系统的发展速度，应用高新技术建设智能运输系统，提高集装箱多式联运与综合物流效益是今后的发展方向。

(3)基础设施的建设。截至2011年年底，全国公路总里程达405.54万千米，高速公路总里程达到8.5万千米，2004年年初国务院批准的《中长期铁路网》规划中明确提出，全国将建设18个集装箱中心站，各中心站之间相互开行集装箱班列，构建双层集装箱运输主通道，与国际集装箱多式联运连成一体，促进公路铁路联运发展，提高货物运输的质量和效率，其中，三个铁路集装箱直属站已经正式投入使用，其他集装箱中心站也已全部于2010年上半年正式投入运营，同时，40个靠近省会城市、大型港口和主要内陆口岸的集装箱主理站和100个代办站也将陆续建设完成，届时集装箱铁路运输网络将初步形成；2009年年底，全国港口拥有生产用码头泊位31429个，其中万吨级及以上泊位1554个，因受金融危机的影响，集装箱吞吐量较2008年有所下降，只完成了1.22亿TEU，但仍有上海、香港、深圳、广州等七大港口跻身世界二十大港口之列。

虽然综合物流与集装箱多式联运一体化发展具备了一些基本发展条件，但是由于我国各地区的经济和交通运输方式发展不平衡，各种运输方式缺乏统一规划，区域间的协调力度不够，物流与多式联运的统一，信息化平台的构建，智能化普及，基础设施的继续建设和完善以及国家对综合运输网络系统的规划也都有待加强，一体化发展之路还有待进一步探索研究和实践。

市场竞争更趋激烈

——2011年集装箱运输市场上半年回顾

1. 经历短暂复苏后，货运需求增长平淡

2010年得益于全球经济、贸易的复苏，以及欧美补库存等多重利好的拉动，集装箱货运需求强劲反弹，然而这有可能成为历史上最短暂的繁荣阶段。

2011 年的前几个月，国际环境复杂多变，西亚北非政局动荡，日本地震和核泄漏，欧债危机持续蔓延，美国经济复苏缓慢，大宗商品价格升高，中国经济面临结构调整、通胀压力不断加大。多种复杂因素导致上半年集装箱货运需求呈现疲弱增长态势。一季度是航运市场的传统淡季，加上去年下半年市场运力基本都已释放，航线舱位利用率持续降低，尤其是春节过后出口货量全面惨淡，加上主要出口加工地劳工紧缺，电力紧张等因素，总体舱位利用率不足八成。二季度市场开始逐步回暖，但是相比去年同期市场出现爆舱的场景，总体增长步伐仍显疲力。

根据目前主要航线已有的统计数据来看：

北美航线，1～4 月远东出口美国箱运量约 366 万 TEU，同比增长 5.8%。欧地航线，1～4 月亚欧航线西行累计箱运量 450 万 TEU，同比增长 6%；东行累计箱运量 194 万 TEU，同比增长 4%。大洋洲航线，1～4 月份南行箱运量仅 25 万 TEU，同比减少约 2%。中东航线，1～4 月份西行箱运量 61 万 TEU，同比增加 7%。亚洲区域内航线，1～4 月份箱运量约 410 万 TEU，同比增长 5.6%。可以看出，相比去年同期两位数以上的高增长，今年上半年主要航线的箱运量都处于 5%左右的微幅增长。

2. 超大型船舶交付明显，欧美干线运力增幅较大

2011 年上半年新船交付超过 60 万 TEU(以载箱量计)，其中 8000 TEU 以上型船舶超过 80%。大船的持续交付，推动了主干航线船舶的升级换代，使得上半年欧美航线运力在淡季仍持续大幅增长。其中欧地航线属于典型的万箱船上线升级换代。据统计，上半年交付的 46 艘约 52 万 TEU 运力的 8000 TEU 以上超大型船舶，除 4 艘外，全部被投入到欧地航线，由此也加快了欧地航线的运力升级竞争。

过去 5 年期间，欧地航线市场营运船舶平均运力增长了 40%(表 1-4)。而上半年万箱大船的上线，将进一步加快欧地航线的大型化步伐。据统计，在交付的 46 艘超大型船中，各家公司都优先投放到了欧地航线(表 1-5)。同时部分替换出的巴拿马型船舶被依次投放到太平洋线及其他中远程航线。运力快速升级，导致上半年欧地航线西行运力同比增长 20%左右，太平洋线东行运力增长 15%左右。

表 1-4　远东/西北欧航线营运船型变化

年份	1998 年	2000 年	2004 年	2007 年	2011 年
主流船型	4000～5000	5000～5500	5500～6500	7000～9000	9000～10000
最大船型	6250	6700	8100	11000	14000

表 1-5　各大船公司运力投放状况

公司	上半年接纳 8000 TEU 以上新船	投入欧地航线	投入太平洋航线
马士基航运	7	7	0
地中海航运	8	8	0
达飞海运	10	10	0
韩进海运	11	8	3
中远集团	4	3	1

续表 1-5

公司	上半年接纳 8000 TEU 以上新船	投入欧地航线	投入太平洋航线
中海集团	3	3	0
日本邮船	1	1	0
东方海外	1	1	0
南美轮船	1	1	0

3. 停航运力持续下滑,市场份额扩张的冲动抬头

尽管上半年主要航线舱位利用率持续低迷,较少达到 90%以上,但船公司并没有像去年那样理性地采取积极有效的运力管控措施。相反,班轮公司的停航运力持续下滑,截至 6 月底,市场停航的运力为 74 艘(9.5 万 TEU),比年初的 145 艘(32.6 万 TEU)减少了 70%。同时,加船减速经过两年的推广,基本已经覆盖 90%的欧地航线等长航线,上半年进一步消耗运力的空间也被压缩。因此,曾经成功控制市场运力的手段在今年上半年无法发挥作用。另一方面,主要班轮公司在大量接纳新船,运力持续扩张的推动下,对市场份额的争夺日趋激烈。2011 年上半年,马士基航运、地中海航运、达飞海运以及中远集团等全球排名前四位的班轮公司的运力同比增幅都超过 15%,为了有效支撑船舶的货载,班轮公司扩大市场占有率,争取更多的货源的意愿格外强烈。

4. 运价持续低位徘徊,经营业绩再度出现亏损

上半年主要航线运价受市场供需关系的影响不断下挫,运价保持颓势,相比去年同期大幅缩水。一季度市场价格基本是一路下滑,而多条航线原计划从 4 月 1 日开始执行的涨价计划,因市场低迷不得不推迟。其中:太平洋线 USD400/TEU 的 PSS(旺季附加费),亚欧航线 USD200～300/TEU 的 RR(运价恢复)被推迟到下半年;而中东航线 USD200/TEU 的 RR,南美航线 USD400/TEU 的 RR,东南亚航线 USD50/TEU 的 RR 虽在 5、6 月份有所实施,但均没有达到预期目标。从总体运价水平看,至年中 SCFI 已较去年同期下跌了 35%,其中亚欧航线运价跌幅超过 50%。运价的下跌态势使航线经营压力进一步增大,也导致班轮公司业绩明显下滑,从一季度主要班轮公司公布的业绩看,除马士基、赫伯罗特外,大部分公司已经出现亏损:新加坡东方海外亏损 800 万美元;韩进亏损 2800 万美元;中海亏损 1.4 亿人民币;南美轮船亏损 1.86 亿美元。

5. 日本地震海啸核事故,一定程度影响市场

上半年在日本东北部海域发生的 9 级强震及海啸对市场也产生一定影响。日本在全球产业链中的地位极其重要,而本次受灾地区集中了汽车、核电、石化、半导体等众多重要产业工厂,该地区经济规模占到日本国内生产总值(GDP)的 8%左右。该地区大量制造业停工,给中国国内大量的加工贸易出口企业的原料和关键零部件的供应造成极大的困难,由于交通中断以及港口拥堵,部分产品无法运至港口。其影响不仅仅局限于中日航线,部分出口欧美干线货源也因缺少上游零部件而受影响。由于核电站的泄漏威胁至今也未完全消除,以及日本灾后重建速度缓慢,总体看,日本在电子技术、精细化工、高新材料、模具制造、包装材料、纺织服装辅配料等众多制造业前段和高端领域的产品供应都明显受到影响,其供应链危机给相关航线的货流造成负面影响。

(资料来源:2011 年集装箱运输市场上半年回顾及展望,黄夏衍,中国远洋业务,2011)

【案例分析】

国际集装箱运输的发展受哪些因素的影响?结合本章知识及案例内容总结国际集装箱运输发展所遵循的基本规律,并对发展趋势给出预测。

本章思考题

1.1 什么是国际多式联运?

1.2 我国在集装箱多式联运发展中存在哪些问题?

1.3 简述国际集装箱多式联运的优越性。

1.4 国际集装箱运输系统由什么组成?

1.5 国际集装箱多式联运有哪些特点?

1.6 什么是综合物流?它与多式联运有什么关系?

1.7 综合物流与集装箱多式联运的一体化发展存在哪些问题?

2 国际集装箱运输设施、设备与工艺系统

国际集装箱在运输过程中会经历诸多环节，涉及多种运输设施、设备，如：集装箱运输船舶、码头、货运站等。近年来，随着水、陆、空运输系统的快速发展，各种交通方式的衔接不断完善，公路、铁路、航空集装箱运输工艺日益先进。

2.1 集 装 箱

2.1.1 集装箱的定义

关于集装箱的定义，历年来国内外专家学者存在一定分歧。现以国际标准化组织（ISO）对集装箱的定义作以下介绍，国际标准化组织 ISO 对集装箱下的定义为"集装箱是一种运输设备，应满足以下要求：

(1)具有耐久性，其坚固强度足以反复使用；

(2)便于商品运送而专门设计的，在一种或多种运输方式中运输时无需中途换装；

(3)设有便于装卸和搬运的装置，特别是便于从一种运输方式转移到另一种运输方式；

(4)设计时应注意到便于货物装满或卸空；

(5)内容积为 1 m^3 或 1 m^3 以上。

集装箱一词不包括车辆或传统包装。"

目前，中国、日本、美国、法国等世界有关国家，都全面地引进了国际标准化组织的定义。除 ISO 的定义外，还有《集装箱海关公约》(CCC)、《国际集装箱安全公约》(CSC)、英国国家标准和北美太平洋班轮公会等对集装箱下的定义，内容基本上大同小异。我国国家标准《集装箱名称术语》(GB1992—85)中，引用了国际标准化组织的定义。

2.1.2 集装箱标准

为了有效地开展国际集装箱多式联运，必须强化集装箱标准化，应进一步做好集装箱标准化工作。集装箱标准按使用范围分，有国际标准、国家标准、地区标准和公司标准四种。

1. 国际标准集装箱

是指根据国际标准化组织(ISO)第 104 技术委员会制订的国际标准来建造和使用的国际通用的标准集装箱。

集装箱标准化历经了一个发展过程。国际标准化组织 ISO/TC104 技术委员会自 1961 年成立以来，对集装箱国际标准作过多次补充、增减和修改，现行的国际标准为第 1 系列，共 13 种规格，其宽度均一样(2438 mm)，长度有四种(12192 mm、9125 mm、6058 mm、2991 mm)，高度有四种(2896 mm、2591 mm、2438 mm、<2438 mm)。详见表 2-1。第 2 系列和第 3 系列均降格为技术报告。

表 2-1　国际标准集装箱现行箱型系列表

集装箱箱型	长度(*L*)				宽度(*W*)				高度(*H*)				质量	
	mm	公差 mm	ft in	公差 in	mm	公差 mm	ft in	公差 in	mm	公差 mm	ft in	公差 in	kg	lb
1AAA	12192	0 −10	40	0 −3/16	2438	0 −5	8	0 −3/16	2896	0 −5	9 6	0 −3/16	30480	67200
1BBB	9125	0 −10	29 11.25	0 −3/8	2438	0 −5	8	0 −3/16	2896	0 −5	9 6	0 −3/16	25400	56000
1AA	12192	0 −10	40	0 −3/8	2438	0 −5	8	0 −3/16	2591	0 −5	8 6		30480	67200
1A	12192	0 −10	40	0 −3/8	2438	0 −5	8	0 −3/16	2438	0 −5	8 6	0 −3/16	30480	67200
1AX	12192	0 −10	40	0 −3/8	2348	0 −5	8	0 −3/16	<2438	0 −5	<8		30480	67200
1BB	9125	0 −10	29 11.25	0 −3/8	2438	0 −5	8	0 −3/16	2591	0 −5	8 6	0 −3/16	25400	56000
1B	9125	0 −10	29 11.25	0 −3/8	2438	0 −5	8	0 −3/16	2438	0 −5	8	0 −3/16	25400	56000
1BX	9125	0 −10	29 11.25	0 −3/8	2438	0 −5	8	0 −3/16	<2438		<8		25400	56000
1CC	6058	0 −6	19 10.5		2438	0 −5	8	0 −3/16	2591	0 −5	8 6	0 −3/16	24000	52920
1C	6058	0 −6	19 10.5		2438	0 −5	8	0 −3/16	2438	0 −5	8	0 −3/16	24000	52900
1CX	6058	0 −6	19 10.5		2438	0 −5	8	0 −3/16	<2438		<8		24000	52900
1D	2991	0 −5	9 9.75	0 −3/16	2438	0 −5	8	0 −3/16	2438	0 −5	8 6	0 −3/16	10160	22400
1DX	2991	0 −5	9 9.75	0 −3/16	2438	0 −5	8	0 −3/16	<2438	0 −5	<8		10160	22400

国际标准集装箱长度关系，见图 2-1。

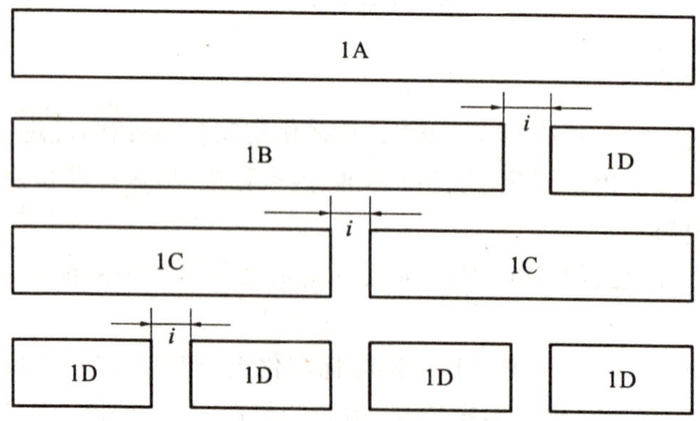

图 2-1　国际标准集装箱长度关系图

1A 型 40 ft(12192 mm)；1B 型 30 ft(9125 mm)；1C 型 20 ft(6058 mm)；1D 型 10 ft(2991 mm)；

间距 i 为 3 in(76 mm)；

1A＝1B＋i＋1D＝9125＋76＋2991＝12192 mm；

1B＝1D＋i＋1D＋i＋1D＝3×2991＋2×76＝9125 mm；

1C＝1D＋i＋1D＝2×2991＋76＝6058 mm

2. 国家标准集装箱

各国政府参照国际标准并考虑本国的具体情况，而制订本国的集装箱标准。我国现行国家标准《集装箱外部尺寸和额定质量》(GB 1413—2008)中集装箱各种型号的外部尺寸、极限偏差及额定质量，见表 2-2。

表 2-2　我国现行的集装箱外部尺寸、极限偏差及额定质量

<table>
<tr><th rowspan="2">集装箱型号</th><th colspan="2">长度(L)</th><th colspan="2">宽度(W)</th><th colspan="2">高度(H)</th><th colspan="2">额定质量(总质量)</th></tr>
<tr><th>mm</th><th>ft　in</th><th>mm</th><th>ft　in</th><th>mm</th><th>ft　in</th><th>kg</th><th>lb</th></tr>
<tr><td>1EEE</td><td rowspan="2">13716</td><td rowspan="2">45′</td><td rowspan="2">2438</td><td rowspan="2">8′</td><td>2896</td><td>9′6″</td><td rowspan="2">30480</td><td rowspan="2">67200</td></tr>
<tr><td>1EE</td><td>2591</td><td>8′6″</td></tr>
<tr><td>1AAA</td><td rowspan="4">12192</td><td rowspan="4">40′</td><td rowspan="4">2438</td><td rowspan="4">8′</td><td>2896</td><td>9′6″</td><td rowspan="4">30480</td><td rowspan="4">67200</td></tr>
<tr><td>1AA</td><td>2591</td><td>8′6″</td></tr>
<tr><td>1A</td><td>2438</td><td>8′</td></tr>
<tr><td>1AX</td><td><2438</td><td><8′</td></tr>
<tr><td>1BBB</td><td rowspan="4">9125</td><td rowspan="4">29′11″　1/4</td><td rowspan="4">2438</td><td rowspan="4">8′</td><td>2896</td><td>9′6″</td><td rowspan="4">30480</td><td rowspan="4">67200</td></tr>
<tr><td>1BB</td><td>2591</td><td>8′6″</td></tr>
<tr><td>1B</td><td>2438</td><td>8′</td></tr>
<tr><td>1BX</td><td><2438</td><td><8′</td></tr>
<tr><td>1CC</td><td rowspan="3">6058</td><td rowspan="3">19′10″　1/2</td><td rowspan="3">2438</td><td rowspan="3">8′</td><td>2591</td><td>8′6″</td><td rowspan="3">30480</td><td rowspan="3">67200</td></tr>
<tr><td>1C</td><td>2438</td><td>8′</td></tr>
<tr><td>1CX</td><td><2438</td><td>—</td></tr>
<tr><td>1D</td><td rowspan="2">2991</td><td rowspan="2">9′9″　3/4</td><td rowspan="2">2438</td><td rowspan="2">8′</td><td>2438</td><td>8′</td><td rowspan="2">10160</td><td rowspan="2">22400</td></tr>
<tr><td>1DX</td><td><2438</td><td><8′</td></tr>
</table>

3. 地区标准集装箱

此类集装箱标准，是由地区组织根据该地区的特殊情况制订的，此类集装箱仅适用于该地区。如根据欧洲国际铁路联盟(VIC)所制订的集装箱标准而建造的集装箱。

4. 公司标准集装箱

某些大型集装箱船公司，根据本公司的具体情况和条件而制订的集装箱船公司标准，这类箱主要在该公司运输范围内使用。如美国海陆公司的 35 ft 集装箱。

此外，目前世界上还有不少非标准集装箱。如非标准长度集装箱有美国海陆公司的 35 ft 集装箱、总统轮船公司的 45 ft 及 48 ft 集装箱；非标准高度集装箱，主要有 9 ft 和 9.5 ft 两种高度集装箱；非标准宽度集装箱有 8.2 ft 宽度集装箱等。由于经济效益的驱动，目前世界上 20 ft 集装箱总重达 24 集装箱的越来越多，而且普遍受到欢迎。

2.1.3 集装箱的种类

随着集装箱运输的发展，为适应装载不同种类货物的需要，因而出现了不同种类的集装箱。这些集装箱不仅外观不同，而且结构、强度、尺寸等也不相同。根据集装箱的用途不同而分为以下几种。

1. 干货集装箱(Dry Cargo Container)

也称杂货集装箱，这是一种通用集装箱，用以装载除液体货、需要调节温度货物及特种货物以外的一般件杂货。这种集装箱使用范围极广。常用的有 20 ft 和 40 ft 两种。其结构特点是常为封闭式，一般在一端或侧面设有箱门。

2. 开顶集装箱(Open Top Container)

也称敞顶集装箱，这是一种没有刚性箱顶的集装箱，但有由可折式顶梁支撑的帆布、塑料布或涂塑布制成的顶篷，其他构件与干货集装箱类似。开顶集装箱适于装载较高的大型货物和需吊装的重货。

3. 台架式及平台式集装箱(Platform Based Container)

台架式集装箱是没有箱顶篷和侧壁，甚至有的连端壁也去掉而只有底板和四个角柱的集装箱。

台架式集装箱有很多类型。它们的主要特点是：为了保持其纵向强度，箱底较厚。箱底的强度比普通集装箱高，而其内部强度则比一般集装箱低。在下侧梁箱角件上设有系环，可把装载的货物系紧。台架式集装箱没有水密性，不能装运怕水湿的货物，适合装载形状不一的货物。

台架式集装箱可分为：敞侧台架式、全骨架台架式、有完整固定端壁的台架式、仅有固定角柱和底板的台架式等。

平台式集装箱是仅有底板而无上部结构的载长、重大件的集装箱。

4. 通风集装箱(Ventilated Container)

通风集装箱一般在侧壁或端壁上设有通风孔，适于装载不需要冷冻而需通风、防止潮湿的货物，如水果、蔬菜等。如将通风孔关闭，可作为杂货集装箱使用。

5. 冷藏集装箱(Reefer Container)

冷藏集装箱是专为运输要求保持一定温度的冷冻货或低温货而设计的集装箱。目前国际上采用的冷藏集装箱基本上分为两种：一种是集装箱内带有冷冻机的机械式冷藏集装箱(又称内置式冷藏集装箱)；另一种是集装箱内没有冷冻机而只有隔热结构的离合式冷藏集装箱(又称为外置式冷藏集装箱)，适用装载肉类、水果等货物。冷藏集装箱造价较高，营运费用较高，使用中应注意冷冻装置的技术状态及箱内货物所需的温度。

6. 散货集装箱(Bulk Container)

散货集装箱除了有箱门外，在箱顶部还设有 2～3 个装货口。适用于装载粉状或粒状货物。使用时要注意保持箱内清洁干净，两侧保持光滑，便于货物从箱门卸货。

7. 动物集装箱(Pen Container)

这是一种专供装运牲畜的集装箱。为了实现良好的通风效果，箱壁用金属丝网制造，侧壁下方设有清扫口和排水口，并设有限食装置。

8. 罐式集装箱(Tank Container)

这是一种专供装运液体货而设置的集装箱，如酒类、油类及液状化工品等货物。它由罐体和箱体框架两部分组成，装货时货物由罐顶部装货孔进入，卸货时，则由排货孔流出或从顶部装货孔吸出。

9. 汽车集装箱(Car Container)

这是专为装运小型轿车而设计制造的集装箱,可装载一层或两层小轿车。

由于集装箱在运输途中常受各种力的作用和环境的影响,因此集装箱的制造材料要有足够的刚度和强度,应尽量采用质量轻、强度高、耐用、维修保养费用低的材料,并且材料既要价格低廉,又要便于取得。

目前,世界上广泛使用的集装箱按其主体材料分类为:

1. 钢制集装箱

其框架和箱壁板皆用钢材制成。最大优点是强度高、结构牢、焊接性、水密性好、价格低、易修理、不易损坏,主要缺点是自重大、抗腐蚀性差。

2. 铝制集装箱

铝制集装箱有两种:一种为钢架铝板;另一种仅框架两端用钢材,其余用铝材。主要优点是自重轻、不生锈、外表美观、弹性好、不易变形。主要缺点是造价高,受碰撞时易损坏。

3. 不锈钢制集装箱

一般多用不锈钢制作罐式集装箱。不锈钢集装箱主要优点是强度高、不生锈,防腐性好,缺点是投资大。

4. 玻璃钢制集装箱

玻璃钢制集装箱是在钢制框架上装上玻璃钢复合板构成的。主要优点是隔热性、耐化学腐蚀性均较好,强度大,刚性好,能承受较大应力,易清洁,修理简便,集装箱内容积较大等;主要缺点是自重较大,造价较高。

2.1.4 集装箱的结构与强度

集装箱的结构,根据制造材料及用途不同而有不同的形式,通用集装箱各构件,见图 2-2 及图 2-3。

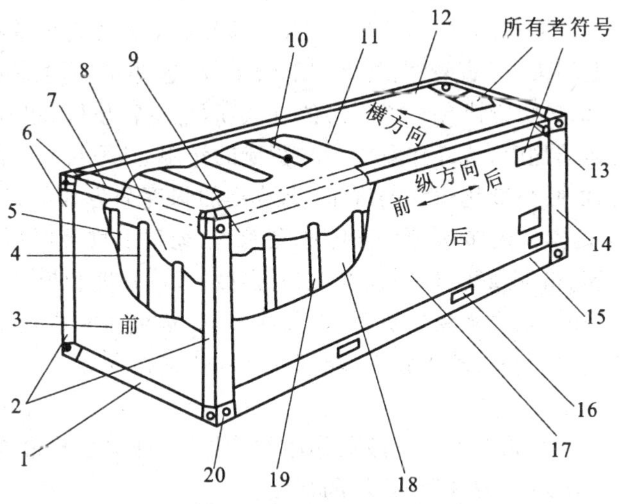

图 2-2 集装箱各构件名称(一)

1—下横梁;2,14—角柱;3—端壁;4—端柱;5—端壁板;6—端框架;7—上横梁;8—端壁内衬板;9—侧壁内衬板;10—顶梁;11—顶板;12—箱顶;13—上桁材;15—下桁材;16—叉槽;17—侧壁;18—侧壁板;19—侧壁柱;20—角配件

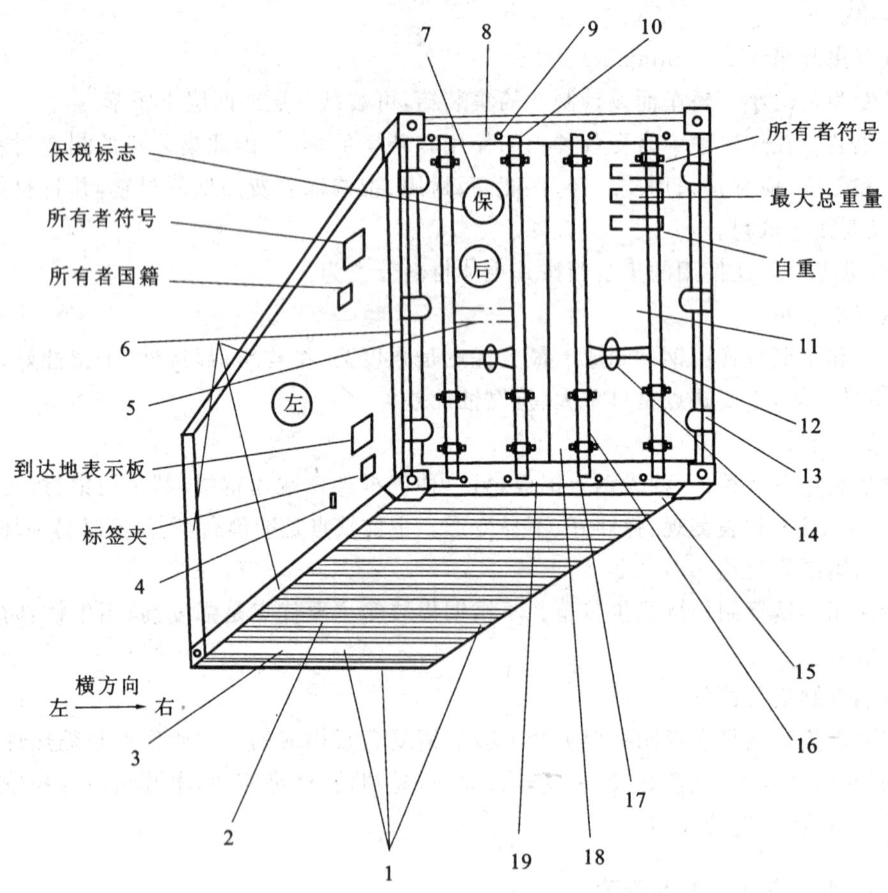

图 2-3　集装箱各构件名称(二)

1—箱底结构;2—底横梁;3—箱底;4—门钩扣槽;5—箱门横构件;6—侧框架;7—门板;8—门楣;9—门锁凸轮;10—凸轮托座;11—端门;12—门锁链;13—门锁把手;14—把手锁;15—门槛;16—门锁杆;17—门锁杆托架;18—门钩;19—门底缘材

通用集装箱是一个矩形箱体,由两部分组成:一部分是承受货物重量和冲击等外力的主要构件,其中包括角柱、上端梁、下端梁、上侧梁和下侧梁等,这些主要构件都采用高强度材料制造;另一部分主要用于保护货物避免日晒雨淋的外表面,包括箱顶板、侧壁、端壁和箱门等。

集装箱由于承受运输途中、装卸作业等各种载荷的作用,必须具有既能保护货物又能承受外力的足够强度,根据国际标准化组织的规定,集装箱的强度分为外部强度和内部强度两种。外部强度是指满载的集装箱在移动、换装时,或在舱内、场地上堆装时所受的外部载荷,主要有:堆码强度、吊装强度、箱顶强度、栓固强度、系紧强度、叉槽强度和抓臂起吊槽强度等。内部强度是指货物装在箱内时,箱底承受的负荷,以及在装卸、运输过程中所受的外力使货物对侧壁或端壁所产生的负荷,主要有:箱底强度、端壁强度和侧壁强度等。

1. 集装箱的外部强度

1)堆码强度。要求集装箱在考虑动载荷作用的条件下,即集装箱最大总重量增加 80%的情况下,能承受上面堆码 5 层(或 6 层)重箱的强度。

2)起吊强度。根据起吊方法的不同,吊顶角时,利用集装箱吊具把四角吊起,要求每个角件具有 2×总重/4 的强度;吊底角时,应使起吊力平行于箱壁,要求吊索中心线与底角件外侧的距离不大于 38 mm,不能触及箱体的任何部位,还要求吊索与水平面有一定角度,见表 2-3。

表 2-3 各式集装箱最小夹角

集装箱类型	1AA,1A,1AX	1BB,1B,1BX	1CC,1C,1CX	1D,1DX
最小夹角	30°	37°	45°	60°

3)箱顶强度。集装箱箱顶的任何部位应能承受工人聚在一起作业,即在 300 mm × 600 mm 的面积上能承受 300 kg 的均布载荷。

4)栓固强度。要求平均每个角件能承受 1 个总重的载荷。

5)系紧强度。如集装箱在船上是纵向装载,则其横向水平作用力每个顶角件平均为 150 kN,如是横向装载的,则其纵向水平作用力每个顶角件平均为 75 kN。

6)叉槽强度。外叉槽每根槽的强度应能承受 147 kN(15 tf)的载荷,内叉槽/6 根槽的强度应能承受 735 kN(75 tf)的载荷。

7)抓臂起吊槽强度。抓臂起吊槽应能承受的载荷为 294 kN(30 tf)。

2. 内部强度

1)箱底强度。集装箱的箱底,不仅要求能承受均匀货载,而且要能允许超重量 2.5 t 左右的叉车进入箱内作业而不损坏箱底。

2)端壁强度。装在集装箱内的货物,在运输及搬运过程中,由于急刹车而使货物靠在端壁或箱门上时,端壁和箱门要能承受一定的载荷,端壁应能承受 735 kN 的负荷即每平方米上承受 1372 kN 的负荷。

3)侧壁强度。由于船舶横摇而使货物靠在侧壁上时,要求侧壁能承受 109.8kN 负荷,即平均每平方米上应能承受 7.8kN 的负荷。

2.1.5 集装箱的标记

为了便于对集装箱在流通和使用中进行识别和管理、便于单据编制和信息传输,所以国际标准化组织制订了集装箱标记标准,此标准即《集装箱—代码、识别和标记》(ISO 6346—1995)。

国际标准化组织规定的标记有必备标记和自选标记两类,每一类标记中又分识别标记和作业标记。

有关识别标记在集装箱上的位置,见图 2-4。

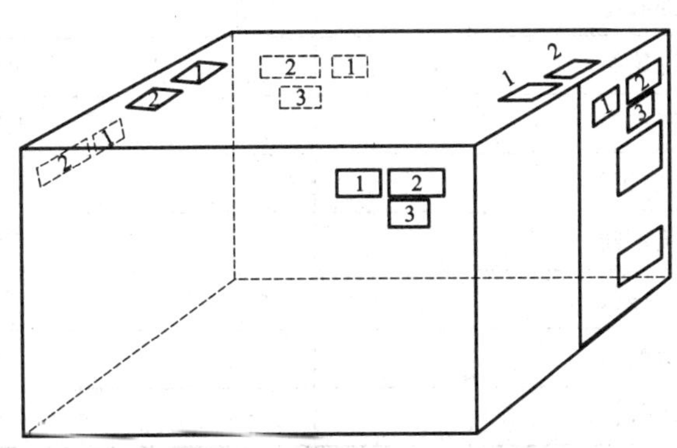

图 2-4 集装箱识别标记位置示意图

1—箱主代号;2—箱号或顺序号、核对数字;3—集装箱尺寸及类型代码

1. 必备标记

1)识别标记。它包括箱主代号、设备识别代号、顺序号及核对数字组成。

(1)箱主代号。箱主代号是集装箱所有人向国际集装箱局登记注册的三个大写的拉丁文字母表示,比如中远集团自有箱的箱主代号之一是“COS”。为避免箱主代号出现重号,在使用代号之前箱主应向国际集装箱局(BIC)登记注册,国际集装箱局每半年公布一次在册的箱主代号一览表,表 2-4 所列为世界部分船公司和租箱公司的箱主代号。

表 2-4　世界部分船公司和租箱公司的箱主代号

公司名称	箱主代号
东方海外	OOL
日本邮船	NYK
以星轮船	ZIM
马士基	MSK
太平船务	PIL
阳明海运	YML
赫伯罗特	HLC
万海航运	WHL
中国远洋	COS
三井商船	MOL
南美轮船	NOR
马来西亚国际船运	MIS
澳大利亚国航	ANL
现代商船	HMM
达飞轮船	CMA
长荣海运	EGL
中海集团	CSC
韩进海运	HJS
总统轮船	APL
川崎汽船	KKL
阿拉伯轮船	UAL
南美轮船	CSV
阿联酋航运	ESL
运达航运	IAL
边行	BEN

(2)设备识别代号。识别代号是紧接着箱主代号的第四位字母,用以表示集装箱的类型,最常见的是“U”,用于表示所有常规的集装箱。另外“J”表示带有可拆卸的集装箱,“Z”表示集装箱的拖车和底盘车。

这与 1981 年旧标准有所区别，在旧标准中，箱主代号是四位字母组成，箱主代号中即已经包括设备识别代号。

(3)顺序号，又称箱号，由 6 位阿拉伯数字组成。如有效数字不足 6 位时，则在有效数字前用“0”补足 6 位，以区别于同一箱主的集装箱，如“000789”。

(4)核对数字。核对数字是用来核对箱主代号和顺序号记录是否准确的依据。它位于箱号后，以一位阿拉伯数字加一方框表示。核对数字是在集装箱的数据记录或者计算机处理时用于验证箱主代号、设备识别代号和顺序号是否正确的一位数字，具体计算方法如下：

①从表 2-5 中按顺序取出箱主代号中的每一个字母和顺序号中每一个数字的等效数值；

②将每一个有效数值分别按次序乘以 $2^0 \sim 2^9$ 的加权系数；

③将所有的乘积相加，将总和除以模数 11，所得余数即为核对数，余数 10 的核对数为 0。

表 2-5　箱主代号等效数值表

顺序号	箱主代号			
数字/等效数值	字母	等效数值	字母	等效数值
0	A	10	N	25
1	B	12	O	26
2	C	13	P	27
3	D	14	Q	28
4	E	15	R	29
5	F	16	S	30
6	G	17	T	31
7	H	18	U	32
8	I	19	V	34
9	J	20	W	35
	K	21	X	36
	L	23	Y	37
	M	24	Z	38

例：某集装箱的箱主代号、设备识别代号和顺序号为 TRIU583888，核对数字是 0，检验其箱主代号和顺序号是否有误。

列表计算如表 2-6 所列。

表 2-6　集装箱箱主代号与顺序号之间的计算

序号	项目	箱主代号及设备识别码				顺序号						合计
		T	R	I	U	5	8	3	8	8	8	
1	等效值	31	29	19	32	5	8	3	8	8	8	8117
2	加权数值	1	2	4	8	16	32	64	128	256	512	
3	乘积	31	58	76	256	80	256	192	1024	2048	4096	
4	余数	10										

2)作业标记。它包括以下三个内容：

(1)额定重量和自重标记。额定重量即集装箱总重，自重即集装箱空箱质量(或空箱重量)，ISO668 规定应以千克(kg)和磅(lb)同时表示。

(2)空陆水联运集装箱标记。由于该集装箱的强度仅能堆码两层，因而国际标准化组织对该集装箱规定了特殊的标志，见图 2-5。该标记为黑色，应置于侧壁和端壁的左上角，并规定标记的最小尺寸为：高 127 mm，长 355 mm，字母标记的字体高度至少为 76 mm。

(3)登箱顶触电警告标记。该标记为黄色底上作黑色三角形，一般设在罐式集装箱上和位于邻近登箱顶的扶梯处，以警告登梯者有触电危险，该标记见图 2-6。

图 2-5　空陆水联运集装箱标记

图 2-6　登箱顶触电警告标记

(4)超高标记。凡高度超过 8.5 ft(2.6 m)的集装箱必须标出超高标记。如图 2-7 所示，该标记表明超高实际高度为 9.5 ft，合公制 2.9 m。

2. 自选标记

自选标记同样有识别标记和作业标记之分，新旧标准也存在较大的差异。旧标准中，识别标记包括国家代号、尺寸及类型代号；作业标记包括超高标记与国际集装箱联盟标记。新标准中，识别标记中取消了国家代号，只保留了尺寸及类型代号，分别用两位数字表示；作业标记中超高标记划入到必备标记中，保留了国际铁路联盟标记，同时还增加了“最大载重量”标记。

图 2-7　超高标记

1)识别标记。它包括：

(1)尺寸代号。尺寸代号以两个字符表示，第一个字符表示箱长：其中 10 ft 箱长代号为“1”；20 ft 箱长代号为“2”；30 ft 箱长代号为“3”；40 ft 箱长代号为“4”。特殊箱长的集装箱用英文字母表示。第二个字符表示箱高，具体代号如表 2-8 所示：在标准宽度为 8 ft(2.44 m)的情况下，如果箱高为 8 ft 高，那么代号为“0”；8 ft 6 in 高代号为“2”；9 ft 高代号为“4”；9 ft 6 in 高代号为“5”；高于 9 ft 6 in，代号为“6”；半高箱(箱高 4 ft 3 in)代号为“8”；低于 4 ft，代号为“9”，具体情况见表 2.7。另外，用英文字母反映箱宽不是 8 ft 的特殊宽度集装箱。

表 2-7　集装箱尺寸箱高代号表

箱高	代号
8 ft	0
8 ft 6 in	2
9 ft	4
9 ft 6 in	5
>9 tf 6 in	6

续表 2-7

箱高	代号
4 ft 3 in	8
<4 ft	9

(2)类型代号。类型代号可反映集装箱的用途和特征。类型代号原用 2 个阿拉伯数字表示,1995 年改为用 2 个字符表示。其中第一个字符为拉丁字母,表示集装箱的类型。如:G(General)表示通用集装箱;V(Ventilated)表示通风集装箱;B(Bulk)表示散货集装箱;R(Reefer)表示保温集装箱中的冷藏集装箱;H(Heated)表示集装箱中的隔热集装箱;U(Up)表示敞顶集装箱;P(Platform)表示平台集装箱;T(Tank)表示罐式集装箱;A(Air)表示空陆水联运集装箱;S(Sample)表示以货物命名的集装箱。第二个字符为阿拉伯数字,表示某类型集装箱的特征,通用集装箱的类型代号如表 2-8 所示。

表 2-8 通用集装箱的类型代号表

箱型代码	主要特征
G0	一端或两端有箱门
G1	货物的上方有透气罩
G2	一端或两端设有箱门,并且在一侧或两侧亦设“全开式”箱门
G3	一端或两端设有箱门,并且在一侧或两侧亦设“局部”箱门
G4	备用号
G5	备用号
G6	备用号
G7	备用号
G8	备用号
G9	备用号

例如:22G1 指箱长为 20 英尺(6068 mm),箱宽为 8 英尺(2438 mm)和箱高为 8 英尺 6 英寸(2591 mm),上方有透气罩的通用集装箱。

2)作业标记。这类标记有:

(1)国际铁路联盟标记。国际铁路联盟标记如图 2-8 所示。国际铁路联盟标记中方框上部的“i”和“c”表示国际铁路联盟。方框下面数字是表示各个国际铁路联盟成员的代码,例如 81 代表德国,87 代表法国,70 代表英国,33 代表中国等。

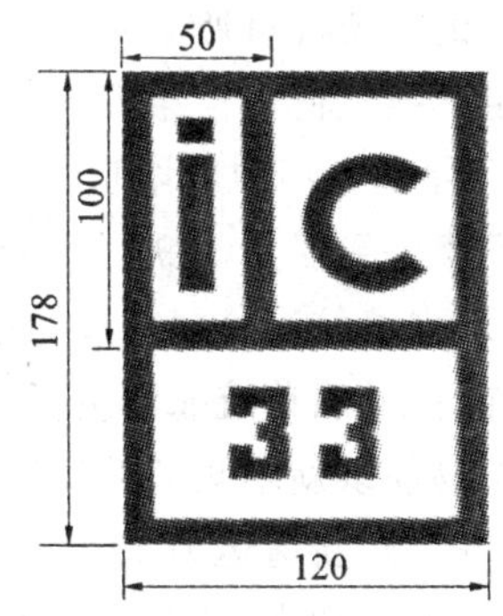

图 2-8 国际铁路联盟标记

(2)最大载重量标记。

2.2 集装箱运输船舶

随着国际贸易量的不断增长,国际集装箱海运量不断增加,集装箱运输船舶得到了快速发展。集装箱船型由1957年的"盖脱威城"号发展到现在的全集装箱船、滚装船、载驳船等,集装箱船舶日趋高速化、大型化。

就单船规模而言,集装箱运输船舶从出现到今天不过短短五十多年时间,然而其规模已从最初700～1000箱左右发展为13000箱以上。第一、二代新建集装箱船同时从1968年开始出现。1973年后第一代集装箱船发展最快,在1976—1979年间进入成熟期,艘数比例和箱位量比例分别在1977年和1979年达到自身的最高峰,为56.7%和25.5%,是这一时期集装箱船的主流船型。同一时期,第二代和第三代集装箱船发展缓慢。1978年后,第二代集装箱船开始加快发展,很快在1980—1984年间进入成熟期,艘数和箱位量比例基本保持在41%和60%左右,是其自身发展的最高水平,为这一时期集装箱船的主流船型。这一期间,第一代集装箱船度过成熟期,所占比例开始下降。第三代集装箱船仍发展缓慢,其艘数和箱位量比例继续有所降低。第三代集装箱船,虽然始建于1972年,但到1983年年底,该型船总量仍很少,艘数不足当时总艘数的10%,箱位量仅占总箱位量的16.3%,直至1984年才开始批量建造。第三代集装箱船在1972—1983年这长达12年的时间里发展缓慢,原因是设计制造技术需要继续完善,使用定位还不够明确,营运效益不太明显,其艘数和箱位量比例均呈下降趋势,可谓导入期漫长。但到1984年,随着国际集装箱运输的发展,情况开始有所改变,发展前景较好,从而进入成长期,在1988—1994年间为其成熟阶段,箱位量和艘数所占的比例分别在1988年和1994年间达到自身发展的最高峰,为29.1%和142%,成为当时集装箱船的主流船型。第四代集装箱船可分为两类:一类为巴拿马型船,船舶的几何尺度(船长、船宽、吃水)都达到了巴拿马运河所能允许的极限值;另一类是早期的超巴拿马型船。第四代集装箱船自1988年问世后,迅速进入成长期,到1995年第五代集装箱船出现后才放慢增长速度,逐渐进入成熟期,设计制造技术逐渐完善,船型与船公司的经营方式和经营水平最为适应,在各航线上的使用已很普遍,营运效益稳定,是这阶段的主流船型。这时,第一代到第三代集装箱船在集装箱远洋运输中的重要性有所下降,原因是已落后于规模经营的要求、营运成本相对较高,仅局限在某些特定航线上使用。第五代集装箱船始建于1995年,之后发展迅速,其数量急剧上升。1995—1997年的3年中新增超巴拿马型第五代集装箱船48艘,总箱位量达26.6万TEU。第六代超大型集装箱船从1997年问世以来在整个箱位量中的比例一直持续快速地增长。2006年5月,地中海航运公司新造的第七代全集装箱巨轮——9178标准箱的MSC Chicago(地中海·芝加哥)号船首航靠泊厦门国际货柜码头,参与地中海航运公司欧洲航线的营运。2010年全球贸易航线新增集装箱船舶248艘,新增运力130万TEU;2011年全球贸易航线新增集装箱船266艘,新增运力110万TEU,截至2012年3月6日,全球贸易航线共有集装箱船9677艘,运力总计为16674227 TEU;已订造集装箱船392艘,运力总计为2851844 TEU。全球新增集装箱船舶中,单船运力超过8000 TEU的所谓巨型集装箱船舶运力之和2010年达到620550 TEU,将近当年新增集装箱船舶运力之和的一半。表2-9为集装箱船舶变迁表,表2-10为2005—2010年世界投入的大型集装箱船舶。

表 2-9 集装箱船舶变迁表

	Ⅰ	Ⅱ	Ⅲ	Ⅳ	Ⅴ	Ⅵ	Ⅶ	Ⅷ	Ⅸ
	最早期	大型高速	节省能源	超大型	超巴拿马型	极大型	极大型	超级大型	马士基3E级
	20世纪60年代后期	20世纪70年代	20世纪70年代末期至20世纪80年代早期	20世纪80年代末期	20世纪90年代初期	20世纪90年代末期	1997年至2002年	21世纪初期	2010年以来
TEU	752	1887	2464	4626	4340	6418	7060	13000	18000
总长度(m)	187.0	263.3	247.4	281.6	260.8	302.3	331.5	365.0	400.0
宽度(m)	26.0	32.2	32.2	32.25	39.4	42.8	42.8	55.0	59.0
吃水深度(m)	10.5	11.5	13.2	13.5	12.5	14.0	14.5	15.0	14.5
GT总吨	16240	37799	52615	53800	50206	81488	91560	150000	165000
动力(千瓦)	27800	69600	34840	49640	59960	74640	74555	—	
航速(节)	22.6	26.0	19.5	24.5	24.2	25.0	26.4	—	25.0
经营者(年份)	NYK (1968)	MOL (1973)	Safinarine (1979)	Hapag Lloyd (1991)	APL C-10 (1988)	Maersk (1997)	Maersk (1997)	— (2005)	Maersk (2011)

(资料来源:MOMAF,Korea,2003 高雄港务局)

表 2-10 2005—2011 年世界投入的 8000TEU 以上大型集装箱船舶和运力统计

年份	8000 TEU 以上	运力(万 TEU)
2006	62 艘	55.2
2007	38 艘	36.1
2008	49 艘	45.5
2009	36 艘	35.2
2010	63 艘	68.0
2011	70 艘	77.2

(资料来源:黄竞,《2011 年国际集装箱运输市场回顾及未来展望》,世界海运,2012,3)

2.2.1 集装箱船的种类

1. 全集装箱船

又称集装箱专用船,是一种专门用于装载集装箱的船舶,在海上能安全有效地大量运送集装箱,服务于班轮航线,往往定期航行于世界各主要集装箱港口。按照装卸集装箱的方式不同,它又可分为:

1)吊装式全集装箱船

其集装箱的装卸方式是吊上吊下,装卸效率高,依靠集装箱码头岸上装卸机械作业,大多数集装箱船不设装卸设备。全集装箱船一般为大开口单甲板船,船舱内设置格栅结构,以固定集装箱，防止集装箱在运输途中发生前、后、左、右方向移动，以保证航行安全和货物质量。一般每一箱格可堆 4～7 层同一规格的集装箱，最多可达 9 层。船侧设有边舱，可供装载燃料或作压载用。甲板上设置了能装载多层集装箱的特殊结构。集装箱船多采用尾机型或偏尾机型。第一代至第七代集装箱船舶代表船型情况见表 2-11。

表 2-11　第一代至第七代集装箱船舶代表船型

船舶情况 / 代别	船长 (m)	船宽 (m)	吃水 (m)	载荷量 (TEU)	载重量 (t)	备注
第一代	170	25	8	700～1000	10000	
第二代	225	29	11	1000～2000	15000～20000	
第三代	275	32	12	2000～3000	30000	
第四代	295	32	＞12	3000～4000	40000～50000	
第五代	280	39.8	设计吃水 12.5 结构吃水 14	4000 以上	68950	以鲁河号为例
第六代	320	42.9	14.5	7500	100000	以上海快航为例
第七代	365.5	51.2	15.5	13346	157092	以“达飞哥伦布”轮为例

全集装箱船外观见图 2-9。集装箱船箱格结构见图 2-10。

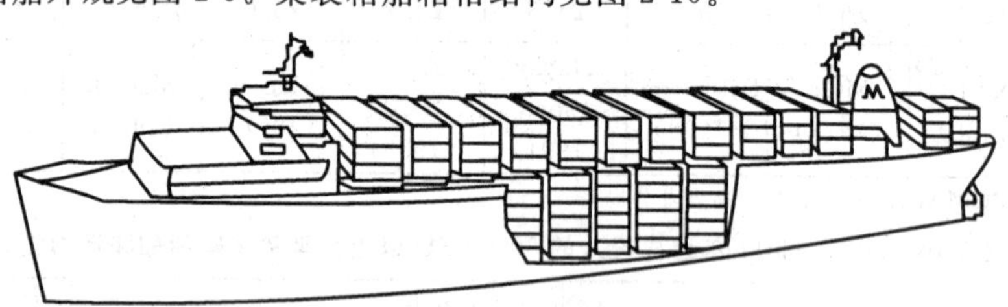

图 2-9　全集装箱船

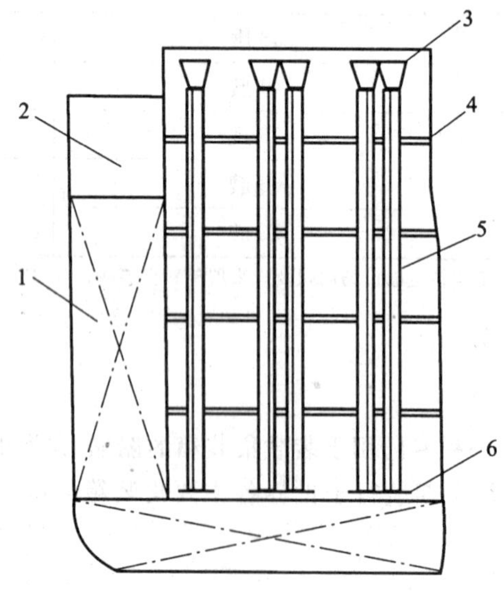

图 2-10　集装箱船箱格结构

1—边舱；2—甲板下通道；3—导口；4—横向系材；5—导柱；6—局部加强垫板

2)滚装船(滚装式集装箱船)

滚装式集装箱船是由汽车轮渡发展起来的一种专用船舶。自 1957 年美国太阳造船公司建造世界第一艘滚装船至今已五十多年,滚装运输方式发展很快,它具有以下优点:滚装船码头设备简单,投资少;由于带轮滚装,车辆从船上直接开上开下,比吊装式集装箱船的装卸效率高;适应各种货物运输,通用性较大等。主要的缺点是舱容利用率低,造价高,运输成本比吊装式集装箱船高等。适用于沿海或近洋短途航线。滚装式集装箱船的主要结构特点是:

(1)该船为多层甲板型,在各层甲板上都设有固定集装箱用的拴固装置,为便于滚动方式装卸需要及车辆在舱内运行的方便,上下货舱均不设横舱壁,各层甲板之间的交通采用升降机或斜坡道连通;

(2)滚装船在船尾,或船首,或船侧设有开口,开口处的水密门有的兼作跳板,有的则另设跳板,以满足船岸装卸作业滚上滚下的需要;

(3)滚装船由于结构及装卸船作业等原因,船舶稳性变化较大,为解决船舶倾斜和摇摆问题,需设置足够的压载及减摇装置。

滚装式集装箱船见图 2-11。

图 2-11　滚装式集装箱船

2. 半集装箱船

所谓半集装箱船,是指把船体中部最适于装载集装箱的货舱安装格栅装置后,作为集装箱专用舱,其余船舱因形状不规则,若用于装载集装箱势必浪费舱容,故作为杂货舱。

由于集装箱与杂货混装于一船,有时既需停靠集装箱码头又需停靠杂货码头进行装卸作业,因此与全集装箱船相比,半集装箱船营运效率较低,也增加了港口使用费。但是,对于那些适箱货源不足而有大批钢材等重件货的航线，或因港口设施不能装卸全集装箱船的航线，半集装箱船有其独特的优越性。

在世界船队中，半集装箱船的比重逐年下降，仅在某些特殊航线中采用。

3. 多用途船

多用途船通用性强，使用范围广，一般是以某一干货为主，兼运其他干货。近年建造的多用途船主要有以载运集装箱为主的，有以运输重大件、超长件为主的，有兼运集装箱及重货的，有的还可兼运散货，总之出现了各种类型的多用途船。

虽然多用途船运输某一类货物不如专用船舶效率高、成本低，但是，在航线货种多、变化大、货源不稳定的情况下，由于其适应性强，揽货能力高，并可减少回空及待泊，提高船舶的航行率。利用多用途船运输集装箱，既可节约船舶投资又可减少集装箱码头投资，所以多用途船仍得到较快发展。

多用途船航速一般不太高，在 15～16 kn，多用途船常设有起重设备，起重能力一般为 20 t 左右，也有的多用途船根据需要设置有起重能力为 40～50 t 不等的重型吊杆。一般载重量为 2 万吨左右。

4. 载驳船(子母船)

载驳船是由母船与载重量为 150～800 t 的箱形驳船组成，世界第一艘载驳船于 1969 年由日本为挪威船主建成，航行于墨西哥湾至欧洲航线。各种货物或集装箱装到箱形驳船上(子驳)，驳船在港内(码头或锚地)装完货后，用母船的起重设备装到母船上，母船把子驳运至目的地后，卸下子驳，子驳可被拖运至母船无法通行的航道和无法停靠的码头。待驳船卸下货物或集装箱，装上回程货物及集装箱，被拖轮拖至指定水域，然后再将子驳装到载驳船上去，运往目的地。

载驳船根据其装卸子驳的方式不同，可分为普通载驳船(“拉西”型)、海蜂式载驳船(“西比”型)及浮坞式载驳船(“巴可”型)等。

1)普通载驳船

这是一种最主要的载驳船。其主要特点表现在：它是一种单层甲板、无双层底的尾机船。舱内为分格结构，设驳船格栅和导柱，驳船顺着垂直导轨装入并固定在舱底，舱内最多可堆装 4 层子驳，甲板上堆装两层。为便于装卸驳船，在甲板上沿两舷设置轨道，并有可沿轨道纵向移动的门式起重机，以便起吊子驳进出货舱。

2)海蜂式载驳船

这种载驳船是一种双舷、双底、多层甲板船。甲板上沿纵向设运送子驳的轨道，尾部设升降井和升降平台(升降机)，其起重量可达 2000 t。子驳通过尾部升降平台进出母船而不是用门式起重机吊装进出母船，当子驳被提升至甲板同一水平面后，用小车将驳船滚动运到指定位置停放。

3)浮坞式载驳船

这种载驳船的主要特点是：子驳进出母船，既不是用门式起重机吊进、吊出，也不是利用升降平台的升降进出母船，而是利用载驳船(母船)沉入一定水深，用浮船坞方式将驳船(子驳)浮进、浮出进行装卸和运输。

以上三种载驳船，以普通载驳船应用最多。载驳船的主要缺点是船舶造价高，经济效益较差；子驳深入内地河流，因而子驳的管理也较困难。

“拉西”型普通载驳船见图 2-12。

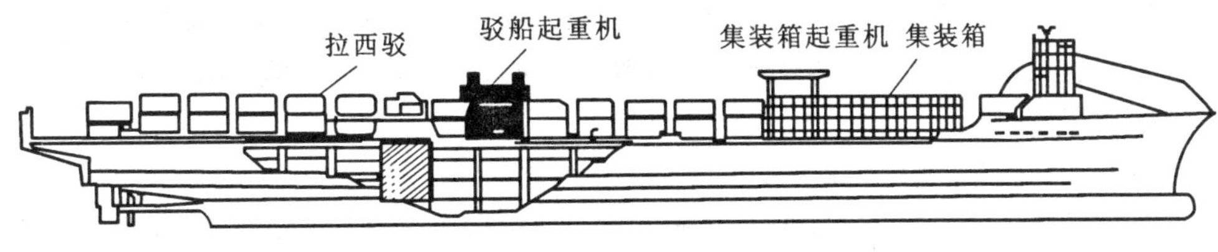

图 2-12　普通载驳船

2.2.2　集装箱船的特点

集装箱船与传统货船相比，具有以下特点。

1. 船舶吨位大

集装箱船以其载运能力强、船舶吨位大在运输市场上占有重要的地位。一方面，集装箱船舶除承载运输货物外，还需承载货物的容器“集装箱”的重量，另一方面，由于集装箱投资巨大，而集装箱船舶大型化能实现运输生产的规模经济，从而降低单位运营成本。以远洋船舶为例，远洋的杂货船总载重量一般为 10000～14000 t，也有的杂货船可以达到 20000 t，而巴拿马型集装箱船(载箱量为 4000 TEU)的载重量就已经达到 40000 t。

表 2-12　2011 年 1 月 14 日之前下单和 2012—2014 年预计下单的全球集装箱船舶订造运力动态

(单位：TEU)

订单年份	3000 TEU 以下	3000～5999 TEU	6000～7999 TEU	8000 TEU 以上	合计
2011	110739	284249	139792	623860	1243263
2012	24360	155698	119610	764911	1202949
2013	13814	40500	7450	147200	230590
2014	—	—	—	95432	106832
合计	148913	480447	266852	1631403	2783634

(资料来源：集装箱运输，2011.2)

从表 2-12 可以看出，截至 2011 年 1 月 14 日，全球新增一批单船运力超过 8000 TEU 的集装箱船舶订造单，其订单运力之和为 160 多万 TEU，相当于全球集装箱订单运力之和的一半，或者相当于目前全球集装箱船队总运力的 13%。究其原因，主要是船舶吨位的大小对运输成本影响较大，虽然船舶总运输成本随吨位的增加而增加，但每吨船的单位运输成本随船舶吨位的增加而减少。并且集装箱船的装卸效率大大高于干货船，因此增加船舶吨位，其经济性是显而易见的。

2. 功率大、航速高

由于集装箱船装卸效率高，在港停留时间大大缩短，且集装箱所装载的货物，多为价高、较贵重的货物，如提高航速，有利于加速船舶周转，提高竞争能力。同时，集装箱船如以班轮形式运行，要求严格遵守班期，需要具有较大的储备功率。因此，集装箱船比普通干货船功率大、航速高。目前国外普通货船平均航速为 14～16 kn，而集装箱船的平均航速为 18～23 kn，也有高达 30 kn 以上的。

3. 货舱开口大，货舱尺寸规格化

集装箱船一般为大开口单甲板船，为了方便集装箱的装卸和充分利用舱容，集装箱船的舱口基本上与货舱一样宽窄。由于舱口上要堆放数层集装箱，要求舱口盖具有足够强度。集装箱船与普通货船相比，舱口要宽30％～50％，舱口长60％～80％。舷侧设有边舱，可供装压载燃料或作压载用。

4.船体形状比较“瘦削”

因集装箱船航速高，所以其方形系数较小。考虑到集装箱船属布置型船，舱容利用率较低，因此选取合理的船舶主尺度比值对提高航行性能相当重要，一般船体形状比较“瘦削”。

5.稳性要求较高

由于集装箱船甲板上装箱量较大，且甲板箱装得越多越经济，主要目的是提高船舶载重量利用率，一般甲板上装箱数占全船装箱总数的20％～50％。因此满载的重心高度比普通货船大得多，初稳性高度较小。同时也使受风面积增加，风压力臂增大，对稳性产生不利影响，在风浪中横摇加剧，影响操纵性。所以，集装箱船需要大量压载，以提高船舶在各种吃水状态条件下的稳性。

集装箱船的布置情况见图2-13。

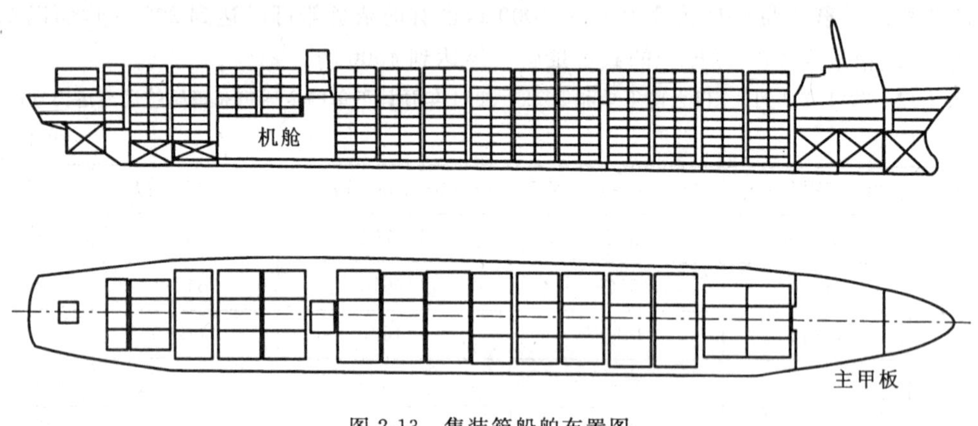

图2-13 集装箱船舶布置图

2.3 集装箱码头

2.3.1 集装箱码头的特点和要求

集装箱码头是水陆联运的枢纽，是集装箱运输系统的重要组成部分，是各种运输方式衔接的换装点及集装箱的集散地。因此，集装箱码头在整个集装箱运输过程中，具有重要地位和作用。做好集装箱码头的各项工作，对于加速车、船和集装箱周转，降低运输成本，提高运输效率和运输效益，均具有极其重要的意义。

随着集装箱运输的迅速发展，世界“集装箱化”的比例不断提高，集装箱运量不断上升，集装箱船舶日趋大型化和高速化。因而要求集装箱码头实现装卸作业高效化、自动比，管理工作现代化、标准化和规范化，以加速车、船、箱的周转，降低运输成本，提高整个集装箱运输系统的营运效益和综合社会效益。为满足集装箱运输对集装箱码头的要求，世界各国港口快速发展集装箱专用码头，设置了现代化的硬件及软件系统。集装箱码头应满足以下要求：

(1)具备设计船型所需的泊位、岸线及前沿水深和足够的水域,保证船舶安全靠离;

(2)具备码头前沿所必需的宽度、码头纵深及堆场所必需的面积,具有可供目前及发展所需的广阔的陆域,保证集装箱堆存、堆场作业及车辆通道的需要;

(3)具备适应集装箱装卸船作业、水平运输作业及堆场作业所必需的各种装卸机械及设施,以实现各项作业的高效化;

(4)具有足够的集疏运能力及多渠道的集疏运系统,以保证集装箱及时集中和疏散,防止港口堵塞,以及满足快速装卸船舶的需要;

(5)具有维修保养的设施及相应的人员,以保证正常作业的需要;

(6)由于集装箱码头高科技及现代化的装卸作业和管理工作,要求具有较高素质的管理人员和机械司机;

(7)为满足作业及管理的需要,应具有现代管理和作业的必需手段,采用电子计算机及数据交换系统。

2.3.2 集装箱码头选址条件及因素分析

合理选择集装箱码头的地理位置,对充分发挥集装箱运输的优越性、降低运输成本及提高集装箱运输的综合效率和经济效益,具有重要的意义。因此,在进行集装箱码头选址时,应全面考虑以下因素,经综合分析后确定。

(1)经济条件:集装箱码头的地点,应有利于为集装箱运输提供大量而稳定的适箱货源。因此,在选择集装箱码头地址时,首先应考虑码头所在港口和腹地的进、出口外贸货物能否满足和适应集装箱船舶的需要,特别是集装箱国际主干航线上的集装箱码头,更应如此。这就要求在决定码头地址之前,要进行货源经济调查及货源预测,弄清货源现状及远景运量的情况。其次,要使集装箱码头尽可能接近货物的产地及销地,以节约运输费用和降低运输成本。

(2)自然条件及气象条件:在进行集装箱码头选址时,必须考虑自然条件,所选地应具有必要的水域和宽广的陆域,为集装箱码头提供适应大型集装箱船舶进出港口所必需的水深、潮差及航道条件,特别是接纳第五、六代集装箱船要求更高。还应具有堆存大量集装箱而需要的宽广的码头面积以作为集装箱堆场及集装箱装卸机械通道等用。此外,集装箱码头还应具备良好的气象条件,特别是要考虑大风及强台风的风向和风力,以及高潮对码头的影响等,为集装箱装卸作业和堆存保管提供安全保证。

(3)集疏运条件:良好的集疏运系统,是现代集装箱码头的必备条件。因此,在选择和确定集装箱码头地址时,应选择内陆运输发达的地段,以保证大型集装箱船到港后能在短时间内集中和疏运大量的集装箱,缩短船、车、箱在港的停留时间,加速船、车、箱的周转,充分发挥集装箱运输高效率、高效益的优越性。

(4)人力资源条件:由于集装箱运输是技术密集型行业,需使用电子计算机及 EDI 等现代化管理,对人力资源条件要求较高,因此,在选择集装箱码头地址时,应考虑区域人力资源状况,如:学历层次、业务能力、技术水平等,需进行实地的人才调研,确保能组建专业素质较强的员工队伍,发挥人员的主观能动性,明确岗位职责,注重相互协作,便于实现集装箱码头现代化管理,适应集装箱码头快速发展的需要。

2.3.3 集装箱码头的布置及其设施

集装箱码头的整个装卸作业是采用机械化、大规模生产的方式进行的，要求各项作业密切配合，实现装卸工艺系统的高效化。这就要求集装箱码头布局合理，使码头上各项设施合理布局，并使它们有机地联系起来，形成一个各项作业协调一致、互相配合的有机整体，形成高效率的、完善的流水作业线，以缩短车、船、箱在港口码头的停留时间，加速车、船、箱的周转，降低运输成本和装卸成本，实现最佳的经济效益。

适应吊装式全集装箱船装卸作业的集装箱专用码头的平面布置见图 2-14。

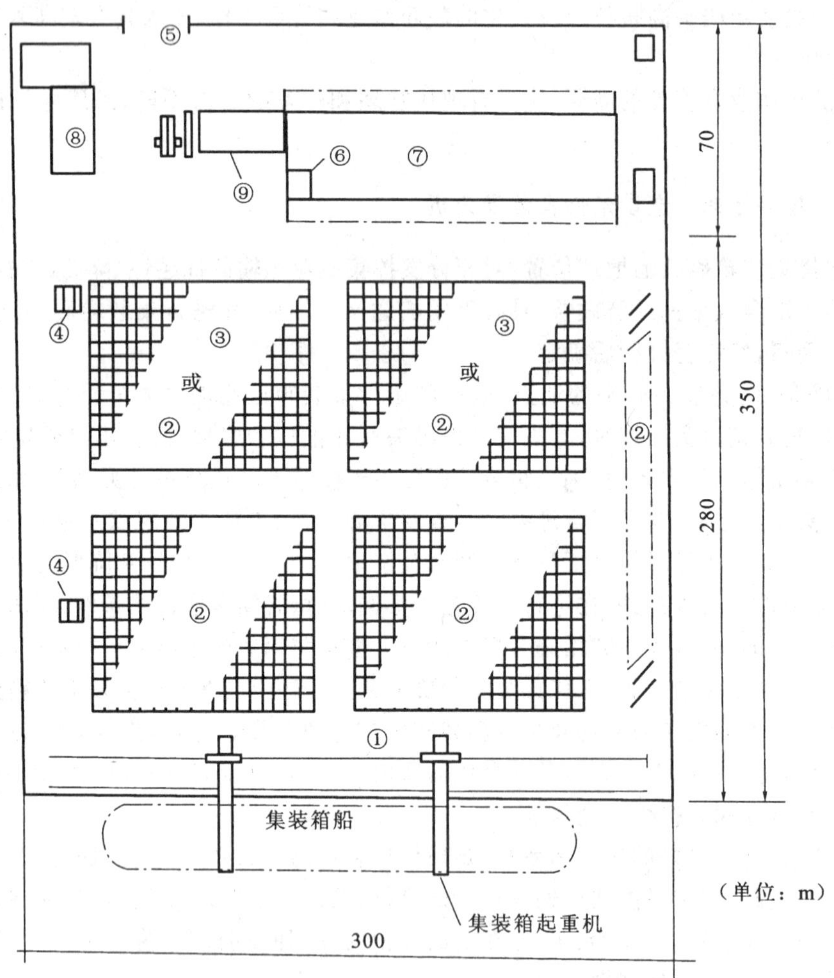

图 2-14　集装箱码头的标准布局

①—码头前沿；②—编组场；③—集装箱堆场；④—调头区；⑤—大门

⑥—控制塔；⑦—拆装箱库；⑧—维修车间；⑨—办公楼

对于集装箱滚装船运输，其码头设施主要是供集装箱滚动方式装卸作业的倾斜跳板，以及适应带轮滚装的广阔的陆域和堆场面积；对于多用途船一般在多用途码头进行作业；对于集装箱载驳船，所需码头设施更简单，甚至可在锚地等水域作业。

对于集装箱专用码头，码头布置主要要求集装箱泊位岸线长为 300 m 以上；集装箱码头陆域纵深应能满足各种设施对陆域面积的要求，由于集装箱船舶日趋大型化，载箱量愈来愈多，因而陆域纵深一般为 350 m 以上，有的集装箱码头已高达 500 m；码头前沿宽度一般为 40 m 左右，这取决于集装箱装卸工艺系统及集装箱岸壁起重机的参数和水平运输的机械类型；一般码头前沿不铺设铁路线，不考虑车船直取的装卸方式，以确保码头前沿船舶装卸效率不会因此而受影响；每一集装箱专用泊位配置 2 台岸壁集装箱起重机；集装箱堆场，是进行集装箱装卸和堆存保管的场所，集装箱堆场的大小，应根据设计船型的装载能力及到港的船舶密度决定。有关资料表明，岸线长 300 m 的泊位，堆场面积达 105000 m^2，甚至更大，主要与采用的装卸工艺系统和集装箱在港停留时间有关；集装箱货运站(拆装箱库)可布置在集装箱码头内，一般布置在大门与堆场之间的地方，也可布置于集装箱码头以外的地方；所有通道的布置应根据装卸工艺与机械要求而定。

根据集装箱码头装卸作业、业务管理的需要，集装箱码头的标准布局见图 2-14：

目前多数大型的集装箱码头都采用了智能大门，当集装箱运输车辆通过大门时，该系统可以自动识别车号、箱号，自动检查电子手续，自动分配最优的集装箱箱位，并进行集装箱箱体残损检验，极大地提高了码头的作业效率和服务品质。该系统包括电子地磅系统、集装箱号自动识别系统、电子车牌识别系统、电子关锁系统、电子闸门栏杆系统、卡口视频监控系统、IC 卡门禁系统等，实现大门智能化管理。

(1)大门(Smart Gate)：是集装箱码头的出入口，也是划分集装箱码头与其他部门责任的地方。集装箱码头门房工作十分重要，所有进出集装箱码头的集装箱均在门房进行检查，办理交接手续并制作有关单据。它不但是划分责任的依据，也是实行集装箱码头电子计算机管理的重要数据来源。

(2)靠泊设施(wharf)：码头岸线是供来港装卸的集装箱船舶停靠使用的，其长度应根据其所停靠集装箱船舶的主要技术参数及有关安全规定而定。码头岸壁一般是指集装箱船停靠时所需要的系船设施。集装箱泊位长度一般为 300 m ，前沿水深应满足设计船型的吃水要求，一般为 12 m 以上；岸壁上设置有系缆桩，用于集装箱船靠泊时拴住集装箱船；为保持岸壁不受损坏，岸壁前上方设有碰垫木。

(3)码头前沿(Dock apron)：是指沿码头岸壁到集装箱编排场(或称编组场)之间的码头面积。码头前沿设置有岸边集装箱起重机及其运行轨道。码头前沿的宽度可根据岸边集装箱起重机的跨距和使用的其他装卸机械种类而定，一般取 40 m 左右。

集装箱码头前沿一般不设铁路线。因为各种车辆及集装箱的衔接交换都是在前沿进行的，前沿非常繁忙，如果为了部分集装箱的车船直取而铺设铁路线，将会严重影响更多的集装箱的装卸作业，结果可能是得不偿失。所以很多专家、学者都不主张在集装箱码头前沿设铁路线，只有在个别情况下(如直取比重很大的码头)码头前沿才设有铁路线。

(4)集装箱编排场(前方堆场)(Container Marshalling Yard)：这是将即将装船的集装箱排列待装及即将卸下的集装箱准备好场地和堆放的位置。前方堆场主要堆放上航次进港的集装箱和本航次即将出港的集装箱。常布置在码头前沿与集装箱堆场之间。其主要作用是保证船舶装卸作业快速而不间断地进行。编排场面积的确定，主要与集装箱码头吞吐量、设计船型的载箱量、到港船舶密度及装卸工艺系统有关。如将集装箱直接堆放还是放在底盘车上，堆放一层还是数层，情况不同，则所需的面积也不同。同时，编排场的配置方法及离码头前沿的距离等直接影响装卸作业，应慎重考虑。通常在集装箱编排场上按集装箱的尺寸预先在场地上用白线或黄线画好方格即箱位，箱位上编上“箱位号”，当集装箱装船时，可按照船舶配载图找到这些待装箱的箱位号，然后有次序地进行装船。

(5)集装箱堆场(Container Yard,CY)：是指进行集装箱交接、保管重箱和空箱的场所，有的还包括存放底盘车的场地。由于进出码头的集装箱基本上均需要在堆场上存放，因而堆场面积的大小必须适应集装箱吞吐量的要求，应根据设计船型的装载能力及到港的船舶密度、装卸工艺系统、集装箱在堆场上的排列形式等计算、分析确定。

集装箱在堆场上的排列形式一般有“纵横排列法”，即将集装箱按纵向或横向排列，此法应用较多；“人字形排列法”，即集装箱在堆场堆放成“人”字形，适用于底盘车装卸作业方式。

(6)集装箱货运站(Container Freight Station,CFS)：集装箱货运站有的设在码头之内，也有设在码头外面的。货运站是拼箱货物进行拆箱和装箱的场所，主要任务是出口拼箱货的接收、装箱，进口拼箱货的拆箱、交货等。货运站应配备拆装箱及场地堆码的小型装卸机械及有关设备，货运站的规模应根据拆箱量及不平衡性综合确定，其宽度、纵深、高度应便于叉车进出作业。

(7)维修车间(Maintenance Shop)：是对集装箱及其专用机械进行检查、修理和保养的场所。它的主要任务是及时对集装箱及主要机械进行检查、维修和保养，使其经常处于完好的技术状态，提高完好率，以保证集装箱码头生产不间断地正常进行。

维修车间的规模，应根据集装箱的损坏率、修理期限、码头内所使用的车辆和装卸机械的种类、数量及检修内容等确定。其规模可参考日本常用的尺寸：

①面积：800～1000 m^2/泊位。

②宽度：20～25 m。

③高度：装卸桥方式、底盘车方式时拖车加集装箱为 10 m；
　　　　跨运车方式时拖车加集装箱高度为 15 m。

维修车间应配备维修设备、废油处理及污水处理设施等。

(8)控制塔(Control Tower)：是集装箱码头作业的指挥中心。其主要任务是监视和指挥船舶装卸作业及堆场作业。控制塔应设在码头的最高处，以便能清楚地看到码头上所有集装箱的箱位及全部作业情况，有效地进行监督和指挥工作。

(9)集装箱码头办公楼(Container Terminal Building)：是集装箱码头行政、业务管理的大本营。目前，已基本上实现管理电子计算机化，最终要达到管理的自动化。

(10)集装箱清洗场(Container Washing Station)：主要任务是对污箱进行清扫、冲洗，以保证空箱符合使用要求。清洗场一般设在码头后方并配备各种清洗设施。

2.3.4 集装箱码头机械设备

为了有效地提高集装箱码头的装卸效率，加速船、车、箱的周转，缩短其在港停留时间，集装箱码头采用高效专用机械设备，实现装卸作业机械化。整个集装箱码头机械化系统包括码头前沿机械、水平运输机械、堆场作业机械及拆装箱机械等。

1. 码头前沿机械

1)岸壁集装箱起重机(Quayside Container Crane)：又称集装箱装卸桥，是集装箱码头前沿机械，承担集装箱装、卸船作业。该机是大吞吐量集装箱码头高效专业化机械，目前先进的集装箱装卸桥的效率达 60 TEU/h，起重量为 30～35 t，外伸距为 35～38 m 左右，内伸距一般为 8～16 m 左右，轨距一般为 16 m。机械结构形式见图 2-15。

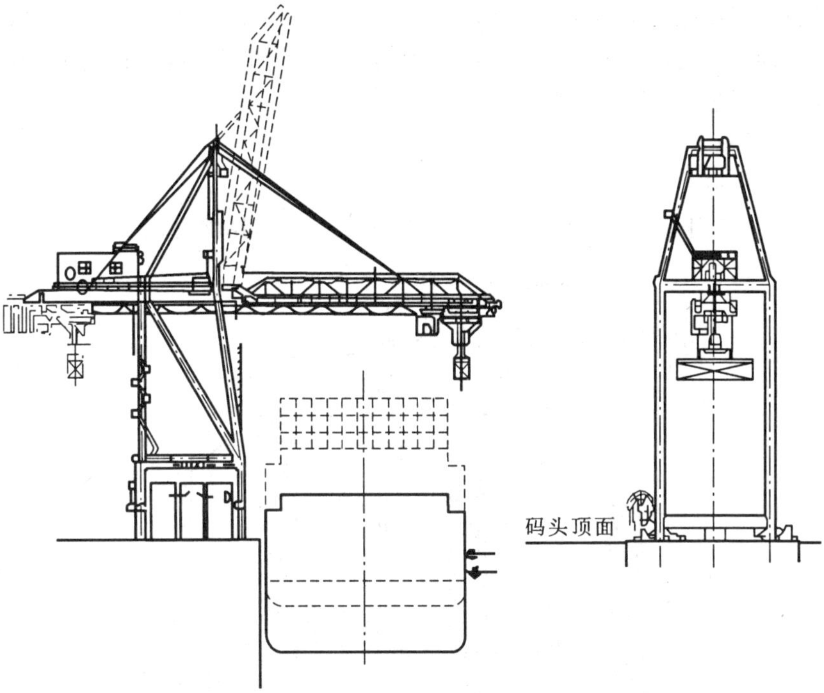

码头顶面

图 2-15 岸壁式集装箱起重机

2)多用途桥式起重机：即多用途装卸桥。既可装卸集装箱，又可装卸重件、成组货物及其他货物，一般在多用途码头采用，装卸效率为 20 TEU/h 左右。主要缺点是自重大，轮压大，移机不便，造价也较高。

3)高架轮胎式起重机：该机类似普通轮胎式起重机，机动性较大，通用性好，可任意行走，配备专用装卸吊具和属具，可装卸集装箱、件杂货等，适用于多用途泊位。主要缺点是自重较大，对码头承载能力要求较高，增加了码头建设投资，而且造价也较高。

4)其他机械：适用于吞吐量较小的港口，主要是内河港口的浮式起重机、多用途门式起重机等。

2012 年 9 月，两大集装箱码头运营商 APM Terminals 和 Rotterdam World Gateway (RWG) 开始装备自动化系统。该系统可以实现起重机的远程操控，无需再在机上配备司机，从而大幅提高总体效率。

位于鹿特丹马斯夫拉克特的这两个新码头将于 2014 年投入使用，届时将成为欧洲第一批应用集装箱岸桥(STS)远程控制技术的码头，而 APM Terminals 公司的码头则将在世界上率先取消岸桥司机室。

起重机远程控制既提高了整体生产效率，又改善了起重机操作人员的工作舒适度。APM Terminals 和 RWG 公司各自坐落在鹿特丹的新集装箱码头，专门服务于大型集装箱船，要求吊装高度达到 50 m 以上。配备集装箱岸桥远程控制系统后，操作人员可以在码头的控制室里监控起重机。操作人员通过机上的摄像机监视起重机的运动；一般情况下摄像机的视野远比从司机室内向外看开阔。再加上自动化系统提供的控制信息，有利于提高操作人员的总体工作业绩。

以前配备司机室时，起重机的加速度和减速度是有限的。而现在起重机运行得更快，斜坡时间也得以缩短，因而缩短了整船集装箱的装卸周期。集装箱岸桥远程控制系统实现了起重机对箱自动化，确保了精度和速度。由于没有了司机，这种纠正力度可以更大，因而能够进一步减少周期时间，促进了生产效率的提高。

2. 水平运输机械

1)跨运车(Straddle Carrier)

跨运车是一种专用于集装箱短途搬运和堆码的机械。其结构见图 2-16。

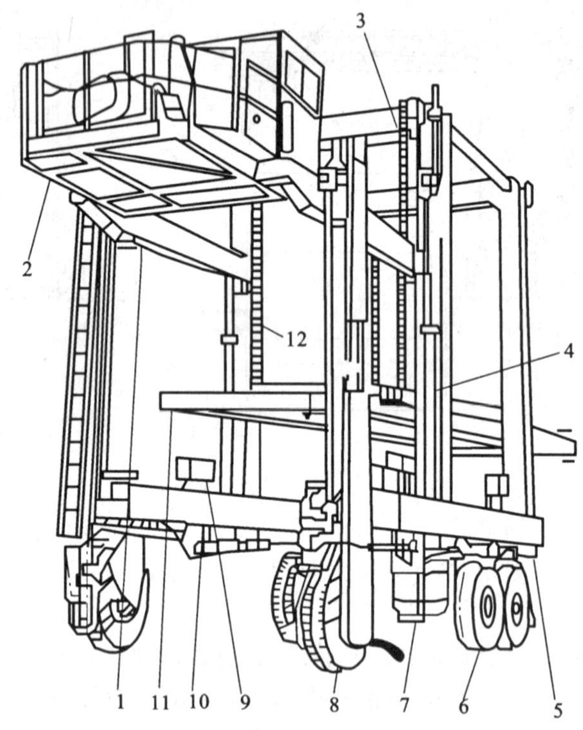

图 2-16 跨运车的总体组成

1—制动器；2—平台；3—起升链；4—升降油缸；5—底架；6—从动轮；7—燃油柜；8—驱动轮；9—水平保持装置；10—转向装置；11—集装箱吊具；12—驱动链

跨运车在作业时，以门形车架跨在集装箱上，并由装有集装箱吊具的液压升降系统吊起集装箱进行搬运和堆码。该机的最大特点是机动性好，可一机多用，既可作码头前沿至堆场的水平运输，又可作堆场的堆码、搬运和装卸车作业。此外，驾驶员的视野有所改善。主要缺点是价格昂贵，维修费用较高。

2)集装箱牵引车——底盘车(Semi—Trailer Tractor)

集装箱牵引车是专门用于牵引集装箱底盘车的运输车辆。它本身没有装货平台，不能装载集装箱，通过连接器与底盘车连接，牵引底盘车运输，从而实现搬运作业的目的。

底盘车是一种骨架式拖车，是装有轮胎的车架，前面有支架，后面有单轴一组轮胎或双轴两组轮胎两种，车上装有栓锁插头，能与集装箱的角件相互锁紧。

牵引车及底盘车结构见图 2-17。

集装箱牵引车——底盘车，其特点是运行速度快，拖运量大，设备价格较低，营运成本较低，我国大多集装箱码头采用它。

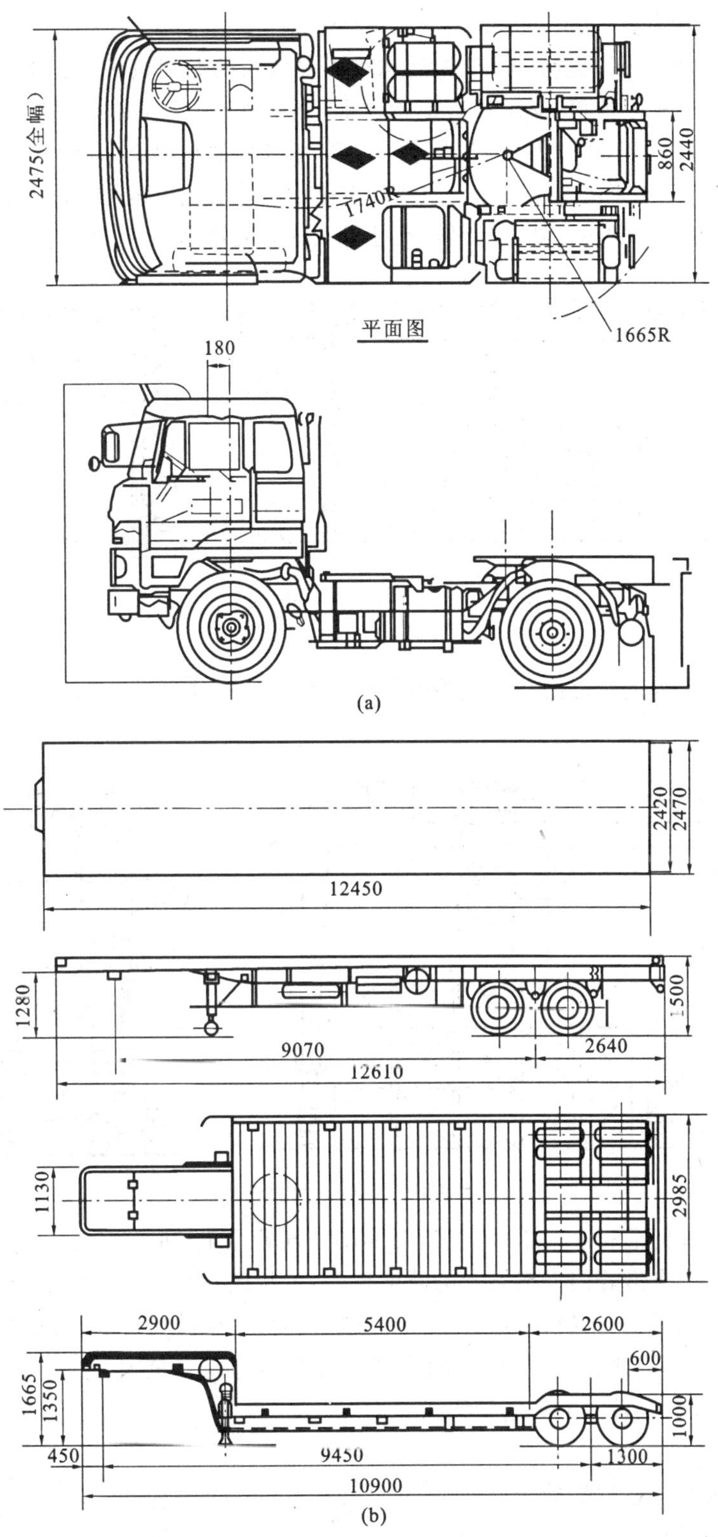

图 2-17 牵引车及底盘车示意图

3．堆场作业机械

1）轨道龙门起重机(Rail Mounted Transtainer)

该机是集装箱码头堆场进行装卸、搬运和堆码集装箱的专用机械。它由两片双悬臂的门架组成，两侧门腿用下横梁连接，支承在行走轮台上，可在轨道上行走。该机可堆 4～5 层集装箱，可跨多列集装箱及一个车道。因而，其堆存能力高，堆场面积利用率高，由于结构简单，因此操作容易，便于维修保养，易于实现自动化。主要缺点是因为要沿轨道运行，故灵活性较差，由于跨距大，对底层箱提取困难，常用于陆域不足且吞吐量大的集装箱码头。其结构见图 2-18。

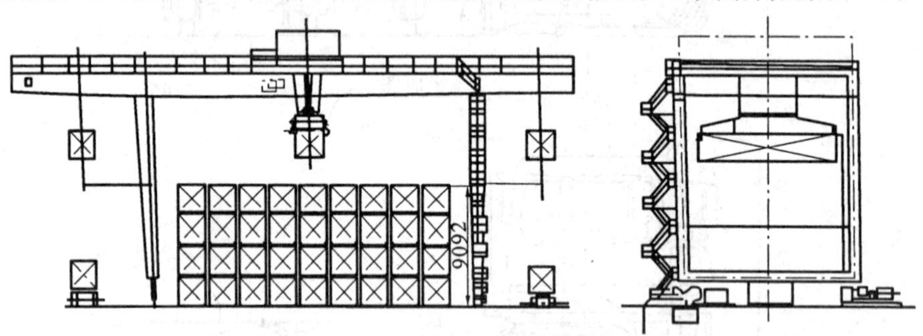

图 2-18　轨道龙门起重机

2)轮胎龙门起重机(Rubber—Tired Transtainer)

轮胎龙门起重机是最常见的集装箱堆场作业机械。它主要用于集装箱堆场的装卸、搬运及堆场作业，见图 2-19。

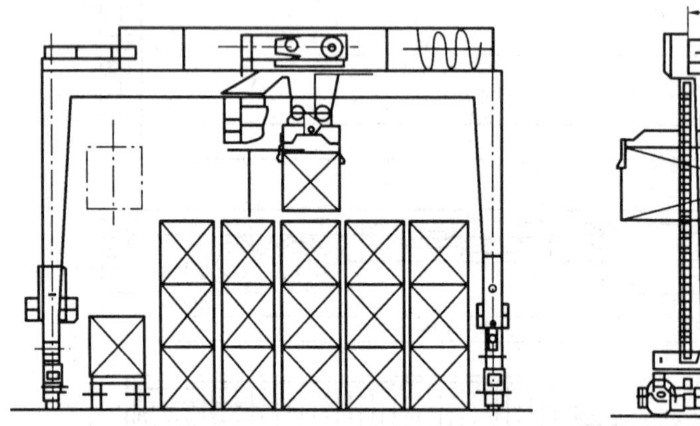
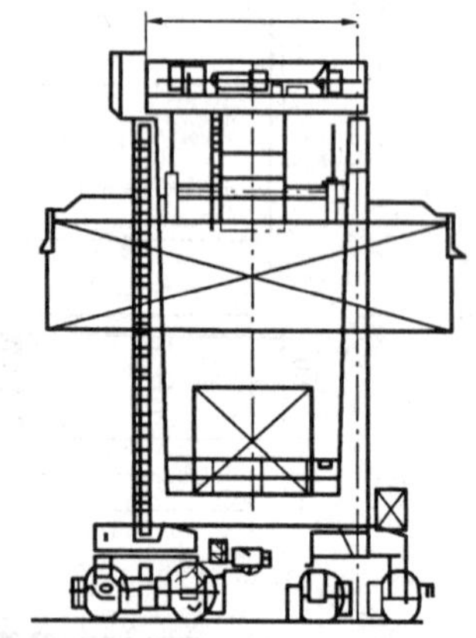

图 2-19　轮胎龙门起重机

它由前后两片门框和底梁组成门架，支承在充气轮胎上，可在堆场上行走，并通过装有集装箱吊具的行走小车沿着门框横梁上的轨道行走，可从底盘车上装卸集装箱和进行堆码作业。

该机主要特点是机动灵活，可从一个堆场转移到另一个堆场作业，可堆 3～4 层集装箱，提高了堆场面积利用率，并易于实现自动化作业。主要缺点是自重大、轮压大、轮胎易磨损、造价也较高，适用于吞吐量较大的集装箱码头。

3)跨运车

前面所述及水平运输机械。

4)叉车(Forklift)

集装箱叉车是集装箱码头常用的专门机械。可用于集装箱堆场装卸、堆码及搬运作业，也可用于装卸船及拆装箱作业,见图 2-20。

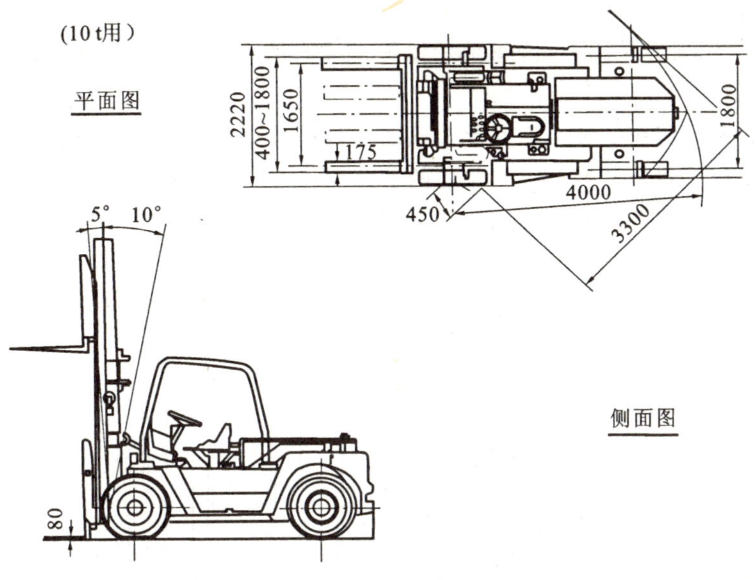

图 2-20 集装箱叉车

根据货叉设置的位置不同,可分为正面集装箱叉车和侧向集装箱叉车两种。正面集装箱叉车是指货叉设置在车体的正前方的叉车,而侧向集装箱叉车是指货叉和门架位设在车体侧面的叉车。

为了方便装卸集装箱,配有标准货叉及顶部起吊和侧面起吊的专用属具。

集装箱叉车主要优点是机动灵活,可一机多用,既可作水平运输,又可作堆场堆码、搬运及装卸作业,造价较低,使用方便,性能可靠。缺点是轮压较大,要求场地承载能力高,因而场地土建投资较多。该机特别适用于空箱作业。一般在集装箱吞吐量较少的多用途泊位上使用。

5)集装箱正面吊运机

正面吊运机的结构特点表现在设置有可伸缩和左右共旋转 120°的吊具,便于在堆场作吊装和搬运;设置有可带变幅的伸缩式臂架及多种保护装置,能保证安全操作;可加装吊钩,吊装其他重大件货物。

该机主要优点是:机动性强,可一机多用,既可作吊装作业,又可短距离搬运,一般可吊装 4 层箱高,并且稳性好,轮压也不高。因此是一种比较理想的堆场装卸搬运机械,适用于集装箱吞吐量不大的集装箱码头,也适用于空箱作业。

6)其他机型

汽车起重机和轮胎起重机等,也可作空箱堆码作业,仅适用于吞吐量小的通用码头。

4. 拆装箱机械

集装箱码头的拆装箱作业一般采用 1.5～3 t 低门架叉车、手推搬运车等。

2.3.5 集装箱码头装卸工艺系统

随着集装箱运输的发展及全球“集装箱化”的比重不断提高,船舶大型化及集装箱码头装卸作业高效化的势头相当明显,因此需要集装箱码头装卸工艺系统实现现代化和最优化。纵观世界各集装箱码头装卸工艺系统,采用跨运车系统的泊位较多,其次是龙门起重机系统,而我国各港集装箱码头，除少数港口外如厦门港，大多采用轮胎龙门起重机系统。现对有关装卸工艺系统分别分析如下。

根据不同集装箱船型采用不同的装卸船作业，主要有吊上吊下式、滚上滚下式，及浮上浮下式。

1. 吊上吊下式

这种方式是利用码头集装箱岸臂起重机把集装箱垂直吊进吊出船舱，实现从船舱将集装箱吊上码头及从码头将集装箱吊下到船舱的装卸船作业。通常所说的集装箱码头装卸工艺，主要就是这种方式。目前集装箱专用码头采用吊上吊下的装卸工艺系统主要有以下几种。

1)底盘车系统(图 2-21)

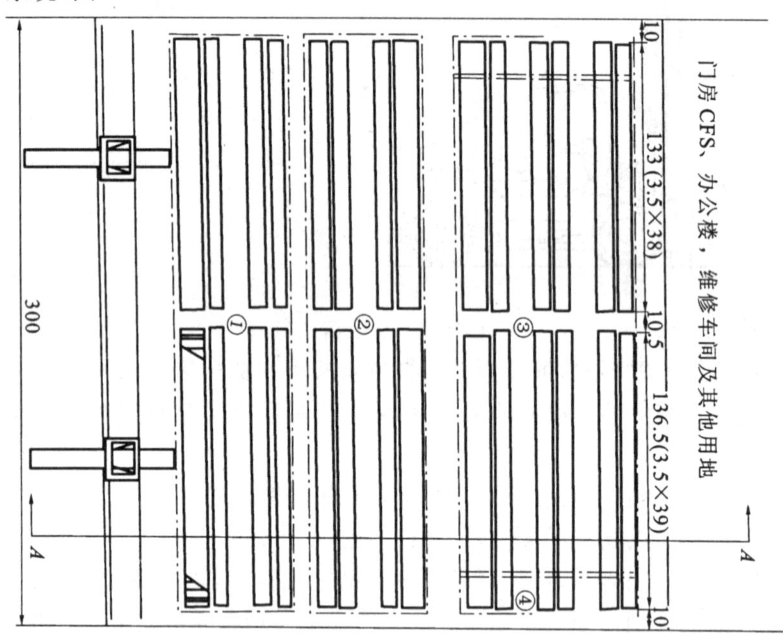

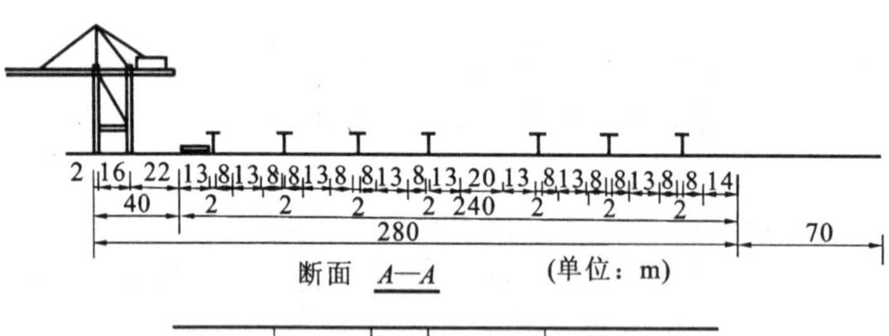

分段号	箱位 TEU	层	容积 (TEU)	备注
①	385	1	385	出口干货箱
②	385	1	385	进口干货箱
③	399	1	399	空箱
④	70	1	70	冷冻箱
⑤	70	1	70	特殊集装箱
计（平均）	1309	(1)	1309	

图 2-21 底盘车系统的布置

由于该系统是美国海陆公司采用的一种装卸工艺方式，故又称“海陆方式”。

(1)装卸工艺过程：装卸船作业由岸壁集装箱起重机承担，水平运输及堆场作业均由集装箱拖挂车完成。

①卸船作业。岸壁集装箱起重机把集装箱从船上卸下，直接放在岸边的底盘车上，然后由牵引车拖到集装箱堆场停放保管；

②装船作业。对于出口集装箱，则由牵引车将底盘车上的集装箱一并拖到港区堆场暂时存放，当集装箱船抵港靠泊后，由牵引车将装载有集装箱的底盘车拖到码头前沿，最后由岸壁集装箱起重机将底盘车上的集装箱吊起装船。

(2)优缺点分析：由于该系统堆场作业不需其他装卸机械，拖挂车既承担水平运输，又承担堆场作业，因此减少了操作次数，提高了装卸效率，集装箱破损率也较低；底盘车可用于陆运，便于实现门到门运输；管理组织工作较简单，有利于提高工作效率。由于每一个集装箱需配一台底盘车，因此底盘车需要量很大，故投资大；又由于装载有集装箱的底盘车在堆场上仅能堆一层，因而所需堆场面积较大，堆场面积利用率较低，既不经济又增加了装卸成本。

2)跨运车系统(图 2-22)

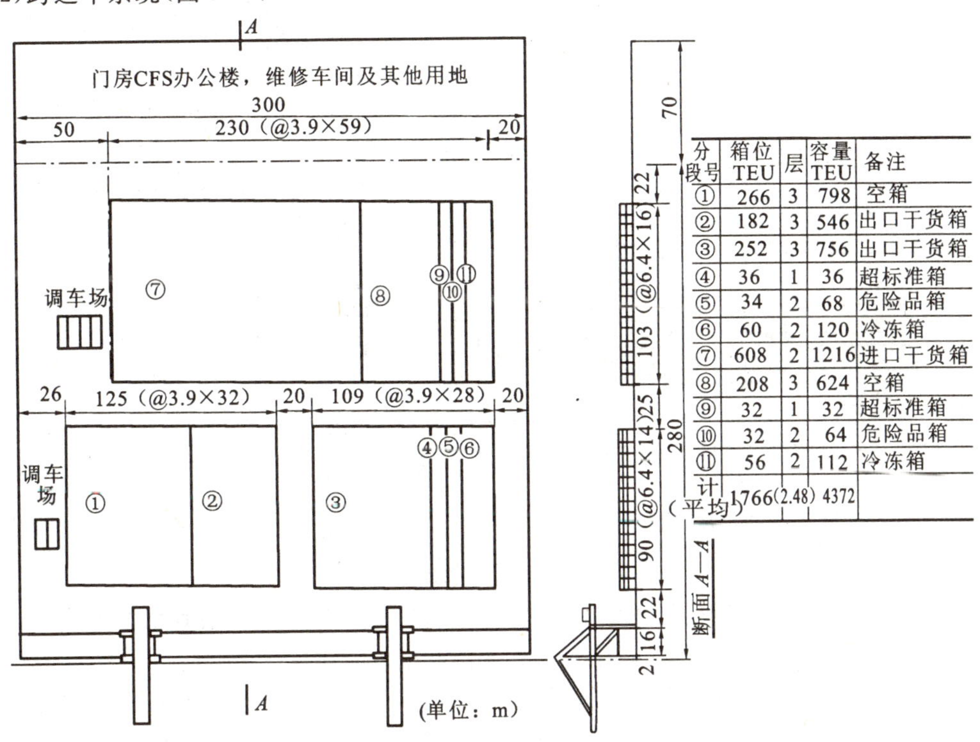

分段号	箱位TEU	层	容量TEU	备注
①	266	3	798	空箱
②	182	3	546	出口干货箱
③	252	3	756	出口干货箱
④	36	1	36	超标准箱
⑤	34	2	68	危险品箱
⑥	60	2	120	冷冻箱
⑦	608	2	1216	进口干货箱
⑧	208	3	624	空箱
⑨	32	1	32	超标准箱
⑩	32	2	64	危险品箱
⑪	56	2	112	冷冻箱
计	1766	(2.48)(平均)	4372	

图 2-22 跨运车系统的布置

该系统为美国麦克逊公司首先采用，后来推广至世界各国集装箱码头，人们称之为“麦克逊”方式。

(1)装卸工艺过程：装卸船作业由岸壁集装箱起重机承担；水平运输及堆场的堆码和集装箱进出场作业由跨运车完成。

①卸船作业。集装箱船舶靠泊后，由岸壁集装箱起重机将集装箱从船上吊下，堆放于码头前沿，跨运车则将集装箱载运自码头前沿至堆场，并堆 2～3 层集装箱，完成卸船作业。

②装船作业。装船时，由跨运车将堆场上的集装箱载运至码头前沿，然后，岸壁集装箱起重机将码头前沿的集装箱吊装至船上，完成装船作业。

(2)优缺点分析：由于该系统水平运输及堆场作业均由跨运车完成，实现了一机多用，减少了机种，便于管、用、养、修，提高了机械的完好率和利用率；机动性好，跨运车既能搬运又能堆码；由于集装箱在堆场可堆放 2～3 层，相对于底盘车系统，所需堆场面积较小，堆场面积利用率较高，堆场投资费减少。但是，该系统主要缺点是跨运车投资大，造价高，且液压件多，容易漏油，维修保养较困难，这些缺点近年来由于制造质量的提高，已有明显改善；跨运车操作视野较差，轮压大，要求场地道路承载能力高，故土建投资费较高。

3)轮胎式龙门起重机系统(图 2-23)

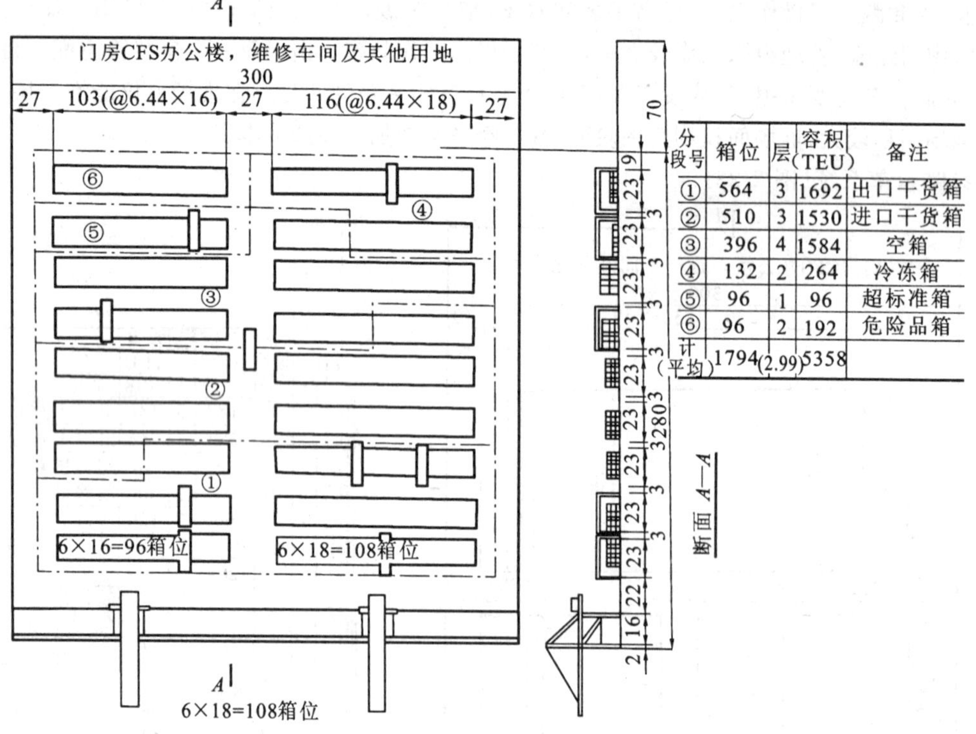

分段号	箱位	层	容积(TEU)	备注
①	564	3	1692	出口干货箱
②	510	3	1530	进口干货箱
③	396	4	1584	空箱
④	132	2	264	冷冻箱
⑤	96	1	96	超标准箱
⑥	96	2	192	危险品箱
计(平均)	1794	(2.99)	5358	

图 2-23 轮胎式龙门起重机系统布置

(1)装卸工艺过程：装卸船作业由岸壁装箱起重机承担，从码头前沿到堆场的水平运输作业由集装箱半挂列车承担，堆场作业由轮胎式龙门起重机完成。

①卸船作业。集装箱船舶靠泊后，由岸壁集装箱起重机将集装箱从船上吊下，放至码头前沿，然后由半挂列车将集装箱拖运至堆场，轮胎式龙门起重机将挂车上的集装箱卸下并堆码，一般集装箱可堆 3～4 层，完成卸船作业。

②装船作业。集装箱半挂列车将堆场集装箱从堆场拖运至码头前沿，而堆场轮胎式龙门起重机则将堆场上的集装箱吊放在半挂列车上，而岸壁集装箱起重机则将拖至码头前沿的集装箱从半挂列车上吊装到船上，完成装船作业。

(2)优缺点分析：由于轮胎式龙门起重机的跨度和起升高度较大，可堆 3～4 层箱，提高了堆场堆存能力及堆场面积利用率；由于可设置直线行走自动控制装置，实现行走轨迹自动控制，并可采用电子计算机自动控制，实现集装箱装卸作业自动化。主要缺点是因跨距大，箱位多，堆垛高，故在提取多层箱垛底层的集装箱时比较困难，甚至要倒垛，结果降低了装卸效率；由于水平运输采用半挂列车，增加了操作次数，因而组织作业较复杂。

4)轨道式龙门起重机系统

(1)装卸工艺过程：除了堆场作业采用轨道式龙门起重机外，其余作业均采用轮胎式龙门起重机。

(2)优缺点分析：由于轨道式龙门起重机跨距更大，可跨 19 列集装箱和 4 条车道，可堆 4～5 层集装箱，因而堆场堆存能力最大，堆场面积利用率最高；结构简单，维修方便，易于实现装卸作业自动比。主要缺点是只能沿轨道运行，因而机动性差，作业范围受到限制；由于可堆放 4～5 层箱，因而提取多层箱垛的底层集装箱，倒箱困难，影响装卸效率。

5)叉车系统

(1)装卸工艺过程：装卸船作业采用岸壁集装箱起重机，码头前沿至堆场的水平运输及堆场作业均由叉车承担。

(2)优缺点分析：由于一机多用，因此机动灵活，通用性强；叉车价格较便宜，投资较少，叉车使用普遍，便于管、用、养、修。主要缺点是单机效率低。由于叉车轮压大，作业回转半径大，因此对路面磨损严重，对场地要求高，需要的作业场地较大。

除以上装卸工艺外，尚有正面吊运机系统等。我国海港集装箱码头大多采用龙门起重机工艺系统，叉车及正面吊运机系统适用于吞吐量较小的集装箱码头。

2. 滚上滚下式(Roll on/Roll off—Ro/Ro)

这种方式通过从该船的船首、船尾或船舷的倾斜跳板，用牵引车等装卸机械进行水平装卸，将集装箱连车带箱拖上码头或拖进滚装船。

这种方式的装卸速度比吊上吊下式快，装卸效率高，对于近距离航线，采用滚装运输方式，可以大大缩短船舶在港的装卸作业时间，从而加快船舶周转，提高船舶运输效率，该方式还可实现“门—门”运输。但是，该方式需要大量底盘车；底盘车或平板车需随船运输，占用了船舶载箱能力，影响船公司经济效益；并且，滚装船造价也较吊上吊下集装箱船高；码头堆场所需的面积也较大。

3. 浮上浮下式

载驳货船(又称母船)载运一定数量载有集装箱的驳船(子船)，抵达目的地后，由载驳船上的大型起重机将驳船卸下放到水面，用拖轮拖往港区或将装好货的驳船用升降机升到船尾舱口，装进船舱。

2.3.6 集装箱码头装卸工艺系统的选优

从前面关于装卸工艺系统的有关内容中可看出，集装箱码头各种装卸工艺系统均有自己的特点，在确定集装箱码头装卸工艺系统时，应根据港口的具体情况，通过调查研究及装卸工艺系统方案技术经济论证后选取最佳的装卸工艺系统。

1. 集装箱码头设施规模的确定

1)码头主尺度的确定

码头长度和前沿水深与靠泊的船型和艘数有关，一般根据年吞吐量、设计船型及配船模式确定。

设计船型的确定，主要依据可能来往于本港的船型以及船舶大型化发展趋势等因素，经综合分析后确定。

2)确定堆场规模

(1)确定编组场规模的因素。从理论上讲,编组场的面积应相当于能存放一艘来港船舶装卸集装箱所需的面积。但实际上还要考虑船舶随机到港的问题。

(2)确定堆场规模。堆存场地包括出入码头的集装箱中存放在码头上的那部分集装箱用地、空箱及要修理的箱中留存部分的存放场地等。

集装箱堆场所需面积与吞吐量、所采用的装卸工艺系统及集装箱在港停留时间有关,其计算公式如下:

$$E=\frac{Q\cdot K_{堆}\cdot t_{停}\cdot S}{365\cdot K_{利}} \tag{2-1}$$

式中　E——所需堆场面积;

Q——年吞吐量;

$K_{堆}$——堆场工作不平衡系数;

$t_{停}$——集装箱平均在港停留时间,可根据实际统计资料分析确定;

S——在不同堆场机械作业条件下每标准箱占地面积,按表 2-13 选取;

$K_{利}$——堆场高度利用系数,一般为 0.7～0.8。

表 2-13　几种堆场作业方式的堆场面积利用情况

堆场机械	堆场层数	每标准箱占地面积(m^2)	堆场机械	堆场层数	每标准箱占地面积(m^2)
底盘车	1	65	龙门起重机	2	15
跨运车	1	30		3	10
	2	15		4	7.5
	3	10	叉车	2	15

3)各生产环节所需机械数的确定

集装箱码头各生产环节所需机械数量与采用的装卸工艺系统、机械作业台时效率、机械利用情况、营运期内机械所能完成的操作量、营运期的长短及机械工作不平衡性有关。其计算公式为:

$$N=\frac{Q_{操}\cdot K_{机}}{P_{时}\cdot f\cdot T_{营}} \tag{2-2}$$

式中　N——装卸工艺系统工作所需机械台数;

$Q_{操}$——营运期内所能完成需要的操作量(TEU);

$P_{时}$——装卸机械作业台时效率(TEU/台时);

$T_{营}$——集装箱码头营运期,一般 $T_{营}=365\times24=8760$ h;

f——装卸机械利用系数;

$K_{机}$——装卸机械工作不平衡系数。

$$K_{机}=\frac{q_{最大}}{q_{平均}} \tag{2-3}$$

其中　$q_{最大}$——月最大吞吐量(TEU);

$q_{平均}$——月平均吞吐量(TEU)。

在考虑各工序实际配机数时，还应增加营运期内正常维修保养所需的机械数。同时，为了使整个装卸工艺系统各工序装卸能力匹配，一般应以码头泊位生产能力(装卸能力)为基准，其他工序如水平运输工序、堆场作业工序的生产能力应适应泊位能力的要求。因而，其他工序的机械需要数量应符合下式要求：

$$N_{序} = \frac{P_{泊}}{P_{序}} \tag{2-4}$$

式中 $N_{序}$——其他工序所需机械台数；

$P_{泊}$——码头泊位装卸机械生产率(TEU/台时)；

$P_{序}$——某工序装卸机械生产率(TEU/台时)。

4)生产能力的确定

(1)集装箱码头泊位年通过能力，按下式计算确定

$$P_{泊通} = P_{泊} \cdot N_{序} \cdot T_{营} \cdot u_1 \cdot u_2 \tag{2-5}$$

式中 $P_{泊通}$——年泊位通过能力(TEU)；

$P_{泊}$——岸壁集装箱起重机生产率或作业台时效率(TEU/台时)；

$N_{序}$——岸壁集装箱起重机台数；

$T_{营}$——集装箱码头营运期(年工作小时数)，$T_{营}=365\times24=8760$ h；

u_1——泊位利用系数(根据实际情况分析确定)，建议取 0.5～0.8；

u_2——装卸效率影响系数(从开始作业到结束，包括移机、清舱、其他影响因素等)，建议取 0.3～0.7。

(2)堆场年堆存能力的确定

$$P_{堆} = \frac{Q_{堆} \cdot \alpha \cdot T_{营}}{t_{堆} \cdot K_{不}} \tag{2-6}$$

式中 $P_{堆}$——堆场车堆存能力(TEU)；

$Q_{堆}$——堆场一次堆存量(最大堆存量)(TEU)；

α——堆存高度系数(一般堆一层 $\alpha=1$，两层以上 $\alpha=0.8$)；

$T_{营}$——堆场营运期，$T_{营}=365$ d；

$t_{堆}$——集装箱平均堆存期，可取 $t_{堆}=7\sim10$ d；

$K_{不}$——堆场工作不平衡系数，它反映堆场工作及出、入库集装箱保管不平衡情况，该数值与集装箱到、发、船舶到港、生产管理水平、堆存期的长短等因素有关，可按下式确定：

$$K_{不} = \frac{q_{最大}}{q_{平均}} \tag{2-7}$$

其中 $q_{最大}$——月最大堆存量(TEU)；

$q_{平均}$——月平均堆存量(TEU)。

5)所需泊位数的确定

可按以下公式计算确定

$$N = \frac{T_{靠}}{t_{作}} \cdot \alpha \tag{2-8}$$

式中 N——集装箱码头所需泊位数；

$t_{作}$——一个泊位全年作业天数；

α——泊位利用系数；

$T_{靠}$——全年靠泊总天数。

$$T_{靠}=t_{占}\cdot K \tag{2-9}$$

其中 K——全年计划来港船舶数；

$t_{占}$——每艘船占用泊位天数。

$$t_{占}=t_{装}+t_{非装} \tag{2-10}$$

其中 $t_{非装}$——每一艘船占用泊位的非装卸作业天数；

$t_{装}$——每一艘船装卸作业天数。

$$t_{装}=\frac{n}{h\cdot C\cdot t_{起}} \tag{2-11}$$

其中 n——每艘船平均载箱量(TEU)；

h——集装箱岸壁起重机的台时效率(TEU/台时)；

C——集装箱岸壁起重机的台数；

$t_{起}$——集装箱岸壁起重机的作业时间。

所需泊位数也可参考以下公式确定：

$$N=\frac{Q}{P_{泊位}} \tag{2-12}$$

式中 N——集装箱码头所需泊位数；

Q——码头年作业量(TEU)；

$P_{泊位}$——一个泊位的年通过能力(TEU)。

2.集装箱码头装卸工艺系统方案技术经济论证

港口装卸工艺方案的确定，必须对两个或两个以上的方案进行比较，从中选取经济上合理、技术上先进、使用上方便的方案。方案比较应尽量按港航为一整体考虑，除应分析技术先进性、设备来源、维修难易、装卸质量、作业安全、能源及环境影响等方面的优缺点外，还应计算以下主要技术经济指标。

1)基建投资

包括土地、水工土建、机械设备和其他设施的投资。分别按不同装卸工艺方案所确定的码头建设规模和码头平面布置等计算码头的基建投资。

2)单位装卸成本

即每 TEU 的装卸费用，按下式计算：

$$S=\frac{C_1+C_2+C_3+C_4+C_5}{Q} \tag{2-13}$$

式中 S——单位装卸成本(元/TEU)；

Q——年设计吞吐量(TEU)；

C_1——工资及附加费(元)；

C_2——燃料、电力、照明及物料消耗费(元)；

C_3——基本折旧费及保修费(元)；

C_4——大修理基金提成(元)；

C_5——分摊的企业管理费(元)。

3)船舶装卸作业停泊时间即装卸一艘设计标准船舶的时间，按下式计算：

$$T = \frac{T_1 + T_2}{24} \tag{2-14}$$

式中 T——装卸一艘设计标准船舶的时间(d)；

T_1——纯装卸作业时间(h)；

T_2——辅助作业时间(h)。

4)平均年费用(AAC)

$$AAC = Y + P \times CR \tag{2-15}$$

式中 Y——不含折旧的年营运费；

P——总投资；

CR——投资回收系数。

5) 必要装卸费率(RFR)

$$RFR = \frac{AAC}{Q} \tag{2-16}$$

式中 RFR——必要装卸费率(元/TEU)；

AAC——平均年费用(元)；

Q——年装卸吞吐量(TEU)。

6) 净现值(NPV)

$$NPV = \sum_{t=0}^{n}(B_t - C_t - I_t)(P/F \cdot i \cdot t) \tag{2-17}$$

式中 B_t——第 t 年的收入(元)；

C_t——第 t 年的支出(元)；

I_t——第 t 年的投资(元)；

$P/F \cdot i \cdot t$——现值系数。

经方案技术经济分析后，选择技术上先进、经济上合理的集装箱码头装卸工艺方案，以实现投资少、单位装卸成本低、船舶装卸作业停泊时间短、年平均费用少、净现值高的最优方案。

2.4 集装箱货运站

集装箱货运站是国际集装箱运输及多式联运中极其重要的环节，通过集装箱货运站，可形成一个有机的深入内陆的运输网络，有效地进行集装箱货物的集中和疏运，实现集装箱的“门一门”运输。

2.4.1 集装箱货运站的种类

目前，集装箱货运站(Container Freight Station，CFS)主要有以下三种类型：

(1)设在集装箱码头内的货运站。它是整个集装箱码头的有机组成部分。它所处的位置、实际工作和业务隶属关系都与集装箱码头无法分割。我国大多集装箱专用码头均属此类型。其主要任务是承担收货、交货、拆箱和装箱作业，并对货物进行分类保管。

(2)设在集装箱码头附近的货运站。这种货运站设置在靠近集装箱码头的地区，处于集装箱码头外面。它不是码头的一个组成部分，但在实际工作中与集装箱码头的联系十分密切，业务往来也很多,它承担的业务与上述货运站相同,我国台湾省不少集装箱码头的货运站属此类型。

(3)内陆货运站(Inland Depot)。集装箱内陆货运站的主要特点是设置于运输经济腹地,深入内陆主要城市及外贸进出口货物较多的地方。主要承担将货物预先集中,进行装箱,装箱完毕后,再通过内陆运输将集装箱运至码头堆场作业,具有集装箱货运站和集装箱码头堆场的双重功能。它既接受托运人交付托运的整箱货与拼箱货,也负责办理空箱的发放和回收。如托运人以整箱货托运出口,则可向内陆货运站提取空箱;如整箱进口,收货人也可以在自己的工厂或仓库卸空集装箱后,随即将空箱送回内陆货运站,内陆货运站还办理集装箱拆装箱业务及代办有关海关手续等业务。

2.4.2 集装箱货运站的作用

(1)内陆货运站是联系经济腹地的纽带和桥梁。

货运站作为集装箱货物的集散点,起到了与内陆联系的纽带和桥梁的作用。同时,随着改革开放的不断深入和商品经济的发展,我国内陆地区由于开展中外合资、合作,引进外资、引进先进技术和设备,使进出口贸易有了很大发展,外贸进出口货物的种类和数量也越来越多,通过内陆货运站,可以迅速集中和疏运进出口货源,加强进出口货物在内陆地区的流转,并为集装箱运输提供稳定可靠的货源。

(2)内陆货运站可加强箱务管理,加快集装箱的周转。

由于种种原因造成集装箱在内陆地区积压甚至流失,重箱卸完后空箱无人管,有的单位有空箱而无外贸货,只有将空箱运回港口,而有出口货源的单位又无空箱,影响外贸出口。而通过集装箱内陆货运站,则可对发往内陆地区的集装箱进行跟踪、查询,实行有效管理和调节使用,不仅可解决空箱在内陆地区长期积压问题,缩短集装箱在内陆的周转时间,还可提高空箱利用率和运输经济效益,促进集装箱运输的发展,为国际集装箱多式联运创造条件。

2.4.3 集装箱货运站的主要任务

1.集装箱货物的承运、验收、保管和交付

在集装箱的运输中,常出现一些货主发出和收到的货物数量较少,不足以装满一个集装箱,而又要求用集装箱运输的情况。作为集装箱货物集合和疏运地,集装箱运输经营人承运货物,在此处完成货物的验收、交付手续,在集装箱出口(或进口)前,集装箱货运站还负责货物的保管。

2.拼箱货的装箱和拆箱作业

在出口时,集装箱运输经营人把货物在原来的形态下接收过来,并组织不同货主的货物装箱,在进口时,需要把货物从箱中取出,按收货人分开,完成拆箱,并交付给不同的货主。集装箱货运站给拼箱货物装箱和拆箱提供场所,完成货物的装箱和拆箱作业。

3.整箱货的中转

集装箱货运站负责接收托运人托运的整箱货及其暂存、装车并集中组织向码头堆场的运输,或集中组织港口码头向该站的疏运、暂存及交付。

4.重箱和空箱的堆存和保管

集装箱货运站作为集装箱运输的集散地,负责重箱和空箱的堆存和保管。还负责办理空箱的发放和回收手续,受理各类箱主的委托承担集装箱代理人业务,对集装箱及集装箱设备的使用、租用、调运、保管、交接等行使管理权。

5. 货运单证的处理，运费、堆存费的结算

集装箱货运站为货运单证处理提供场所，办理各项业务、手续。计算集装箱拆、装箱费，运费，堆存费等，并收取相应费用。

6. 集装箱及集装箱车辆的维修、保养

集装箱货运站负责对集装箱进行定期的检验、修理、清洗、熏蒸等业务，还可对集装箱车辆进行维修和保养。

7. 其他

集装箱货运站为办理海关手续提供条件，代办海关业务等。

2.5　集装箱公路运输设备与工艺

2.5.1　集装箱公路运输车辆

2.5.1.1　车辆的主要类型

集装箱公路运输车辆的分类方法很多。按驾驶室的形式分，有平头式、长头式。按拖带挂车的方式分，有半拖挂式、全拖挂式、单拖挂式和双拖挂式。按车轴的数量分，有 3 轴至 5 轴的，有单轴驱动至 3 轴驱动的不等。按用途分有箱货两用的、专用的、能自装自卸的。按挂车结构分，有骨架式、直梁平板式、阶梯梁鹅颈式、凹梁低床式、带浮动轮的摆臂悬架式、车架可伸缩式。图 2-24 为斯太尔(STEYR)1291 S35 4×2 型牵引车牵引的 40 ft 集装箱半挂车。图 2-25为太脱拉(TATRA)T815 6×6.2 型牵引车牵引的 40 ft 集装箱半挂车。

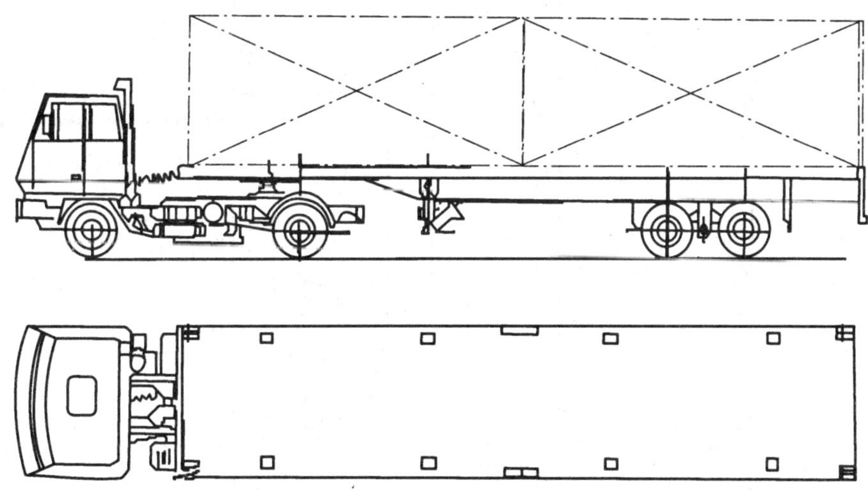

图 2-24　斯太尔(STEYR)1291 S35 4×2 型牵引车牵引的 40 ft 集装箱半挂车

下面着重介绍一下集装箱半挂车和集装箱自装自卸车。

(1)平板式集装箱半挂车。这种半挂车除有两条承重的主梁外，还有若干横向的支承梁，并在这些支梁上全部铺上花纹铜板或木板。同时在应装设集装箱固定装置的位置，按集装箱的尺寸和角件规格要求，全部安装旋锁件(图 2-26)。因而它既能装运国际标准集装箱，又能装运一般货物。在装运一般货物时，整个平台承受载荷。平板式集装箱半挂车由于自身的整备质量较大，承载面较高，所以只有在需要兼顾装运集装箱和一般长大件货物的场合才采用。

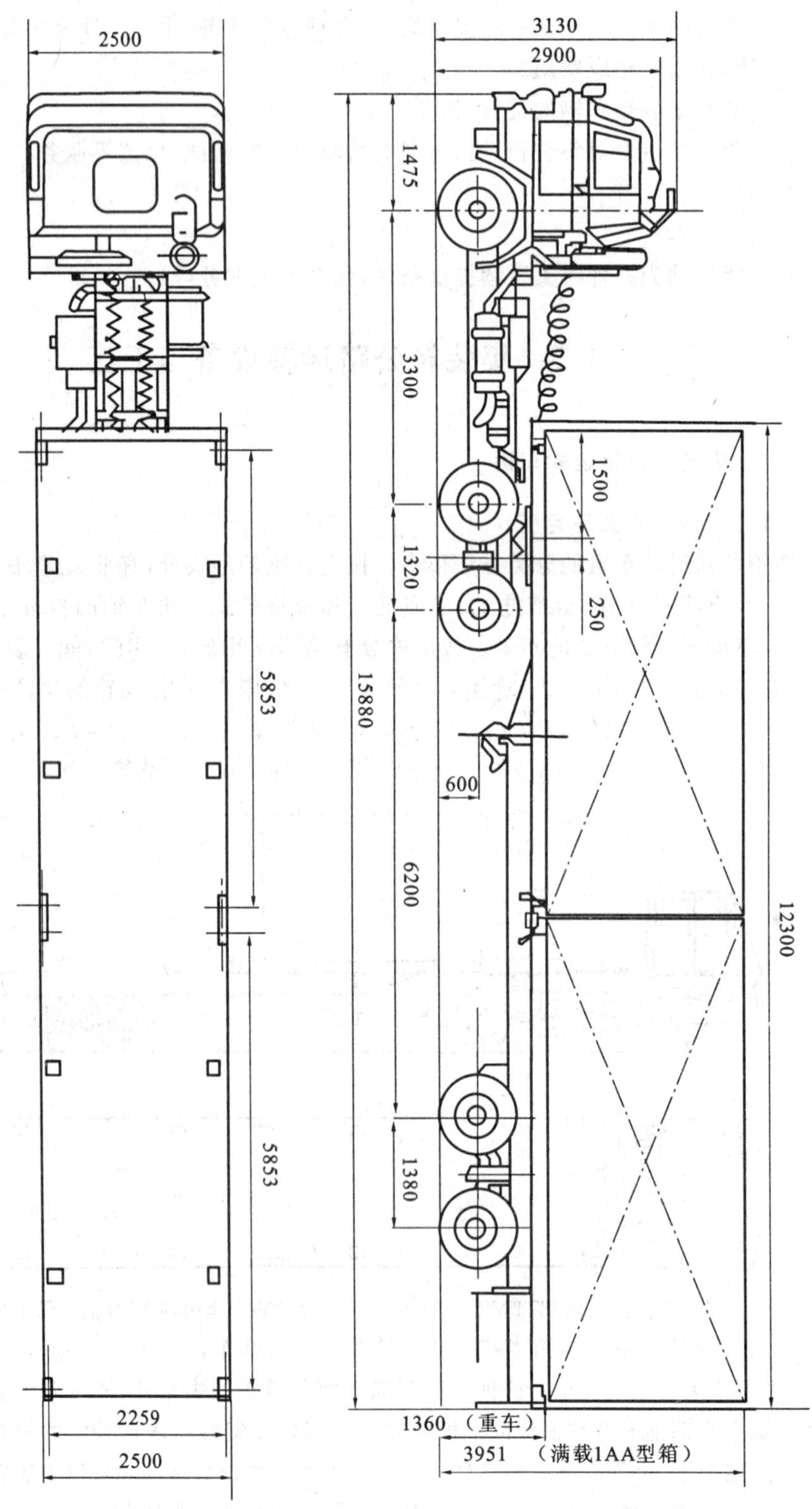

图 2-25　太脱拉(TATRA)T815 6×6.2 型牵引车牵引的 40 ft 集装箱半挂车

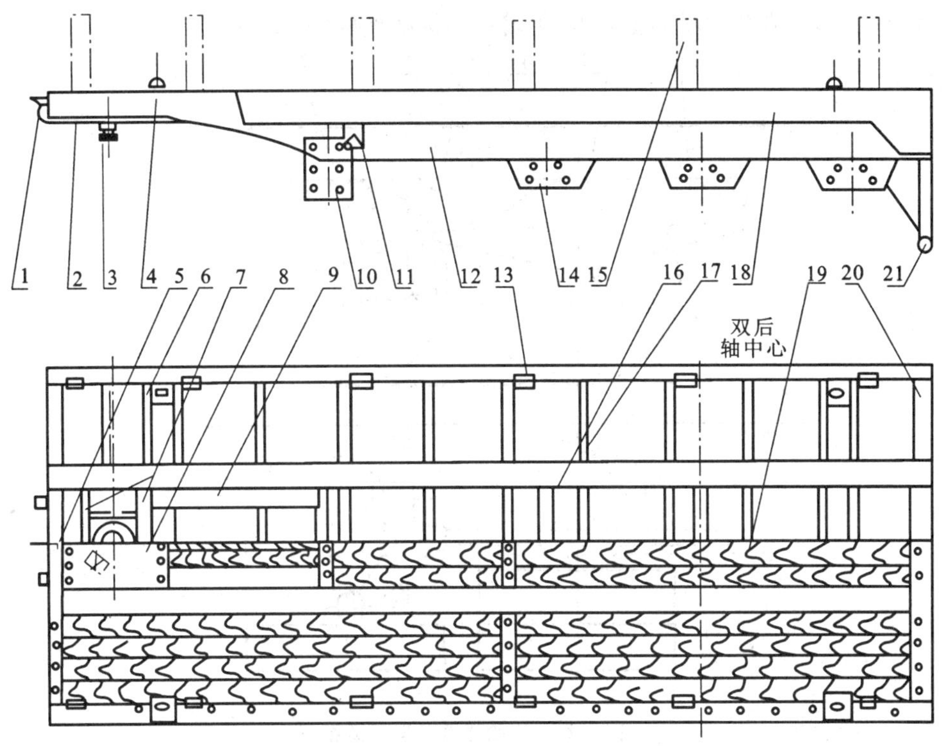

图 2-26 平板式集装箱半挂车

1—接手护板；2—牵引板；3—牵引销；4—转锁总成；5—前端梁；6—侧横梁；7—牵引横梁；8—盖板；9—加强梁；10—支承装置座板；11—支承装置摇把导板；12—纵梁；13—插座；14—悬挂座板；15—插柱；16—主横梁；17—贯梁；18—边梁；19—木地板；20—后端梁；21—后标志杆

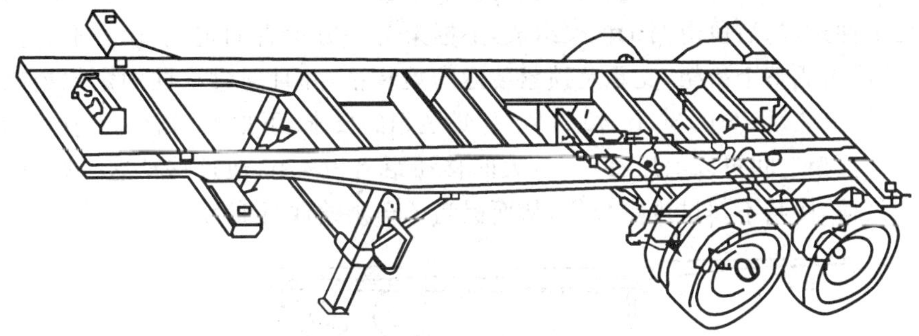

图 2-27 骨架式集装箱半挂车

(2) 骨架式集装箱半挂车。如图 2-27 所示，这种半挂车专门用于运输集装箱。它仅由底盘骨架构成，而且集装箱也作为强度构件，加入到半挂车的结构中予以考虑。因此，其自身整备质量较轻，结构简单，维修方便，在专业集装箱运输企业中普遍采用。

(3)鹅颈式集装箱半挂车。这是一种专门运载 40 ft 集装箱的骨架式半挂车。其车架前端拱起的部分称作鹅颈。当半挂车装载 40 ft 集装箱后，车架的鹅颈部分可插入集装箱底部的鹅颈槽内，从而降低了车辆的装载高度，在吊装时还可起到导向作用。鹅颈式半挂车的集装箱固定转锁装置与骨架式半挂车稍有不同。

(4)带浮动轮的摆臂悬架式集装箱半挂车。这种半挂车是近年来我国学习国外经验而研制成功的。它在第一轴的后面增加了附加机构，可使车辆在空驶时，将浮动轮升起离开地面，以减小道路阻力，而满载时浮动轮着地，可增加车辆载重量(图 2-28)。

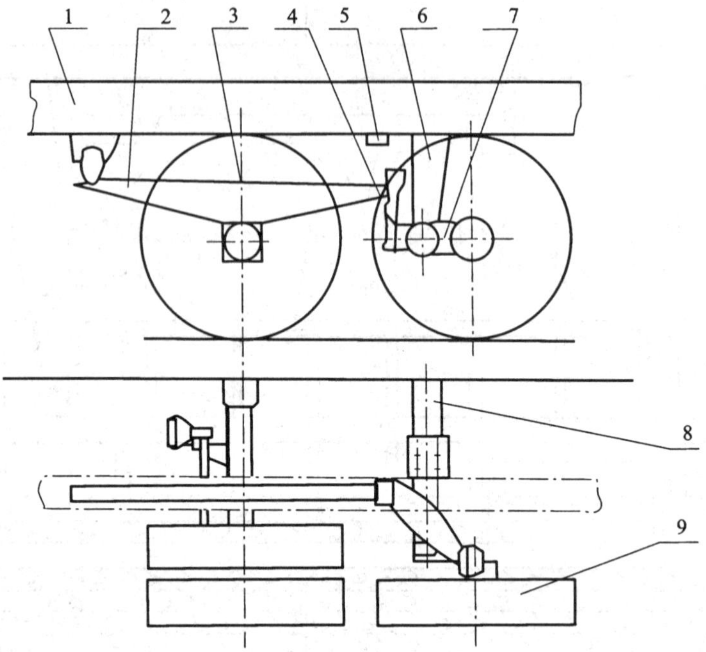

图 2-28　六胎摆臂悬架示意图

1—车架；2—第一轴钢板弹簧；3—第一轴；4—长吊耳；5—限位块；6—支架；7—摆臂；8—摆臂轴；9—摆动轮

(5)可伸缩式集装箱半挂车。如图 2-29 所示，这是一种柔性半挂车，它的车架分成三段。前段是一带有鹅颈及支承 20 ft 箱的横梁，并有牵引销与牵引车连接，整个前段为一个框架的刚体；中段是一根方形钢管，一端插入前段的方形钢管中，另一端被后段的方形管插入，使前段和后段成为柔性连接；后段由两个框架组成，上框架与一方形管固定，后段方形管插入中段方形管后，与前段组成整个机架，支承及锁紧装运的集装箱，并且通过不同的定位销确定车架不同的长度，以适应装运 20 ft、30 ft、40 ft、45 ft 集装箱的要求，下框架则通过悬挂弹簧与后桥连接，同时，上下框架之间可以前后移动，最大的移动距离为 4 ft，通过移动这一距离，可以调整车组各桥的负荷，使其不超过规定数值，从而提高了车辆的通行能力。

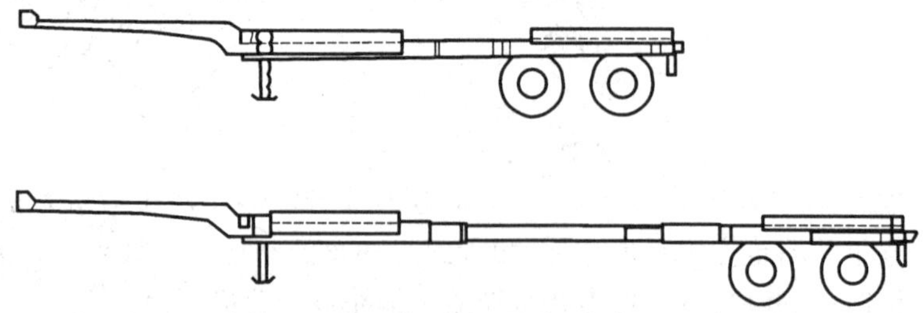

图 2-29　可伸缩式集装箱半挂车

(6)集装箱自装自卸车。这种车辆按其装卸形式的不同又可分为两类：一类是后面吊装型。如图 2-30 所示，它是从车辆的后面通过特制的滚道框架和由液压电动机驱动的循环链条将集装箱曳拉到车辆上完成吊装作业的，卸下时则相反。另一类是侧面吊装型。如图 2-31 所示，它是从车辆的侧面通过可在车上作横向移动的变幅式吊具将集装箱吊上吊下的。由于集装箱自装自卸车具有运输、装卸两种功能，在开展由港口至货主间的门到门运输时，无需其他装卸机械的帮助，而且使用方便，装卸平稳可靠，又能与各种牵引车配套使用，除了装卸和运输集装箱外，它还可以将大件货物放在货盘上进行运输和装卸作业，因此深受各国的重视。

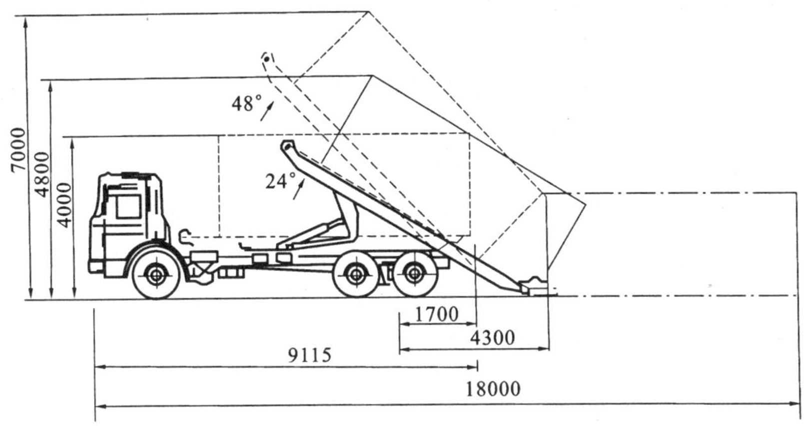

图 2-30　后面吊装型集装箱自装自卸车组

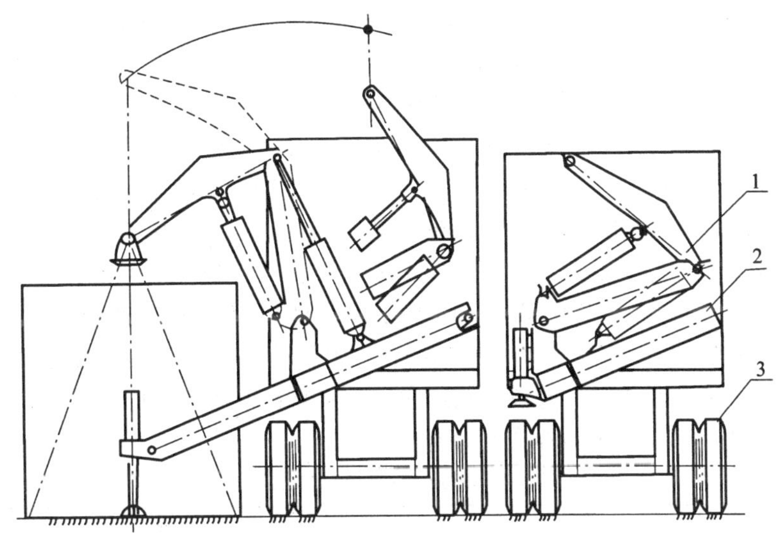

图 2-31　侧面吊装型集装箱自装自卸车组

1—吊具；2—支腿；3—半挂车

2.5.1.2　车辆运用的技术条件

1.运输条件

(1)集装箱的规格尺寸和额定总质量对车辆的要求：按照 ISO/TC104 委员会的标准规定，集装箱的宽度均为 8 ft；高度有<8 ft、8 ft、8.6 ft、9.6 ft 四种，以 8.6 ft 为主；长度有 40 ft、30 ft、20 ft、10 ft 四种，主要是 40 ft 和 20 ft 两种。因此，配备车辆要以 40 ft 和 20 ft 车为主，半挂车的结构以直梁骨架式和平板式为主，运输 9.6 ft 高集装箱，则需采用鹅颈式或凹梁式半挂车。40 ft 集装箱的额定总质量为 30.48 t，20 ft 箱为 24 t。由于集装箱每次装载各类商品的单位容重不同，包装尺寸也不同，故货物装箱后集装箱的实际总质量是不相等的。如果集装箱车辆的吨位结构只按照集装箱的额定总质量来配置，必将导致重箱实载率过低，经常出现亏吨现象。为了合理确定配置集装箱运输车辆的吨位结构，首先要对 20 ft 和 40 ft 集装箱的实际

总质量进行统计分析，并将其划分成若干吨级档次，从中找出各档次之间的比例关系，以此作为配置车辆的依据。

可将集装箱车辆的吨位结构划分为五个档次，即 20 ft 集装箱车可分为 3 t(空箱运输)、10 t、15 t、20 t 和 24 t 五档；40 ft 集装箱车可分为 8 t(空箱运输)、15 t、20 t、25 t 和 30 t 五档。各档之间应合理配置车辆数的比例，应当指出，所谓合理配置车辆，是指在某段时期内的相对合理，因为集装箱实际总质量的吨级比例，是随进出口商品结构的变化而变化的。在一个阶段后，应对所配置车辆的吨位结构比例作必要的调整。

(2)集装箱运量和运距对车辆的要求：集装箱运量和运距是确定所需运输车辆的数量和结构形式的重要依据。当集装箱运量不大时，为提高车辆的利用率，宜采用平板式箱货两用型车辆。当集装箱运量较大，箱源集中时，宜采用骨架式集装箱专用车辆。合理运距与公路技术等级、企业经营管理水平和箱内货物的价值有关。我国接运港口国际集装箱的公路合理运距，二级和三级公路为 200～300 km，一级和高速公路为 300～500 km。车辆的持续行驶里程，一般都在 400～600 km。

2. 道路条件

道路技术条件对集装箱车辆的运输过程影响很大。路面的承重能力和桥涵的通过能力，决定了车辆允许的装载质量和行驶速度。各国对汽车列车的总质量和轴载质量均有相应的规定，我国目前尚无专门的国家标准，因此在选择集装箱车辆时，要考虑使用地区的道路桥涵承载能力，来确定车辆的总质量及其轴载质量值。根据我国《公路工程技术标准》(JTJ B01—2003)以及《货运挂车系列型谱》(GB/T 6420—2004)的规定，要求集装箱汽车列车的载重质量不超过 45 t，单轴最大载重质量不超过 12 t，见表 2-14 和表 2-15，双联轴最大载重质量不超过 20 t。40 ft 集装箱的额定质量为 30.48 t，则装载 40 ft 集装箱的汽车列车的最大总质量在43 t。从表 2-15 和表 2-16 可知，装载质量在 30 t 以下的车辆，基本上可以适应在二级公路上行驶。但当 40 ft 集装箱车用来运载 2 只 20 ft 集装箱时，则 20 ft 箱的总质量应该限制在每箱 15 t 以下，超过 15 t 的只能与轻箱搭配或单只箱运输。对集装箱汽车列车的总质量和轴载质量的选择，一般可采用图 2-32 所示的数据进行计算。

表 2-14 各级公路主要技术指标汇总

公路等级		高速公路						一级		二级		三级		四级	
计算行车速度(km/h)		120			100	80	60	100	60	80	40	60	30	40	20
车道数		4	6	4	4	4	4	4	4	2	2	2	2	1或2	
行车道宽度(m)		2×15.0	2×11.25	2×7.5	2×7.5	2×7.5	2×7.0	2×7.5	2×7.0	9.0	7.0	7.0	6.0	3.5或6.0	
路基宽度(m)	一般值	42.50	35.00	27.50或28.00	26.00	24.50	22.50	25.50	22.50	12.00	8.50	8.50	7.50	6.50	
	变化值	40.50	33.50	25.50	24.50	23.00	20.00	24.00	20.00	17.00				4.50或7.00	
极限最小半径(m)		650			400	250	125	400	125	250	60	125	30	60	15
停车视距(m)		210			160	110	75	160	75	110	40	75	30	40	20
最大纵坡(%)		3			4	5	6	4	6	5	7	6	8	6	9
车辆荷载	计算荷载	汽车—超20级						汽车—超20级 汽车—20级		汽车—20级		汽车—20级		汽车—10级	
	验算荷载	挂车—120						挂车—120 挂车—100		挂车—100		挂车—100		履带—50	

表 2-15 各级汽车荷载主要技术指标

主要指标	单位					
一辆汽车总重力	kN	100	150	200	300	550
一行汽车车队中重车辆数	辆	—	1	1	1	1
前轴重力	kN	30	50	70	60	30
中轴重力	kN	—	—	—	—	2×120
后轴重力	kN	70	100	130	2×120	2×140
轴距	m	4	4	4	4+1.4	3+1.4+7+1.4
轮距	m	1.8	1.8	1.8	1.8	1.8
前轮着地宽度及长度	m	0.25×0.2	0.25×0.2	0.3×0.2	0.3×0.2	0.3×0.2
中后轮着地宽度及长度	m	0.5×0.2	0.5×0.2	0.6×0.2	0.6×0.2	0.6×0.2
车辆外形尺寸(长×宽)	m	7×2.5	7×2.5	7×2.5	8×2.5	15×2.5

注:一行汽车车队中主车辆数不限。

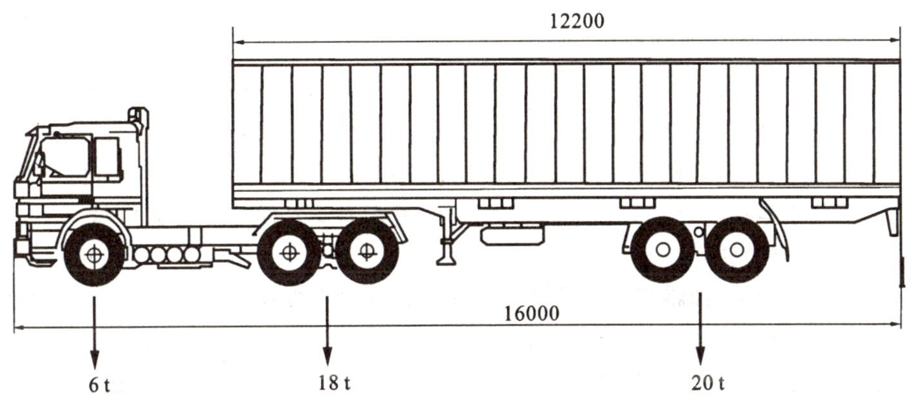

图 2-32 集装箱运输车组轴载质量分布图

3.国家有关法规要求

(1)集装箱车辆的外廓尺寸,必须符合《汽车外廓尺寸限界》(GB 1589—2004)的规定,即汽车外廓尺寸不能超过以下规定,长度:载货汽车为 12 m,半挂汽车列车为 16.5 m,全挂汽车列车为 20 m;宽度:2.5 m;高度:空载状态下为 4 m。车辆装载集装箱后的总高度,必须符合交通管理法规的规定,即装载高度自地面起不得超过 4 m。对于半挂汽车列车来说,影响其装载高度的主要因素是牵引车的牵引鞍座承载面的离地高度,在无负荷时应不超过 1.3 m。

(2)集装箱车辆的制动性能及运行安全技术要求,必须符合《机动车运行安全技术条件》(GB 7258—2004)的规定。汽车废气排放须符合《柴油车加速烟度排放标准》(GB 3843—2002)的规定。汽车允许噪声须符合《机动车辆允许噪声》(GB 1495—2002)的规定。

(3)牵引车与半挂车配挂时,要求保证同级吨位车辆之间能够互拖互挂。半挂车的牵引销是连接牵引车与半挂车并承受与传递牵引力和制动力的重要零件,一般采用高强度合金钢制成,以保证其有绝对的可靠性。国内外对牵引销的尺寸均已标准化。对于载重量为 40 t 以下的半挂车,一般采用 50 号的牵引销。我国《道路车辆半挂车鞍座 50 号牵引销主要尺寸和安装、互换性尺寸》(GB/T 4606—2006)标准中,对牵引销的几何形状和尺寸作了具体规定。

(4)半挂车上的转锁及固定装置,其外形尺寸和在挂车上的定位尺寸,必须符合《集装箱角件技术条件》(GB/T 1835—2006)所规定的要求。固定式转锁,它旋转 90°可将集装箱角件锁住，一般用于 20 ft 或 40 ft 集装箱半挂车的前后两组锁紧装置。可藏式转锁，它用于 20 ft 和 40 ft 两用集装箱半挂车的中间两组锁紧装置上。当只装运一个 40 ft 集装箱时，要将这两组共 4 个转锁缩到车架下面。

2.5.2 集装箱公路运输工艺

集装箱公路运输，是国际集装箱运输系统(多式联运)中不可缺少的重要环节。在本书中，我们所能讨论的也仅限于多式联运(国内段)的公路运输的货运形式和业务范围。港口国际集装箱的公路集疏运，通常是指将出口集装箱从货主仓库运至码头堆场的集运和将进口集装箱从码头堆场运至货主仓库的疏运。在这一过程中，由于外贸运输条款的不同和货主选择不同的交接货地点，集装箱公路运输的工艺流程也就不同。目前，我国工艺流程基本上为三种形式：

(1)港口⇔货主

一般为整箱不间断运输，即从港口集装箱码头堆场直接运到货主仓库及相反的过程。这种运输形式，在一定运距内，对公路运输企业最为理想，可以不必投资建设仓库、堆场和购置装卸机械，运输效率也较高，是典型的门到门运输。

(3)港口⇔公路中转站⇔货主

先将集装箱从港口码头堆场运到公路中转站堆存，然后再转运到货主仓库及相反的过程。这种整箱中转形式，一般是在码头发生阻塞、压港或由于货主的原因，不能直接到门的情况下采用。它需要公路运输企业具有一定能力的堆场，并配备集装箱专用装卸机械。

(3)港口⇔公路中转站

一般为拆装箱运输，即将集装箱从港口码头堆场运到公路中转站拆箱储存，再将箱内货物转运到货主仓库及相反的过程。这种运输形式，适用于货流量较小而流向分散的拼箱货，或货主不具备接卸整箱货的条件和没有足够的仓储能力的情况。它需要公路运输企业建有进行拆装箱作业的场地和仓库，并配备小型装卸机械。

随着国际集装箱运输的日趋完善和我国国际集装箱运输系统(多式联运)工业性试验项目成果的推广应用，我国集装箱运输已步入正规化道路。公路运输作为国际集装箱运输系统中的一个重要环节，其生产业务必须遵循并符合国际集装箱进出口业务流程的要求。

2.5.3 集装箱公路运输中转站装卸工艺

1. 公路中转站的集装箱堆场及专用装卸机械

集装箱中转站内，集装箱和货物的装卸搬运工作量，在中转站的全部作业量中占有很大比重。在集装箱装卸作业过程中，装卸作业的停歇时间，对运输车辆的生产率和成本影响很大，而且运距越短，影响程度越大。因此，正确地选择装卸工艺和装卸机械，合理组织装卸作业，使车辆停歇时间最短，耗费的装卸劳动量最少，运输装卸成本最低，是中转站生产建设中要解决的重要问题。在选择中转站装卸工艺时应遵循以下原则：

(1)尽量减少操作次数；

(2)尽量避免迂回和垂直运动；

(3)要求工艺系统的各环节配合协调；

(4)充分发挥设备的生产能力，力求生产的连续性；

(5)选择新型、高效的设备，并有维修零配件的保证。

堆场装卸作业典型工艺方案有以下六种：

(1)采用轮胎式龙门起重机的装卸工艺方案(如图 2-33)。其堆场布置为“6＋1”型，即 6 列集装箱和 1 条汽车通道的排列方式。汽车通道可以在中间，也可在一侧。通常集装箱排列按 3 列为一区布置，这样便于区中间集装箱的装卸作业。堆场呈长条形，可堆 4 层或 3 层，堆场的利用率比较高，平均箱位面积为 30 m^2，工作效率为 17 箱/h。轮胎式龙门起重机机动性较强，占用通道面积小，操作也比较容易，维修费用低，但其本身不能带重箱行走，轮压较大，达 22～24 t，行走轨道的基础要特殊处理，龙门起重机本身的造价也较高。由于目前国内公路中转站的规模都比较小，龙门起重机的价格又很高，故很少采用。

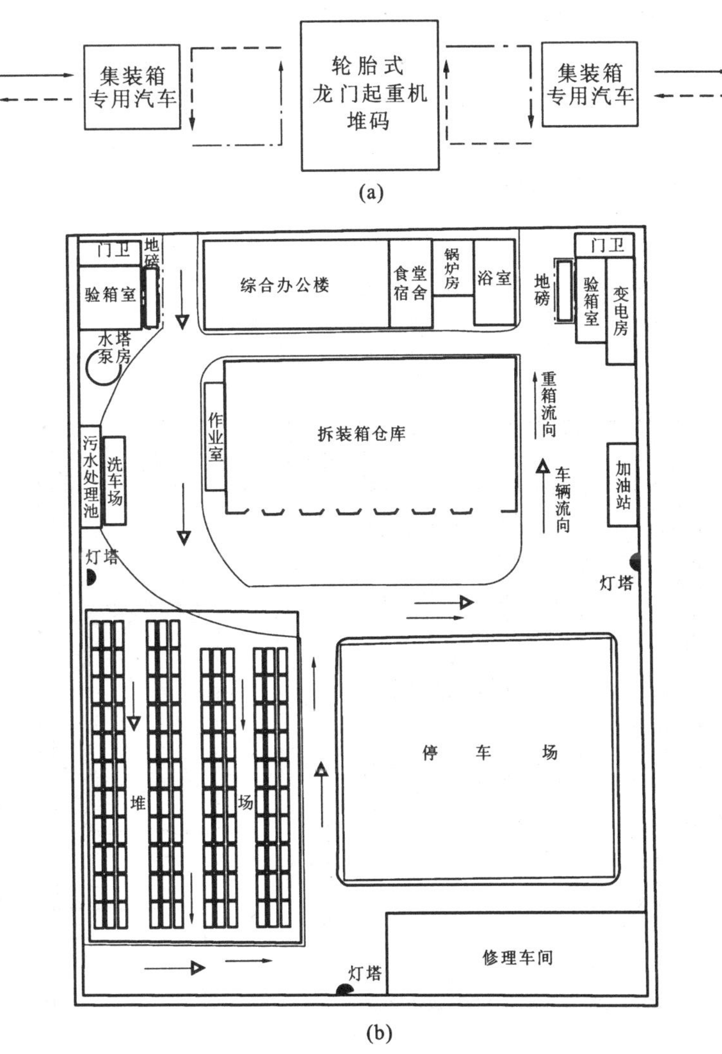

图 2-33 轮胎式龙门起重机装卸工艺

(a)采用轮胎式龙门起重机的装卸工艺方案；(b)采用轮胎式龙门起重机工艺的中转站平面布置图

(2)采用跨运车的装卸工艺方案(图 2-34)。跨运车是跨列集装箱运行作业的，集装箱呈单列布置，箱列不宜过长，横向作业通道较宽，既能装卸又能搬运，一般堆码 2～3 层，平面箱位面积需 35 m^2，工作效率为 12 箱/h。跨运车的机动性好，工作效率较高，但结构和操作较复杂，完好率也低，占用通道面积大，轮压也大，价格较高。

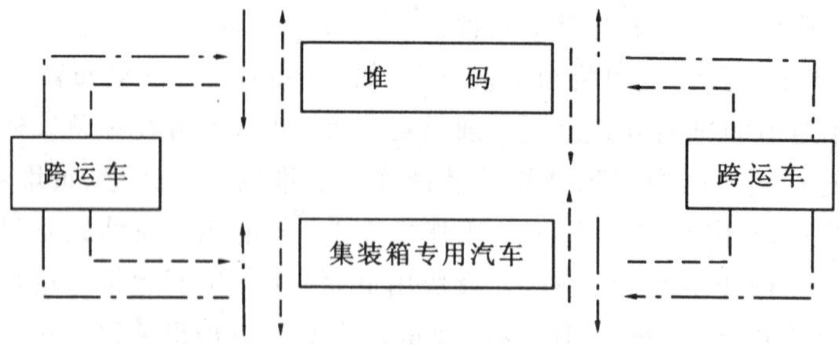

图 2-34 采用跨运车的装卸工艺方案

(3)采用集装箱正面吊运机的装卸工艺方案(图 2-35)。正面吊运机汇集了叉车和汽车起重机装卸工艺的优点,它机动灵活,可在公路上行驶,既能装卸又能搬运,能堆码 4 层,可隔列作业 3 层,操作容易,视线良好,堆场利用率高,并可提高堆场利用率 20%~35%,平面箱位面积为 45 m^2,工作效率为 15 箱/h,轮压小,一般为 8~10 kg/cm^2,可降低堆场的造价,液压元件可靠,完好率高,维修方便,购置价格适中。

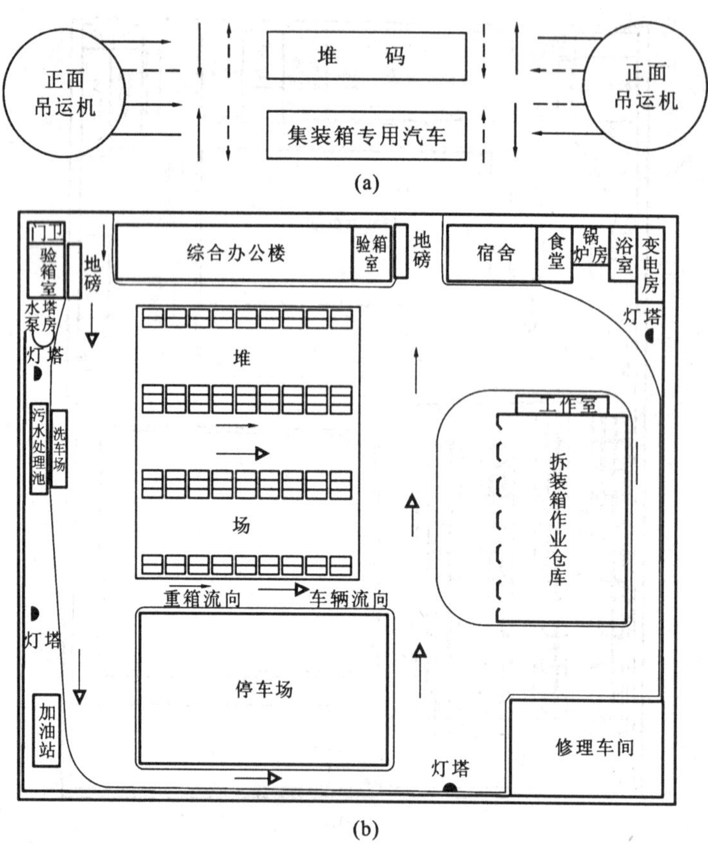

图 2-35 集装箱正面吊运机装卸工艺

(a)采用集装箱正面吊运机的装卸工艺方案;(b)采用集装箱正面吊运机的中转站平面布置图

(4)采用大型叉车的装卸工艺方案(如图 2-36)。集装箱叉车,能装卸能搬运,机动灵活,适应性强,一般堆码 2~3 层,不能隔列作业,作业通道宽,装卸 40 ft 箱需通道宽 15 m,堆场利用率较低,平面箱位面积为 70 m^2,工作效率为 15 箱/h,轮压较大,转弯直径也大,致使土建投资较大,维修也较困难,但因其机动灵活,购价较低而被目前新建的公路中转站广泛采用。

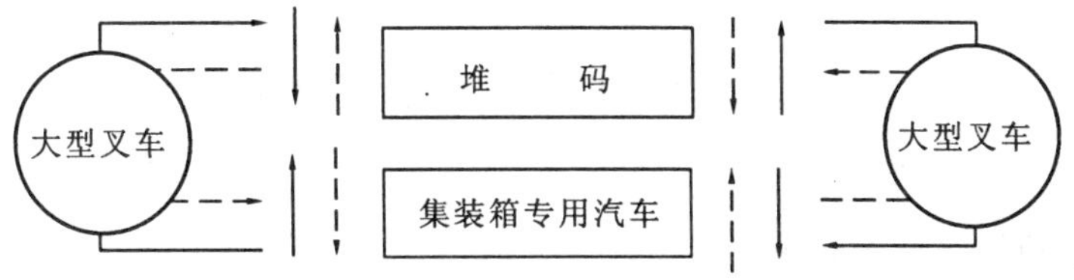

图 2-36 采用大型叉车的装卸工艺方案

(5)采用汽车起重机或轮胎式起重机的装卸工艺方案。汽车或轮胎式起重机灵活机动，一般堆码 2～3 层，平面箱位面积为 70 m^2，堆场利用率比较低，工作效率也不高。多用于集装箱堆存量较少的中转站或作为辅助备用的装卸机械。

(6)甩挂工艺方案。它是将集装箱与半挂车一起存放，不能堆码，但工作效率较高，不需要装卸机械，但要有足够的半挂率，占地面积也较大，适用于规模不大的中转站。

通过比较各种装卸工艺的优缺点，结合我国近年来若干中转站的实践经验和考虑集装箱发展的需要，推荐公路中转站装卸工艺优化方案如下：

(1)年堆存量为 9×10^3 TEU 以上的一级站，以轮胎式龙门起重机为主，集装箱叉车为辅。

(2)年堆存量为 $(4\sim9)\times10^3$ TEU 的二、三级中转站，宜以正面吊运机为主，集装箱叉车为辅。

(3)年堆存量为 4×10^3 TEU 以下的四级站，宜以叉车为主，汽车起重机为辅。

2. 公路中转站的拆装箱库的装卸工艺

集装箱拆装箱库的装卸工艺分为机械式、人工式和输送式。图 2-37 是拆装箱工艺的示意图。机械式装卸工艺采用小型低门架叉车、电瓶叉车直接进入箱内作业，它要与托盘配合作业，箱内货物未采用托盘码垛时，可在叉车货叉上添加一个托盘进行作业。有些大件货物有叉槽，可直接用货叉搬运。人工装卸工艺则完全采用人力作业或采用小型换车搬运堆码。输送式装卸流程相反。另一种输送装置是小型电葫芦，可以绕环线或按一定轨迹运行，货物可挂在葫芦吊上。拆装箱库的各种装卸工艺是独立的，但在同一拆装箱库中是相互并存的。装卸工艺的选择，由货物的种类、批量、重量等因素决定。目前我国公路中转站拆装箱库的装卸工艺，多以人工装卸和小型低门架叉车装卸为主。拆装箱库的建造形式，有平地式和高台式两种。但无论哪种形式，其结构设计都应符合正常作业要求，仓库要尽量靠近堆场，减少机械作业时间，拆装箱库大门的宽度和高度，要满足装卸机械的工作要求，拆装箱库的长度和宽度，要根据拆装箱作业线的设置要求而定。

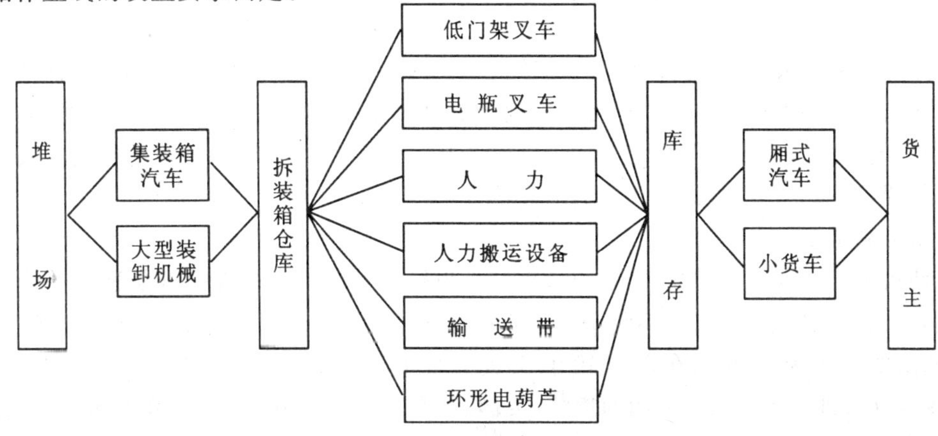

图 2-37 拆装箱工艺的示意图

2.6 集装箱铁路运输设备与工艺

2.6.1 集装箱铁路运输车辆

2.6.1.1 铁路集装箱专用车的类型

集装箱专用车的类型按运输组织分,分为编挂于固定车底定期直达列车运送的专用车辆和随普通快运货物列车零星挂运的车辆。用于定期直达列车的集装箱专用车结构都比较简单,绝大部分车辆为骨架式,不经过调车作业,无缓冲装置,底架有旋锁加固装置,用以固定集装箱。这种车辆通常都以固定形式编组,定期往返于两个办理站之间。而随快运列车挂运的集装箱专用车要经过调车作业,所以一般要加装缓冲装置,这种缓冲装置在各国有不同特点,如法国 Slpss 型和 Sss 型专用车是采用在车底板上加装缓冲托货盘,德国的 Lgzss-575 型专用车等,是采用缓冲中梁,由于各国国情不同采用的缓冲方法也不尽相同。

集装箱专用车由于装运集装箱的规格尺寸不同,以及集装箱的有效长度和轴数不同,如 40 ft、60 ft、80 ft 长和两轴车、四轴车与六轴车等原因而类型不同。各国则因线路条件和使用条件不同,集装箱专用车的类型也不同。

欧洲国际铁路联盟因有过轨联运问题,对装运集装箱的货车作了有关规定,又于 1973 年 10 月对用于直达列车的专用车制定了两种标准类型:一种是容量为 60 ft 的集装箱专用车,2 个转向架的四轴车;另一种是容量为 80 ft 关节式集装箱专用车,这种车设有 3 个转向架,每个转向架有 2 轴。

这两种专用车的基本结构相近,底架由两根整焊的双 T 形长大中梁和 U 形断面的外侧梁组成,侧梁通过横梁和横撑与中梁连接起来。这种设计的优点之一是自动车辆的中心压力可通过中梁无需改变方向地成直线传递;同时这种车辆具有刚性好、扭曲度小的特点,可防止通过曲线轨道时脱轨,而且也便于采用自动车钩,这两种车都采用标准型转向架,这种转向架即时速度可达到 120 km/h。这两种专用车在车底架上均安装缓冲装置。缓冲装置有一定的限度,当以 15 km/h 的速度冲撞时,可将满载的国际标准集装箱的加速度稳定在 $2g$。所以这两种车既可用在直达运输的列车上也可用在普通货列上。

2.6.1.2 集装箱专用车的发展趋势

1)提高速度

铁路运送能力大,但与公路比起来不够机动灵活,在公路激烈竞争的形势下,铁路要发展集装箱运输事业必须提高速度。但提高速度受到不少限制,诸如通过能力、线路构造、设备条件等,目前绝大多数的集装箱专用车的允许时速均达到 120 km/h,要想满足飞速发展的集装箱运输需要,还应进一步提高专用车的最高速度。

2)增加载重量

集装箱平均静载重在增加,而且国际集装箱规格尺寸的标准现在又开始面临一个新的改进时期,法国首先提案将 20 ft 集装箱的总质量从 20 t 提高到 24 t,历经 10 年于 1986 年被采纳,现西欧发达国家在 ISO/TC104 第十三次全会上倡议将 20 ft 集装箱的总质量提高到 30480 kg,以求进一步扩大集装箱的货源,美国、加拿大正积极建议推行“高型箱”。鉴于这种情况,集装箱专用车必须要提高轴负荷,增加载重量才能满足集装箱增载要求。

3)充分利用铁路限界

为了充分利用铁路限界，尽量降低车底板的高度，UIC 规定集装箱定期直达列车的专用车的车底板高度为 1.165 mm，有缓冲装置的普通集装箱专用车的车底板高度为 1.175 mm。要研究制造有尽可能高的装载限界的集装箱专用车，如凹底车、小车轮车等以充分利用铁路限界的有效空间。

2.6.2　集装箱铁路运输工艺

2.6.2.1　集装箱铁路运输方式

集装箱铁路运输是国际集装箱多式联运不可缺少的一环。一个国家幅员越是辽阔，铁路线越长，铁路集装箱运输的大量、快速、灵活的优越性越是显著。铁路集装箱的运输方式主要有集装箱定期直达列车、集装箱专运列车、一般的快运货物列车以及普通的货运列车等四种。

1.集装箱定期直达列车

近年来，美国、法国、德国、瑞士和比利时等国都比较广泛地采用集装箱直达运输来组织货物运输。最早采用集装箱直达运输的国家是英国。集装箱直达列车有几个特点：

1)定点定线定期运行，须报收发货人，预约箱位，准时发到，实行有计划的接取送达，实现“门到门”运输。

2)固定车底，循环使用，一般不轻易拆解，有一种是“立等出发列车”。这种列车是白天等待装卸，晚上行车，第二天到达。有的短途直达甚至于在编组站不需解体，不通过驼峰，当晚始发，当晚到达，当晚返回原发站。

3)对终端站要求不高，一般在一个龙门起重机下有 2～3 股线和 1 条汽车通道，作为中转换装之用即可。大的换装办理站线路上有 2～3 台龙门起重机，下有 6 股线路，龙门起重机一侧悬臂下作为存放集装箱之用，另一侧作为汽车通道即可完成直达要求。

4)每个列车在到达几分钟后就开始装卸。在大的中转换装站，一个列车从到达后开始装卸，到装妥后列车返回一般不超过 2 h，这对提高易腐货物的运输效率十分有利。

5)列车编组不长，一般以 20 辆专用车为一列居多。

6)为了加速并简化列车到发作业，办理站有联络线或机车调头设备及其他有关作业设备。

根据上述特点，列车与列车之间密切衔接，铁路与公路之间也密切衔接，相互之间换装很快，能满足货主尽快装车，尽快到达，尽快供应市场的要求。

2.集装箱专运列车

集装箱专运列车与定期直达列车的相同之处在于铁路运行图上都有专门的运行线，不同之处在于专运列车虽然也是大批量的集装箱、运程较长，但不是定期的，这种运输可以解决货源不均衡或者船期不定的矛盾。

3.一般的快远货物列车

对零压的小批量集装箱，不宜纳入定期直达和集装箱专列中，可编入快运列车，列车车速也可达 100 km/h 以上，这种列车通常要在编组站编组。

4.普通的货运列车

对量小、去向不稳定的集装箱可以编入普通的货运列车装运，这种方式的运输效率远不及集装箱定期直达列车。

我国铁路集装箱直达运输开展较晚，1987 年 6 月首次开行广安门到广州西、天河的 10 t

集装箱快运直达专列，之后陆续开行了佳木斯至广州西、天河、深圳北，滨江西至广州南、广州西、天河，沈阳至成都东站，沈阳至广州西、天河、深圳北的集装箱专列。经过多方面的努力已具备一定的条件，从1992年4月起南北方向如从哈尔滨、沈阳西、丰台西、郑州北等到达广州北及以远的集装箱专列每月30列。我国铁路运输国际大型集装箱也于1987年7月开始，沈阳铁路局承担了大连港运至长春第一汽车制造厂的装载进口AUDI汽车散件及部分生产设备的国际集装箱运输任务，创造了我国铁路短时间内大批量整列运输国际集装箱的范例。

2.6.2.2　集装箱铁路运输工艺

不管铁路集装箱运输采用什么方式，其基本工艺可以概括为从甲地集装箱办理站运至乙地集装箱办理站，再运至货主处。

我国铁路集装箱办理站主要用龙门起重机进行集装箱的装卸作业，甲地集装箱办理站将承运的集装箱吊装到集装箱专用车或代用车辆上运走，到达乙地集装箱办理站后，用龙门起重机卸下集装箱，放在堆置场上。再由龙门起重机将集装箱吊起装到拖挂车、半挂车或卡车上运至货主处。上述工艺过程可用图2-38表示。

办理站（甲）⇌办理站（乙）

办理站（乙）⇌货主

图2-38　运输工艺图

定期直达列车因事先已有预报，可用龙门起重机直接将集装箱吊起卸至拖挂车、半挂车、卡车等公路运输车辆上再直接运到货主处。上述工艺过程用图2-39表示。

办理站（甲）⇌货主

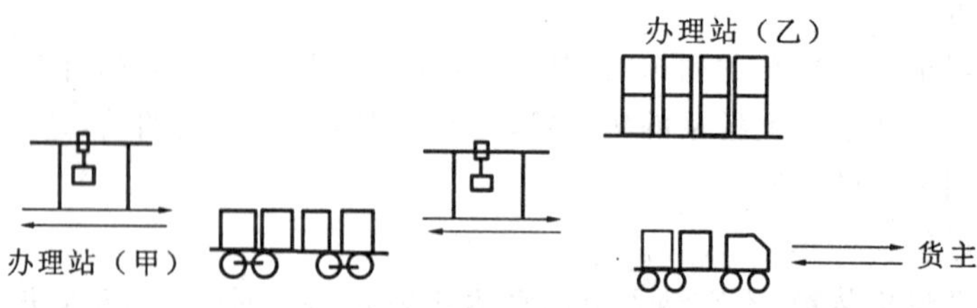

图2-39　直达运输工艺图

多式联运中的集装箱是从海船经岸边集装箱起重机卸至码头前沿地面上，然后用搬运机械或跨运车再把集装箱搬运到集装箱场地的指定箱位上。在有铁路专用线的港口则可用跨运车、轮胎式龙门起重机、轨道式龙门起重机、正面吊运机等将集装箱由码头堆场直接装到铁路专用车或代用车上，经铁路编组后在铁路上运输。如果港口集装箱码头的装卸工艺是采用岸边集装箱起重机一龙门起重机方案，由于龙门起重机不能直接与岸边集装箱起重机配合交接集装箱，尚需配备牵引车等在码头前沿与堆场之间作水平搬运集装箱用。

2.6.3 集装箱铁路办理站设施与设备

2.6.3.1 铁路集装箱办理站的场地设施

铁路集装箱办理站的场地设施包括：装卸线，作业区场地，辅助生产及管理区设施等。

1.装卸线

集装箱办理站配置的装卸线的股数及长度要根据集装箱运量的大小而定，同时，与集装箱场地条件和取送车数也有关，通常在运量较小时可铺设一条，这是为了有效利用货位和场地，减少装卸线路的基建投资，便于作业和管理。对于到发集装箱专列的货场，可设两条装卸线，以缩短车辆停留和作业时间，加速车辆、集装箱、货位周转和减少取送车次数。中转作业量大的中转站可设两条装卸线，以便从一条线路的车辆上将集装箱吊起直接换装到停放在另一线路的车辆上。

装卸线的长度，小型办理站一般应不少于 10 辆货车的长度，每辆车按 14 m 计算，则至少不应少于 140 m。一般的集装箱办理站应不少于 280 m，但接发集装箱专列的集装箱办理站按 50 辆专用车组成专列长度之半 350 m 计。

装卸线在集装箱龙门起重机下的布置方案基本有三种：跨度内靠走行轨旁（简称跨内一侧）、跨度中间（简称跨中）、跨度外两端悬臂下（的称悬臂下）。各站可根据不同地形条件、作业性质和箱区及通道等形式来选取。设在跨内一侧，对箱场布置比较协调，对装卸作业和箱场管理有利，效率比在悬臂下布置高，穿越车底比跨中布置安全，也比跨中少占跨度的宽度，增加了箱位面积。因此大部分集装箱办理站采用跨内一侧的布置方案。对于改、扩建货场，如利用原装卸线能节约较大投资时也可布置在悬臂下，装卸线在跨中缺点较多，不宜采用。

2. 作业区场地

作业区场地面积大小，主要取决于集装箱货运量。根据集装箱运量，以及场内存放的重、空集装箱数量，根据每日作业量、作业方式、存放集装箱数、保管期限、堆放层数、“门到门”运输比重和集装箱场地的备用系数等条件来计算办理站需要的箱位数，再综合考虑自动化程度、装卸机械类型、通路布置形式等因素来求得集装箱场的总需要面积。

集装箱场箱位数，一般采用下式计算：

$$E=\alpha[(1-P_1)B_1N_{卸}\,t_{卸}+(1-P_2)B_2N_{装}\,t_{装}+\gamma(N_{装}+N_{卸})t_{修}] \tag{2-18}$$

式中 E——集装箱场的箱位数；

α——在指定的集装箱运量条件下，由于货车集中送达而造成的装卸作业不均衡系数；

P_1,P_2——由于直接办理“门到门”运输换装作业，而不在场内存放的集装箱，分别占卸车或装车集装箱的百分数（即直接换装系数）；

B_1——由于到达集装箱在规定期限内未搬出，而造成保管期增加的系数；

B_2——集装箱空箱位需要量的系数（按编组方向固定箱位时）；

$N_{卸}$、$N_{装}$——平均每昼夜卸、装的集装箱数；

$t_{卸}$、$t_{装}$——到达和发送的集装箱在场内的保管期（天）；

γ——保管技术状态不良的集装箱，场地需要面积附加系数；

$t_{修}$——技术状态不良的集装箱在场内的计算保管期（天）。

若该集装箱场除办理到达与发送集装箱作业外，还办理中转集装箱作业时，须加算存放中转集装箱需要的箱位数量。集装箱在站的停留时间，一般到达按 3 天，发送按 2 天，中转按 1 天计。

为了计算简便可以用下式计算：

$$E = \frac{Q_{年} \cdot t_{停} \cdot \alpha}{365 \times P_{静}} \tag{2-19}$$

式中 $Q_{年}$——年度集装箱运量(t)；

$t_{停}$——集装箱停留时间(天)；

α——不均衡系数，一般取 1.2；

$P_{静}$——集装箱平均静载重(t)。

3. 箱区划分

对于一个办理站，要正确划分作业箱区。

1)到达和发送箱区

这是将到达的集装箱用拖挂车、半挂车、载重汽车送到货主处或把货主托运的集装箱送到集装箱办理站作业的场区。集装箱的装卸应该方便，应包括对铁路车辆和对公路车辆均有利的原则。到达的集装箱应卸在靠道路的箱位以便于装上汽车，同样，如果是发送的集装箱，需布置在便于装上铁路车辆的箱位。

如果办理站受场地限制，国际大型箱与国内箱在同一货区时，大型箱设在箱场尽头处，这样箱区分明，管理方便，装卸机械也可做到在大箱位处选择大吨位的起重机，使箱位布局合理。场地的地面厚度也可因不同箱型分别设计，减少工程量，以达到最佳投资。

2)中转箱区

对于中转量小的集装箱办理站，中转箱区可与到达和发送箱区混用，对于中转作业量大的集装箱场，应布置在便于由一辆车换装到另一辆车的地方。中转时间长的集装箱可选择停放在作业不繁忙的箱位。

3)拆装箱区

场内拆装箱是集装箱运输的一种落后作业形式，随着集装箱运输的发展，货主的装卸设备逐渐完善，这个箱区将逐渐减少。这个箱区应选择在场地较宽且与龙门起重机或其他作业干扰少的悬臂下作业较好，这个箱区还可以单独设置在装卸场之外。

4)备用箱区

这个箱区可以与存放箱区视为一体，为了适应部分集装箱不能马上运走的情况，又要减少其占用集装箱货场主要装卸机械作业范围内的箱位时间，以提高箱位利用率也就是提高箱场能力，同时便于集中管理，一般备用箱区设置在集装箱龙门起重机范围之外。

5)维修箱区

此区宜设在离维修组不远的地方，以便于存放待修箱和已修箱。

4. 辅助生产及管理区设施

1)维修组

为保证运输中的箱源不受损失，及时维修一些临时事故的损坏箱体，集装箱办理站应视运量情况设集装箱维修组，维修组要具备一定房屋场地及维修设备。

2)拖挂车及汽车停车场

拖挂车或汽车到集装箱场取送集装箱或拆装箱货物时，由于办理手续而需作短暂的停留，为此需设拖挂车及汽车停车场。

3)办公作业区

集装箱办理站的营业房屋要设在集装箱货场的入口处,这样方便办理承运交付业务手续,同时也要考虑生活设施,营业房屋及生活设施集中布置更便于管理。

4)地面与道路

集装箱场地面和道路投资占集装箱货场总投资比重较大,因此,经济合理地设计地面和道路是十分重要的。集装箱场地面为适应集装箱存放、装卸与搬运作业需要根据土壤类别和集装箱堆放特点、运输及装卸机械类型和作业量情况,采用不同结构形式的硬化处理。根据集装箱堆码重量,不同场区设计不同厚度的混凝土,为方便各箱区联系,需把道路环形连接,环形道宽度以不小于 8.5 m 为宜。环形道的位置应设在集装箱龙门起重机吊钩有效范围以外,避免车辆行驶干扰龙门起重机作业。

此外,一定要设排水沟,并考虑设地下式消火栓等一系列安全设施。

2.6.3.2 集装箱办理站的设备

铁路集装箱办理站的主要装卸设备是龙门起重机,以轨道式居多,辅以轮胎式龙门起重机、跨运车、叉车、集装箱正面吊运机等。

也有的集装箱办理站由于场地、设备来源及原有设备情况等综合原因采用集装箱龙门起重机与流动机械(叉车、正面吊运机、轮胎式起重机等)相结合的方案。

叉车在办理站是常选用的辅助机械,有时搬箱,特别是搬运空箱,较为方便,小型叉车作为拆装箱的装卸机械,对于办理站来说是必不可少的。国内叉车从性能、品种上已形成系列并具有批量生产能力,可供不同等级的办理站选用。

为了加速实现集装箱管理现代化,应逐渐在办理站配备电子计算机和电视监控系统。

2.6.4 集装箱铁路办理站装卸工艺

铁路集装箱办理站绝大多数是在原有的货运站开辟一个集装箱货区,在到、发货源足够的情况下,创造一些其他的条件开办而成。大部分是用原有的超重机械来装卸集装箱,国内外大体如此。

我国近几年改造和新建了一批集装箱货场,使集装箱办理站具有一定的规模。一般,铁路集装箱办理站以轨道式龙门起重机为主机型,辅以叉车或正面吊运机等进行作业。

集装箱办理站的典型工艺可归纳为:到站的集装箱由龙门起重机卸下,放至机下堆置场临时存放,或直接运至机外堆置场,如果信息传递得及时,直接卸至卡车、拖车上拉到货主处,更为方便。反之,货主的集装箱直接运至堆置场,用龙门起重机装到铁道车辆上。图 2-40 为办理站典型工艺图。

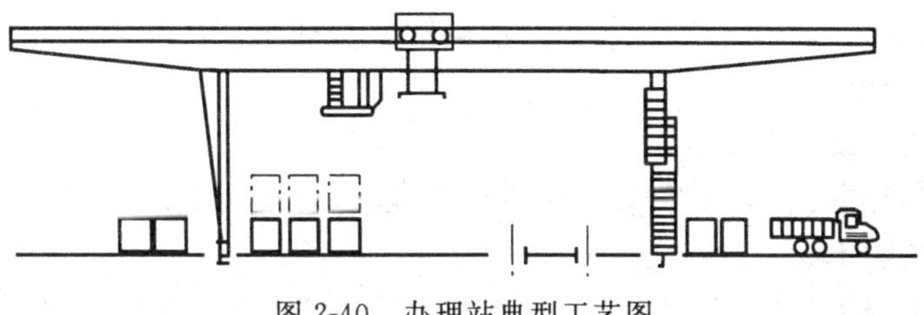

图 2-40 办理站典型工艺图

2.7 集装箱航空运输设备

2.7.1 航空集装箱

国际航空运输协会(IATA)对航空运输中使用的集装箱采用“成组器”(ULD)这一术语，实际表示它是成组装载用的一种工具。

成组器又分为航空用成组器和非航空用成组器两种。前者是指可装在飞机的机舱内，与固定装置直接接触，不用辅助器具就能把成组器固定的装载工具。这种航空用成组器又分部件组合式和整体结构式两种。部件组合式中包括托盘、货网和非固定结构圆顶三种；整体结构式中又分主货舱用集装箱、下部货舱用集装箱和固定结构圆顶三种。固定结构圆顶是指未满足航空用成组器条件的成组器，它可用叉式装卸车进行装卸，必须根据国际航空运输协会规定的标准规格制造，是一种标准化的装载工具。航空集装箱的分类如表 2-17 所示。

表 2-16 航空集装箱分类

<table>
<tr><td rowspan="4">航空集装箱</td><td rowspan="2">航空用成组器</td><td>部件组合式</td><td>航空用托盘
航空用货网
非固定结构圆顶</td></tr>
<tr><td>整体结构式</td><td>主货舱用集装箱
下部货舱用集装箱
固定结构圆顶</td></tr>
<tr><td rowspan="2">非航空用成组器</td><td colspan="2">国际航空运输协会标准尺寸集装箱</td></tr>
<tr><td>国际标准集装箱</td><td>航空运输专用集装箱
陆—空联运用集装箱
海陆空联运用集装箱</td></tr>
</table>

1. 托盘

是指具有平滑底面的一块货板，制造时要求它能用货网、编织带把货物绑缚在托盘上，并能方便地装在机舱内进行固定。图 2-41 为用编织带绑缚货物的托盘。

2. 货网

是用编织带精工编制的网，用于固定托盘上的货物。航空用的货网通常由一张顶网和两张侧网组成。货网与托盘之间利用装在网下的金属环连接，也有顶网与侧网组成一体的，这种货网主要用于非固定结构圆顶上，见图 2-42。

3. 固定结构圆顶

是一种与航空用托盘相连接的，不用货网就能使货物不移动的固定形状的罩壳。托盘固定在罩壳上，与罩壳形成一体，见图 2-43。

4. 非固定结构圆顶

是一种用玻璃纤维、金属等制造的，设有箱底，能与航空用托盘和货网相连的罩壳。

5. 主货舱用集装箱

又称上部货舱用集装箱，主货舱相当于客机上客舱的位置。飞机的机身是圆柱形的，其货舱分上部货舱与下部货舱，故航空集装箱的形状并不是与国际标准箱一样是长方形的，而是要

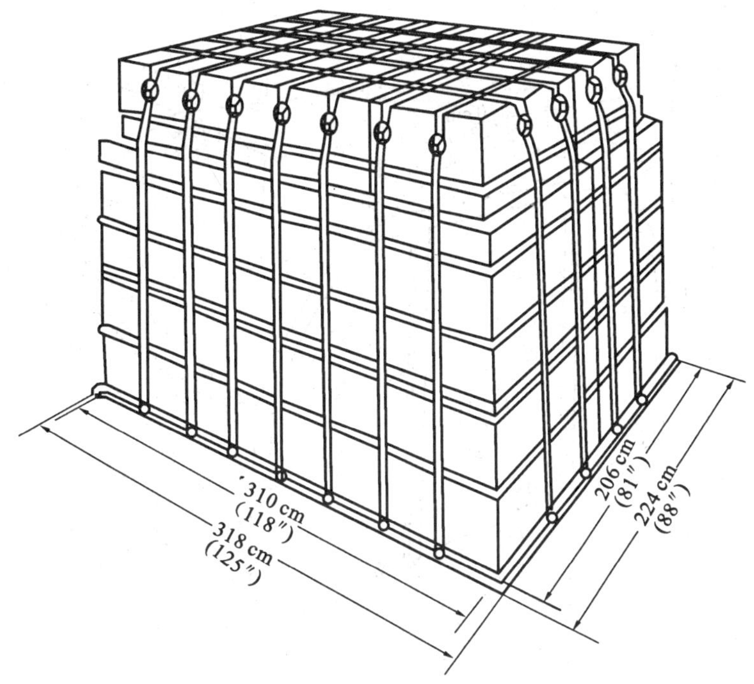

图 2-41 航空用托盘

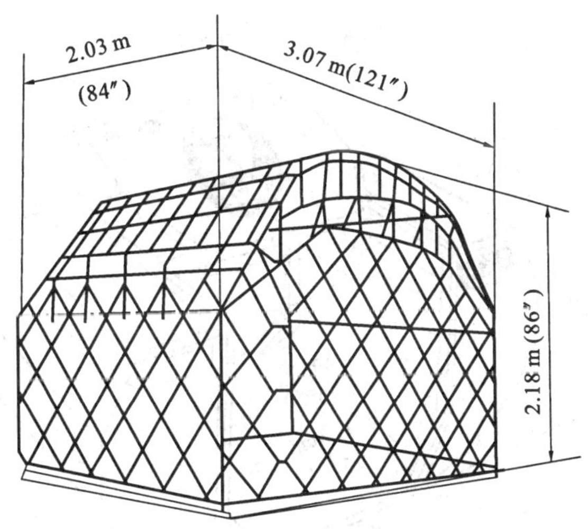

图 2-42 航空用货网

求与机身相匹配呈不规则形,故这种航空集装箱又称为机腹式集装箱(图 2-44)。机腹式集装箱又分上部货舱用与下部货舱用两种,其形状不同(图 2-45)。上部货舱用集装箱和下部货舱用集装箱中又分整体形和半体形,半体形中又分左右两种不同形状。主货舱用集装箱是指装在上部货舱内的集装箱。

6.下部货舱用集装箱

是指装在飞机下部货舱内的集装箱。

7.国际航空运输协会标准尺寸集装箱

是按国际航空运输协会的规定制造的集装箱。该协会对属于非航空用成组器范畴内的集

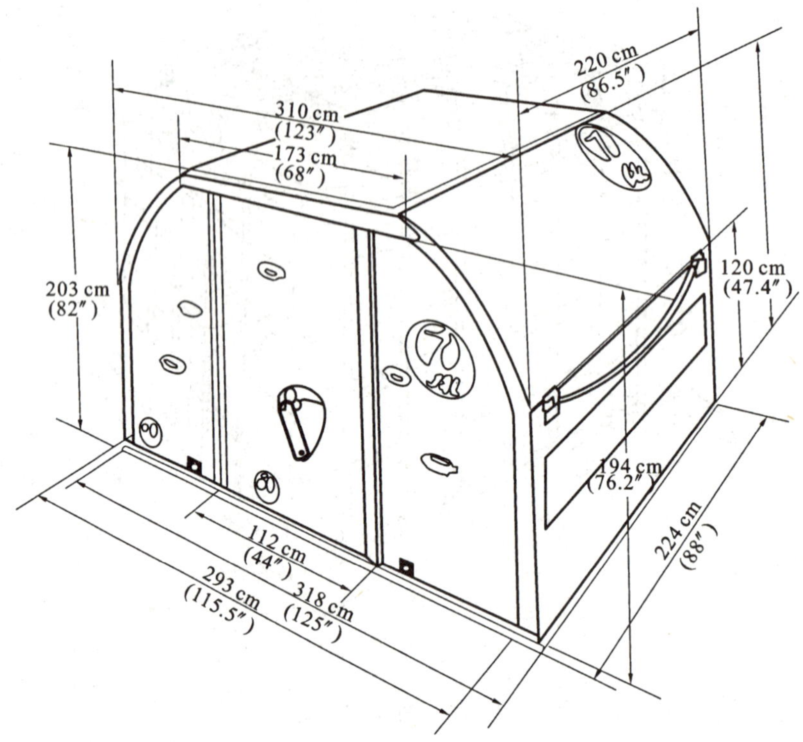

图 2-43　固定结构圆顶

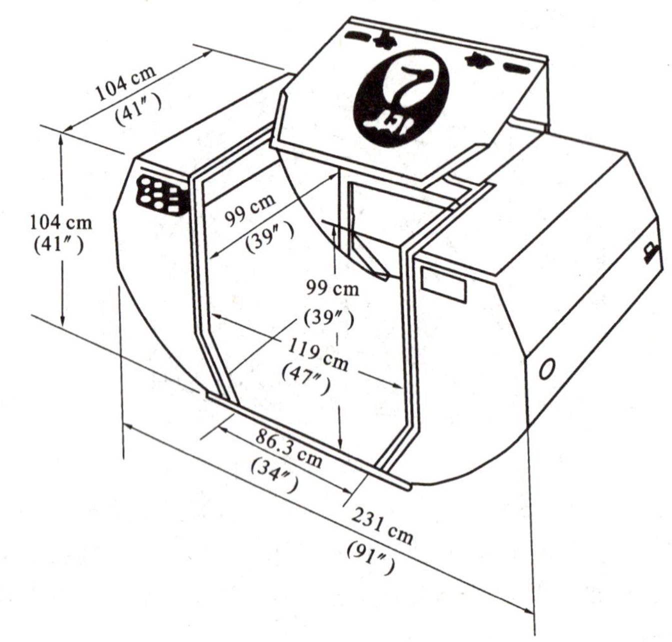

图 2-44　机腹式集装箱

装箱作了如下的定义:“所谓集装箱是指用铝、波纹纸、硬板纸、玻璃纤维、木材、胶合板和钢材等组合而制成的,可以铅封和密闭的箱子。侧壁可以固定,也可以拆卸。制成的集装箱必须能承受压缩负荷。”

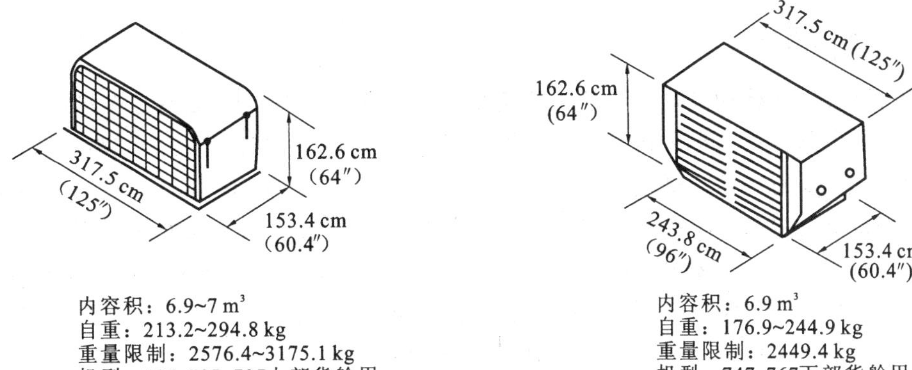

图 2-45 整体结构式航空用集装箱

8. 国际标准集装箱

是指与国际标准化组织标准同型的集装箱，根据其结构不同，其中又分如下三种：

(1)航空运输专用集装箱

其特点是集装箱上不设角件，故不能堆装。

(2)陆—空联运用集装箱

它适用于空运和陆运系统的装卸工具进行装卸和搬运，有的上部无角件而下部有角件，故不能堆装；有的上下部都有角件，既可吊装，也有堆装，还有的除上下都有角件外，还有叉槽，可以叉举。

(3)海陆空联运用集装箱

其特点是上下部都有角件，可以堆装，但航空集装箱在货舱内只能堆码两层，为了减轻其重量故降低了对强度的要求。因此这种航空集装箱的堆码层数受到了严格的限制。但在海陆空联运时，必定会流到海运来，而其强度又与海运集装箱差别很大，在装卸时必须要与海运集装箱区别开来，绝对要避免装在舱底。为此，国际标准化组织对此种集装箱给予了一个特别的标志(图 2-46)，标志的位置规定在集装箱的侧壁和端壁的左上方。

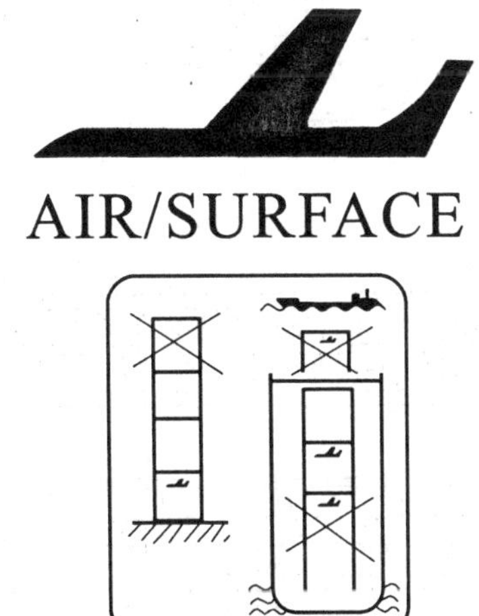

图 2-46 海陆空联运用集装箱标志

2.7.2 航空运输机

自 20 世纪 60 年代初航空运输的集装箱化开始以来，30 多年中，无论是客机还是货机，生产了许多能装载航空成组器的机型，其主要厂家为波音公司、道格拉斯公司和洛克希德公司等三家公司。在大型宽体机出现之前，DC—8 和 B707 等货机装载的托盘，其基本尺寸为 88 in×108 in。1970 年大型宽体波音 747 客机第一次出现以后，托盘的基本尺寸改为 88 in×125 in。其系列尺寸有：60.4 in×125 in；60.4 in×61.5 in；96 in×125 in；96 in×238.5 in；96 in×60.4 in；47 in×60.4 in 等几种。尽管飞机制造公司有多家，各家制造公司所造的机型也有不同，但由于各公司都采用了同一基本尺寸，因此成组器在各种机型中的互换性很大。这种互换性不仅能适应货物需求的变化，而且使航空公司只需备有最低限度的成组器就可以了，大大降低了航空公司对成组器的投资，并在转机运输时减少了货物换装的麻烦，还缩短了转机时间。

我国的航空货物运输虽已有 30 多年的历史，但与国际上先进国家相比，差距仍很大。近几年来才有了较大的发展，特别是在 1990 年第一架波音 747—200 型货机投入运营以后，开始具备运输国际标准航空集装箱的能力。波音 747—200 型货机，它能装载国际标准的 20 ft 集装箱 12 个，还能装载其他各种类型的成组器。该机的货舱位置、货舱中的舱位布置，如图 2-47 所示。

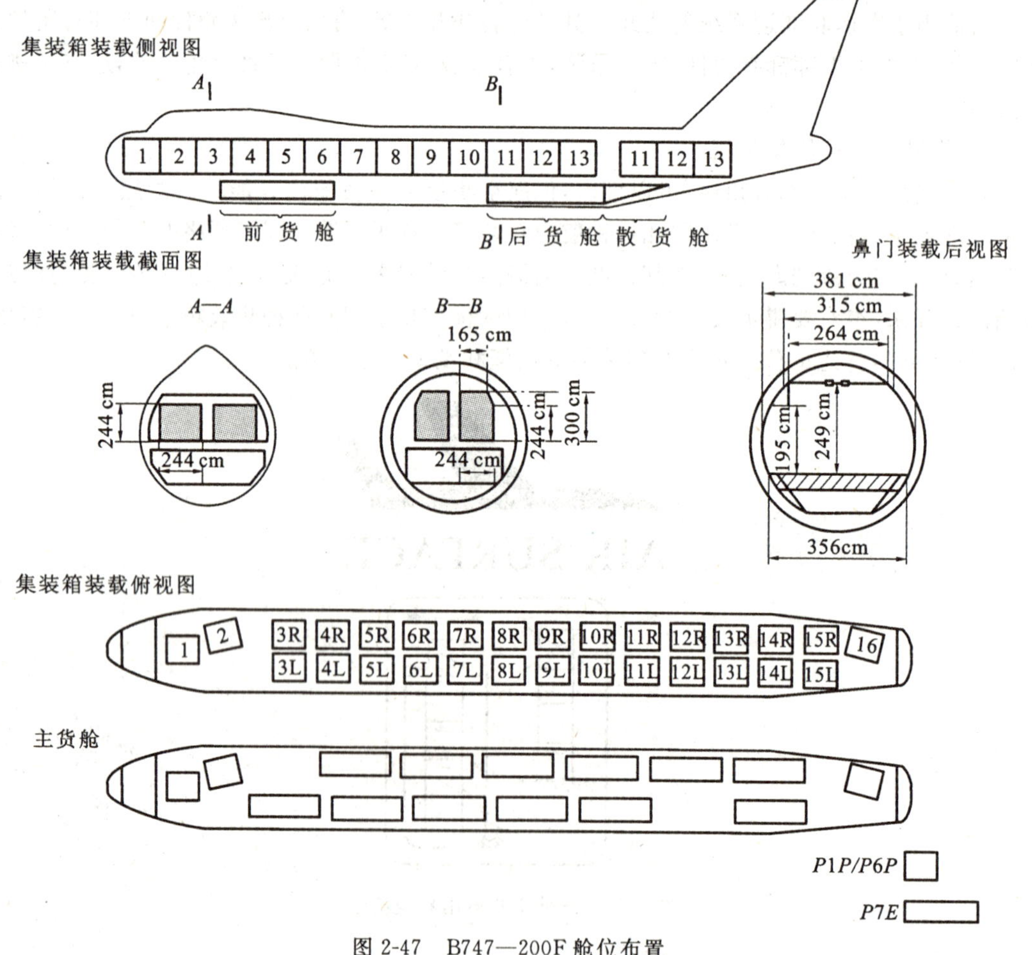

图 2-47　B747—200F 舱位布置

赤湾集装箱码头

赤湾集装箱码头位于深圳西部的南头半岛，珠江入海口东岸，距离香港仅20海里，地理位置得天独厚，是连接世界各地与珠江三角洲经济圈乃至中国内陆腹地的“海上门户”。

赤湾集装箱码头是深圳港三大集装箱码头之一，经过15年的发展，赤湾集装箱码头已经成为一个设施先进、管理完善的国际性专业集装箱码头。管理的泊位数量共9个，泊位总长度3400米，可提供365天24小时全天候的优质服务。已经投入使用的岸桥可以一次性完成三个40 ft集装箱(六个20 ft集装箱)的操作，作业效率得到大幅度提高。

1)码头作业

得益于中国经济高速稳定的增长以及客户的长期支持，赤湾集装箱码头有限公司CCT已成为华南地区重要的集装箱码头公司之一。目前，赤湾与全球众多船公司建立了长期合作关系，多达60余条的班轮航线覆盖全球各主要地区，2007年集装箱吞吐量超过573万TEU，2008年集装箱吞吐量达到570万TEU，2009年集装箱吞吐量达到457.8万TEU，2010年集装箱吞吐量达到612.12万TEU，2011年集装箱吞吐量达到579.25万TEU。

码头平面布置与参数如图2-48、表2-17所示。

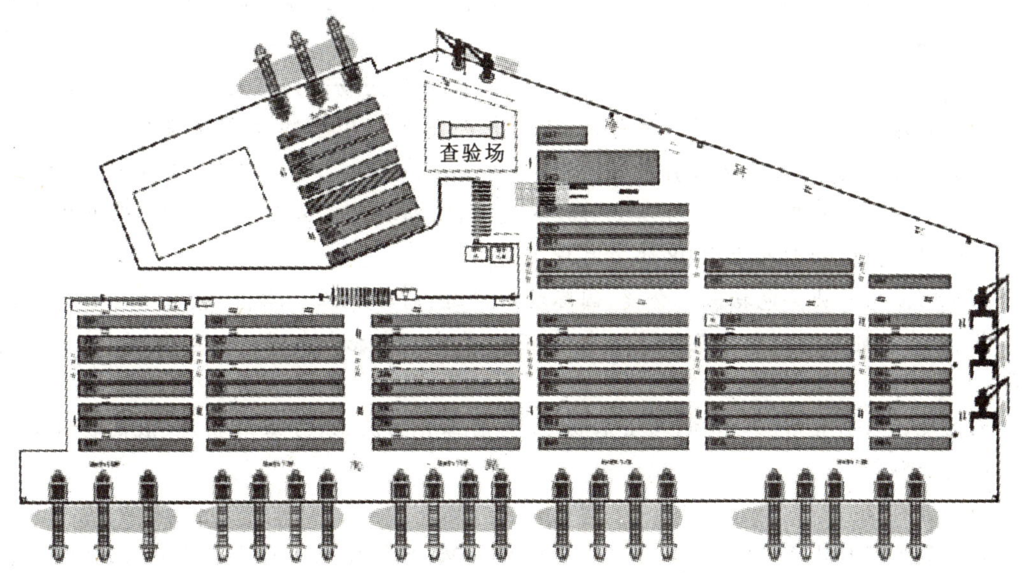

图2-48 赤湾集装箱码头地图

表2-17 赤湾集装箱码头相关参数

码头参数	赤湾港区		妈湾港区	总计
	内港池	外港池		
码头面积(公顷)	79		46	125
堆场面积(公顷)	70		32	102

续表 2-17

码头参数	赤湾港区		妈湾港区	总计
	内港池	外港池		
集装箱深水泊位	1	5	3	9
岸线长(米)	300	1758	1080	3138
前沿水深(米)	13	14～15.8	15～16	13～16
航道水深(米)	11	15.8	15.5	11～15.8
岸桥	3	22	12	37
场桥	72		36	108
冷藏箱位	666		480	1146

2)物流园配套

在完善码头服务功能的基础上,赤湾集装箱码头积极为客户提供延伸增值服务。作为集装箱码头的配套设施,总面积为3.5平方千米的前海湾物流园可以为客户提供保税仓储、拆拼箱以及保税加工业务服务,数十万平方米的仓库吸引着著名企业进驻园区。园区以港口物流为核心,真正实现保税物流园与港口的联动。

招商局前海湾物流园区位于珠江口,地理位置优越,交通便捷,距离深圳西部集装箱码头仅5千米,园区前的疏港大道与北环大道、107国道、广深高速公路直接相连,平南铁路和深港西部通道都在物流园区经过。

园区总面积为3.5平方千米,其中2.5平方千米规划为物流园区及港口配套服务区,整个园区的计划建设周期为5年,总投资超过45亿元人民币。园区15万平方米的起步工程——保税仓和监管仓已于2004年8月投入使用;二期保税物流中心也已于2005年扩建,其中,占地3.5万平方米的仓库也于2006年7月投入使用,三期共计占地5万平方米,已于2008年3月投入使用;同时,四期也于2008年7月投入使用。

保税物流中心业务包括保税仓储、国际物流配送、简单加工和增值服务、进出口贸易和转口贸易、口岸功能和退税功能及物流信息处理等,其中还包括拆拼货、集运、报关、报检和运输服务。

园区现已吸引宜家、家乐福、马士基物流、商船三井物流、东方海外物流、威高物流集团等知名公司进驻。

3)先进科技

赤湾集装箱码头于2003年3月正式启用COSMOS系统。功能齐全的COSMOS系统具有如下优势:

① 自动化、智能化管理带来码头生产效率的高速增长;

② 强大的功能与简单的操作界面结合,可保证码头操作的出色表现;

③ 完整的系统解决方案(包括堆场管理、班轮管理、作业控制、计费系统和EDI交换平台等)满足码头不同生产操作需求;

④ 稳定的系统集成、出色的电脑技术人员、成熟的项目管理经验帮助用户在新旧系统间平稳地切换;

⑤ 弹性化的模块功能适应不同客户的需要；

⑥ 系统支持新技术的应用，包括无线数据终端、集装箱全球定位系统、数码摄像登录系统等。

4)华南驳船快线

赤湾集装箱码头有限公司(CCT)依托母公司，为客户提供全面的物流服务，包括进出口货物的报关，国际国内中转货物转关和报关等服务；货物保税仓储服务；拖车服务；拖轮、泊船、货运代理等多项服务。依托水运发达的珠江水系，码头开辟了连接珠江三角洲主要货物出口区域的"华南驳船快线"，并在此基础上，建立了"珠江三角洲水路运输网络系统"，为班轮公司及货主提供了一条高效、经济、环保的水上运输通路，使珠江水系的强大优势得到了充分的发挥。

赤湾集装箱码头与伙伴公司合作，共同开发建立"华南公共驳船快线"网络(原名珠江三角洲驳船快线网络)，连接腹地内的许多重要港口、城市。现已开通珠海、中山、顺德、江门、佛山、南海、黄埔、番禺、肇庆、茂名、湛江、防城、北海共十三个点位，覆盖整个珠三角地区及广东西部沿海地区，货物可从珠三角及周边地区集运至赤湾，再安全、快捷地分运世界各地，为客户提供畅通的物流服务。

该项目充分体现了驳船运输的公共性、定期性和经济性，价位极具市场竞争力，可满足各班轮公司的共同需要。珠江三角洲和华南沿海腹地货源充足，驳船支线网络的开通和深圳西部通关环境的进一步改善，可为西部两家码头现有的110多条国际班轮航线提供良好的运输服务保障。

(资料来源：http://www.cwcct.com.cn)

【案例分析】

从本案例可以看出现代化集装箱码头有哪些特点，对照本章相关知识，分析该集装箱码头的布局有何规律。并总结出现代化集装箱码头的发展趋势。

本章思考题

2.1 集装箱的定义是什么？有哪些种类，分别有何用途？

2.2 不同种类的集装箱船舶有何特点？分别采用何种装卸方式？

2.3 应如何选取最佳的集装箱码头装卸工艺系统？

2.4 集装箱货运站有什么作用，可以完成哪些任务？

2.5 我国公路汽车集疏运港口国际集装箱的工艺流程有哪几种形式？

2.6 如何确定集装箱铁路办理站集装箱堆场的总需要面积？

2.7 什么是航空集装箱运输？航空专用集装箱有哪几种？

3 国际海运集装箱运输组织与箱务管理

随着集装箱运输的迅猛发展，国际集装箱运输的推广和普及，集装箱数量日益增多，如何合理组织集装箱货源和船舶，优化航线配船，解决集装箱空箱调运问题，建立高效率的集装箱跟踪管理机制，从而提高整个集装箱运输系统的运营效益和综合社会效益成为目前集装箱承运人关注的焦点。

3.1 集装箱运输货源及其组织

3.1.1 集装箱运输货源

集装箱运输的出现克服了传统货运方式中存在的一些不足，改变了传统件杂货运输的货运单位，但也不是所有的货物都能够成为集装箱适箱货源。集装箱的适箱货源，根据国家《关于发展我国集装箱运输若干问题的规定》中规定的适箱货为 12 个品类，即仪器、小型机械、玻璃陶瓷、工艺品、印刷品及纸张、医药、烟酒食品、日用品、化工品、针纺织品、金属制品和小五金等杂货，这些贵重、易碎、怕湿的货物均属于集装箱运输货物，它们能够发挥集装箱运输的优点，利用好集装箱载货重量和容积。集装箱货源从货物性质上可分为普通货物和特殊货物。普通货物是不需要进行特殊保管和装卸的货物。特殊货物是指由于其自身的特殊性，需要在运输途中使用特殊的集装箱进行装卸的货物。集装箱货源从运输组织上分为整箱货和拼箱货两类。整箱货是指发货人需单独使用一个集装箱的货物，整箱货由发货人负责装箱、计数并施封，一般为一个装箱人和一个收货人。拼箱货是指两个以上发货人的货物拼装在一个集装箱内的货物，拼箱货的装卸作业由承运人或有关运输代理部门负责，一般为几个发货人和几个收货人。

由于集装箱运输货源具有货物批量小、价值高、运输质量要求和运输时效性要求高、承受运价能力强等特点，所以集装箱运输货源随着全球经济的发展在不断增加，货物集装箱化的比重也在不断提高。

3.1.2 集装箱运输货源组织

做好日常货源的组织工作，对于组织合理运输，充分利用现有设备能力具有十分重要的意义。日常货源组织对于货物的品种、数量、流向、时间上都有着一定的要求。对于不同品种的货物要详细了解其尺寸、外形、重量和需要的集装箱类型及数量等，在流向上要提出货物到站、港，以便组织拼装货，在时间上按照运输作业的需要进行货源的组织工作。日常资源组织工作是一项十分重要又十分细致的工作，要产、运、销共同配合完成。

3.2 集装箱船舶运行组织

由于集装箱运输投资大，固定成本高，市场竞争激烈，投资风险大，因此船公司组织集装箱船舶运行时，应进行投资风险分析，做好市场预测，做到精心组织，科学调配和管理船舶，以提高船舶运输效率和企业经济效益。

船舶运行组织指的是对船舶生产活动的计划安排。集装箱航线船舶运行组织，其主要内容包括航线规划，为航线选配适当的船舶(航线配船)；确定航线船舶集装箱箱量的配置；基本港的确定；编制船期表等。因此本节主要研究以下四方面的内容。

3.2.1 航线配船

航线规划指的是根据国际航运市场情况以及船公司的实际情况，研究和确定航线的合理布局问题。而航线配船是研究集装箱船舶在各航线上的合理配置问题。航线的营运效果关键在于航线配船的合理性和正确性。

航线配船指的是在集装箱运输航线上如何最合理地配置船型、船舶规模及其数量，使其不仅满足每条航线在技术、营运方面的要求，而且能使船公司获得良好的经济效益。为此，要求所配船舶的技术性能和营运性能应与航线上的货物种类、流向、流量以及船舶挂靠港口的状况相适应。因此，在进行航线配船之前，船公司应对与航线有关的情况进行经济调查和运输市场分析，了解和掌握适箱货源及市场竞争情况，了解和掌握挂靠港口的泊位水深、泊位长度、装卸效率以及集疏运情况等。

在考虑航线配船时，应注意船舶的航行性能要适应航线的营运条件，船舶的尺度性能要适应航道水深、泊位水深，船舶的结构性能、装卸性能及船舶设备等应满足航线货源及港口装卸条件的要求等。

在考虑航线配船时，必须遵循“大线配大船”的原则：在适箱货源充足，而港口现代化水平高的集装箱航线上，配置大吨位全集装箱船是最经济合理的；而在集装箱箱比程度不高，集装箱货源较少，或处于集装箱运输发展初期的航线上，则宜使用中小型半集装箱船或多用途船。

在航行条件允许的情况下，船舶规模的大小与适箱货源的多少及航行班次有关。在货运量一定的情况下，发船间隔越大，航行班次越少，船舶数越少，船舶规模则越大。在发船间隔或航行班次一定的情况下，船舶规模与货运量成正比，即货运量越大，船舶规模也越大。在货运量和发船间隔一定的情况下，船舶规模与往返航次的时间和船舶数有关，即船舶规模与往返航次时间成正比，与船舶数成反比。当船舶数和挂靠港数目不变时，航线上船舶航速越高，往返航次时间将减少，船舶规模可减小。

在以上各种因素中，船舶航速、航行班次、挂靠港数目以及航线货运量是自变量，船舶规模与船舶数是因变量，二者之间呈函数关系，这就存在着一定条件下满足航线运输需求的各种最低限度的数量组合。在航行条件一定的情况下，通过改变船舶航速及船舶数量，都可具有相同的运输能力，均可完成相同的货运量。应该看到，由于船舶航速的提高，可以减少船舶需要量，从而减少船舶投资。但是，由于船舶航速的提高，必然大大增加船舶航行燃料费用，且明显提高船舶运输成本，从而影响企业经济效益。所以，应通过航线经济论证后，确定最佳的船舶航速及船舶数量。

需要指出的是，以上船舶数量与航速之间的函数关系的分析，是在假定其他条件不变的情况下，如果条件发生变化，情况会不同。当船舶载箱量增加时，则船舶单位运输成本降低，而这必须在航线适箱货源充足及港口装卸效率能满足的条件下才能实现。否则，增加船舶载箱量，即船舶大型化，反而造成箱位利用率大幅度降低，其结果反而使单位运输成本提高。因此，在航线配船时，应综合分析论证后确定。

2013 年 6 月，马士基航运公司(Maersk Line)、地中海航运有限公司(MSC)、法国达飞海运集团(CMA CGM)达成协议将在东西向航线上组建名为 P3 网络的长期运营联盟。2008 年以来，全球货量增长下滑及运力过剩使得整个航运业更需改善运营、提高效率，G6 和 CKYH 等联盟也因此而生。利用 P3 网络，三家航运公司预期能够通过更好地配置船舶运力来提高效率。

P3 网络将在亚欧航线、跨太平洋航线和跨大西洋航线上部署 260 万标箱的运力(初步计划在 29 条航线上投放 255 艘集装箱船)，并由一个联合船舶操作中心进行独立运营，三家航运公司在销售、市场及客户服务等业务方面仍将独立运作。

P3 网络致力于为客户提供更为可靠、频繁和灵活的服务。通过联合运营网络，每一家航运公司能够比独立运营时为客户提供更多的周班航线，比如在亚洲—北欧航线上，P3 网络可以提供 8 条周班航线，此外，P3 网络还可以提供更多港口的直接挂靠。改善的航线网络可以减少因为航线取消为客户带来的不便。

3.2.2 集装箱船舶航线运行组织优化*

集装箱班轮航线运行组织是研究班轮航线的合理布局及各航线上船舶的合理配置问题。对于规模较小的班轮公司来讲，航线、船型比较单一，基本上无需考虑运用系统分析模型进行航线运行组织优化。然而，如果班轮公司经营的航线较多，船队规模也较大，航线决策所需考虑的因素较多，也较复杂时，就需要借助系统分析模型进行优化决策。这是因为在航线和船型较多的情况下，可行方案作为配选的数量很多，欲确定最佳方案比较困难，通过优化模型则可在复杂情况下获得正确的结论。

1. 货流——航线关联矩阵的基本概念

在以下的模型中，我们将引入一种可广泛用于船舶航线规划与配船问题的矩阵。由于这个矩阵将货物需求与配选航线联系在一起，因此我们称之为货流——航线关联矩阵。

假设有 N 对港口(i,j)，在规划水平年内从 i 港到 j 港的货流量为 Q_{ij} TEU，备选航线有 R 条。由$(i,j)\in r$，我们设定航线 r 仅包括从 i 港到 j 港的正向或反向的一条路径，也就是说，从 i 港到 j 港的货流量可由航线 r 上的一定数量的往返航次来完成。

我们称由 N 个货源，R 条航线构成的矩阵 $A=(\alpha_{ij,r})_{N\times R}$ 为货流——航线关联矩阵。如果：

$$\alpha_{ij,r}=\begin{cases}1 & (i,j)\in r\\0 & (i,j)\notin r\end{cases}$$

下面举例简单说明一下货流——航线关联矩阵。假设有货流 Q_{12}、Q_{13}、Q_{23}、Q_{24}、Q_{41}、Q_{42} 以及三条备选航线 1—2—4—1，1—3—4—1，2—3—4—2，这里港口 1，2，4 为这三条航线的起讫港，那么，相应的货流——航线关联矩阵为：

$$A=\begin{pmatrix}1&0&0\\0&1&0\\0&0&1\\1&0&0\\1&1&0\\0&0&1\end{pmatrix}$$

上述货流——航线关联矩阵既可应用于战略性的航线规划问题，也可运用于编制营运作业计划。

在应用上述矩阵建立集装箱班轮航线运行组织优化模型之前，我们将对该矩阵进行扩展，我们称有 N 行和 $\sum|S_r|$ 列 $(r=1,\cdots,R)$ 的矩阵 $A'=(\alpha_{ij,rs})$ 为增广货流——航线关联矩阵。其中，S_r 表示在计划水平年内可分配到航线 r 上的集装箱船的集合，$|S_r|$ 表示集合 S_r 的基数。$\alpha_{ij,rs}$ 是行与货流 (i,j) 相对应、列与航线 r 和船型 $s(s\in S_r)$ 相对应的矩阵 A' 的元素，且：

$$\alpha_{ij,rs}=\begin{cases}1 & (i,j)\in r\\0 & (i,j)\notin r\end{cases}$$

接上例，假设计划期内某班轮公司有三艘集装箱船甲、乙、丙可参加上述航线的营运，其中甲船可分配到全部三条航线，由于受有关规定的限制，乙船只能分配到航线 1 和航线 2，而丙船则只能航行于航线 3，由此可得增广货流——航线关联矩阵为：

$$A=\begin{pmatrix}1&0&0&1&1&0\\0&1&0&1&1&0\\0&0&1&1&0&1\\1&0&0&1&1&0\\0&1&0&1&1&0\\0&0&1&1&0&1\end{pmatrix}$$

2. 集装箱班轮船队运行组织优化线性规划模型

通过以上分析，运用上述增广货流——航线关联矩阵建立集装箱班轮船队运行组织优化线性规划模型。这里，假定计划期内所有可供使用的船舶都是已知和固定的，即船公司已经制定了一个投资计划，确定了在计划期内需租进、租出、建造或购买、报废船舶数量等，根据此投资计划，以及货运量预测情况，从备选航线方案中寻求一个在计划水平年内营运效益最大的集装箱班轮航线组合。

通常，对班轮运输而言，在货运量一定的情况下，要保证船舶取得最佳的营运经济效益，必须使其营运成本最低。因此，将船舶运输成本最小作为追求的目标，即本模型的目标函数为：

$$\mathrm{Min}\sum_{r=1}^{R}\sum_{s\in S_r}E_{rs}X_{rs} \tag{3-1}$$

式中 E_{rs}——航线 r 上集装箱船 s 每航次的营运成本；

X_{rs}——航线 r 上集装箱船 s 在计划期内完成的往返航次数，是决策变量。

同时，通过借助增广货流——航线关联矩阵来确定一组约束条件，以保证所选定的航线系统及其服务频率能完成所有航线的集装箱货运任务。约束条件包括：

1）运输需求约束

此约束条件要求航线上所有船舶完成的运输总量不得小于该航线的货物需求量，即：

$$\sum_{r=1}^{R}\sum_{s\in S_r}\alpha_{ij,rs}X_{rs}\geqslant n_{ij}\qquad \forall(i,j) \tag{3-2}$$

式中 n_{ij}——从 i 港到 j 港的集装箱货运需求量。

2)运输能力约束

本模型以可供利用的营运时间作为应满足的运输能力约束条件。

$$\sum_{r\in R_s}t_{rs}X_{rs}\leqslant t_s\qquad (S=1,\cdots,s) \tag{3-3}$$

式中 t_{rs}——航线 r 上集装箱船 s 每航次的营运时间；

t_s——计划期内集装箱船 s 的总营运时间；

R_s——计划期内集装箱船 s 可参加营运的航线 r 的集合。

目标函数(3-1)及约束条件(3-2)、(3-3)连同非负约束 $X_{rs}>0$ 一起组成了一个集装箱班轮航线运行组织优化线性规划模型。该模型的变量数不超过 $R\times S$，约束条件有 $N+S$ 个(不含非负约束)，可以利用标准线性规划软件包进行求解。

该线性规划模型的最优解 X^* 表明了哪些备选方案应该被选取。同时，航线 r 的最优服务频率可由 $\sum SX_{rs}^*$ 求得。该船在计划期内的总生产时间等于 $\sum rt_{rs}X_{rs}^*$ 个时间单位，相应地，该船的闲置时间等于 $t_s-\sum rt_{rs}X_{rs}^*$。

如果假设船舶 S 单位时间的闲置成本为 D_s，那么目标函数(3-1)可扩展为

$$\mathrm{Min}\sum_{r=1}^{R}\sum_{s\in S_r}E_{rs}X_{rs}+\sum_{s=1}^{s}D_sY_s \tag{3-4}$$

式中 Y_s——船舶 s 闲置时间的非负决策变量。

相应地，约束条件(3-3)应为：

$$\sum_{r\in R_s}t_{rs}X_{rs}+Y_s=t_s\qquad (S=1,\cdots,s) \tag{3-5}$$

3.优化集装箱班轮运行组织的混合整数规划模型

现以完成计划期内集装箱货运量所需的总成本最少作为本模型的目标函数。这里船舶运输总成本包括营运成本、闲置成本和固定的资本成本。其目标函数为：

$$\mathrm{Min}\sum_{r=1}^{R}\sum_{s\in S_r}E_{rs}X_{rs}+\sum_{s=1}^{s}D_sY_s+\sum_{s\in S'}C_sZ_s \tag{3-6}$$

式中 C_s——计划购置的集装箱船 S 的固定资本成本，由于与本决策问题无关，现有船队的资本成本未被计入；

S'——船公司拟购置的集装箱船的子集，且 $S'\subset\{1,\cdots,s\}$；

Z_s——0-1 决策变量，其中：$Z_s=1$，表明船公司拟购置船舶 S；$Z_s=0$，表明不购置船舶 S。

运输需求约束与式(3-2)相同，运输能力约束与式(3-3)有所不同，分为以下两个部分

$$\sum_{r\in R_s}t_{rN}X_{rN}+Y_s=t_s\qquad \forall s\notin S' \tag{3-7}$$

$$\sum_{r\in R_s}t_{rs}X_{rs}+Y_s-t_sZ_s=0\qquad \forall s\notin S' \tag{3-8}$$

约束条件(3-7)表示正常的时间约束，即船舶的营运时间不得超过该船可供使用的总营运时间。约束条件(3-8)除具有上述作用外，还要求任何将投入营运的船舶都必须计入现有船队，主要是针对计划购置的船舶而言。

关于模型的解：上述混合整数规划模型 0-1 变量数不超过 S'，连续变量数不多于 $S\times(R+1)$，约束条件有 $N+S$ 个。该模型最优解的整数部分 Z_s^*，根据情况的不同，可以有不同的理解。例如对某集装箱船 S，如果 $Z_s^*=1$，既可理解为建造该船，也可以理解为购买该船，或者理解为租进该船。至于具体的投资如何，应根据当时的船舶市场情况而定。

以上提出的两个优化模型，采用现有的标准线性规划或整数规划软件包可求得最优解。

3.2.3　确定基本港

集装箱航线基本港的选择与确定，是集装箱船舶运行组织的关键。航线挂港数的确定，关系到承揽航线港口货运量的多少及船舶往返航次时间的长短。对于货源充足的航线，船舶规模越大，挂靠港数目应越少；当货源不是很充足时，为了提高船舶载箱量利用率，也可适当增加挂靠港口，以提高船公司经济效益。

在确定基本港时，应考虑以下因素：

(1)港口的地理位置

基本港的地理位置应处于集装箱航线上或离航线不远处。同时，为了便于开展航线运输，还应考虑基本港与其附近港口之间的地理位置，便于与内陆运输相连接，有利于开展国际集装箱多式联运。

(2)货源因素

运输货当先，货源是否充足和稳定，是选择和确定航线基本港的前提条件和重要因素。因此，航线基本港理所当然地设置在货源较集中的港口，可减少集装箱的转运成本，提高发船密度，有利于加速船舶周转，提高运输效率。同时，基本港要有大城市作依托，优先考虑货源集中的沿海大城市作为基本港。

(3)港口因素

港口因素主要是指港口的自然条件、装卸设施及装卸效率、港口的集疏运条件等。

港口的自然条件是一个极其重要的因素。港口必须具备和满足大型集装箱船舶靠泊及装卸作业的要求。应具备船舶吃水所必需的泊位水深、船舶靠泊所需的泊位长度，应具备集装箱船舶所必需的进港航道的水深和尺度，应具备足够的陆域等。

港口装卸设施及装卸效率应能满足集装箱船舶装卸作业的要求，应具有高效率的集装箱装卸工艺系统和装卸机械，应具有满足集装箱进、出口需要堆存的堆场容量和堆存能力。

港口的集疏运条件主要是指支线和内陆的集疏运能力。一个良好功能的基本港，应拥有多渠道的集疏运系统，包括铁路、公路和水路，依靠这些集疏运系统，可与内陆广大腹地相连，实现集装箱集疏运的高速化，有效地解决港口堵塞，加速车、船、箱的周转，提高集装箱运输系统的综合效率和经济效益。

(4)其他因素

一个良好的基本港应具有高度发达的金融、保险、服务设施等行业和部门，以满足集装箱运输的要求。

根据以上各个基本因素，经综合分析和论证后确定航线基本港。

3.2.4　拟制船期表

一般来说，集装箱班轮航线的发船密度比传统班轮大，航行班次的增加，在相当程度上意味着船公司竞争能力的提高和运输服务质量的提高，同时也是防止其他船公司在同一航线、相同港口参与竞争的一种有效手段，这些都有利于提高船公司的营运经济效益。

拟制船期表除了考虑上述因素外，还应考虑船舶数量、船舶规模、航速、挂港数、航程、货运量、港口工班工作制度以及与其他运输方式运行时刻表的衔接配合等因素。

集装箱船期表的班期、航线配船数和发船间隔可按以下公式计算确定。

(1)集装箱航线班期计算公式

确定班期即拟定往返航次周转时间，应满足定班运行组织的要求。

$$t_{往返} = t_{航} + t_{港装} + t_{港其他} \tag{3-9}$$

式中 $t_{往返}$——往返航次时间(d)；

$t_{航}$——往返航行时间(d)；

$$t_{航} = \frac{L_{往返}}{v} \tag{3-10}$$

$L_{往返}$——往返航次总运距(n mile)；

v——平均航速(kn)；

$$t_{港装} = \frac{Q}{M} \tag{3-11}$$

$t_{港装}$——航线往返航次各港总装卸停泊时间(d)；

Q——航线往返航次各港装卸总量(TEU)；

M——航线往返航次各港装卸总效率(TEU/h)；

$t_{港其他}$——航线往返航次船舶在各港其他停泊时间(d)。

(2)集装箱航线配船数计算公式

$$N = \frac{t_{往返} \cdot Q_{max}}{f \cdot D_{定} \cdot T_{营}} \quad (艘) \tag{3-12}$$

式中 N——集装箱航线配船数(艘)；

$t_{往返}$——往返航次时间(d)；

Q_{max}——航线两端之间年最大发运量(TEU)；

f——船舶载箱量利用率(%)；

$D_{定}$——船舶定额载箱量(TEU)；

$T_{营}$——船舶年营运时间(d)。

(3)集装箱航线发船间隔计算公式

$$t_{间} = \frac{f \cdot D_{定} \cdot T_{营}}{Q_{max}} \tag{3-13}$$

式中 $t_{间}$——发船间隔(d)。

必须提出，为了保证班轮有规律地运行，要求船舶的往返航次时间要为航线发船间隔时间的整倍数；要求航线的发船间隔时间为昼夜的整倍数。集装箱班轮航线船舶往返航次时间与航线发船间隔时间的整倍数关系，这个“倍数”即为航线配船数：

$$N = \frac{t_{往返}}{t_{间}} \quad (艘) \tag{3-14}$$

3.3 集装箱船舶配积载

集装箱船由于既要在舱内装载一定数量的集装箱，又要在甲板上堆放几层集装箱，因此在集装箱船舶配积载方面具有以下特点。

3.3.1 集装箱船舶配积载的特点

1.集装箱船重心高度很高,受风面积大

为了提高船舶载重量利用率,在集装箱船的甲板上装载数量较多的集装箱,其数量占总载量的20%～50%左右,因而其重心高度比一般货船高。为了获得适航的稳性,必须在压载水舱内注入大量压载水,通过用永久压载和临时压载的方法,以提高集装箱船在各种吃水状态下的稳性。同时,由于受风面积大,在风浪中横摇剧烈,操纵困难,还必须设有减摇装置,以保证船舶的适航性。这一重要特点,在积载时应充分注意。

2.集装箱船的箱位容量

集装箱船舶的箱位容量,是指船舶的标准箱容量(20 ft 集装箱容量)。

1) 集装箱船舶的标准容量:标准箱容量是指集装箱船舶所能承载最大标准集装箱的数量,即20 ft集装箱数量,如系40 ft集装箱,则换算成两个20 ft标准箱。标准容量是集装箱船舶规模大小的标志。

2) 最大的20 ft集装箱容量:这里是指集装箱船舶最多能装载20 ft集装箱的数量。在一般情况下,集装箱船舶最大的20 ft集装箱容量与集装箱船舶的标准箱容量相同。但是,在某些集装箱船舶上,由于船上的某些集装箱箱位是专为装载40 ft集装箱设计的,不能装载20 ft集装箱,因此会有一个20 ft集装箱的最大箱容量的问题。

3) 最大的40 ft集装箱容量:这里是指集装箱船舶最多能承载40 ft集装箱的数量,它并不等于船舶标准箱容量的一半。不论何种类型的集装箱船,由于船舶结构的原因,总有一些箱位只能装20 ft集装箱,如靠近船首和船尾的部分舱室,因船体下部瘦削,只能装20 ft集装箱。

4) 20 ft集装箱箱位与40 ft集装箱箱位的兼容。集装箱箱位的配置应考虑20 ft和40 ft的集装箱是否可以兼容。由于集装箱船舶甲板上和舱内的箱格导轨结构和集装箱箱脚底座位置设计的不同,产生在两个纵向20 ft集装箱之上,能否堆装一个40 ft集装箱的问题。有以下三种情况:

(1)无论在甲板上还是在舱内,两个纵向20 ft集装箱上均可堆装40 ft集装箱。由于在箱脚底座位置设计时,考虑使两个纵向20 ft集装箱堆装后,两箱之间的间距为76 mm,正好堆装一个40 ft集装箱。

(2)舱内两个纵向20 ft集装箱上可堆装一个40 ft集装箱,而甲板上则不能。因为在甲板上集装箱需绑扎,两箱之间的间距要供人作绑扎通道使用,往往大于76 mm。

(3)舱内和甲板上两个纵向20 ft集装箱上均不能堆装40 ft集装箱。因为在舱内箱格导轨结构只能装20 ft集装箱,甲板上两个纵向20 ft集装箱堆装后,两箱的间距大于76 mm。

综上所述,20 ft和40 ft集装箱是否可以兼容,应分别就不同集装箱船舶情况予以确定。

3.集装箱船的箱位分布

集装箱船舶箱位分布情况,主要是指集装箱船舶标准箱容量在甲板上和大舱内的分配量,在甲板上和大舱内各有多少标准箱箱位,以及在甲板上和大舱内20 ft和40 ft集装箱箱位的分配情况。

应该指出,由于集装箱船货舱容积利用率比较低,为了充分利用集装箱的装载能力,需在甲板上堆装一定数量的集装箱,一般为总箱位数的20%～50%,可堆装数层箱。当然,为了保证集装箱船舶稳性的要求，因而货舱内装箱量一般应大于全船装箱总重的60%左右。

4. 集装箱在船上的间隙

在集装箱船舶的舱内和甲板上，横向或纵向的两箱之间均有一定间隙，在每艘集装箱船舶资料中，可查到此间隙的数值，在积载超尺度集装箱时，应充分利用这些间隙，以减少船舶箱位的浪费。同时，还应注意舱内最上层集装箱和舱盖间的空隙，即舱内最上层集装箱顶部与舱盖下最低点之间的距离。此间隙数值可查阅船舶资料获得。掌握此空隙的变化在积载中很有用，特别是在舱内装载超高箱时，只要其超高量未超过此空隙值，将它装载在舱内最上层，既不影响其他集装箱的装载，又不浪费箱位。但应注意空隙值不应用足，以防舱盖微小变形导致舱盖无法盖严或压坏集装箱。

5. 积载时应注意集装箱船舶舱盖的形式和堆积负荷

集装箱船舶的舱盖形式虽然较多，但大多采用一个 40 ft 集装箱的箱位上使用 2～3 个纵向箱型舱盖。这种舱盖形式将舱内的箱位分为左右两部分或左、中、右三部分。这就为挂港较多的集装箱船舶分港积载提供了便利条件。并且，积载时应注意堆积负荷，即集装箱船舶的舱底、甲板和舱盖上所允许集装箱堆积的最大重量，此数值可以从船舶资料中查取。近年来，集装箱装货后的总重量愈来愈大，容易出现超负荷现象，尤其在甲板和舱盖上更易超负荷，因此，必要时应减少集装箱的堆积层数，以防损伤船体结构。

6. 特殊货物集装箱箱位配置

对于冷藏集装箱，要依据其冷却方式的不同来配置。水冷式集装箱要配置在舱内，其装载位置应便于提供外接电源及有供给冷却水的设备；气冷式集装箱应配置在甲板上固定位置，便于散热。

对于危险货集装箱要按《国际海上危险货物运输规则》规定装载。

船内危险货集装箱积载时，应注意以下原则：

1)危险货箱积载时，应远离热源和火源。机舱是一个固定性的热源，其机旁环境温度在35～55 ℃之间，特别是航行在热带海区和夏天，机舱内的温度相当高，直接影响着分隔机舱与货舱的舱壁，致使有关货舱舱温上升。因此，危险货箱不得积载于这些舱室。

2)危险货箱中的易燃气体、有毒气体，不得积载于舱面上，应置于机械通风良好的货舱内。

因为舱面上有强烈的阳光照射，货物易受到直接热辐射的影响，而易燃气体、有毒气体有较强的挥发性，易造成危险事故。

3)危险货箱如可在舱面或舱内积载时，应优先考虑舱内积载。因为有不少危险货物具有海洋污染物的性质，海洋污染物一旦在舱内发生溢、泄、渗、漏等情况，可通过压载水的调平装货让溢流物沿舱底板聚入污水井中，然后再用吸收材料将这些污染物收集起来，按规定处理；如果海洋污染物在舱面上泄露，如用海水冲洗，这就构成污染违章行为，将受到处罚。并且，对于存有易燃液体、有毒物质的危险货箱，如装入舱内，一旦发生火灾，可用 CO_2 装置采取窒息法灭火；如果堆放在舱面，一旦着火，往往会风助火势，其后果不堪设想。

4)对遮蔽性要求高的危险货箱，应积载于舱内。因舱面具有良好的遮蔽性，舱内比较阴凉，且避免高温，从而消除了爆炸品的引爆源。对于装有易燃固体、易自燃物质及氧化物质的集装箱，应尽可能避开辐射热及炎热阳光的直射，应积载于遮蔽性较好的舱内。

对于超长大集装箱，因其尺寸规格特殊，积载时一般应考虑装在甲板上。对这类集装箱，为了充分利用舱容，减少舱位浪费，装载时应充分考虑集装箱在横向或纵向的间距以及舱内最上层集装箱与舱盖间的间隙。

对于装运水果、蔬菜的通风集装箱，应配置在甲板上，以利通风。

7. 集装箱船舶的压载水舱容量

由于集装箱船舶甲板上堆装相当数量的集装箱，为了保证在箱位满载的情况下取得合适的稳性，经常用压载水来调节，在一般情况下，压载水舱容量约为船舶载重量的1/4～1/3左右。因此，为了排放或灌注大量的压载水，必须了解本船的压载水排灌率，正确地调整压载水，以确保班期和航行安全。

8. 集装箱船舶的横倾调平舱

为了解决集装箱船由于装卸作业或其他因素导致的横倾，集装箱船舶上均设有横倾调平舱。该舱设在船舶左右两舱对称的位置。该舱主要作用是调整船舶的横倾，使船舶保持正浮状态。不同的集装箱船，由于调平舱的容积大小不同，其调平范围也不同。

3.3.2 集装箱积载位置的表示方法

集装箱积载图的各部位都是严格按照不同标准确定的，有自己固定的图纸格式，以下为集装箱积载位置的表示方法。

集装箱船舶积载图(STOWAGE PLAN)是集装箱船舶所载集装箱的积载位置图，它包括如下基本内容：船名、航次、装货港、装船完毕日期、中转港、出口箱总数、各中转港卸箱数、重量和各分排位图、总图及吃水差计算表等。集装箱积载包括集装箱预配图和实配图。

集装箱的积载位置通常以6位字符代码表示，前2位表示排(行)位(BAY NO)，中间2位表示列位(ROW NO OR SLOT NO)，后2位表示层位(TIER NO)

1. 排(行)位(BAY NO)

集装箱船舶从船首向船尾纵向进行排列的箱位，称为排位。排位表示法从船首向船尾按序排列，以奇数顺序编号(如：01、03、05 …)表示为20 ft集装箱的排位；以偶数顺序排列者(如：02、06、10、14…)表示为40 ft集装箱的排位，这是由于装40 ft集装箱时，是装在两个20 ft箱子的位置上，因此以两个20 ft箱子的排号中间的偶数编号表示。集装箱船舶的排位图，见图3-1。

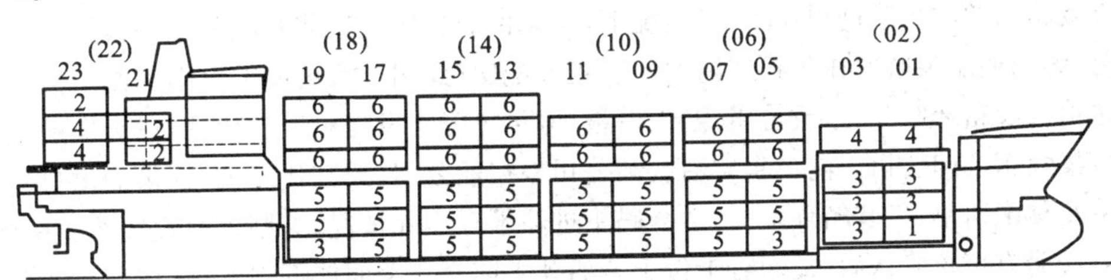

图3-1 集装箱船舶排位图

2. 列位(ROW NO OR SLOT NO)

列位是指从船舶横向进行排列的箱位。通常有两种表示方法：从船舶的右舷向左舷顺次编号，标明01、02、03…，以此类推，另一种以中间列的箱位标为“00”列，从中间列算起，向右舷的列号以奇数按顺序排列，即01、03、05…，向左舷的列号以偶数按顺序排列，即02、04、06…。

3. 层位(TIER NO)

层位是指集装箱箱位的上下排列。层位的编法有多种，最常见的是将舱内和甲板层位编号分开表示。舱内层位的表示以"H"开头，从舱底算起，由下往上，用阿拉伯数字顺序编号，如H1、H2、H3…；甲板层位以甲板平面为基准，以"D"开头，自下而上以顺序号D1、D2、D3…表示。

但是，目前层位表示法用偶数排列，以一个箱高为模数，舱内层号以舱内最下一层为基准，由下往上以编号02、04、06…表示；甲板层号则以编号82、84、86…由下往上依次表示。

集装箱船舶列和层的排列见图3-2。

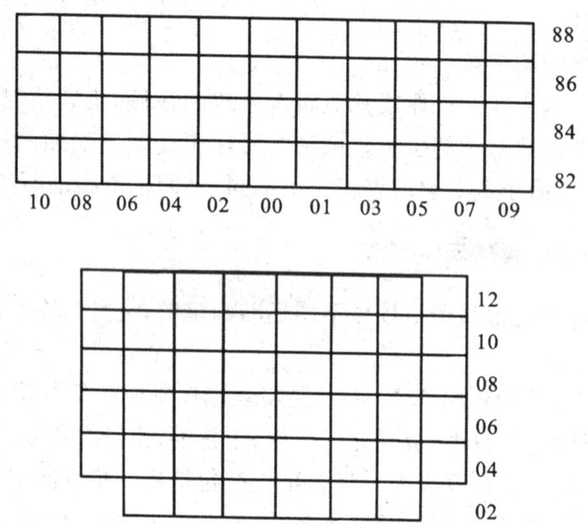

图3-2　集装箱船舶列和层的排位图

4. 单元(CELL OF POSITION)

在"集装箱积载图"中，单元是一个空间概念，它包括了排、列、层，是具体指一个集装箱在积载图上的位置。如COSU8023082，此集装箱被装于050082，意指该箱为20 ft集装箱，装于船舶的05排，中间一列，甲板上第一层。这样，一个完整的立体空间就表示出来了。

3.3.3　集装箱船舶的积载过程

集装箱船舶的积载过程，在一般情况下，首先由船公司在集装箱配载中心根据船舶航次订舱情况，编制船舶某航次在某挂靠港的集装箱预配图(此图也可由船上大副编制)，然后将此图直接送给集装箱装卸公司，或者用传真、电报、电传等方式发送给船舶代理，再由船舶代理转交给港口集装箱装卸公司。港口集装箱装卸公司根据船公司(或其代理人)提供的出口集装箱装货清单及预配清单、集装箱预配图，结合码头进箱堆存实际情况，编制出口集装箱实配图，再将实配图经船方审核确认后，复印若干份于装船开工前交有关职能部门实施，按此对船舶进行装卸作业。

1. 集装箱的预配

集装箱的预配是集装箱船舶积载的关键程序，它关系到集装箱船舶的安全和营运效益。为了保证集装箱预配的科学和合理，应按以下原则编制集装箱预配图。

1) 预配原则：

(1)在保证船舶具有足够稳性的条件下，充分利用船舶的箱位。由于集装箱船舶的最大箱容量是在特定条件下设计的，并不是在任何情况下均能承载它的最大箱容量。因此当集装箱船舶航次订舱的集装箱箱量接近集装箱船的最大箱容量时，可满足订舱的箱位，但具体航次允许承载集装箱量要受到船舶稳性的制约。

集装箱船航行时的稳性要求与装卸时的稳性要求是矛盾的。由于集装箱船舶有近一半箱位是配在甲板上，满载时重心高度较高，为保证航行时的稳性，需加一定数量的压载水，但是航行时集装箱船的初稳性高度又不能过大，否则船舶横摇周期过短，使甲板集装箱得到很大的加速度，将对集装箱本身的强度及紧固、绑扎设备的受力带来非常不利的影响，甚至使集装箱移动。所以，初稳性高度应保持在一定合理的范围内；而从装卸角度来看，希望船舶初稳性高度大，能减少船体的倾斜度，便于起重机作业。总之，必须以保证船舶具有适度的稳性为原则。为此，在预配时，应把重箱装在舱底，轻箱及结构强的集装箱装在甲板上，以保证船舶的稳性及集装箱的稳固；在预配时，尽可能使重箱在船舶横向方向左右对称，这样不仅可保持船舶正浮，而且可减少船舶因左右不对称受力而产生扭转弯矩进而影响船体结构。

(2)必须保持船舶良好的纵向强度。由于集装箱船型特点，一般为大开口单甲板船，这对船舶纵向强度很不利，而且，大多数集装箱船为了便于集装箱在舱内及甲板上的布置，以及方便装卸作业，因而采用尾机型，机舱、油舱、淡水舱集中在尾部，使得集装箱船舶长期处于中拱状态。为了克服这个不利因素，在预配时应适当地将一些重箱相对地多配在船舶中部，以抵消集装箱船舶的中拱变形，此外还应充分考虑到途中挂港的装卸情况，预防在中途港装卸后，出现船舶中部集装箱箱量或重量减少而影响船舶的纵向强度。

(3)保证船舶的局部强度。要求在集装箱船舶的舱内和甲板上，每列集装箱的重量均不应超过其允许的堆积负荷，否则将影响船舶的结构强度。

(4)保证船舶具有适当的吃水差。在预配时应注意集装箱重量在船舶纵向上的分配。由于船舶线型和驾驶视线良好的要求，在船首附近的箱位，应尽可能减少甲板上的装箱层数，这会形成首部箱位少，为防止尾吃水过大，或避免用较多的压载水来调整吃水差，预配时应将较重的集装箱配置在船首的箱位上。

在预配船舶进出吃水受限港口的船舶货载时，更应注意集装箱的纵向分布，以减少使用压载水来调整吃水差，从而减少船舶的总排水量和平均吃水，使船舶顺利进出吃水受限港口。

(5)箱位配置应满足卸箱的先后顺序，避免中途港倒箱，影响装卸效率及延长船舶在港停留时间，甚至延误船期；箱位配置还应考虑便于装卸作业，避免同一卸港的集装箱过分集中，以提高装卸效率。

(6)应满足特殊集装箱积载的要求。对于冷藏箱，应根据其冷却方式选择适合的位置，要考虑冷藏箱电源插座和监控插座的位置，不能随意配置；对于危险货物箱，应要求远离热源、机舱及船员生活区，严格按照国际危规执行；对于超重箱，原则上不应配载，特殊情况下，在预配时，其配位应便于浮吊或陆上其他装卸机械作业(因箱重超过集装箱装卸桥的负荷)的地方；对于超长和超宽箱，预配在甲板上，为了减少箱位浪费，应充分考虑集装箱在横向或纵向的间距，相对集中、合理安排箱位；对于超高箱，在预配时，不论配置在甲板上还是在舱内，均应配在最上层。超高箱如配在舱内，其超高的尺寸应小于该舱内舱盖底与最高一层集装箱的间隙，否则，应减少集装箱的层数。此外，对于动物集装箱及装运水果、蔬菜的通风集装箱，均应配置在甲板上，平台箱只能配于舱内或甲板上最高一层，它的上面无法堆积任何集装箱。

2)预配图的编制：编制预配图是集装箱船舶积载的重要环节，它关系到船舶航行安全和货运质量、关系到船舶装载能力的充分利用，以及运输效率和经济效益。预配图是由船公司(或其代理人)编制的,是依据船舶积载能力和航行条件等,按不同卸货港到达顺序以及集装箱装货清单上拟配的集装箱数量编制而成的总图。图 3-3、图 3-4 所示为集装箱基本预配图。

(1)图 3-3 为预配字母图。不同卸货港采用不同的颜色标绘。卸港的标色,则在图上给予说明;如有困难,可在排号下面或箱位旁边用符号标注。图 3-3 上每个箱位内用一个英文字母(如 K、L、N、H)表示该箱的卸箱港,如第 5 排舱内去长滩 30 个箱。

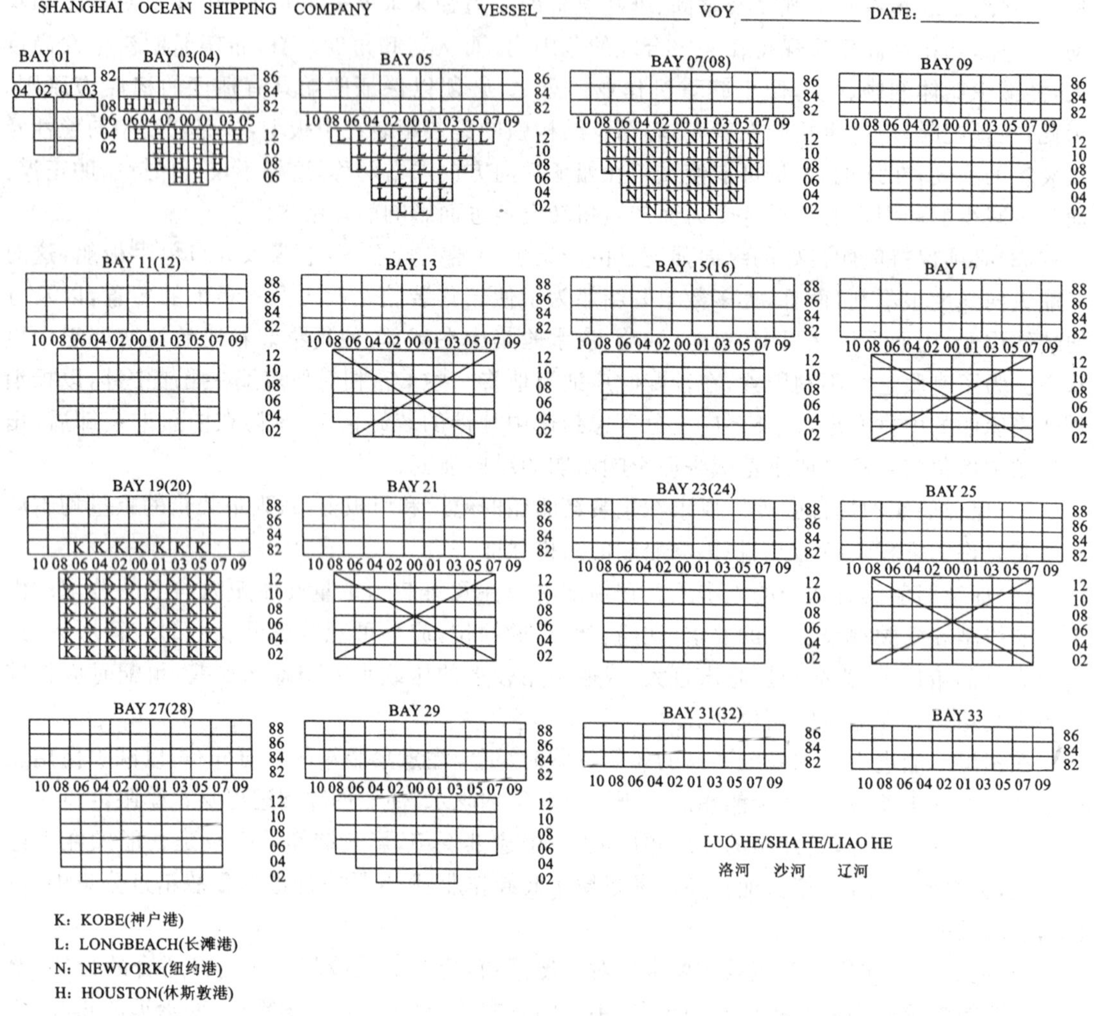

图 3-3　集装箱预配图(字母图)

(2)图 3-4 为预配重量图。图中每个小方格代表一个 20 ft 集装箱,小方格中所标的数字是以吨表示的集装箱总重。如图 3-4 第 5 排舱内共装 30 个箱,其中 10 个箱每箱总重为 20 吨,6 个箱每箱总重为 19 吨,6 个箱每箱总重为 17 吨,5 个箱每箱总重为 16 吨,3 个箱每箱总重为 15 吨。

有时为了便于区分,20 ft 箱通常只在小方格中涂一半颜色(◪)。

(3)40 ft 集装箱是用在同一舱相邻的前后两个小方格表示,集装箱的总重和卸港的着色均标绘在前一小方格上、将小方格全部着色(■),后一小方格用"☒"表示此箱位已被 40 ft 集装箱占用。

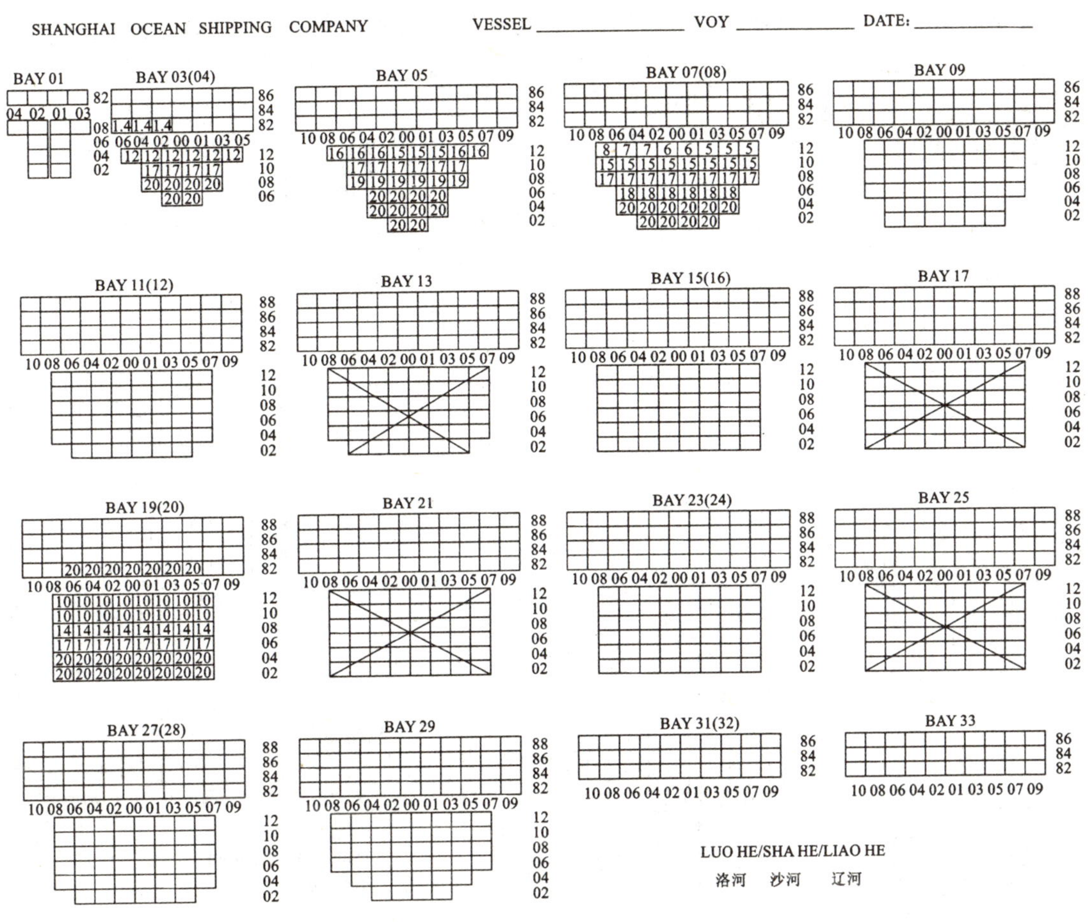

图 3-4　集装箱预配图(重量图)

(4)图 3-5 为冷藏箱及危险货物箱预配图。危险货物箱用“O”圈在所配箱位的小方格上，旁边用“D”加上数字表示国际危规的类别等级，如“D6.1”表示该箱装的是国际危规 6.1 类危险品。有些不用“O”，而用深颜色标绘。也有的用“H”或用“IMO”或用“IMCO”表示危险货物箱。但在其后仍需注上危险货物的国际危规类别等级。如第 7 排舱内装 1.4 级危险货物箱 6 个。其卸箱港、重量见图 3-3、图 3-7 第 7 排。

(5)冷藏集装箱在小方格上标注“R”，空箱在小方格上标注“E”。如第 19 排甲板上底层装有 7 个冷藏箱。其卸箱港、重量查字母及重量图可知。

(6)选卸港箱，可在箱位加注，如 HAM/LON。

(7)对特殊集装箱，应加以标注或文字说明。如超高箱可在箱位小方格上方加“-”作为超高标记，并加注超高尺寸，超宽箱则加“<”或“>”作为超宽标记，标记旁还可加注超宽尺寸。

(8)特殊的标注通常用文字说明。

3)预配图的审核：预配图绘制后，应认真审核以下内容。

(1)集装箱每个卸港的数量与集装箱订舱中是否相符；

(2)核对每列集装箱的堆积负荷是否超过船舶允许的负荷；

(3)核对特殊箱的配位是否符合要求，否则，应调整到允许值范围；

(4)审查各卸港的箱位安排是否合理，是否便于中途挂靠港加载或卸箱，否则，应予调整；

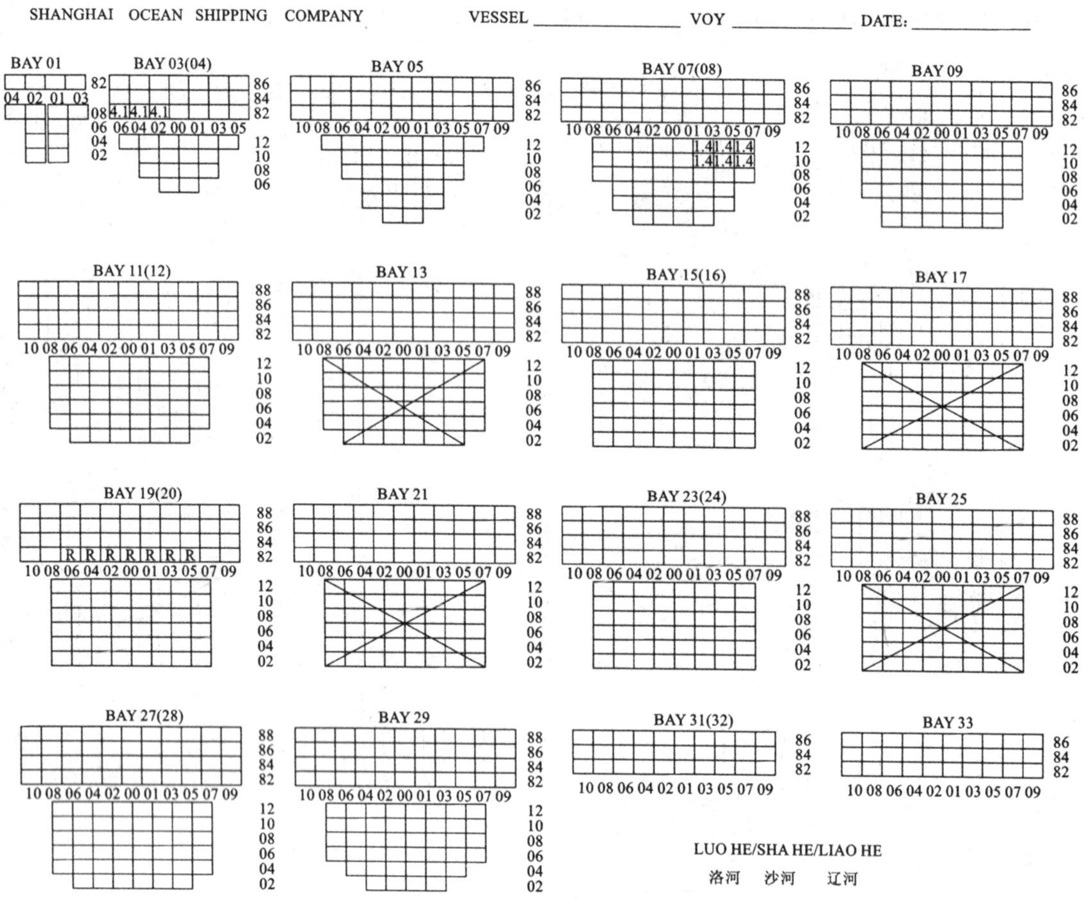

图 3-3(c)　冷藏箱及危险货箱预配图

(5)校核预配后的稳性、吃水差及纵向强度，确保航行安全及货物质量。

2. 集装箱的实配

集装箱装卸公司收到预配图后，按照预配图的要求，根据码头上集装箱的实际进箱量及在码头上的堆放情况，着手编制集装箱实配图。

实配图由封面图及每个行(排)的集装箱箱位图组成，见图 3-6。

封面图又叫总图(MASTER PLAN 或 LETTER PLAN)，表明纵向积载情况；排位图(BAY PLAN)表明横向积载情况。

总图与预配图不同。在集装箱实配图的封面图上，通常只标注集装箱的卸港和特殊箱。标记卸港的标注方法有两种：一是用一个大写的英文字母表示卸港，如上海港以 S 表示；另一种是用不同颜色表示不同卸港。特殊箱的标注方法同预配图一样。

行(排)箱位图在每个箱位的方格内，标注以下内容，见图 3-7(a)。

1) 装港及卸港的英文代码。通常将装港放在后面，卸港放在前面，中间用“×”连接；但也有只标卸港，不标装港；有的将装港放在前面。港名代码按常规应标三个英文字母，如上海港以“SHA”标注，但也有标注两个英文字母的。

一般每个箱位小方格内应标注装港和卸港的代码。但有的为了省事，当整排或整层集装箱卸港相同时，只在这一排或这一层标一个装港和卸港。

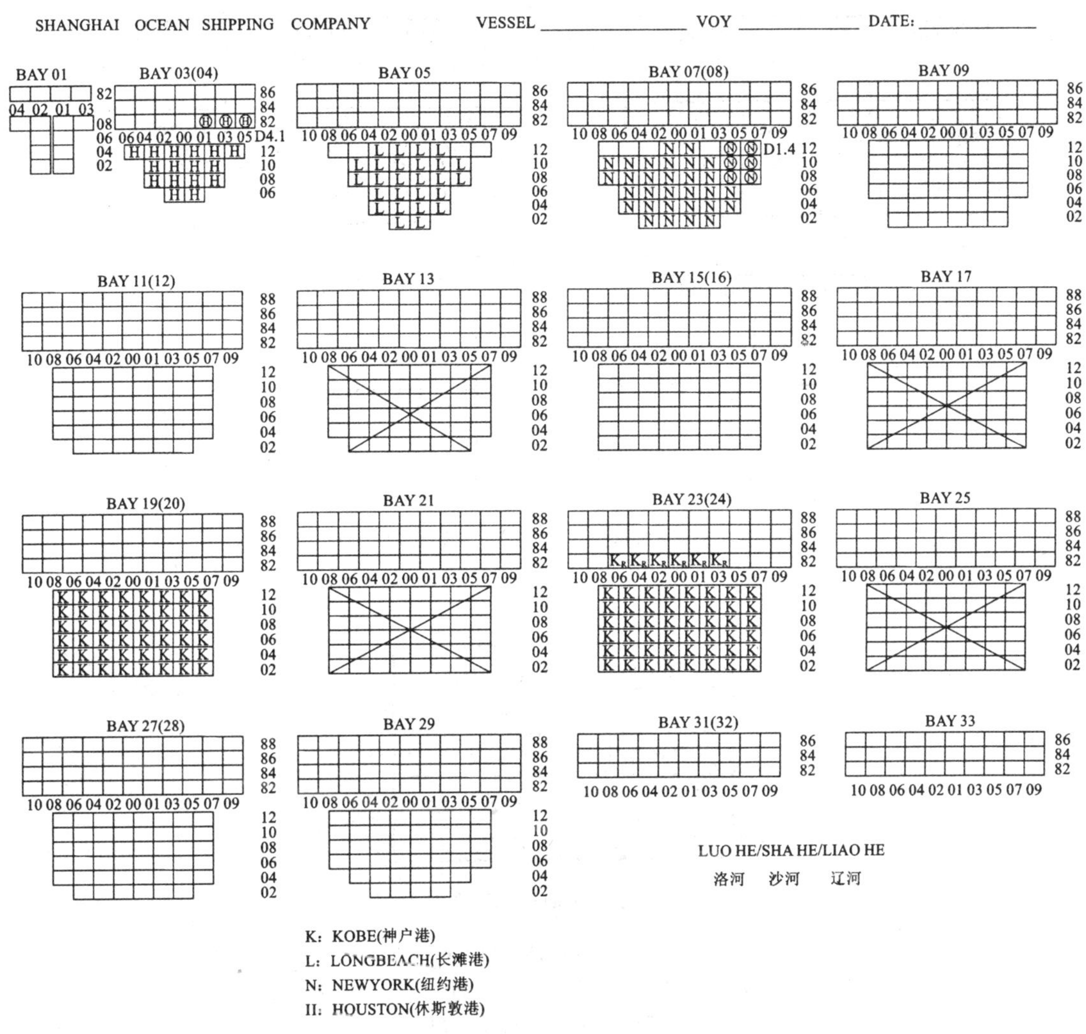

图 3-6　集装箱实配图

2）集装箱箱号。集装箱箱号按箱主代号、顺序号和核对数字共 11 位代码组成。如“COSU2023082”。COSU 为中国远洋运输（集团）总公司的箱主代号，202308 为集装箱顺序号，2 为核对数字。

3）集装箱总重。

4）特殊箱的标注。D 表示危险品箱，如 D6.1 为 6.1 类危险品；R 表示冷藏箱，如“R－18”表示该冷藏箱的温度应不得高于－18℃；“F＋2＋4”表示该冷藏箱的温度应保持在 2～4 ℃；M 表示邮件箱；超宽箱应根据超宽部位，在箱位小方格标注超宽符号“<”或“>”，并加注超宽尺寸；超高箱标注“-”符号，并加注超高尺寸；选港箱在箱位小方格内注上所选港的港名代码；空箱应在箱位小方格内注上英文字母 E。集装箱排箱位图见图 3-5(b)。

实配图编制完毕后，在装船前应送给船长或大副审核，经船方审核确认后，即可按实配图进行装船作业。

3. 集装箱最终积载图

在集装箱装船结束后，由船舶理货员根据船舶实际装箱情况及每只集装箱在船上的箱位，

010684	010484	010284
010682 SHA × MOJ WCIU2801063 IMO6.1 19.6	010482 SHA × MOJ WCIU2810939 IMO6.1 19.6	010282 SHA × MOJ WCIU0623435 IMO6.1 19.6

010184	010384	010584
010182 SHA × MOJ WCIU15153903 IMO6.1 19.6	010382 SHA × MOJ WCIU28056403 IMO6.1 19.6	010582

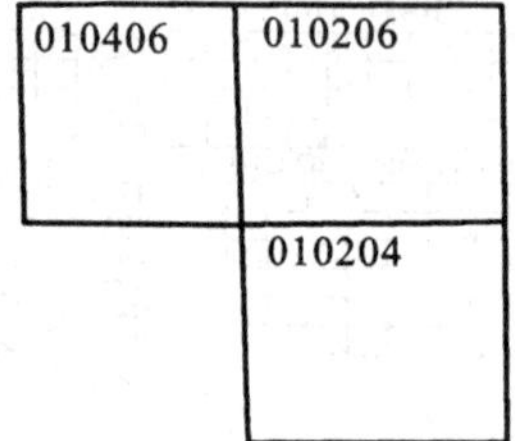

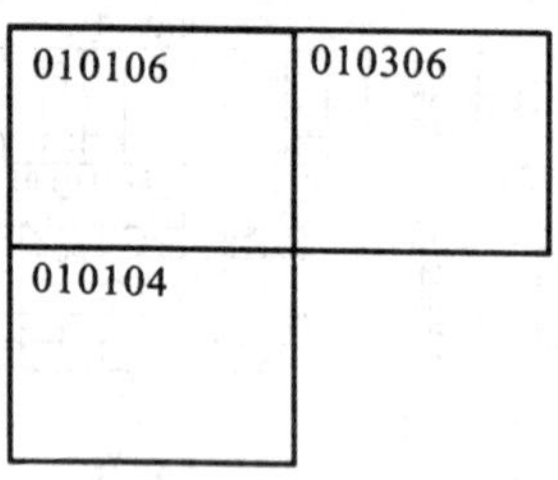

(a) 集装箱实配排箱位图标注内容

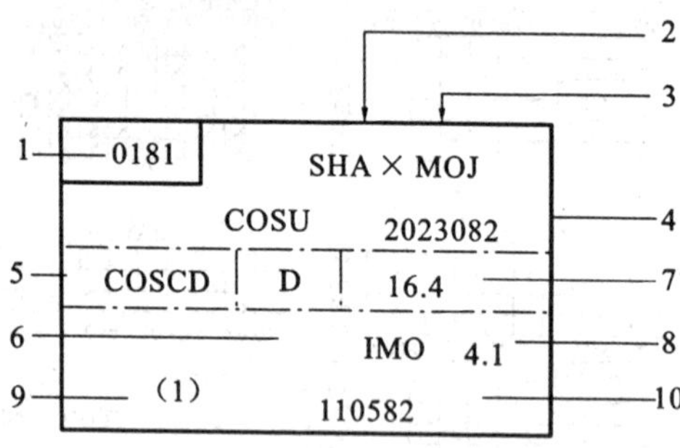

(b) 集装箱排箱位图

图 3-7　集装箱排箱位实配总图

1—箱格顺序号；2—卸货港；3—装货港；4—集装箱编号；5—集装箱使用人代号；
6—集装箱状态；7—集装箱总重；8—备注；9—到港顺序号；10—箱位号

编制最终积载图。它由集装箱箱位断面图，稳性及吃水差计算表及集装箱装载汇总表等组成。集装箱装载汇总表见表 3-1。

表 3-1　集装箱装载汇总表

PORT OF LOAODING		LONG BEACH		NEW YORK		CHARL-ESTON		HOUSTON		TOTAL		OPT-ION
		20′	40′	20′	40′	20′	40′	20′	40′	20′	40′	40′
SHANGHAI	FULL	33 582.1	5 66.4	111 2041 5	32 419.3	5 92.3	38 584.8	1 7.7	210 3627.7	43 693.1		
	REEFER	2 42.1								2 42.1		
	DANGEROUS			8 148.0		1 19.6				9 167.6		
	EMPTY			12 27.6	8 28.8					12 27.6	8 28.8	44 158.4

续表 3-1

PORT OF LOAODING		LONG BEACH		NEW YORK		CHARL-ESTON		HOUSTON		TOTAL		OPT-ION
		20′	40′	20′	40′	20′	40′	20′	40′	20′	40′	40′
KOBE	FULL	148 2323	80 1173	323 5409	138 1964	58 1017	57 753	21 383	19 221.4	550 9132	294 4112	
	REEFER											
	DANGEROUS	1 20.4		11 215.5	1 20.2	1 20.2		2 30.9		15 286.9	1 20.2	
	EMPTY											
	FULL											
	REEFER											
	DANGEROUS											
	EMPTY											
	FULL											
	REEFER											
	DANGEROUS											
	EMPTY											
TOTAL	CONTAINER	184	85	165	179	88	62	61	20	798	346	44
	WEIGHT	2967	1240	7842	2540	845	999	230	13284	4854	158	
GROSS TOTAL		4207		1038		2321		1227		18738		158.4

3.3.4　船图 EDI 计划

船图(BAPLIE)是关于本港需要卸船的集装箱的信息，其主要功能是提供船泊到达本港之前的船舶装载且需要卸船的集装箱和货物的有关信息及集装箱在船上箱位，是船方和码头进行卸船的重要资料，也是港方安排卸船作业的依据。船图现已成为一种标准化的 EDI 传输报文。

在我国，自 20 世纪 90 年代起，中远总公司开始组织实施“船图 EDI 计划”，其目标是：向要求使用电子船图的港口/码头传递电子船图，以使中远船舶受益。目前，“船图 EDI 计划”已推进到上海、天津、宁波、青岛等港及中远有关航线，实现了对舱单、船图、箱管等数据的 EDI 传送。

3.4　航线集装箱需备量及其确定

为了保证集装箱运输的正常开展，船公司必须付出巨额投资配备一定数量的集装箱，以供运输需要。航线集装箱需备量的多少及采用什么方式配备，直接关系到企业的运输成本和经济效益。因此，企业应根据航线特点、货源情况、集装箱港口堆存期及内陆周转期的长短等因素，通过选择合理的租箱方式，确定合理的自备箱量和租箱量。

由于种种原因，我国内陆集疏运系统不够完善，有关代理制度及进出口手续尚存在不足之处，箱管水平也有待进一步提高。因此，目前我国集装箱港口堆存期及内陆周转期较长，增加了整个集装箱周转时间，造成航线集装箱需备量增加，增加了备箱投资，提高了运输成本，影响了企业经济效益及竞争能力。

航线集装箱需备量不仅与航线配置的集装箱船舶数及其载箱量有关，与集装箱船的往返航次时间及发船间隔有关，而且还与集装箱在港口的堆存期及在内陆的平均周转天数相关。

航线集装箱需备量，一般可采用以下三种方式配备：需备量全部由班轮公司自备，由于集装箱价格昂贵，因此需要花费巨额投资；需备量部分自备部分租箱；需备量全部租箱。以上三种方式，采用哪种，要综合分析航线货源、集装箱港口堆存期及内陆周转期、班轮公司的资金状况等因素，经系统论证后确定。在一般情况下，如航线货源稳定，可适当增加自备量或长期租箱量，否则，可适当增加灵活租箱量或减少自备箱量。如果决定一部分需备量通过租赁集装箱方式来解决，就应进一步考虑是采用长期租赁或是即期租赁（单程租赁或来回程租赁）或是灵活租赁。根据不同情况采用不同的租赁方式。

集装箱班轮航线为简单直达航线，且集装箱船舶仅挂靠两个端点港，而该班轮公司在两端点港既无调剂箱又无周转机动箱时，航线集装箱需备量可按以下方法确定：

$$Q = S \cdot N \tag{3-15}$$

式中 Q——航线集装箱需备量（TEU）；

S——航线集装箱需备套数；

N——每套集装箱数量（如船舶满载则为船舶载箱量）。

$$S = \frac{T}{I} \tag{3-16}$$

式中 T——航线集装箱平均总周转天数(d)；

I——发船间隔(d)。

$$T = T_R + T_A + T_B \tag{3-17}$$

式中 T_R——船舶往返航次时间；

T_A、T_B——A、B 端点港内陆平均周转时间及港口堆存期之和。

发船间隔 I 取决于船舶往返航次时间及航线配置的船舶艘数，其计算公式如下：

$$I = \frac{T_R}{C} \tag{3-18}$$

式中 C——航线配备船舶艘数。

一般集装箱船舶并不满载，因此在决定实际需备量时，可以考虑船舶载箱量利用率：

$$D = N \cdot f \tag{3-19}$$

式中 D——考虑船舶不满载的需备量；

f——船舶载箱量利用率（根据航线具体情况确定）。

如果考虑到修箱及特种箱往返航次不平衡需增加的箱位数，则简单航线仅两个端点港且又无法从公司内部或联营体调剂用箱量时，其航线实际集装箱需备量按下式确定：

$$Q = S \cdot N \cdot f + S_N + R_N \tag{3-20}$$

式中 Q——简单航线且集装箱在港口堆存期及内陆周转期少于发船间隔时的航线集装箱需

备量；

S——航线集装箱配备套数；

N——船舶载箱量(箱位数)；

f——船舶平均箱位利用率；

S_N——特种箱往返航次不平衡所需增加的箱数；

R_N——全程周转期内港口内陆修箱量。

案例计算与分析：

例 1：某集装箱班轮公司，开辟一条仅有 A、B 两端点港的简单航线，航线配置 4 艘载箱量为 2000 TEU 的全集装箱船，船舶往返航次时间为 40 天，在端点港 A 的港口堆存期和内陆周转期的时间按以下比例变化，20%的箱为 20 天，15%的箱为 30 天，65%的箱为 10 天，在端点港 B 的港口堆存期和内陆周转时间平均为 9 天，船舶载箱量利用率为 80%，该航线全程周转期内修箱量为 40 TEU，试确定该班轮公司在该航线上集装箱需配备量(无调剂箱可供应用)。

解：1. 求发船间隔 I：

$$I=T_R/C=40/4=10(\mathrm{d})$$

2. 确定端点港 A 港口堆存期及内陆周转时间：

$$T_A=20\times20\%+30\times15\%+10\times65\%=15(\mathrm{d})$$

3. 确定端点港 B 的港口堆存期及内陆周转天数：由于该时间共为 9 天，而发船间隔为 10 天，它小于发船间隔，因此应以发船间隔作为端点港 B 的集装箱堆存期和内陆周转时间，所以应为：

$$T_B=I=10(\mathrm{d})$$

4. 求航线集装箱平均总周转天数 T：

$$T=T_A+T_R+T_B=15+40+10(\mathrm{d})$$

5. 求航线集装箱配备总套数 S：

$$S=T/I=65/10=6.5(\text{套})$$

6. 求每套集装箱数量 D：

$$D=N\cdot f=2000\times80\%=1600(\mathrm{TEU})$$

7. 求航线集装箱需配总量 Q：

$$Q=S\cdot N\cdot f+R_N=6.5\times2000\times80\%+40=10440(\mathrm{TEU})$$

应该指出：在往返航次时间不变的情况下，如缩短发船间隔，配置的船舶艘数就增加，集装箱装船的机会增多，集装箱返回港口等待装船的时间就会减少，集装箱在端点港内陆平均周转天数因此下降，因而平均每艘船配备的集装箱数量会随着航线配置的船舶数的增加而减少。但是，当航线船舶数增加到一定数目时，由于码头堆存能力不足，集装箱管理水平未跟上，内陆集疏运能力的制约，集装箱内陆周转时间及港口堆存期反而增加。

在发船间隔不变的情况下，集装箱配备总数与其航线平均总周转时间成正比关系。中途挂靠港的多少以及箱型的不平衡等将直接影响航线集装箱的需备量。为了在满足航线货源需要情况下，班轮公司应尽力缩短集装箱的港口堆存期和内陆周转期，加速船舶的周转，以减少航线集装箱需备量，从而节省班轮公司的置箱巨额投资或租金，这对降低集装箱运输总成本，提高船公司经济效益具有重要意义。

3.5　航线集装箱租箱量及其确定

集装箱租赁业，是一个随着集装箱运输的发展而派生出来的行业，当今世界具有相当规模的集装箱租赁公司已有一百多家，目前可供出租使用的集装箱数量占世界集装箱总数的50%左右，这对于集装箱运输的发展起着重要的促进作用。

3.5.1　集装箱租赁的主要优点

1. 可避免占用过多的资金

由于集装箱造价相当昂贵，如果船公司全部采取自备箱，则需要购置大量集装箱，需要巨额投资，形成大量的固定资产，如果是贷款购箱，还要支付大量的利息，这对船公司是一个相当沉重的负担。如果采用租赁集装箱的办法，租用部分集装箱，只需支付少量租金即可获得集装箱使用权，采用合理的租箱方式，当船公司不需要这些集装箱时，则退还租箱公司，这样可避免占用大量的资金，也无须支付巨额贷款的利息。

2. 节省空箱调运费用，可满足用箱要求

对于航线往返货运量不平衡，季节性货源的变化等产生的用箱方向上及时间上不平衡情况，可通过租箱的办法来解决。从而既满足用箱的不平衡要求，又可节省置箱费及空箱调运费。

3. 避免集装箱陈旧、过时

尽管集装箱是按照国际标准化组织的规定制造的，但仍有过时的风险。根据集装箱运输的发展、情况的不断变化，某些曾被采用的集装箱尺寸、规格已经不适合当前发展而被淘汰，而某些曾是非标准的集装箱，由于适应集装箱运输发展的要求，其数量大增，被国际标准化组织推荐和采用。通过租赁集装箱，就不必承担集装箱陈旧、过时的风险，当旧规格的集装箱即将被淘汰时，只需归还过时集装箱，重新租用新规格集装箱，即可继续使用。

3.5.2　集装箱租赁方式

集装箱租赁方式，主要有以下几种：

1. 长期租赁

长期租赁合同年限较长，通常是3～10年。根据租期届满后对集装箱处理的方式不同，可分为金融租赁及实际使用期租赁两种：金融租赁是指租箱人在租箱合同期满后出价买下所租用的箱子，从而取得集装箱的所有权的一种租赁方式；而实际使用期租赁则是当租赁合同期满后，租箱人将箱子退还给出租公司的一种租赁方式。

长期租赁的特点是，租箱人只需按时支付租金，即可如同自备箱一样使用且租金较低，租期愈长，租金愈低。因此，对于货源稳定的班轮航线，采用此种方式租用一定数量的集装箱，既可保证航线集装箱需备量的需要，又可减少置箱费、利息及折旧费的负担。因此，目前采用长期租赁方式较多。但是，这种方式在租期未满前，租箱人不得提前退租，但可在合同中附有提前归还集装箱的选择条款。对租箱公司而言，采用这种方式可在较长的租期内获得稳定的租金收入，减少租箱市场的风险，也可减少大量的提、还箱等管理工作。

2. 即期租赁

即期租赁是指租箱人根据自己的需要及市场情况与租箱公司签订租赁合同的一种租赁方

式。它的特点是与租箱公司没有任何事先约定，而是经磋商后达成临时短期租箱协议，因此其租金费率由当时的租箱市场竞争及供需情况而定。即期租赁方式，除了临时的短期租赁外，还有单程租赁和来回程租赁两种方式，其特点如下：

1）单程租赁：其特点是从发货地租箱到目的地还箱，采取从起运港至目的港的单程租用，一般适用于货源往返不平衡的航线。它可满足租箱人单程租箱需要。如果从缺箱地区单程租赁到集装箱积压地区，租箱人需要支付较高的租金，因为此时租箱公司需要从集装箱积压地区往短缺地区调运空箱，要支付空箱调运费，所以租金较高，并有时还需支付提箱及还箱费。如果从积压地地区租赁到短缺地区，情况就不同了，因为租箱公司集装箱积压，产生很多费用，所以租箱人可享受租箱优惠，可较少支付甚至免除提箱和还箱费，有时还可能在一定时间内免费租借。

2）来回程租赁：通常是指提、还箱同在一个地区的租赁方式，一般适用于往返货源较平衡的航线，原则上在租箱点还箱（或同一地区还箱）。租期可以是一个往返航次，也可以是连续几个往返航次的租赁，租箱人有较大的使用权，由于不存在空箱回运的问题，因而租金较单程租赁低。

以上即期租赁的方式，其共同的特点是能满足租箱人临时性的用箱要求，解决货源临时变化箱源不足的困难，但租金比长期租赁方式高。

3. 灵活租赁

这是一种在租箱合同有效期内，租箱人可在租箱公司规定的地方灵活地进行提、还箱的租赁方式。它兼有长期租赁和即期租赁的特点。一般租期为一年，在大量租箱情况下，租箱人可享受租金回扣的优惠，租金甚至接近于长期租赁。在集装箱货源较多，且班轮公司经营航线较多，往返航次货源又不平衡的情况下，采用这种租赁方式是较佳的。

在灵活租赁的情况下，由于提、还箱灵活，因而给租箱公司带来一定的风险，所以在合同中规定有一些附加约束条件。如规定最少租期，规定基本的日租金费率，一般最少租期不得少于30天，租箱人按租期支付租金；规定起租额，规定租箱人在合同租期内应保持一定租箱量，并按超期租额支付租金（即当实际租箱量少于起租额时采用）；规定全球范围内月最大还箱限额；规定了最小月提箱量；规定了各还箱地区的月最大还箱量等。

尽管集装箱租赁方式很多，但最重要的是租箱人应根据航线货源情况，航运市场及租箱市场情况，租箱人的资金状况，经过论证、分析后，确定采用何种租赁方式及租箱量。

3.5.3　集装箱自备箱量与租箱量的最优配置*

集装箱公司在配置航线所需集装箱时，不可能全部购置自备箱，因为这需要巨额投资。同时，若自备箱量过多，当市场欠佳时，则要支付大量闲置箱的费用；若自备箱数量过少，难以满足市场需求，则大量租箱，耗资过大，亦不是良策。因而，合理确定航线自备箱量与租箱量，采用科学的计算方法，实现最优配置，这对船公司提高企业经济效益和市场的竞争能力，具有极其重要的意义。

下面将采用最大期望利润方法确定自备箱量、年长期租箱量和年短期租箱量。

1. 确定年需箱量 S_t 的概率分布

此方法首先要求出年需箱量 S_t 的概率分布。通常可以根据船公司月用箱量统计数据，采用数理统计方法确定月用箱量的概率分布，然后，根据中心极限定理求出年用箱量的概率分布，通过对统计数据的数理统计分析，一般情况下，可以认为年用箱量服从正态分布。

设月用箱量的样本均值为$\overline{\mu}$，而样本方差为 σ^2，则 S_t 服从正态分布 $N(12\overline{\mu},12\sigma^2)$，一般有

S_t—$N(m,\sigma^2)$，且有

$$P(L < S_t < \mu) = 0.95 \tag{3-21}$$

其中 $\mu=1.96\sigma+m$，$L=-1.96\sigma+m$。m 是月用箱量的数学期望，σ^2 是它的方差。

在确定了年需箱量的概率分布后，可以通过线性规划方法确定集装箱自备量和租箱量。

2. 决策变量的选择

设决策变量 x、y、z 分别表示年长期租箱量、年短期租箱量和自备箱量；a_x、a_y、a_z 分别表示各类箱每箱的年利润(或平均年利润)；b_x、b_y、b_z 分别表示船公司对各类箱的成本资金的限制量；c_x、c_y、c_z 分别表示各类箱的年成本(或平均年成本)。以上各参数的单位为美元，并根据实际经验规定 $a_x>a_y>a_z$。总用箱量 $S=x+y+z$ 是辅助决策变量，x、y、z、S、L、μ、m、σ 等的单位是 TEU。建立有关约束条件及极大化年利润的变量 x、y、z 的线性规划：

目标函数年利润最大

$$\begin{aligned} &\text{Maxg} = a_x \cdot x + a_y \cdot y + a_z \cdot z \\ &x + y + z \leqslant S \\ &x + y + z \geqslant L \\ &c_x \cdot x \leqslant b_x \\ &c_y \cdot y \leqslant b_y \\ &c_z \cdot z \leqslant b_z \\ &x \geqslant 0, y \geqslant 0, z \geqslant 0 \end{aligned} \tag{3-22}$$

令 $d_x=[b_x/c_x]$，$d_y=[b_y/c_y]$，$d_z=[b_z/c_z]$。其中$[a]$表示数 a 的整数部分，则线性规划式(3-22)中第 3～5 个约束条件可换成 $x\leqslant d_x$，$y\leqslant d_y$，$z\leqslant d_z$，线性规划模型经过如上转换之后，引入松弛变量与人工变量，便得到如下规范式线性规划模型：

$$\text{Maxg}=a_x \cdot x+a_y \cdot y+a_z \cdot z-M \cdot w$$

$$\begin{cases} x + y + z + u = S \\ x + y + z - v + w = L \\ x + p = d_x \\ y + q = d_y \\ z + r = d_z \end{cases} \tag{3-23}$$

全部变量是非负变量，M 是充分大正常数。下面分两种情况来解线性规划方程：

情况Ⅰ，当 $d_x+d_z\geqslant U$ 时：

根据式(3-21)和充分使用资金资源的原则，规定辅助变量 S 满足下列不等式：

$$\text{Max}(L,d_z) \leqslant S \leqslant U \tag{3-24}$$

采用单纯形法，模型(3-23)的最优解是：

$$x = S - d_z \quad y = 0 \quad z = d_z \tag{3-25}$$

情况Ⅱ，当 $d_x+d_z<U$ 时，同样，根据式(3-21)和充分使用资金资源的原则，规定辅助变量 S 应满足：

$$\text{Max}(L,d_x + d_z) \leqslant S \leqslant \text{Min}(U,d_x + d_y + d_z) \tag{3-26}$$

采用单纯形法，模型(3-23)的最优解是：

$$x=d_x \quad y=S-d_x-d_y \quad z=d_z$$

3. 最优配置方案的确定

由于实际年总需箱量 S_t 是随机变量，因此按此方案实施所得到的利润 G 也是随机变量。下面分别按上述两种情况给出计算期望利润 $E(G)$ 的一般公式，再用使 $E(G)$ 达到最大的决策方案(x、y、z)作为最优配置方案。

情况Ⅰ：$E(G)=C_1+V_1(S)$，其中 C_1 为常数项，与 S 无关，$V_1(S)$ 为随 S 变化的变数项，且：

$$C_1=[(m-d_z)(a_z+c_z-a_x-c_x)]F(\frac{d_z-m}{\sigma})$$

$$-\sigma(a_z+c_z-a_x-c_x)f(\frac{d_z-m}{\sigma})+d_z(a_z-a_x) \tag{3-27}$$

$$V_1(S)=a_xS+m(a_x+c_x)F(\frac{S-m}{\sigma})-\sigma(a_x+c_x)f(\frac{S-m}{\sigma})$$

$$-(a_x+c_x)SF(\frac{S-m}{\sigma})$$

$$\mathrm{Max}(L,d_z)\leqslant S\leqslant U \tag{3-28}$$

式中 $F(x)$和 $f(x)$——标准正态分布的分布函数和密度函数。

显然，求 $E(G)$的极大值的问题与式(3-28)有关，利用 $F(x)$和 $f(x)$的数值表和求函数极值的一维搜索法就可求出 $V_1(S)$的极大值点 S_1，故最大期望利润为：$\mathrm{Max}E(G)=C_1+V_1(S_1)$，而最优决策方案是：$x=S_1-d_z,y=0,z=d_z$。

情况Ⅱ：同理，$E(G)$由常数项 C_2 和变数项 $V_2(S)$组成：

$$E(G)=C_2+V_2(S)$$

$$C_2=[m(a_z+c_z-a_x-c_x)+d_z(a_x+c_x-a_z)]F(\frac{d_z-m}{\sigma})$$

$$+(m-d_x-d_z)(a_x+c_x-a_y-c_y)F(\frac{d_x+d_z-m}{\sigma})$$

$$+\sigma(a_x+c_x-a_z-c_z)f(\frac{d_z-m}{\sigma})$$

$$+\sigma(a_y+c_y-a_x-c_x)f(\frac{d_x+d_z-m}{\sigma})$$

$$+d_z(a_z-a_y)+d_x(a_x-a_y) \tag{3-29}$$

$$V_2(S)=a_yS+m(a_y+c_y)F(\frac{S-m}{\sigma})$$

$$-\sigma(a_y+c_y)f(\frac{S-m}{\sigma})$$

$$-(a_y+c_y)SF(\frac{S-m}{\sigma})$$

$$\mathrm{Max}(L,d_x+d_y)\leqslant S\leqslant \mathrm{Min}(U,d_x+d_y+d_z) \tag{3-30}$$

可见式(3-28)与式(3-30)形式上颇相似。求出使 $V_2(S)$取最大值的 $S=S_2$，则 $C_2+V_2(S_2)$是最大期望利润，即 $\mathrm{Max}E(G)=C_2+V_2(S_2)$，而最优决策方案是：$x=d_x,y=S_2-d_x-d_z,z=d_z$。

4. 最优配置例子

下面举例说明上述计算及应用。

例 2：已知某集装箱船公司经统计得到某年各月份用箱量如表 3-2 所列：

表 3-2　某集装箱船公司用箱量统计表　（单位：万 TEU）

月份	1	2	3	4	5	6	7	8	9	10	11	12
用箱量	10.7	6.7	8.1	7.7	11.3	6.1	11.9	9.3	11.7	8.1	12.1	10.3

已知：$a_x=2150$，$b_x=650000000$，$c_x=1825$；$a_y=1870$，$b_y=300000000$，$c_y=2920$；$a_z=2700$，$b_z=450000000$，$c_z=500$。

根据上述资料，确定公司年长期租箱量、年短期租箱量和自备箱量的最优配置方案（利润单位为美元）。

解：经计算而得：

$d_x=b_x/c_x=650000000/1825=356164$

同理：　$d_y=102739$，$d_z=900000$

经统计检验知月用箱量是均匀分布，故推出 $S_t—N(m,\sigma^2)$，由上述统计数据可得

$$m=\frac{h_{\max}+h_{\min}}{2}\times 12=\frac{12.1+6.1}{2}\times 12=109.2(\text{万 TEU})$$

式中　$h_{\max}$——月最大用箱量；

$h_{\min}$——月最小用箱量；

12——12 个月（样本数）。

$\sigma=60000$

$\mu=1.96\sigma+m=1.96\times 60000+1092000=1209600$

$L=-1.96\sigma+m=-1.96\times 60000+1092000=974400$

而 $d_x+d_z>U$，故属情况Ⅰ，S 的取值范围是 $\text{Max}(L,d_z)=974400\leqslant S\leqslant U=1209600$

由式(3-27)及式(3-28)计算而得：

$C_1=0.494818\times 10^9$

$$V_1(S)=2150\cdot S+4.3407\times 10^9\cdot F(\frac{S-1092000}{60000})$$
$$-0.2385\times 10^9\cdot f(\frac{S-1092000}{60000})-3975\cdot S\cdot F(\frac{S-1092000}{60000})$$

在点 $S_1=1098600$ 处，$V_1(S)$ 达到最大值为 2.2531675×10^9。同时，得到最优配置方案

$x=1098600-900000=198600$

$y=0$

$z=900000$

最大期望利润是：$E(G)=C_1+V_1(S_1)=2.7479855\times 10^9$

例 3：在上例中改变常数 b_x，b_y，b_z 改为 $b_x=57173600$，$b_y=289999800$，$b_z=380000000$。即船公司的船舶资金不很充裕。经计算得到

$d_x=312328$，$d_y=99315$，$d_z=760000$

显然，$d_x+d_z<U$，故属情况Ⅱ，$\text{Min}(U,d_x+d_y+d_z)=1171643$，$\text{Max}(L,d_x+d_y)=1072328$，故考虑 S 的取值范围是 $1072328\leqslant S\leqslant 1171643$，由式(3-29)及式(3-30)计算而得：

$C_2=0.677293\times 10^9$

$$V_2(S)=1870\cdot S+5.23068\times 10^9\cdot F(\frac{S-1092000}{60000})$$

$$-0.2874\times10^9\cdot f(\frac{S-1092000}{60000})-4790\cdot S\cdot F(\frac{S-1092000}{60000})$$

$V_2(S)$的最大值是$V_2(S_2)=1.9317121\times10^9$，$S_2=1076400$。最大期望利润是：$E(G)=C_2+V_2(S_2)=2.6090051\times10^9$

最优配置方案是：

$x=312328$ TEU（年长期租箱量）

$y=S_2-d_x-d_z=4072$ TEU（年短期租箱量）

$z=760000$ TEU（自备箱量）

从以上例子可看出，当船公司成本资金较充裕时（情况Ⅰ），它获得的最大期望利润比成本资金不充裕时（情况Ⅱ）获得的最大期望利润要大得多（约 1.39 亿美元），可见，通过走规模经济道路，投入较多的成本资金，可以有效地提高集装箱船公司经济效益。

3.6　集装箱空箱调运及管理

3.6.1　集装箱空箱调运

集装箱空箱调运及管理，是箱务管理的一项复杂而重要的工作，它关系到集装箱的利用程度，关系到巨额空箱调运费的开支，也关系到适箱货物的及时发送，最终关系到企业的经济效益。在集装箱运输航线货源不平衡的情况下，空箱调运在所难免，我们的任务是要科学地加强空箱调运及管理，使经济损失减至最小限度。通过科学而合理的空箱调运，可以大大降低船公司航线集装箱需备量和租箱量，从而降低运输成本，提高船公司的竞争能力和经济效益。据报道，仅美国每年因空箱调运而产生的各种费用就高达 35 亿美元，如按每个标准箱 2400 美元购置费计算，可以购买 145 万个标准箱。因此，必须研究合理调运空箱的方法，同时可考虑租箱策略，以求最大限度地节约空箱调运费。

产生空箱调运的原因很多，主要有以下原因：

一是管理失误，运作不规范。如由于单证交接不全，流转不畅，影响箱子的调配和周转，有的箱子因责任不清，损失或灭失，无法追回或未及时追回，只能调运空箱补充；又如货主提箱超期，造成港口重箱积压，影响到箱子在内陆的周转，为保证船期，不得不从附近港口调运空箱。

二是进出口货源不平衡，因而造成进、出口箱子比例失调，产生空箱调运的问题。

三是由于贸易逆差，导致集装箱航线货流不平衡，因而产生空箱调运。

四是由于进出口货物种类和性质不同，因而使用不同规格的箱子，产生航线不同规格箱子短缺现象，不得不调运同一规格的空箱，以满足不同货物的需要。

五是其他原因。如出于对修箱费用和修箱要求考虑，船公司将空箱调运至修费低、修箱质量高的地区去修理。

应该提出，由于客观货物流向、流量及货种的不平衡，产生一定数量的空箱调运是必然的。但是，通过加强箱务管理，实现箱务管理现代化，减少空箱调运量是完全可以实现的。

空箱调运应综合论证空箱调运费用与租箱费用的比较，根据二者费用的高低，再考虑航线集装箱配备量因素，决定采取空箱调运或租箱的决策。当租箱费用大于或等于空箱调运费时，船公司可采取空箱调运，否则，可考虑租箱。

由于空箱调运费用大且影响公司的竞争能力和经济效益，因此应研究减少空箱调运的组织技术措施。当然，由于客观上存在着国家和地区间集装箱货物流向、流量及货种的不平衡，完全避免空箱调运是不可能的。目前行之有效的途径主要有：

一是组建联营体，实现船公司之间集装箱共享。联营体通过互相调用空箱，可减少空箱调运量和航线集装箱需备量，节省昂贵的空箱调运费和租箱费。

二是强化集装箱集疏运系统，缩短集装箱周转时间。通过做好集装箱内陆运输各环节工作，保证集装箱运输各环节紧密配合，缩短集装箱内陆周转时间和在港时间，以提供足够箱源，不致因缺少空箱而从邻港调运。

三是强化集装箱跟踪管理系统，实现箱务管理现代化。通过优化集装箱跟踪管理计算机系统，采用 EDI 系统，以最快、最准确的方式掌握集装箱信息，科学而合理地进行空箱调运，最大限度地减少空箱调运量及调运距离。

3.6.2 集装箱箱务管理

集装箱箱务管理是指集装箱所有者对集装箱及其设备进行的有效管理，使其在可用期内达到效用极大，若从广义上理解，它还包括对箱内货物的跟踪管理。

集装箱箱务管理，是国际集装箱运输系统的极其重要的环节，也是一项十分重要的工作。其内容包括集装箱的备用、租赁、调运、保管、交接、发放、检验及修理等工作。做好集装箱箱务管理，对降低集装箱运输总成本，减少置箱投资，加快集装箱的周转，提高集装箱货物的装载质量和货运质量，提高企业经济效益和增强国际航运市场的竞争能力均具有重要意义。

由于集装箱运输是尽可能满足客户提出的富有“个性化”的运输要求，如“门到门”运输，通过改变自已(而不是客户)来降低由此增加的运输成本，并提供及时的运输信息服务。集装箱作为此种运输的单元载体，其重要性不言而喻。高效地管理这种单元载体(集装箱)及其设备，可以加快其周转，提高利用率，促进整个集装箱运输的发展。

在运输全球化趋势下，箱务管理的运作尤为重要，要使集装箱从生产出厂到使用报废期内(一般为 7 年)达到效用极大化，作为运输公司应达到以下目标：

1. 加快集装箱的周转速度，减少空箱滞留时间

要使一个集装箱的效用达到极大化，就必须尽量加快它的周转速度，而箱子的周转速度涉及箱务管理的方方面面，主要有：发放空箱、装箱、拖箱、托运、拆还箱和修箱等。作为运输公司的箱管人员，应在合理的时间范围内发放空箱，不宜过早。这不仅有利于箱管部门控制好可用空箱的数量，更能促使发货人抓紧时间装箱和拖箱，防止“放箱容易，还箱难”的现象发生。同样，应尽早地要求收货人拆还箱，以便安排空箱和调运。对于严重超过还箱期仍未拆还的箱子，运输公司或其代理人必须尽快查清原因并给予解决。箱子的滞期费(包括超期使用费及由此产生的海关税款)应如数收缴，杜绝“以箱代库”的现象发生，一旦逾期 41 天即可推定箱子灭失并要求用箱人全额赔偿。如果发现一定量的空箱在箱站的滞留时间超过 30 天，运输公司应该考虑调运这些箱子到紧缺空箱的地区。此外，在提还箱过程中，各箱站的工作人员，应认真如实地做好集装箱设备交接单(E/I)的填写与交接，特别在还箱时，对箱站的六面、八角及内外侧认真检查，一旦发现破损，认清责任方。

2. 准确预测货流，及时调运空箱，提高箱子的利用率

每一家运输公司在任何一条运线上承运货物，其货物流通量不可能做到完全均衡，更何况在

目前运输公司竞争异常激烈的情况下，这就要求各公司必须准确预测货流，并及时安排和调运空箱，以便满足不同的货主对不同的箱型和箱量的需求。如果某一家公司在一个港口严重缺箱而采取向租箱公司租箱的办法来缓解紧张局势，同时，却在另一个港口堆积大量空箱，这不仅降低了这些空箱的利用率，而且还要为这些空箱支付一笔可观的箱站堆存费和管理费。例如，中远公司一度在欧洲和北美航线上，由于出口货多、进口货少的原因，导致大量空箱滞留在欧洲、北美，难以回运，从而使船公司减少了一笔相当可观的营运收入。此外，因调箱不及时，中集(COSCON)在上海港曾经出现过某班次开航后只剩下 20 个 40 ft 可用空箱的紧缺情况；以色列以星(ZIM)航运公司在青岛港也曾一度大量租用 40 ft 空箱来填补出口箱严重不足的情况。可见，及时并准确地预测未来几条运线各种箱子的使用量，并采取相应的调箱措施至关重要，特别是对于那些大型运输公司，其运输网络庞大，用箱量波动也较大，准确预测货流就显得更为重要。

3. 统筹安排，降低运输成本

集装箱运输是一个大投入、高风险的资金密集型行业。在运输公司的集装箱运输成本结构中，集装箱费用是仅次于货物中转费、运输工具固定成本的第三大项目，占总成本支出的20%左右。相对于货物中转费及运输工具固定成本而言，集装箱费用具有较大的可变性：它与集装箱配备总量、集装箱平衡工作等因素之间存在着密切的关系，而集装箱配备总量、集装箱平衡又受制于运输市场及公司经营状况变化。近 20 年来，激烈竞争使得运输公司在努力扩大自己市场份额的同时，还通过各种方式，如兼并、重组、与其他公司结成联盟等，来提高各种资源的利用率，降低运输成本。

集装箱管理是国际集装箱运输中不可缺少的一个组成部分，并贯穿于整个集装箱运输过程。集装箱管理人员的决策不是以本部门的经营目标为出发点，而是从整个公司整体利益最优的角度出发做出的。因此需要从成本控制的角度出发，使集装箱配备总量保持在合理水平，并能够适应集装箱运输市场及公司经营状况变化对集装箱配备的要求。

另外，近 20 年来，许多运输公司通过重组来提高公司各种资源的利用率，降低经营风险，这无疑使运输公司的竞争力大大增强。同样，在各个运输公司之间开展集装箱的互用合作，也就是走集装箱管理的国际合作化之路，这对于提高各合作方集装箱设备的使用率，减少空箱调运，降低集装箱管理成本将会发挥重大的作用，这也是需要运输公司集装箱管理部门探索的新课题，其前景十分广阔。

我国集装箱箱务管理，过去由于管理方法和管理手段较落后，以致造成箱务管理失控。通过“工试”，对箱务管理进行综合治理并依靠技术进步，促进箱务管理现代化，对集装箱的发收、提运、查验、装载、交接等加以规范化和制度化；对超期使用的集装箱，向责任方收取超期使用费，从经济上加以约束，提高用箱人的责任感；在推行设备交接单的基础上，将单证的缮制与处理，由人工操作改为计算机管理，推进箱务管理手段的现代化；采取措施，加强箱务管理人员培训，提高整体素质。实践表明，我国箱务管理水平已经有了明显提高，集装箱周转速度明显加快，且取得了较好的经济效益。

3.7 集装箱跟踪管理

随着全球国际集装箱运输的快速发展，需要的集装箱数量越来越多，每年均需投入大量的集装箱。但是，由于集装箱运输及多式联运集装箱流动的范围极广，很难进行有效的控制，因此当今集装箱运输过程中由于集装箱灭失造成的经济损失每年高达数十亿美元以上。为了最大限度地减少这种巨大的经济损失，提高集装箱的周转率，最大限度地发挥集装箱的运输能力，防止因种种原因产生的集装箱灭失现象，世界各国都在研制和设置集装箱跟踪管理系统，实现箱务管理现代化。

集装箱跟踪管理，是指集装箱经营者为了随时掌握和控制集装箱动态而采用的管理方式。一般分为手工跟踪管理方式和计算机跟踪管理方式两种。一般船公司在自己所经营的集装箱航线的基本港和挂靠港建立集装箱跟踪管理信息传递网络，从而随时或定时通过其各港的代理人利用各种信息传递方式向船公司提供集装箱的最新动态，经整理可输出所需的各种文件资料。集装箱跟踪管理主要有以下几种方式。

1. 手工跟踪管理方式

对于集装箱拥有量较少、经营规模和范围较小的公司，可以考虑采用手工跟踪管理方式。具体操作程序是：首先制作一套包括自备箱在内的历史档案记录卡片和一张集装箱跟踪图表。每个集装箱配一张卡片，卡片的内容如表 3-3 所示。为了使集装箱管理部门易于区分集装箱的固有特征，卡片的形式可以是不同式样的，如以不同尺寸的卡片表示不同尺寸的集装箱，或以不同颜色的卡片表示不同类型的集装箱等。

表 3-3 集装箱档案记录卡片

箱号：	箱型：	箱尺寸：					
船名	日期	港名	装船	卸船	满箱	空箱	坏箱
购(租)箱时间：						港口：	
报废(还箱)时间：						港口：	

船公司的集装箱管理部门根据各地提供的集装箱动态信息，登记在集装箱档案记录卡片上，再在集装箱跟踪图表上对号入座。集装箱跟踪图表如表 3-4 所示。

表 3-4 集装箱跟踪图表

在陆								在船					
上海		天津		深圳		…		轮	轮	轮	轮	…	…
码头堆场	内陆	码头堆场	内陆	码头堆场	内陆	码头堆场	内陆						
□ □	□ □	□ □	□ □	□ □	□ □	…	…	□ □	□ □	□ □	□ □	…	…

手工跟踪管理方式十分麻烦，滞后性大，无法及时地向集装箱管理部门提供盘存所需的各种报表，特别是船公司经营集装箱运输规模扩大、集装箱拥有量越来越多，周转加快时，这种跟踪管理方式就无法适应集装箱运输管理的需要。

2. 计算机跟踪管理方式

集装箱计算机跟踪管理方式，是目前船公司普遍采用的高效率的方式。首先应将集装箱所必要的特征，如箱号、箱型、尺寸、购（租）箱及其地点、日期等预存储在计算机内。然后再将集装箱日常动态和信息利用某种特定的代码形式及时输入计算机，并根据事先编好的程序，通过计算机进行有效的数据处理，随时可直观地显示或打印出集装箱管理部门盘存所需的各种类型的报表。

集装箱计算机跟踪管理方式按其信息和传递系统可分为联机和脱机两大类。所谓联机系统，是指船公司的计算机中心与其在各港代理处所设置的终端机联成计算机网络，有关的集装箱动态信息可直接由代理人随时通过终端输入船公司计算机中心储存处理，并能将所需处理结果返回至终端的显示或打印设备上。脱机传递系统是指信息的传递系由各港代理处采用普通的通信或磁带卫星交换方式传递给公司，然后再由船公司计算机输入设备输入至计算机内存储或处理。这种方式实时性较差，但对远距离的信息传递还是较合适的。

集装箱跟踪计算机应用系统的复杂程度，主要因集装箱管理部门需要计算机处理及通过显示或打印提供的资料、表格的复杂程度和种类多少而异。目前，利用计算机对集装箱进行管理，已由初级阶段的动态控制，即跟踪管理，发展到高级阶段的编目控制动态业务处理。船公司不仅能够掌握及跟踪分布在国内外集装箱码头堆场、集装箱货运站、货主仓库以及运输途中的有关集装箱的地理位置和使用状态变化的动态信息，而且还可以对各个运输环节的箱子需求情况做出预测等。

3. 集装箱 GPS 跟踪管理系统

集装箱跟踪管理是指集装箱经营者能随时了解和掌握集装箱的动态信息，并可以对集装箱的运营状况进行实时的监督和控制。集装箱 GPS 跟踪是利用计算机通过卫星对集装箱进行全方位跟踪，达到对集装箱进行动态管理的目的，GPS 系统如图 3-6 所示。这项技术有利于国际多式联运的开展，采用此系统可以大大加强对集装箱的即时管理，降低集装箱的空箱调运量，提高集装箱的使用效率。另外，由于采用 GPS 系统可以对集装箱实行全方位的实时跟踪，可以提高集装箱运输企业的服务水平。

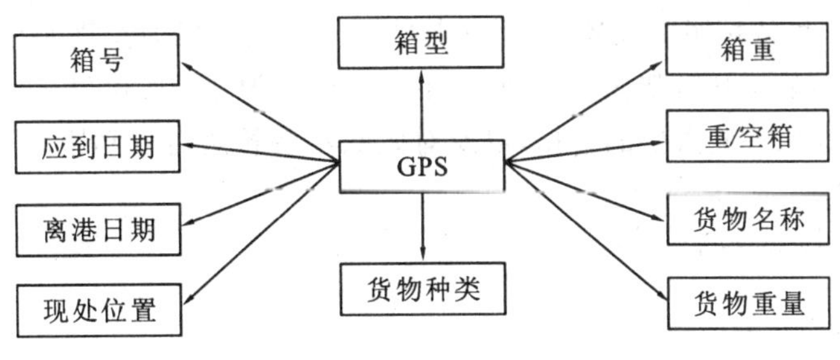

图 3-8　GPS 系统

4. RFID 在集装箱跟踪管理上的应用

在集装箱的运输和使用过程中，最关键的环节就是集装箱的跟踪管理，以及如何防止集装箱的丢失、被盗和损坏，提高集装箱的周转率，从而提高资源的使用效率。为了实现以上目的，集装箱运营公司需要在整个供应链过程中对其集装箱进行跟踪，以减少丢失、被盗和损坏，从而最大限度地利用其资源，提高企业的效益。

超高频 RFID 技术具有识别距离长、识别物体速度快、系统成本低等特点，因此成为集装箱和托盘跟踪的最理想的手段。RFID 识别系统在集装箱管理上的应用是将标签粘贴或者镶嵌在集装箱或者托盘上，伴随着集装箱或者托盘走过集装箱的整个生命周期。

通过入口处的悬空读头、安装在叉车上的读头或者手持机来读取标签，实时信息在显示器上被显示出来或者直接进入数据库。集装箱 RFID 识别系统可以同时识别 40 个托盘和 80 个塑料集装箱。

5. GPS、PRID、EDI 技术在集装箱运输跟踪中的综合应用

目前国内外许多船公司都采用 EDI(Electronic Data Interchange，电子数据交换)技术。在通过 EDI 系统实现业务联系的过程中，企业之间及企业各相关部门之间将符合 EDI 标准并具有标准格式的 EDI 数据文件传输到 EDI 服务中心，继而转发至工作人员的计算机系统；计算机按照特定程序自动进行处理，将数据按照一定格式录入对应系统。EDI 为用户提供综合性服务操作平台，从而大大减少人工操作，降低人工成本，节省时间并提高工作效率。

集装箱运输及信息传递过程中 GPS、PRID、EDI 技术的应用如图 3-7 所示。

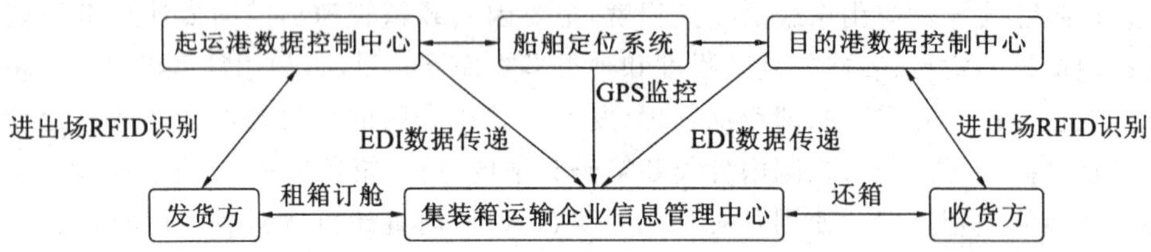

图 3-9　GPS、PRID、EDI 技术在集装箱运输信息传递过程中的应用

(资料来源：张小丹，集装箱动态跟踪管理改善措施，集装箱化，2011 年第 7 期，P12)

6. G-Track 集装箱跟踪装置

随着粮食供应全球化，在某一温度范围内提供一条完整的包含储存、配送等一系列活动的冷链是非常重要的。G-Track 集装箱跟踪装置配备了 GPS ，GPRS ，GSM ，Zig-bee 模块、RFID 读写器以及温度感应器，该装置可以汇报温度和潮湿度，并且无论 RFID 电子封条何时遭到破坏，或者温度超出指定范围，该装置均会向监控地面站发送特殊报告。从而确保具有易腐蚀性的货物在整个运输链中始终保持温度适宜，同时，提高冷链物流的可视性和安全性。

采用 G-Track 集装箱跟踪装置，承运人与物流供应商可以为发货人和收货人提供增值服务，他们可以与航运公司联络掌握实时动态，生成以网络为基础的出口文件，并提供电子跟踪。此外，还可以自动获取一些必要的数据，以及对码头集装箱进行自动跟踪与定位。目前，此技术在新加坡试行成功。

(资料来源：http://www.mpa.gov.sg)

马士基航运集装箱经营战略

一、马士基企业概述

创立于 1904 年的马士基航运，是丹麦 A. P. 穆勒—马士基集团的班轮运输机构，是全球最大的集装箱承运人，多次获得“全球最佳航运公司”和“年度航运公司”称号，公司目前在全球 125 个国家设有 325 个办事处，员工人数超过 35000 人，位列 2010 年世界 500 强第 147 位。

马士基的重要目标是实现外部交易内部化，即通过尽可能多的控制世界范围内与集装箱

业务相关的公司，以集装箱运输为核心，兼营造船、物流、码头等上下游关联企业来打造"马士基帝国"。依靠强大的资金实力和行业影响力，马士基可以无需借助合作伙伴的租舱而独自应对任何货主、货种的物流标准，往往单独经营航线，不参与航运联盟，向其他航商出售箱位而不是购买其他航商的箱位；马士基还成立自有品牌的船务代理，使用自己的物流与供应链系统，寻找直接货主，少借助其他船代、货代。因此，优于其他航运公司，马士基可以依据不断变化的形势灵活调整自己的战略。

二、马士基航运战略的市场分析

新进入者威胁。首先，规模经济阻止潜在进入者的进入。目前，全球承运人和战略联盟承运了绝大多数的贸易货物，几家大型船公司已基本控制集装箱班轮运输市场的运力。如今各大船公司更积极建造超大型船舶来进一步深化规模经济。其次，集运业是一个产品同质性很强的服务行业，新进入者只有用差异化战略才能进入却又面临各方面压力。再次，对于新进入者而言过亿美元的初始投资导致行业内只有最大的少数几家承运人能够生存。

买方议价能力。首先，由于集装箱运输服务的同质性，客户搜寻任何到船公司来为其服务的转换成本很低。其次，由于外贸运输往往是长期性和连续性的，对于那些持单量大的业务能力强的客户来说，其议价能力相对较强。另外，国际海商法和远洋运输贸易规则逐渐完善，船公司的各种信息尤其是运价信息容易被买方获取，信息对称提高了买方的议价能力。然而对于马士基这样具有垄断地位的企业来说，伴随着旺季需求的激增，又因为全球金融危机中封存运力，卖方市场上话语权异常强大。

供方议价能力。船公司的供方主要有船舶燃料提供企业、造船厂、经营港口和码头业务的港航企业以及专业揽货的各类船舶代理公司。这些企业与船公司一般都签有长期刚性的供货合同，在长期的博弈中国际航运企业往往都占有有利地位。

替代品威胁。集运业的替代品主要是航运业内部的其他运输服务形式如干散货运输等。集运业能够提高装卸效率从而缩短船舶的在港时间，降低货损、货差从而提高货运质量，提供标准运输单元从而标准化商品包装，构筑全球物流网络从而实现"门到门"运输。这些优点决定了其他航运服务对集运服务的替代性不大。

现有企业间竞争。国际航运集装箱市场是一个竞争激烈的垄断竞争市场，从事远洋运输的大都是资产雄厚的大型集运公司，相近排名船公司之间的市场份额十分相近。此外，由于较高的固定资产专业化程度和高昂的清算成本特点，集运业的退出壁垒相对较高，即使企业经营不善也不会退出而只能在行业内继续运营，这就进一步加剧了行业内竞争。

全球化时代的世界经济和贸易活动产生了对航运的新需求，各国产业与经济结构的调整，发达国家加快过剩资本、设备与技术的转移增加了对集装箱运输的需要。非传统安全问题对世界的发展与稳定构成了严重威胁，如石油价格的上涨极大影响着集装箱班轮公司的成本和相应的战略选择；班轮公会反垄断豁免权的取消使航运业重新进入了高度分散状态，竞争对手的频繁动作和市场需求的不确定性亟需公司建立快速反应机制。

三、后危机时代的思考

金融危机的冲击已经结束，人们一直在用"放大镜"来看待金融危机对全球航运市场的影响。航运业的冬天，即使是全球最大的航运公司也不能幸免，航运业的萧条导致马士基这个巨无霸出现成立105年以来的首次年度亏损。然而，马士基集团公布的2010年公司财报显示全年集团净利润达50亿美元，营业收入为560亿美元，创马士基成立106年以来的最好业绩。

其中，集装箱航运相关业务的净利润达 26 亿美元(2009 年为亏损 21 亿美元)。反差之大，值得思考。

1. 成败规模效应

马士基一直笃信规模效应，为巩固自己的实力，在过去 10 年进行了两次震撼航运业的收购活动，分别并购海陆和铁行渣华。但却恰是这两起收购，大大拖累了马士基的运转效率。由于过快过大的粗放式规模扩张，马士基的并购没有产生 1+1>2 的效应，反而由于企业文化和管理系统的衔接断层，造成了服务质量下降、运营效率变差的后果。2011 年马士基与韩国大宇造船签订了将建造 10 艘世界上最大、最高效的船舶，前后总计 57 亿美元的造船合同，使之成为全球航运业有史以来最大的造船订单。一方面，集装箱运输的发展速度一般 2～3 倍于 GDP 增速，同时马士基目前经营的船舶中有 50%来自租借市场，公司随时可以根据大环境变化来调整配置运力。从风险管理角度看，订单将带来很多机会：建造的大型船舶能降低平均标准箱成本，将老船舶退役，使船队在能源和环保方面有更好的表现。金融危机中，由于在运力扩张上较为保守，马士基在市场份额和船队规模上的领先优势已不再明显。对于马士基，10 艘或更多的超大型船舶不仅会牢牢巩固市场份额，同样也将远远拉开与竞争者的差距，阻击追赶者的赶超。因此，追求更高的规模效应将是重新崛起的押注。

2. 延伸产业链条发展综合物流

仅仅依靠集装箱运输技术，已经很难实现集运公司利润的增长。马士基掌握着世界范围内的运输网络和代理机构，已可纯熟地运用多式联运的便利条件和先进的信息技术。这些都为发展综合物流奠定了坚实的基础。集装箱市场的竞争从沿海延伸到内陆，内陆和沿海货运通道的重要性日趋凸显，培育强大的集装箱多式联运体系，尤其是海铁联运通道，已成为体现集装箱运输系统优势的关键一环。航运公司必须不断优化船队结构，调整运输组织，发展以多式联运为中心的综合运输网，延伸物流增值服务，从“港—港”的服务模式延伸至“门—门”完整的、系统的物流服务，满足客户的要求，保持持续的竞争力。

3. 联盟和全球合作战略

2009 年，马士基重返已告别数年的泛太平洋运价稳定组织(TSA)。然而，2004 年马士基离开 TSA 以便灵活定价，并在 2006 年挑起集运业的“价格战”，从此太平洋航线的运价持续低迷。金融危机爆发后，太平洋航线运费一蹶不振的态势更是雪上加霜。拉升运价的孤军作战注定失败，马士基这才重返 TSA，希望与同行齐心协力，稳定运价从而平稳走出萧条。从“价格战”的始作俑者到受害者，再到寄托于稳定价格、合作共赢的良性竞争市场秩序的倡导者，马士基的主观转变表明了“价格战”绝不可取，抱团取暖才是最好的出路，当站在整个航运业的角度，各班轮公司一道寻找促进行业可持续发展的良策和随时根据市场变化调整经营战略的高度灵活性。

(资料来源：马士基航运集装箱经营战略研究，潘江，现代商船，2011.4)

【案例分析】 以马士基航运集团为例，试说明现代航运企业的集装箱经营业务有何特点。

案例 2

IBM 和马士基集团部署集装箱跟踪解决方案

A.P. 穆勒—马士基集团的成员马士基物流(Maersk Logistics)和 IBM 联合起来利用无线智能设施及超前的网络技术设计研究货物集装箱解决方案,这样生产商、零售商、物流提供商和运输业者可以实时的获得货物的有关信息。

这个解决方案融合了 IBM 的软硬件技术和马士基物流在全球供应链中的专业技术。

智能化实时追踪装置(TREC 内置式抗干扰控制器)是为货物集装箱量身定做的,它可以适应其所在的环境。这套系统可以汇合巨大的加工能量确保系统能够快速地接收和发送数据。它可以自动地收集集装箱上的信息,包括物理位置、温度、湿度、感观示读等参数量检测干扰信号。

这个方案还包括一个完整的网络,此网络将来自 TREC 装置的数据和商业综合系统结合起来,收集来的信息经过连接被分散到使用者的数据库中,这样系统的基础构架可以使用户及时获得信息。解决方案符合 WCO 的安全标准框架,能够推动全球贸易发展。

"IBM 的宗旨是通过利用跟踪过程中所产生的信息能够促进商业全球性整合,与此同时加强货物的安全性。"IBM 商务咨询、合作者兼副总裁 Mogens Roedbro 说,"这种主动性,IBM 提到像智能商业车道,是我们广泛的全球运行管理成果的一部分,它的设计是服务于紧急商业运行包括有效安全的在国内或国家间进行人民迁移、货物及财产的挪动。"

"对于我们今天的客户来说,安全供应链的优化是关键点," 马士基物流的常务董事 Henrik Ramsk 说,"TREC(Tamper-resistant 嵌入控制器)和网络应用消除了集装箱检查的时间间隔从而提供了实时可见度,这也为在保持数据性质的前提下实施真实且适合的计划提供了新机会。这促进了有效决策的制定,同时使供应链具备了灵活性。结合使用 Spective 后,将使我们在降低服务价格的同时快速提高公司的客户服务水平。"

(资料来源:天极网)

【案例分析】 TREC 集装箱跟踪管理方式相比其他跟踪管理方式有何优势?

本章思考题

3.1 如何合理地进行集装箱货源组织工作?

3.2 航线配船需要考虑哪些因素?应遵循什么原则?怎样合理地进行航线组织优化?

3.3 请用流程图描述集装箱船舶配积载的全部过程。

3.4 影响航线集装箱配备量的主要因素有哪些?如何确定一条航线上集装箱的配备量?

3.5 如何保管和调运集装箱空箱?调运过程中存在哪些困难?

3.6 集装箱跟踪管理有哪些方法?各自优缺点是什么?

4 国际海运集装箱运输业务

国际海运集装箱运输中，集装箱货物的进出口是一个很重要的运输环节。随着国际海运的日趋频繁，在实践中已逐渐形成了与其相适应的进出口货运程序。在运输过程中各责任方包括船公司、收发货人、集装箱码头、货运站等应划清责任界限，做好责任范围内的各项业务工作和应办理的事项，完成集装箱货物的交接。

4.1 集装箱运输业务流程

4.1.1 集装箱货物出口货运程序

1. 订舱

发货人应根据贸易合同或信用证条款的规定，在货物托运之前一定的时间，填制订舱单，向船公司或其代理人，或经营运输的其他人申请订舱。

2. 接受托运申请

船公司或其代理人，或负责运输的其他人在决定是否接受发货人的托运申请时，首先要考虑其航线、船舶、运输要求、港口条件、运输时间等方面能否满足发货人的要求。一旦接受托运申请后，应着手编制订舱清单，然后分送集装箱码头堆场、集装箱货运站，据以办理空箱及货运交接。

3. 发放空箱

通常，在整箱货运输下，空箱由发货人到集装箱码头堆场领取，拼箱货运输则由集装箱货运站负责领取。在由发货人到集装箱码头堆场领取空箱时，发货人与集装箱码头堆场对空箱办理交接，并填制设备交接单。

4. 拼箱货装箱

发货人将不足一整箱的货物交由集装箱货运站，并由货运站根据订舱清单的资料，核对货主填写的场站收据，负责整理装箱。

5. 整箱货交接

由发货人自行负责装箱并加海关封志的整箱货，通过内陆运输至集装箱码头堆场，并由码头堆场根据订舱清单，核对场站收据及装箱单接收货物。

6. 集装箱交接签证

集装箱码头堆场在验收货箱后，即在场站收据上签字，并将签署的场站收据交还给发货人，由发货人据以换取提单。

7. 换取提单

发货人凭经签署的场站收据，向负责集装箱运输的人或其代理人换取提单，然后去银行结汇。

8. 装船

集装箱码头堆场或集装箱装卸区根据接受待装的货箱情况，制订出装船计划，等船靠泊后即行装船。

4.1.2 主要出口货运单证及流转程序

4.1.2.1 主要出口货运单证

1. 订舱单(booking note)

订舱单是船公司或其他承运人在接受发货人(或托运人)的订舱时,根据发货人的口头,或书面申请货物托运的情况用以安排集装箱货物运输而制作的单证。该单证一经承运人确认,便作为承、托双方订舱的凭证。

以中国对外贸易运输总公司及其分公司为例,他是托运人又是承运人。在向船公司办理订舱时,外运公司作为发货人(各进出口公司)的货运代理。在配装期租船时,外运公司又以船公司(承运人)的身份出现。在前一种情况下,各进出口公司都向外运公司委托订舱,而不直接向船公司订舱。在后一种情况下,则由外运公司直接承办订舱,订舱单(托运单)就是各进出口公司委托外运公司办理货物托运的依据。订舱单的主要内容有:

(1)货名、件数、包装式样、标志、重量、尺码;

(2)目的港;

(3)装运期限;

(4)结汇期限;

(5)能否分批运输、转船运输等。

订舱单上填写的装运条件必须与信用证条件一致。

2. 装货单(shipping order)

通常,装货单一式三联。第一联留底,作为编制装货清单用。第二联是装货单本身,作为货方凭以向海关办理货物出口申报手续,因而又叫关单。第三联是收货单,通常又称大副收据,是承运人收到货物的凭证。

装货单由承运人或其代理人签章后,既是货物办理托运的凭证,又是通知船上接受承运货物装船的凭证。在货物装船后,由理货人员根据理货计数单核对,然后在装货单上签注实际装船数量,装载位置,装货日期。

收货单又称大副收据,是发货人换取提单的依据。

3. 装货清单(loading list)

装货清单是由承运人或其代理人,根据本航次所托运的货物,按先后到港把性质接近的货物加以归类后制成一张装货单的汇总清单。

4. 危险品清单(dangerous cargo list)

在承运危险品时,承运人往往要求陈列入装货清单,并在备注栏内注明有关特殊性外,还要求货物托运人或发货人填制危险品清单。装船时应根据港口规定,申请有关部门监督装卸。

5. 装箱单(container load plan,CLP)

集装箱装箱单是详细记载集装箱内货物的名称、数量等内容的单据,每一个载货的集装箱都要制作这一单据,它是根据已装进集装箱内的货物制作的。

无论是由货主自行装载的整箱货,还是由集装箱货运站负责装载的拼箱货,负责装箱的人都要制作装箱单。集装箱装箱单是详细记载每一个集装箱内所装货物情况的唯一单据。因此,在以集装箱为单位进行运输时,集装箱装箱单是一张极其重要的单据,该单据的主要作用有：

(1)在装货地点，作为向海关申报货物出口的代用单据；

(2)作为发货人、集装箱货运站与集装箱码头堆场之间的货物交接单；

(3)作为承运人通知集装箱内所装货物的明细表；

(4)在卸货地作为办理集装箱保税运输手段的单据之一；

(5)该单据上所记载的货物与集装箱的总重量是计算船舶吃水差、稳性的基本数据。

可见集装箱装箱单内容的记载准确与否，对保证集装箱货物的安全运输有着密切的关系。

6. 场站收据(dock receipt,D/R)

场站收据一般都由发货人或其代理人根据船公司或其他运输经营人制定的规定格式填制，并跟随货物一起运至集装箱码头堆场或集装箱货运站，由接收货物的人在收据上签字后交还给发货人，证明托运的货物已收到。

接收货物的人在签署场站收据时，应详细审核收据上所记载的内容与运来的货物实际情况是否相一致，如货物实际情况与收据上记载的内容不一，则必须修改。如发现货物或箱子有损坏情况，则一定要在收据的备注栏内加批注，说明货物和箱子的实际情况。场站收据的签署不仅表明承运人已收到货物，而且也明确表示承运人对收到货物开始负有责任。

通常，场站收据一式十联，包括：

第一联：集装箱货物托运单(货主留底)(B/N)；

第二联：集装箱货物托运单(船代留底)；

第三联：运费通知(1)；

第四联：运费通知(2)；

第五联：场站收据(装货单)(S/O)；

第五联副本：缴纳出口货物港务费申请书；

第六联：大副联(场站收据副本)；

第七联：场站收据；

第八联：货代留底；

第九联：配舱回单(1)；

第十联：配舱回单(2)。

7. 货运提单

普通船的货运提单，是在货物实际装船完毕后，经船方在收货单上签署，表明货物已装船，发货人据经船方签署的收货单(大副收据)交船公司或其代理公司换取已装船提单。而集装箱运输下的货运提单则是以场站收据换取的，它与普通船运输下签发的已装船提单不同，而是一张收货待运提单。所以，在大多数情况下，船公司根据发货人的要求，在提单上填注具体的装船日期和船名后，该收货待运提单也便具有了已装船提单同样的性质和作用。

为此，现行的集装箱提单中都有表面条款(face clause，也称正面条款)，说明货物在使用集装箱运输下所签发的提单性质和作用。该条款由“确认条款、签署条款、承诺条款”组成，主要内容是：

(1) 确认条款

确认条款表明负责集装箱运输的人，是在“货物外表状况良好”的前提下接受货物的托运后，签发给货物托运人的提单，系一张收货待运提单。这是由集装箱运输的特点所决定的，因为，负责集装箱运输的人接收货物的地点有时不在装船港，而是在集装箱码头堆场，集装箱货运站乃至发货人的门或仓库。而且，货物托运人凭经货物接收人签署的场站收据，即可换取提单。但在大多情况下，货物实际上并没有装上船，所以该提单只能是一张收货待运提单。该种提单在其正面都设有“装船备忘录”（on board notation）一栏，等货物在实际装船完毕后，即在该栏内填制具体的装船日期、船名，随之，该收货待运提单便可作为已装船提单使用了。这种做法符合海关规则和有关运输法规的规定，也符合“信用证统一惯例”的有关规定。

（2）承诺条款

承诺条款表示货物的托运人同意并接受提单中的所有条件，并受其约束。这并不是集装箱提单中特有的条款，普通船提单也有类似的规定。

（3）签署条款

签署条款表示由谁签发提单，以及正本提单签发的份数。普通船提单都列有船长签署（for the master）的规定，尽管在实际上并非由船长签发。现行的联运提单或集装箱提单一般都列入船公司的名称，而且，不管由谁签发提单，都仅是“代理承运人”（for the carrier）签字，或者“仅以代理人身份”（as agent only）签字。同时，在副本提单上应注明“不可转让”字样。

8. 设备交接单（equipment receipt）

设备交接单是作为集装箱，以及其他机构设备交接的证书，由借方和出借方共同签字。当集装箱或机械设备在集装箱码头堆场或集装箱货运站出借，或回收，由码头堆场制作设备交接单，经双方签字后，作为两者之间设备交接的证书，主要内容有：

（1）箱子、机械设备的所有人应提供完好的，并具有有效证书的设备；

（2）在交接箱子、机械设备时，用箱人或运箱人如无异议，则表示该箱子机械设备处于良好的状态；

（3）用箱人在接收箱子和有关机械设备后，在使用期内应使其保持良好状态，并应负责对该箱子和机械设备进行必要的维修；

（4）用箱期间，不论是由于何种原因引起的有关箱子、机械设备的灭失、损坏，均由用箱人负责赔偿，但正常的自然耗损除外；

（5）用箱期间，因使用箱子、机械设备不当所引起的对第三者所造成的损害，由用箱人负责赔偿；

（6）用箱人应在规定的日期、地点，将箱子和机械设备如同租赁时的状况交还给出借人，不论是由于何种原因引起的延期交还，用箱人应支付另定的附加费用；

（7）用箱人只有在事先得到出租人允许的情况下，才可将箱子和机械设备转借给第三者，但原出租人和用箱人之间的责任、义务等各项规定并没有任何改变；

（8）在规定的设备归还期前，如发生设备的损坏、灭失，包括不能修复，或无法修复的情况时，用箱关系即告终止。与此同时，用箱人即应办理赔款事项，但在赔偿时应扣除已使用的折旧费。

设备交接单分进场与出场两种，交接手续均在堆场大门口办理。

出场时，集装箱码头堆场的工作人员与用箱人或运箱人就设备交接单上共同审核的内容有：

a. 用箱人名称、地址；

b. 出场时间、日期；

c. 出场地点、目的；

d. 集装箱的箱号、规格、铅封号，空箱还是实箱；

e. 有关机械设备的情况，正常还是异常。

进场时，集装箱码头堆场的工作人员与用箱人或运箱人就设备交接单上共同审核的内容有：

a. 归还箱子的日期、时间；

b. 归还时箱子外表状况；

c. 交还箱子拖箱人的名称、地址；

d. 整箱货交箱的货主；

e. 进堆场的目的；

f. 拟装船舶的船名、航次、航线、卸箱港。

9. 订舱清单

订舱清单系指船公司或其代理根据众多的订舱单，并根据舱单上所记载的内容分别根据不同的货物交接地、装卸地汇制的总览表。

订舱清单汇制后，船公司或其代理应分别寄送有关部门，如集装箱码头堆场、集装箱货运站。作为上述部门接收货物、集装箱交接的资料，其主要作用：

(1) 作为用箱人与集装箱码头堆场空箱交接的依据；

(2) 作为集装箱货运站接收货物的参考资料；

(3) 作为货物装箱作业的指导书；

(4) 作为集装箱运输经营人配置不同种类、规格、数量集装箱的依据。

10. 空箱交接单

空箱交接单系指货主使用船公司的集装箱时填写的单证，船公司依此指示集装箱保管人将空箱交给此单证的持有人。因为，集装箱是一种具有较高价值的设备，单靠口头指示交接，一旦发生纠纷难以分清责任。所以，由用箱人或其代理填写空箱交接单是一种较好的办法。

我国习惯做法是，当空集装箱提出集装箱堆场时，用箱人或内陆承运人向集装箱经营人或其代理人提出书面申请，集装箱代理人依据出口订舱单，出口集装箱预配清单向货主或内陆承运人签发集装箱发放通知单、出场集装箱设备交接单。当重箱进场时，填签进场集装箱设备交接单。

11. 批注清单

集装箱码头堆场或集装箱货运站在接收货物时，如发现货物有异状，则应将这一异状程度、内容记在场站收据的备注栏内，然后再根据这些内容编制成的单证叫作批注清单。

批注清单除作为划分责任的依据外，主要起索赔的参考资料作用。

12. 保函

集装箱运输下承运人的责任是从接收货物时起，因而对接货之前业已发生的货物损害、集装箱损害均详细地记载在场站收据上。继而将这一记载转移至提单，从而事实上构成不清洁提单。

对于批注提单，银行不接受押汇，发货人欲向银行押汇，习惯做法：

一是消除这一批注内容；二是由发货人提出由发货人负责赔偿因提单上的不诚实记载而使承运人遭受损失为内容的证书，这一证书则为保函。

因此，保函是当承运人签发与事实不符的提单时，主张不得以此种不实之情的记载而对善意提单持有人享有免责。所以，发货人则以交换以保函给予补偿的证书，才由承运人签发清洁提单。

尽管保函能使提单起顺利流通作用，但在仅承认提单具有推定证据力的法律中，作为收货人或保险人将会有风险。因此，保函在法律上不作为合同成立的基础，也就是说是无效的。

13. 发票

所谓发票系指出口人向国外进口人证明已正当地履行了贸易合同的货物运输的明细书或明细表。

发票根据不同的出口人、出口货物，其格式、内容有所不同，但基本内容应包括货物名称、件数、货物标志、质量、价格、总额、外汇汇率、内容、包装说明、容积、重量，以及贸易合同条款和运输注意事项，上述内容均由出口人编制并签字。

发票习惯又分两种，即商业发票和海关发票。前者具有货物运输明细书，表示价格构成、买卖计算书、货款请求书的作用。同时，对进口人来说还起着进口采购书、押汇，保险价值确定、进口关税等多种证明单据的作用。

14. 报关单证

凡一切出口货物的发货人、进口货物的收货人，或其他的代理人都必须在货物进、出口时填写出口货物报关单，或进口货物报关单，进而向海关申报。申报时同时出具批准货物进出口的证明、文件和有关货运单位单据，以便海关依据这些单据、证明、文件，审核货物进出是否合法，并确定和征收相应的关税，编制海关统计表。

习惯随同报关单向海关递交的单据有：

(1) 对外贸易和管理部门签发的进出口货物许可证和国家规定的其他批准文件；

(2) 装货单、提货单、运单(海关核查单证和查验实货后，在货运单据上加盖放行章退还给报关人凭以提取或装运货物)；

(3) 发票 1 份(实行集中纳税的进口货物，除在口岸海关报关时递交 1 份外，还要由负责对外订购的承付货款的公司向办理集中纳税业务的总关递交 1 份)；

(4) 装箱单 1 份(散装货物或单一品种且包装内容一致的件装货物可免交)；

(5) 减税、免税，或免验的证明文件。

如报关人员在递交报关单后发现有填报错误，或因其他原因需要变更填报内容时，则应主动、及时向海关递交更改单。如出口报关发生退关事由，则应 3 天内向海关办理更改手续。

15. 出口许可证

出口许可证是指海关在对出口货物和出口申报进行核查后，且认为此项货物出口正当时，对出口申请人签发的许可证。

出口许可证的管理是国家对出口货物实现统一管理，协调出口，防止低价竞销的措施，因而也可以说，出口许可证是国家批准某种货物出口的证明文件。

出口许可证所列货物应在批准的有效期内出口，如因特殊原因不能出口，则应持原出口许可证正本去发证机关重新办理出口许可证，原证退还发证机关注销。

出口许可证管理基本程序是签发货物出口合同—申领出口许可证—口岸海关凭出口许可证放行货物。

4.1.2.2　主要出口货运单证的流转

1.场站收据十联单的流转程序

(1)托运人填制集装箱货物托运单即场站收据一式十联,委托货运代理人代办托运手续。

(2)货运代理人接单后审核托运单,若能接受委托,将货主留底联(第一联)退还托运人备查。

(3)货运代理人持剩余的九联单到船公司或船公司的代理人处办理托运订舱手续。

(4)船公司或其代理人接单后审核托运单,同意接收托运,在第五联即装货单上盖签单章,确认订舱承运货物,并加填船名、航次和提单号,留下第二至第四联共三联后,将余下的第五至第十共六联退还给货运代理人。

(5)货运代理人留存第八联货代留底,缮制货物流向单待今后查询;将第九、第十联送托运人作配舱回执。

(6)货运代理人根据船公司或其代理人退回的各联缮制提单和其他货运单证。

(7)货运代理人持第五至第七共三联:装货单、大副联和场站收据正本,随同出口货物报关单和其他有关货物出口单证至海关办理货物出口报关手续。

(8)海关审核有关报关单证后,同意出口,在场站收据副本(1)即装货单上加盖放行章,并将各联退还货运代理人。

(9)货运代理人将此三联送交集装箱堆场或集装箱货运站,据此验收集装箱或货物。

(10)若集装箱在港口堆场装箱,集装箱装箱后,集装箱堆场留下装货单;若集装箱在货运站装箱,集装箱入港后,港口集装箱堆场留下装货单和大副收据联,并签发场站收据给托运人或货运代理人。

(11)集装箱装船后,港口场站留下装货单用作结算费用及以后查询,大副联交理货部门送大副留存。

(12)发货人或其货运代理人持场站签收的正本场站收据到船公司或其代理人处,办理换取提单手续,船公司或其代理人收回场站收据,签发提单。在集装箱装船前可换取船舶代理签发的待装提单,或在装船后换取船公司或船舶代理签发的装船提单。

总之,第二、第三、第四联是给船公司的,订好舱船公司就拿走了。第五、第六、第七联,是报关用的。第五联在报关完成后,海关会在上面盖放行章,作为放行之用。第六联交各港口外轮理货。第七联就是场站收据联,场站收据又称码头收据,相当于传统杂货班轮运输的大副收据,是证明船公司收到了上船的箱子,盖上场站收据章后,拿回来作为签发提单之用。第九、第十联用于送货进仓。

2.场站收据七联单及其流转程序

目前,有的口岸像大连口岸使用了七联单:第一联,集装箱货物托运单,船代留底;第二联,装货单,场站收据副本;第三联,场站收据副本,大副联;第四联,场站收据正本;第五联,装箱理货留底;第六联,货代留底;第七联,配舱回单。

其流转程序如下:

(1)发货人(托运人)填制集装箱货物托运单(即场站收据)货运代理人代办托运手续,一式七联,盖印后委托;

(2)货运代理人带七联单到船公司或船公司代理处办理托运订舱手续;

(3)船公司或其代理人接单后审核托运单,同意接受托运,在第二联装货单上盖签单章,填上船名、航次、提单号，留下第一联船代留底，将其余六联退货运代理人；

(4)货运代理人盖印后，留下货代留底，将场站收据、装货单、大副联随同货物出口单证和出口货物报关单一起送海关报关；

(5)海关接单后审核有关单证，同意出口，在装货单上盖放行章，并将各联退还货运代理人；

(6)货运代理人将余下五联单送装箱的集装箱堆场或集装箱货运站，据此验收集装箱或集装箱货物；

(7)集装箱和货物送集装箱堆场或货运站后，装箱场站留下装箱理货联；

(8)装毕后的重箱送港口场站，场站签发场站收据，正本场站收据退还货运代理人，留下装货单和大副联，装货单用作结算费用及今后查询，大副联交理货部门送船上大副留存；

(9)货运代理人将场站签收后的场站收据正本送船公司或船代，装船前可换取船代签发的待装提单，装船后换取船公司或其代理人签发的已装船提单；

(10)货运代理人将提单和第七联配舱回单退给货主(托运人)。

3.设备交接单的流转

设备交接单的流转过程是：

(1)由管箱单位填制设备交接单的用箱人、运箱人、船名、航次等。

(2)由用箱人、运箱人到码头、堆场提箱送收箱地(或到发箱地提箱送码头、堆场)，经办人员对照设备交接单检查集装箱的箱体后，双方签字，码头、堆场留下管箱单位联和码头堆场联(共两联)，将用箱人、运箱人联退还给用箱人、运箱人。

(3)码头、堆场将留下的管箱人联退还给管箱单位。

总之，设备交接单既是分清集装箱设备交接责任的凭证，在集装箱外表无异状，且铅封完好的情况下，也是证明箱内货物交接无误的凭证。如发现集装箱等设备有异常时，应把异常情况摘要记入设备交接单上，由经办人双方签字各执一份。设备交接单也用于集装箱的盘存管理和对集装箱的追踪管理，必要事项都要输入电脑中，以备查询。

4. 集装箱装箱单的流转

发货人或货运站将货物装箱，缮制装箱单一式五联后，连同装箱货物一起送至集装箱堆场。集装箱堆场的业务人员在五联单上签收后，留下码头联、船代联和承运人联，将发货人、装箱人联退还给送交集装箱的发货人或集装箱货运站。发货人或集装箱货运站联除自留一份备查外，将另一份寄交给收货人或卸箱港的集装箱货运站，供拆箱时使用。

对于集装箱堆场留下的三联装箱单，除集装箱堆场自留码头联，据此编制装船计划外，还须将船代联及承运人联分送船舶代理人和船公司，据此缮制积载计划和处理货运事故。

有的国家，如澳大利亚，对动植物检疫有严格的要求，在装箱单上就须附有申请卫生检疫机关检验申请联。在申请联的申请检验事项中，与货运有关的内容包括货物本身及其包装用料是否使用了木材，如木板、木箱、货板、垫板。如使用了，是否已经经过防虫处理的说明。如果已经经过处理，则就货物本身应由发货人将发票、海运单证和熏蒸证书一并寄交收货人；就集装箱而言，则应由船公司或其代理人连同集装箱适航证书一并寄交卸货港的船公司的代理人。该项申请联由发货人和船公司或他们的代理人分别签署。

4.1.3 集装箱货物进口货运程序

1. 传递货运单证

以往主要由出口港在船舶开航后，寄送货运单证至进口集装箱管理部门，现在我国主要集装箱码头，已开始采用单证 EDI 来完成。

2. 集装箱卸船准备

船舶抵港前几天，船公司或其代理人应将下述单证送交码头业务部门：

(1)货物舱单(cargo manifest)；

(2)集装箱清单(container loading list)；

(3)积载图(stowage plan)；

(4)集装箱装箱单(container load plan，CLP)；

(5)船舶预计到港通知书；

(6)装船货物残损报告；

(7)特殊货物表。

码头堆场根据这些单证，结合码头实际情况，安排卸货准备，并制订出集装箱卸船计划、堆场计划、交货安排等。

3. 卸船与堆放

码头堆场根据制订的卸船计划、堆场计划从船上卸下集装箱，堆放到堆场指定的箱位，应注意以下事项：

(1)空箱与重箱应分开堆放；

(2)了解重箱内货物的详细情况；

(3)是否要安排中转运输；

(4)在码头堆场交货，还是在货运站交货；

(5)预定的交货日期。

4. 交货

根据不同的交货对象，主要业务有：

(1)交付给收货人。当收货人或其代理人前来提取集装箱时，应出具船公司或其代理人签发的提货单，经核对无误后，码头堆场将集装箱交给收货人或其代理人。交货时，码头堆场和收货人双方在交货记录上签字交接，如对所交接货物有批注，应将该批注记入交货记录，交货记录是证明承运人责任终止的重要凭证。

(2)交给集装箱货运站。如系拼箱货，则由集装箱货运站从码头堆场上将集装箱运至货运站，并由其拆箱将货交付给收货人。拼箱货提货前，先由船公司委托的货运站与码头堆场取得联系，凭海关放行的交货记录从堆场领取集装箱，双方办理交接手续，在集装箱装箱单上签字，作为货箱交接的依据。收货人或其代理凭船公司签发的提货单到货运站提货，经货运站核对无误后，即可交货，双方在交货记录上签字交接。

(3)交给内陆承运人。如集装箱原封不动运往内地交货地点，码头应与船公司或其代理取得联系后，把集装箱交给内陆承运人。如海上承运人责任终止于码头堆场，则以交货记录进行交接；如内陆承运人作为海上承运人的分包承运人，海上承运人则对全程运输负责，码头堆场和内陆承运人只需办理内部交接手续，在集装箱运至交货地点后再办理交货手续。

5. 有关费用收取

码头堆场在将集装箱交给收货人时，应查核货物是否发生了保管费、再次搬运费等费用，如发生上述各项费用，则码头堆场应在收取费用后，再交付集装箱。

6. 编制交货报告及未交货报告

码头堆场在交货结束后，编制交货报告送交船公司或其代理，作为船公司在处理收货人提出货物丢失或损坏要求赔偿的依据；如发生收货人不按时提货，应编制未交货报告送交船公司，由船公司据以催提，如收货人长期不来码头堆场提货，则应按有关规定处理。主要进口货运作业单证有：

(1)提货单；

(2)卸箱清单；

(3)理货单证；

(4)集装箱摧提单和摧提进口货清单；

(5)拆箱单；

(6)交货记录；

(7)到货通知单。

4.1.4 主要进口货运单证及流转程序

4.1.4.1 主要进口货运单证

1. 卸货报告(outturn report，O/R)

卸货报告又称为“货物确卸报告”或“卸货记录”，其作用都是作为卸货证明的单证。

2. 货物残损单(broken & damaged cargo list)

货物残损单是我国港口在卸物时惯用的作为卸货交接证明的单证。

3. 货物溢短单(overlanded & shortlanded cargo list)

4. 提货单(delivery order，D/O)

提货单是收货人或其代理人据以向集装箱码头堆场或集装箱货运站提取货物的凭证。

5. 到货通知(arrival notice)

到货通知是承运人或其在卸货港的代理人向提单上记载的“通知人”(Notify Party)或收货人发出的装货船舶的预定入港日期和货物详细情况的书面通知。

6. 提货通知(delivery notice)

提货通知是承运人或其代理人在集装箱卸入集装箱堆场，或移至集装箱货运站，并办好交接准备后向收货人用书面发出的要求收货人及时提取货物的通知。提货通知是关于交货日期的通知，也是计收货物保管费的依据。

7. 交货记录(delivery record)

交货记录是集装箱堆场或集装箱货运站在向货主交付货物时，用以证明双方间已进行货物交接和载明货物的交接状态的单证。

8. 待提集装箱(货物)报告

待提集装箱(货物)报告是集装箱堆场或集装箱货运站经营人编制并送承运人的，用以表明过一段时间尚未能疏运的，仍满足留在堆场或货运站中的重箱或货物的书面报告。

4.1.4.2　主要进口货运单证的流转

集装箱运输进口是出口的逆过程，其简明流程如图 4-1 所示。

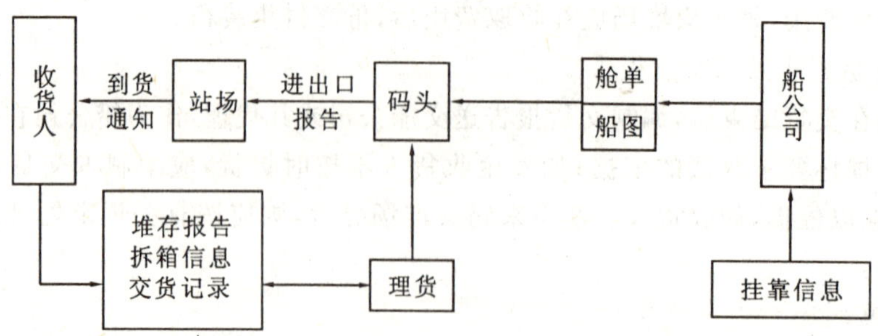

图 4-1　集装箱运输进口业务简明流程

集装箱运输进口业务具体由三部分组成。

具体流程如图 4-2、图 4-3、图 4-4 所示。

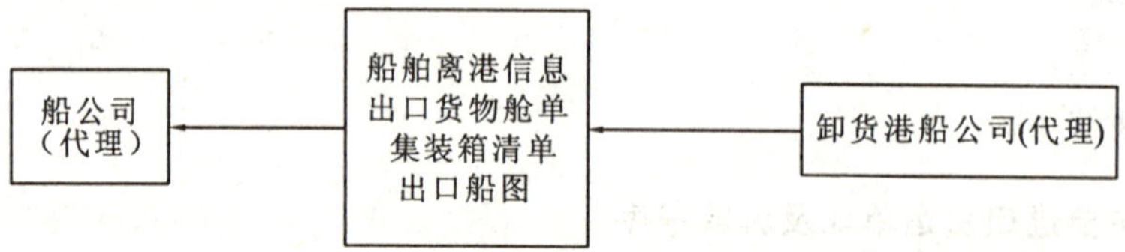

图 4-2　集装箱进口船舶挂靠港单证流程

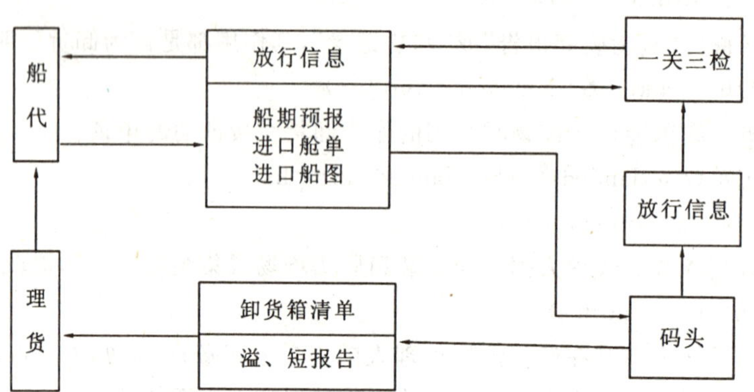

图 4-3　集装箱进口卸船单证流程

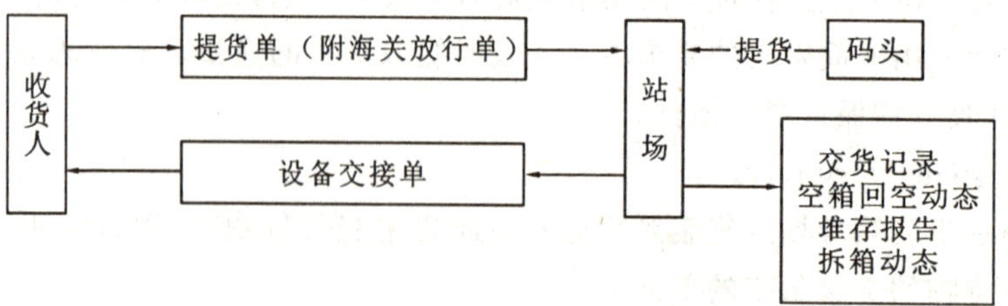

图 4-4　集装箱进口内陆疏运单证流程

4.2 船公司在进出口货运中的业务

4.2.1 船公司在出口货运中的业务

在现行的国际集装箱运输关系人中，船公司占主要地位。因此，船公司作为国际集装箱运输中枢，如何做好集装箱的配备，掌握货运情况，在各港口之间合理调配集装箱，接受订舱，并以集装箱码头堆场、货运站作为自己的代表向发货人提供各种服务是极为重要的。从某种意义上来说，集装箱运输能否顺利进行，可以说依赖于船公司的经营方法。在集装箱出口货运业务中，船公司的主要工作有：

4.2.1.1 配备集装箱

不管是陆运，还是海运，集装箱运输都要使用集装箱，这一点是不能改变的。因此，要进行集装箱运输，首先要配备集装箱，特别是采用集装箱专用船运输时，由于该种船舶的特殊结构，只能装载集装箱运输。为此，经营集装箱专用船舶的船公司，需要配备适合专用船装载运输的集装箱。

并不是所有的集装箱都由船公司配备，有的货主自己也配有集装箱。此外，还有专门供出租使用的集装箱出租公司。要有效地利用船舶的载箱能力，船公司就必须配备最低数量的箱子。在进行特殊货物运输时，还应备有特殊种类、规格的集装箱。船公司除为货物运输配备集装箱外，还要适当地部署，最大限度地提高箱子的周转率。

4.2.1.2 掌握待运的货源

船公司通常采用下述两种货源情况，并据以部署空箱计划。

1. 暂定订舱(provisional booking)

暂定订舱通常在船舶到港前30天左右提出。由于掌握货源的时间太早，因此，对这些货物能否装载在预定的船上，以及这些货物最终托运的数量是否准确，都难以确定。

2. 确定订舱(confirmed booking)

确定订舱通常是在船舶到港前7～10天左右提出。一般来说，都有确定具体的船名、装船日期。

4.2.1.3 接受托运

发货人根据贸易合同，以及信用证条款的有关规定，在货物装运期限前向船公司或其代理人，以口头或书面形式提出订舱。船公司根据所托运的货物运输要求和配备集装箱的情况，决定是否接受这些货物的托运申请。船公司或其代理在订舱单上签署后，则表示已同意接受该货物的运输。船公司在接受货物托运时，一般都应了解下述一些情况：

(1)订舱的货名、运输要求；

(2)装卸港、交接货地点；

(3)有关货物的详细情况(货物名称、数量、包装、特殊货物的详情等)；

(4)由谁负责安排内陆运输等。

4.2.1.4 接收货物

集装箱货物运输中，船公司接收货物的地点包括以下几种：

1)集装箱码头堆场。在集装箱码头堆场接收的货物一般都是由发货人或集装箱货运站负责装箱并运送至码头堆场的整箱货。

2)集装箱货运站。集装箱货运站作为船公司的代理接受拼箱货的运输。

3)发货人的工厂或仓库。在由船公司负责安排内陆运输时,则在发货人的工厂或仓库接受整箱货运输。

在上述三种接受方式中,船公司都应了解到:

(1) 是否需要借用空集装箱;

(2) 所需集装箱的规格、种类、数量;

(3) 领取空箱的时间、地点;

(4) 由谁负责内陆运输;

(5) 货物具体的装箱地点;

(6) 有关特殊事项。

4.2.1.5 装船

通过各种方式接受的货物,按编制的堆场计划堆放后,在船靠泊后即可进行装船。装船的一切工作由码头堆场负责进行,有关这一工作在4.3节中叙述。

4.2.1.6 制送主要的装船单证

为了能及时向收货人发出通知,以及能使目的港码头堆场编制卸船计划和有关内陆运输等工作的需要,在集装箱货物装船离港后,船公司或其代理即行缮制有关装船单证,从速送至卸船港。

通常,由装船港代理缮制和寄送的单据有:

(1)提单副本或场站收据副本;

(2)集装箱号码单;

(3)货物舱单;

(4)集装箱装箱单;

(5)货物(箱位)积载图;

(6)装船货物残损报告;

(7)特殊货物表等。

4.2.2 船公司在进口货运中的业务

与普通船货物运输相比较,集装箱专用船不仅船型大、速度快,而且挂靠港口也少,从某种意义上来说,限制挂靠港口和缩短装卸时间,不仅能提高船舶的周转率,而且,对船公司的经济效益和使货方尽早收到货物都是有利的。船公司要达到这一目的,首先必须要有合理的组织工作程序。船公司在进口货运中的主要业务工作有以下几项。

4.2.2.1 做好卸船准备工作

由于集装箱专用船要求在最短的时间内卸完集装箱,因此,如没有一个完整的卸船计划,集装箱有可能停滞在码头上,影响船舶装卸,使码头工作陷入混乱,延迟对收货人的交货,从而在相当程度上削弱了集装箱运输能缩短作业时间和提高船舶周转率的优越性。

因此,对船公司主管进口货运的人来说,应在船舶从最后装船港开出后,着手制订船舶预计到港的计划,并从装船港代理那里得到有关单证。与此同时,同港方、收货人、海关和其他有关部门尽早取得联系,一但船舶靠泊,尽快将箱子卸下,并办理海关手续,做好交货准备。从装船港代理取得的主要单证有：

1. 提单副本或场站收据副本

提单副本或场站收据副本作为船舶预计到港通知书，以及交货通知书、交货凭证、货物舱单、动植物清单等，并据以答复收货人有关货物方面的各种咨询。

2. 积载图

在进口的情况下，积载图可作为编制集装箱卸船计划、集装箱在码头堆场的安置、保管和交货计划，以及有关设备管理的资料。

3. 集装箱装箱单

该单作为办理保税内陆运输手续，办理货物从码头堆场运出的手续，以及集装箱货运站办理拆箱、取货、分类的依据。

4. 集装箱号码单

该单作为向海关办理集装箱暂时进口手续、设备管理的依据，以及作为与其他单据核对使用。

5. 装船货物残损报告

该单可作为向责任方提出索赔的主要单证之一。

6. 特殊货物表

特殊货物表是向海关和有关方面办理危险品申报以及冷藏货物、活牲畜等特殊货物的交货单据。

4.2.2.2 制作寄送有关单据

船公司或其代理人在收到装船港寄来的单据后，应从速制作下述有关单证寄送有关方：

1. 船舶预计到港通知书

船舶预计到港通知书是向提单副本所记载的收货人或通知人寄送的单据，其内容和提单大致相同，除货物情况外，还记载该船预计抵港日期。

在普通船运输下，船公司一般没有给收货人船舶预计到港通知书的义务，也就是说可以不送。但在集装箱运输下，为使码头堆场能顺利进行工作，防止货物积压，使集装箱有效的利用而不发生闲置，加速周转，则有必要将货物预计到达的日期早日通知收货人，让收货人在船舶抵港前作好收货准备工作，等集装箱货物一从船上卸下即可从速提走。

2. 交货通知

交货通知是货物具体交付日期的通知，是在确定了船舶抵港日期和时间，并且决定了集装箱的卸船计划和时间后，船公司或其代理人将货物交付的时间通知给收货人的单据。货物交付通知习惯上先用电话通知，然后寄送书面通知，防止不必要的纠纷。

3. 货物舱单

该单作为向海关申请批准卸货之用。

4.2.2.3 卸船与交货

集装箱的卸船与交货计划，主要由码头堆场负责办理，但如收货人在接到船公司寄送的船舶预计到港通知后，有时会通知船公司，提出在其方便的时间提供提货的机会。对收货人的这种要求，船公司应即转告集装箱码头堆场，在交货时，尽可能满足收货人的要求。

4.2.2.4 签发提货单

除特殊情况外，船公司或其代理人只要收到正本提单，便有义务对提单持有人签发提货单。因此,提货单的签发是采用与正本提单相交换的形式进行的。提货单仅仅具有作为交货的凭证,并不具有提单那样的流通性。

在签发提货单时,首先要核对正本提单签发人的签署,签发的年月日,背书的连贯性,判断提单持有人是否合法,然后再签发提货单。提货单应具有提单所记载的内容,如船名、交货地点、集装箱号码、铅封号、货物名称、收货人名称等交货所必须具备的内容,在到付运费和未付清其他有关费用情况下,原则上,则应收讫后再签发提货单。在正本提单尚未到达,而收货人要求提货时,可采用与银行共同向船公司出具担保书(letter of guarantee)的办法,担保内应保证:

(1)待正本提单一到,收货人即将正本提单交船公司或其代理人。

(2)由于在没有正本提单下发生的提货,对船公司由此遭受的任何损失,收货人应负一切责任。

此外,如收货人要求更改提单上原指定的交货地点,船公司或其代理人应收回全部的正本提单后,才能签发提货单。

4.3 集装箱码头堆场在进出口货运中的业务

4.3.1 集装箱码头堆场在出口货运中的业务

集装箱码头堆场的主要业务工作是办理集装箱的装卸、转运、拆箱、收发、交接保管、堆存、捆扎、捣载、搬运,以及承揽货源,此外,还应办理集装箱的修理、冲洗、熏蒸,有关衡量等工作。

4.3.1.1 集装箱码头堆场作业

集装箱码头堆场作业系指以集装箱船装卸工作为中心的一系列业务,主要包括集装箱的交接、堆场作业、装卸和其他有关的业务。

1. 集装箱的交接

发货人或集装箱货运站将由其或由其代理负责装箱的集装箱货物运至码头堆场时,设在码头堆场大门的门卫要对进堆场的集装箱货物核对订舱单、场站收据、装箱单、出口许可证、设备交接单等单据。同时,还应检查集装箱的数量、号码、铅封号等是否与场站收据记载相一致。箱子的外表状况,以及铅封有无异常情况,如发现有异常,门卫则应在场站收据栏内注明,如异常情况严重,会影响装卸、运输的安全,应与有关方联系决定是否接受货物。

2. 堆场作业计划

堆场作业计划是对集装箱在堆场内进行装卸、搬运、贮存、保管的安排。这是为了能更经济合理地使用码头堆场和有计划地进行集装箱装卸工作而制订的。

堆场作业计划主要内容有:

(1)确定空箱、实箱的堆放位置和堆高层数;

(2)装船的集装箱应按先后到港顺序,集装箱的种类,载重的轻、重分别堆放;

(3)同一货主的集装箱应尽量堆放在一起。

为了能在最短的时间内完成装船工作,码头堆场应在船舶到港受载前,根据订舱单、先后到港的卸箱次序,制订船舶的积载图和装船计划,等船靠泊后,码头堆场根据场站收据和装箱单,按装船计划装船。在装船完毕后,由船方在装箱单、场站收据、积载图上签字,作为确认货物装船的凭证。

(4)对特殊集装箱的处理

对堆存在场内的冷藏集装箱应及时接通电源，每天还应定时检查冷藏集装箱的冷冻机的工作情况是否正常，箱内温度是否保持在要求限度内，在装卸和出入场内时，应及时解除电源。

对于危险集装箱，应根据可暂时存放和不能暂时存放两种情况分别处理。能暂存的箱子应堆放在有保护设施的场所，而且，堆放的箱子数量不能超过许可的限度。对于不能暂存的箱子应在装船时预定时间，进场后即装上船舶。

4.3.1.2　集装箱码头堆场与有关当事人的关系

1. 与船公司的业务关系和有关规定

船公司与码头堆场的主要业务是：

(1)收、发箱作业和其有关缮制设备交接单等工作；

(2)装、卸箱作业，以及船边到堆场之间的箱子搬移、理箱作业，并将缮制的装、卸箱清单、积载图报送代理公司；

(3)接受装、拆箱交接货物的作业，缮制装箱单；

(4)堆存、捆扎、转运、冲洗、熏蒸、修理等事项。

码头应保证：

(1)根据船期表提供合适的泊位；

(2)船舶靠泊后，及时提供足够的劳力与机械设备，以保证船舶按时完成装卸；

(3)提供足够的场所，作为集装箱作业及堆存之用；

(4)适当掌握和注意船方设备，不违章作业。

船公司应保证：

(1)向码头确保船期，通常，在船舶到港前一定时间(15～20 天左右)提出预计抵港通知，如发生船期变更，或其他意外原因应及时通知码头，在船舶到港前 24 小时以书面提供船舶到港时间；

(2)出口装船前 10 天提供货运资料；

(3)应及时提供积载图，以便正常作业，如由于船公司不能及时提供单证，则有不能靠泊的可能。

2. 与发货人的业务关系和有关规定

如货物系由发货人自行负责装箱，码头堆场应根据公司或其代理人的通知向发货人提供空集装箱，并负责填制出场和进场设备交接单。

在由码头堆场负责统一报关的情况下，发货人应保证提供给码头堆场为办理海关手续的申报资料的正确性，以及对海关签发出口放行单的可能性也已作了保证。由于资料不正确致使码头堆场，或使码头堆场对第三者造成损害，则均由发货人负责赔偿。

4.3.2　集装箱码头堆场在进口货运中的业务

4.3.2.1　集装箱的卸船准备

如来港靠泊的集装箱船是定期班轮，则根据协议或业务章程的规定，在一定时间内将船期计划告知码头，在船舶靠泊前(通常为两个星期)正式通知码头。如由于气候或其他原因未能按期到港应提早通知。在船舶抵港前几天，船公司或其代理应将下述单证送交码头业务部门：

(1)货物舱单；

(2)集装箱号码单；

(3)积载图；

(4)集装箱装箱单；

(5)装船货物残损报告；

(6)特殊货物表。

码头堆场根据这些单证安排卸货，并制订出集装箱卸船计划、堆场计划、交货计划。

1.集装箱卸船计划

为了能缩短船舶在港时间，卸船与装船往往需要同时进行，卸船计划的制订就是为了能在最短的时间内使大量的集装箱能顺利地装上或卸下。

2.集装箱堆场计划

集装箱能否合理地安置在集装箱码头堆场内，除了会影响卸船计划的执行外，还会严重地影响交货计划的执行。因此，码头堆场应充分考虑卸船的集装箱数量、种类，以及向内地运输和交给收货人的数量，有条不紊地将集装箱卸下，并立即交给内陆运输的承运人或收货人，为达到这一目的，有必要制订堆场计划(yard plan)。

3.集装箱的交货计划

交货计划是为了使船上卸下的集装箱不积压在堆场内，并向最终目的地继续运输或直接交收货人所制订的计划。

4.3.2.2　卸船与堆放

码头堆场根据制订的卸船计划从船上卸下集装箱后，并根据堆场计划堆放集装箱，从船上卸下的集装箱如存放在码头堆场时，则应注意到：

(1)空箱与实箱应分开堆放；

(2)了解实箱内货物的详细情况；

(3)是否要安排中转运输；

(4)在码头堆场交货，还是在货运站交货；

(5)预定交货的日期。

4.3.2.3　交货

从船上卸下的集装箱货，交货对象大致可分：收货人、集装箱货运站、内陆承运人三种，根据不同的交货对象，交货时应办理的手续有：

1.交给收货人

当收货人或其代理人前来提取装有货物的集装箱时，应出具船公司或其代理人签发的提货单，经核对无误后，码头堆场将集装箱交给收货人。交货时，码头堆场和收货人双方在交货记录上签字交接，如对所交接的货物有批注，应将该批注记入交货记录。交货记录是证明承运人责任终止的重要单证。

2.交给集装箱货运站

如系拼箱货。则由集装箱货运站从码头堆场将集装箱货物运到货运站，并由其拆箱将货交收货人。一般情况下进行的集装箱货物交接，由码头堆场和货运站共同在集装箱装箱单上签字，作为货物交接的依据。如码头堆场和货运站是各自独立的，交接时应制作交货记录，并由双方签署，以明确对集装箱货物的责任关系。

3. 交给内陆承运人

如集装箱货物原封不动运往内地最终交货地点，码头堆场必须与船公司或其代理公司取得联系后，再把集装箱交给内陆承运人。在这种情况下，如海上承运人的责任终止于码头堆场，则以交货记录进行交接。如内陆承运人作为海上承运人的分包承运人。海上承运人则对全程运输负责，码头堆场和内陆承运人只需要办理内部交接手续，在集装箱货物运至最终交货地点后再办理交货记录。

4.3.2.4　有关费用收取

码头堆场在将集装箱货物交给收货人时，应查核该货物是否发生了保管费、再次搬运费。另外，箱子的使用是否超出了免费使用期，如已超出则应收取滞期费。在发生上述费用的情况下，码头堆场在收取了这些费用后，再交付集装箱货物。

4.3.2.5　制作交货报告与未交货报告

码头堆场在交货工作结束后，应根据实际情况制作交货报告送交船公司，作为日后船公司处理收货人提出的关于货物灭失或损坏索赔的依据。

如收货人一时未能前来提货，码头堆场则应制作未交货报告送交船公司，船公司据以催促收货人早日提货。如收货人仍不能前来提货，船公司可对货物采取必要措施。

4.4　集装箱货运站在进出口货运中的业务

4.4.1　集装箱货运站在出口货运中的业务

集装箱货运站是集装箱运输的产物。集装箱运输的主要特点之一就是船舶在港时间短，这就要求有足够的货源，一旦在卸船完毕后，即可装满船开航。集装箱货运站的主要业务就是集、散货物，办理装、拆业务。目前，集装箱货运站主要有两种类型，一种叫内陆港口型，另一种叫货物集散型。

内陆港口型的货运站主要设在港口以外，深入内陆主要工业城市集中的地方。它是为提高集装箱运输经济效益，将临近港口周围的货物预先集中，进行装箱。装箱完毕后，再通过内陆运输将集装箱运至码头堆场，这种类型的货运站具有海陆联运的作用。

货物集散型货运站同一般的集装箱货运站不同之处仅仅在距离港口的运程长短上有所区别，因为，货物集散型货运站又称码头型货运站，所以距港口较近。

4.4.1.1　办理货物交接

在货物不足以装满一整箱，而贸易合同，或信用证条款又规定要用集装箱装载运输时，这时，货物一般都送至集装箱货运站，由集装箱货运站根据托运的货物种类、性质、包装、目的港地，将其与其他货物一起拼装在集装箱内，并负责将已装货的集装箱运至码头堆场。集装箱货运站在根据订舱单接受托运的货物时，应查明这些货物是否已订舱，如货物已订舱，货运站则要求货物托运人提供场站收据、出口许可证，然后检查货物的件数与场站收据记载是否相符，货物的包装是否正常，能否适合集装箱运输，如无异常情况，货运站即在场站收据上签字。反之，应在场站收据的备注栏内注明不正常的情况，然后再签字。如不正常的情况较严重，可能会影响以后的安全运输，则应同有关方联系决定是否接受这些货物。

4.4.1.2 积载装箱

货运站根据货运到站情况，在达到一定数量后即开始装箱。

货物在集装箱内的装载，涉及根据所运输货物的种类、性质、包装及其对运输的要求，选择合适的集装箱；涉及正确的装载方法，以及保证箱内货物在运输全程的货运质量，又能充分利用箱容，提高装载能力。货物装箱时还应注意：

1. 集装箱的选择(规格、种类、结构等)

在选择集装箱前，首先必须了解该种货物从性质上看是否适合装箱，装箱运输与货物所需运输条件是否相符；其次要分析装箱运输的经济性如何。如适合装箱运输，则应考虑最好选用哪一种集装箱。一般来说，在货物批量不大的航线上，选用集装箱的规格不宜太大，但是，如进出口货物中轻泡货很多，则可考虑采用大规格的集装箱；对于往返货流很不平衡的航线，可考虑选用折叠式集装箱，以解决集装箱的回空运输，减少空箱回运时的舱容损失。此外，还应考虑与外国船公司、货主的合作问题，如果要与外国船公司进行箱子交换互用，就应选用国际上广泛使用的集装箱。最后还需注意航线两端内陆运输条件，拆装箱地点的装卸设备与条件，以及对装货作业上的要求等。必须根据货物的性质、种类、包装、形状、体积，以及对运输条件的要求，选择合适的集装箱。如液体货一般选用罐式集装箱，水果、蔬菜可选用通风集装箱，冷藏货可选用冷藏集装箱，一般袋装、箱装货可选用杂货集装箱，机器设备可选用开顶集装箱，长大件可选用台架式或平台式集装箱，牲畜选用动物集装箱等。

2. 集装箱的检查

为了确保货物的安全运输，发货人或集装箱货运站，应检查空箱的技术状态是否良好，集装箱经过集装箱码头大门时要对集装箱进行状态检查。为了防患于未然，在货物装箱前，必须对集装箱进行仔细检查，如在检查中发现集装箱有损伤，或不符合技术要求，则应调换或进行修理。有关人员对集装箱进行交接时，除对箱子进行检查外，还应以设备交接单的书面形式确认箱子交接时的状态。对集装箱主要进行如下检查：

1)外部检查。主要检查集装箱外表面是否有损坏、变形凹痕、擦伤等异样情况。

2)内部检查。主要对集装箱内部表面进行检查，注意是否有漏光、漏水，有无污点、水迹等。

3)箱门检查。主要检查箱门能否顺利关闭，关闭后是否水密，门锁是否完整并能完全锁上等。

4)清洁检查。检查集装箱内有无残留物、污染、锈蚀异味、水湿等，如不符合要求，要进行清洁处理，直到达到要求方能装箱。

5)属件、附件检查。主要检查固定货物用的系环、孔眼附件安装状态是否良好，板架式集装箱的立柱状态，开顶集装箱上部延伸用加强结构的状态，通风集装箱上的通风口能否关闭等。

3. 装载量的确定

集装箱内货物装载，既要保证货运质量，又要充分利用箱内容积，提高装载能力，这与正确计算及装载技术有很大的关系。

1)确定集装箱的最大装载量

最大装载量＝总重－自重－其他材料重量

根据国际标准化组织ISO规定，集装箱总重量(最大总重 Max Gross)是一个常数，任何类型的集装箱装载货物后，都不能超过这一重量，各种箱型集装箱最大总重见表4-1。

表 4-1 各种箱型集装箱最大总重

箱 型	40 ft 1A、1AA、1AX	30 ft 1B、1BB、1BX	20 ft 1C、1CC、1CX	10 ft 1D、1DX
最大重量(kg)	30480	25400	24000	10160

2)确定实际装载量

对于货物的密度大于集装箱的单位容重的货为重货,反之为轻货。

如果装箱货是重货,则最大装载量为实际装载量。但是,适箱货大多属轻泡货,则应按箱容计算。对于一时尚难确定是重货还是轻货的货物,可先按箱容计算出最多装载件数,然后用件数乘上每件货重,再与该箱最大装载量相比较。如果小于集装箱的最大载货量,则按算出的装载量装载,反之,则应按集装箱最大载货量求得装箱件数。最合理的装载量是集装箱内的空余容积为最小,这就要研究货物尺寸及集装箱内部尺寸的关系。

例:某集装箱货运站,经全面检查集装箱后,认为符合装箱条件,现拟对某批纸箱进行装箱。已知 20 ft 集装箱其内部尺寸为高 226 cm×宽 235 cm×长 593 cm,现要装运纸箱货,其尺寸为高 50 cm×宽 30 cm×长 45 cm,要求集装箱富余量为 1.5%,试确定该箱实际载重量,能装多少纸箱?(纸箱上无倒置标志)

解:1)确定纸箱哪边为高度,集装箱内部高度为 226 cm

如以 50 cm 为高,则$\frac{226}{1.015}\div 50=4$ 层余 23 cm

如以 30 cm 为高,则$\frac{226}{1.015}\div 30=7$ 层余 12.8 cm

如以 45 cm 为高,则$\frac{226}{1.015}\div 45=4$ 层余 43.3 cm

在高度方向余量最小的是 30 cm 为高的一边,因而确定以 30 cm 边为高,堆 7 层。

2)确定纸箱哪边为宽度,集装箱内部宽度为 235 cm

如以 50 cm 为宽,则$\frac{225}{1.015}\div 50=4$ 列余 32 cm

如以 45 cm 为宽,则$\frac{225}{1.015}\div 45=5$ 列余 6.87 cm

因为在宽度方向余量最小的是 45 cm 为宽的一边,因而确定以 45 cm 边为宽,堆 5 列。

3)余下 50 cm 这一边为长度,集装箱内部长度为 593 cm,则可堆:

$\frac{593}{1.015}\div 50=11$ 列余 40.75 cm

4)确定装载件数,集装箱可装载件数为:11×5×7=385 件

5)如纸箱重量为 40 kg/件,则集装箱装载量为 385×40=15.4 t

4.装箱的一般方法

在进行集装箱货物箱内积载时,必须注意装载技术及装载质量,以确保集装箱货物在整个运输过程中完整无损,为此,应注意以下事项:

1)在任何情况下,装载货物的重量不能超过集装箱的最大载货量。

2)装载时要使箱底板上的负荷均匀,避免因造成集中负荷而使箱底脱落、底梁弯曲。

3)严禁负荷重心偏向一边,否则在起吊集装箱时,集装箱会产生倾斜,影响安全质量。

4)装箱时要注意有无“不可倒置”、“平放”、“竖放”等装卸指示标志;货物装载要紧密整齐堆放,货物之间不应留有空隙。

5)关于衬垫及缓冲材料。应使用清洁和干燥的衬垫、胶合板、席子等作缓冲材料和分隔材料。装载重货时,箱底应铺设木板等衬垫材料,要注意不能使用湿木材,以防止湿损、发霉、污损等货损事故。对于容易散捆和包装不牢的货物要使用衬垫或插入胶合板,防止货物产生移动,避免货损。为了填补货物之间和货物与集装箱侧壁之间的空隙,也应加隔货缓冲材料,以避免相互擦伤、受潮、污损等。

6)关于集装箱内货物的固定。为了在运输过程中货物在箱内不产生移动,避免在目的地拆箱时箱门附近货物倒塌,应对箱内货物进行固定。固定方法通常有以下几种:

(1)支撑:用方形木条、木板作支柱,使货物固定。

(2)塞紧:可用方木等支柱对货物之间或货物与集装箱侧壁之间的水平方向加以固定。或插入阏塞物、缓冲垫、楔子等防止货物移动。

(3)捆绑系紧:用绳索、带子等索具与集装箱内的环、孔眼等附件把货物系紧。

7)关于拼箱货的混装,应注意以下事项:

(1)做到重不压轻、大不压小、轻货应放在重货上面,包装强度差的应放在包装强度好的上面。

(2)液体货与湿货尽量不要与干货混装,如无法避免混装,则液体货或湿货要装在坚固的容器内,用聚氯乙烯薄膜包起来,或装在下层。

(3)绝对不允许将散发强臭货物与具有吸臭性的食品等混装,如樟脑与茶叶等货物不得混装。

(4)不得将散发粉尘的货物与清洁货物混装,否则由于包装破裂引起的粉尘会污染清洁货物而降低其价值。

(5)严禁危险货物相互混装,否则易引发火灾、爆炸等事故。

(6)包装不同的货物应分开积载,如板条箱装货物不要与纸箱、袋装货物堆放在一起。

(7)具有尖角或其他突出物的货物应和其他货物分开积载或用木板等隔开,以免损伤其他货物。

5.典型货物及特殊货物的装载

1)典型货物的装载

为了便于装卸与防止事故的发生,不同包装的货物,需要采用与其相适应的装卸方法。

(1)木箱货的装载

对于普通木箱、框架木箱等装箱时,如外包装无破损等其他异常情况,可从下往上依次分类堆放。小木箱通常装在封闭式集装箱内,重、大木箱多采用敞顶集装箱装载。

(2)纸箱的装载

集装箱内如装的是同一尺寸的小型纸板箱,则箱内能无空隙地紧密堆放,不需进行货物固定;如装的是同一尺寸大型纸箱,则会产生很大空隙,需根据具体情况加以固定;如是不同尺寸的混装,应设法使大小纸箱搭配。堆装时要把箱角对齐,在码垛时尽可能不要对齐码装,而要砌墙码装或交叉码装。

(3)捆包货的装载

捆包货具有足够的强度,承受负荷压力较大,其装载可与箱装货的装载方法相同,包货用杂货集装箱装载，采用叉车装箱。

(4)袋装货的装载

袋装货种类很多，应根据具体货种选择合适的集装箱。如包装正常，则从下往上交叉码装。由于袋装货大多是重货，装箱时应注意不要超过集装箱载重量。袋装货装箱，严禁使用手钩操作。为防止袋装货在运输过程中箱顶有水滴滴下使货物受潮，可在袋装货顶部覆盖塑料薄膜等防水遮盖物。

(5)桶装货的装载

由于桶装货具有圆弧形，而集装箱是方形，因此装箱时容易产生空隙，且固定较为困难，应引起注意。

装箱时应直立放置，桶盖向上进行竖放，堆放时需加放垫料，以使负荷均匀，使桶装货稳定。

(6)卷状货及卷盘货的装载

卷状货通常应竖装，在侧壁和端壁上要铺设胶合板以增强对货物压力的承受力。如竖装二层货，二层之间要铺设胶合板，以防发生货损。

卷盘货如电缆等线材，装载时一般都横装。

(7)长件货的装载

长件货一般采用平台集装箱或敞顶集装箱，长件货容易滑动，因此要注意防护端壁和箱门。长件货装箱，为了便于装卸作业，装货时应做好衬垫或采用预扎吊索法。

(8)托盘货装载

托盘货最好选用板架集装箱或侧开式集装箱装载，便于用叉车进行装卸作业，用杂货集装箱装载时，装卸时应有装卸平台或斜坡跳板等设施。

装在集装箱内的托盘货，货物本身应用钢带或皮带、布带等固定在托盘上，并应注意托盘的成组尺寸与集装箱的尺寸配合的问题，以充分利用集装箱的容积。

2)特殊货物的装载

(1)超尺度和超重货的装载

其尺度超过了国际标准集装箱的尺寸的货物，即为超尺度货。超重货是指装箱货物重量超过集装箱最大总重的货物。由于国际集装箱运输及多式联运，涉及船舶、车辆等运载工具，涉及集装箱装卸作业及机械设备，这就要求按集装箱的统一标准来设计和运作，如果超过了规定的标准尺寸和最大总重，将给集装箱运输和装卸作业造成困难，因而必须研究并解决超尺度和超重货的装载方法问题。

超高货的装载。杂货集装箱的箱门有效高度 20 ft 集装箱为 2100～2154 mm 左右，货物超过这一高度则应采用敞顶集装箱或台架集装箱。船舶装载这类集装箱，应堆放在舱内最上层或甲板上最高层，还要视船舶具体情况而定。超高货通过陆上运输时，应注意高速公路、隧道的高度限制。码头及堆场装卸作业对超高货应采取安装一定附属工具等措施，以利装卸作业顺利进行。

超宽货的装载。装载超宽货一般采用台架集装箱。允许超过 150 mm 以内的超宽货与普通集装箱一样装在舱内。装载时必须充分注意货物的横向固定问题，在一定容许超宽范围内，超宽箱可以在舱内正常装载。

超长货物的装载。超长货不能在箱格结构的集装箱船上装载，如必须装运时，也只能在甲板上装载。超长货宜采用台架集装箱，且超长量不宜大于 1 ft 左右。

超重货的装载。国际标准化组织规定 20 ft 集装箱最大总重为 24 t，40 ft 集装箱为 30.48 t，集装箱运输和装卸中使用的机械及设备都是根据这一总重来设计的，因此在装箱时，绝不能使装货后的总重超过上述规定值，否则就难于保证集装箱的安全运输。

(2) 液体货的装载

采用罐式集装箱装载液体货进行运输，可大大降低包装费和装卸费。由于受到下列因素影响，发展缓慢。

①罐式集装箱制造成本高、价格昂贵。

②由于不同种类的液体货物的物理及化学特性不同，因而对罐式集装箱在结构、尺度、强度等方面的技术要求差别很大，很难制造出不同种类的液体货都能装载的罐式集装箱。

③食品类的液体货物占液体货中比重较大，而食品类液体货物绝对不允许与其他液体货物混用罐式集装箱。

④清扫作业及污水处理尚有困难。

⑤国际上目前对罐式集装箱结构、装载等缺乏明确规定。

采用罐式集装箱运输液体货时应注意以下事项：

①罐体材料、结构、性能及罐内涂料是否适合于装载该种液体货。

②应查明罐的容量和允许的装载量的比例与货物密度是否最接近一致，如货物密度较大，装载半罐的情况下，在装卸和运输过程中有损罐的危险。

③应查明液体货在灌入或排出集装箱时是否有必要的设备，这些设备与罐式集装箱上的阀门等是否配套。

④应检查安全阀的状态是否良好，要了解货物在运输中或排出时是否需要加热，提高温度。

⑤应了解与液体货有关的国家法规是否对其有限制。

(3) 冷藏货的装载

一般把需要保持在常温以下的货物称为冷藏货。冷藏货大致分为冷冻货和低温货。冷冻货物是指将货物冷冻起来运输，运输温度一般在－6～－20℃之间，视不同货物而异。低温货的运输温度一般控制在－1～＋11℃不等，视不同货物而异，其目的是为了保持货物的鲜度。冷冻货采用冷藏集装箱运输。在装箱之前，应对集装箱和货物进行认真检查：

①集装箱的技术状态是否良好，冷却能力是否达到要求，箱内是否清洁。

②应对集装箱及垫货材料进行预冷，以保证制冷效果，并检查温度与所装货物是否适宜。

③货物装箱时，应检查货物本身是否经预冷到指定的温度，并检查货物不得堵塞冷气通道，不要影响冷风在箱内的循环，装载冷冻货时，集装箱的通风口必须关闭，形成气密。

④冷冻货物不宜混装，如混装则要确认货主的意见，并按照严格的方法保证货物之间不会引起污损或损害。

(4) 动植物检疫货的装载

动物检疫的对象通常指马、牛、羊、猪等家畜及其制品(皮、毛、肉、腊肠等)；植物检疫对象通常指各类水果、蔬菜、木材和草制品等。

对家畜运输一般采用动物集装箱。装载时应注意以下事项：

①在船上应安放在甲板上遮风避浪的地方，为便于航行中清扫和喂料，箱的周围应留出适

当空间。

②一般在甲板上仅堆装一层。

对于畜产品，一般采用兽皮集装箱或通风集装箱装载。运输途中应注意防止日晒、受热，宜装在受外界气温影响小的地方。

对于需经植物检疫的植物，可采用杂货集装箱、通风集装箱等装载。

总之，动植物检疫货，由于可能带来某种病虫，因此进口时必须进行检疫，经检疫合格后，方准许进口，否则，应进行熏蒸、消毒，甚至就地处理(烧毁、杀死)。

(5) 危险货的装载

装载危险货物应根据目的港有关规定进行装箱。在装卸危险货物时，应了解货物的性质、危险等级、标志、装载方法等，严格按国际危规有关规定执行。不同类型的危险货物禁止混装于同一集装箱。装载危险货物之前，应对集装箱进行彻底清扫，装载时，应防止危险货在箱内移动、翻倒、摩擦、压坏等情况。

4.4.1.3 缮制装箱单

货运站在进行货物装箱时，必须制作集装箱装箱单，装箱单的作用已在前文中有所说明，制单时必须清楚，准确。

4.4.1.4 将拼箱的货箱运至码头堆场

货运站在装箱完毕后，货运站代表承运人在海关监管之下，对集装箱加海关封志，并签发场站收据。同时，应尽快与码头堆场取得联系，将已装货的集装箱运至码头堆场。

4.4.2 集装箱货运站在进口货运中的业务

拼箱货由货运站从码头堆场领取后在货运站拆箱，并按提单分类，将货物交给前来提货的人，集装箱货运站主要的进口货运业务有：

4.4.2.1 做好交货准备工作

集装箱货运站在船舶到港前几天，从船公司或其代理人处取得下列单证：

(1)提单副本或场站收据副本；

(2)货物舱单；

(3)集装箱装箱单；

(4)装船货物残损报告；

(5)特殊货物表。

货运站根据上述单据做好拆箱交货准备工作。

4.4.2.2 发出交货通知

在确定了船舶进港时间和卸船计划后，货运站应与码头堆场联系决定提取拼箱集装箱的时间，根据这个时间，由货运站制订出拆箱交货计划。

集装箱船舶在港期间，货运站同时要进行拆箱交货，接货装箱的作业，业务相当繁忙紧张，为使拆箱的货物尽快让收货人提走，对收货人发出交货日期的通知是完全必要的。

交货日期的通知，也是货运站计算集装箱保管费，或再次搬移费用的依据。

4.4.2.3 从码头堆场领取载货的集装箱

集装箱货运站在与码头堆场取得联系后，即从堆场领取载货的集装箱。在进行交接时，码头堆场与货运站在集装箱装箱单上签字。另外，对出堆场的集装箱应办理设备交接手续，由堆场出具设备交接单，双方共同签字。

4.4.2.4 拆箱交货

集装箱货运站从堆场领取集装箱货后，即开始拆箱作业。在从箱内取出货物时，应按装箱单记载的末尾向前的顺序进行，这是因为箱内的货物是由装箱地按货物装箱的顺序记载的。拆箱后，应将空箱退还给码头堆场。

当收货人前来提货时，货运站则要求收货人出具船公司签发的提货单，在同提货单记载的内容与货物核对无误后，即可交货。交货时货运站与收货人应在交货记录上签字，如发现货物有异常，则应将这种情况记入交货记录的备注栏内。

这种交货记录与普通船货物运输下的船舶记录具有同样的性质，是交货完毕后的凭证，船公司对货物的责任以双方在交货记录上的签署为准。

4.4.2.5 收取有关费用

集装箱货运站在交付货物时，应查核该货物有无发生保管费和再次搬运费，如已发生，则应收取后再交付货物。

4.4.2.6 制作交货报告和未交货报告

集装箱货运站在交货工作结束时，应制作交货报告寄送船公司，船公司据以处理有关货物的损害赔偿责任。对未交货积压在货运站的货，应制作未交货报告寄送船公司，船公司据以催促收货人迅速提货，如收货人在船公司催促后仍没有前来提货，船公司可对货物采取必要的措施。

4.5 收、发货人在进出口货运中的业务

4.5.1 发货人在集装箱出口货运中的业务

集装箱运输下，发货人的出口货运业务与普通船运输中发货人应办理的事项没有什么特别大的变动。当然，也出现了集装箱运输所要求的一些特殊事项，如货物的包装应适合集装箱运输，保证货物所需要的空箱，在整箱货运输下负责货物装箱等。发货人在集装箱出口货运中的主要业务有：

4.5.1.1 订立贸易合同

作为出口货物的一方，发货人首先必须同国外的收货人(买方)订立贸易合同。因为货物运输是建立在货物贸易的基础上的，这一点与普通船运输下的做法是一样的。

4.5.1.2 备货

出口贸易合同订立后，发货人(习惯上为卖方)应在合同规定的装运期限前，全部备妥好出口货物，货物的数量、品质、包装等内容必须符合合同条件的规定。

4.5.1.3 租船订舱

在以 CIF 价格条件成交时，发货人负有租船订舱的责任。特别是在出口特殊货物需采用特殊集装箱时，如冷藏集装箱、牲畜集装箱、开顶集装箱等。由于一般集装箱船对上述特殊集装箱的接受数量有限，应尽早订舱。

4.5.1.4 报关

拼箱货的报关可按普通货物运输的报关方法，整箱货则通常采用现场报关，因为海关人员

到现场审查很方便，既可以更好地发挥集装箱运输的优越性，又可省略一些手续。

4.5.1.5 货物装箱与托运

货物报关后，在整箱货运情况下发货人即可着手装箱，并在装箱完毕后将货箱运至集装箱码头堆场，取得经码头堆场签署的场站收据。拼箱货经报关后即将货运至集装箱货运站，由货运站负责装箱并签署场站收据。

4.5.1.6 投保

出口货物如按 CIF 价格条件成交，发货人则负责办理投保手续，并支付保险费。

4.5.1.7 支付运费和提单签发

如系预付运费，发货人只要出示经码头堆场签署的场站收据，支付全部运输费用，船公司或其代理人即签发提单。如系到付运费，出示场站收据即签发提单。此外，在对签发清洁提单有异议时，发货人可向船公司出具保证书（letter of indemnity），即可得到清洁提单。

4.5.1.8 向收货人（买方）发出装船通知

在以 FOB，或 CIF 价格条件订立出口货物贸易合同时，发货人在货物装船完毕后应向收货人发出装船通知，这一通知则作为合同的一项要件（condition）。如果货物的灭失、损害系由于发货人在货物装船完毕后，没有向收货人发出装船通知，致使收货人不能及时投保而受损失，则该货物的灭失、损害由发货人赔偿。

4.5.2 收货人在集装箱进口货运中的业务

同普通船货物运输相比较，收货人在集装箱进口货运中的事项变化不大，但也稍有不同，下面按应办事项的顺序具体说明。

4.5.2.1 签订贸易合同

收货人作为买方（收货人）首先必须同国外的卖方（发货人）签订贸易合同。

4.5.2.2 租船订舱

如果货物是以 FOB 价格条件成交，收货人则负有租船订舱的责任，并有将船名、装船期通知发货人的义务。特别是在采用特殊集装箱运输时，更应尽早预订舱位。

4.5.2.3 提出开证（信用证）申请

收货人必须在贸易合同规定的日期内向其所在地银行提出开证申请，并按合同的内容填写开证申请书，请开证行（所在地银行）开证。由于集装箱运输的特点，一般都应在信用证中证明是否必须签发已装船提单，有的还应具体指定船名。

4.5.2.4 投保

进口货物如以离岸价 FOB，或到岸价 CIF 价格条件成交，收货人则负有投保、支付保险费用责任。一般情况下，该种保险都是预约保险（open policy），所以，只要开始运输，实际上货物只要装上船舶，其货名、数量、保险金额一经确定，即应正式投保。

4.5.2.5 取得装船单据

收货人要取得全套装船单据，必须向银行支付货款，购买装船单据，或向银行开信托收据（trust receipt）取出装船单据。如在按托收汇票（bill of collection，B/C）结汇时，进口地银行对出口地银行负有代收货款的责任。所以，在付款交单条件下，收货人只有在支付货款后才能取得单据。收货人在得到单据后，应仔细审核提单所记载的事项和提单背书的连贯性。

4.5.2.6 换取提货单

收货人在提货前,收货人应将提单交还给船公司或其代理人,据以取得提货单。在货物从船上卸下后,凭提货单即可提货。

4.5.2.7 提取货物

通常,整箱货应到码头堆场去提货,如为拼箱货则应在货运站提货。必须注意,整箱货应连同箱子一起取出,同时,还应办理有关集装箱的设备交接单。

4.5.2.8 索赔

提取货物时,如发现有关货物的灭失、损坏,收货人即应提出索赔。

4.6 货运代理在集装箱货运中的业务

4.6.1 货运代理在集装箱出口货运中的业务

4.6.1.1 报价接单

1. 接受客户询价和向客户报价

报价是和客户建立合同关系的重要部分。因此,及时准确地处理询、报价是日常经营中的重要环节。

1)对报价人员要求

(1)需掌握发货港至各大洲、各大航线常用及货主常需服务的港口、价格;

(2)主要船公司船期信息;

(3)需要时应向货主问明一些类别信息。

2)报价时应注意事项

(1)报价效期;

(2)支付条款;

(3)附加费;

(4)责任条款;

(5)是否为当前客户(是否已有运价协议);

(6)对新客户,要核查资信情况;

(7)货主是否有特殊要求;

(8)目前操作能力是否达到客户需求,尤其对特种货;

(9)运价改变(运价改变是否已告知相关方);

(10)详细联系方法;

(11)报价答复要求;

(12)一般报价原则上要求在一天之内答复,如有困难,需告知客户大致给予答复的时间。

2. 接单

签订货代合同后,客户一般就会将托运单交给货运代理人。集装箱班轮运输,即以场站收据(dock receipt)作为集装箱货物的托运单,该单由发货人或其货运代理人缮制送交船公司或其代理人订舱,因此托运单也是订舱单。

4.6.1.2 订舱配载

货运代理人向船公司或其代理人在截单期前订定舱位叫订舱。截单期即是该船接受订舱的最后日期，超过截单期如舱位尚有多余或船期因故延误，船公司同意再次接受订舱，称为“加载”。截单期一般在预定装船日期前几天，以便进行报关、报检、装箱、集港、制单等项工作。

船期表及船公司所公布的各种航运信息是订舱配载的重要参考资料，货运代理人在订舱时有一定的选择余地，但必须按照委托书的内容所要求的船期、船公司、箱型、装货及交货方式等办理。

1. 一般订舱操作程序

订舱配载的程序是货运代理人将缮制好的全套托运单据注明要求配载的船只、航次等送交船公司或其代理人，经后者审核货名、重量、尺码、卸货港等后，可予接受即在托单上填写船名、航次、提单号，抽留其需要各联并在托运单联中的装货单上盖好签单章连同其余各联退回货运代理人作为对该批货物订舱的确认。

货运代理人订舱前在可供选择的条件下需要注意的是：

(1)运输方式应选择最为便捷的船只，一般来说直达船快于中转船；

(2)在直达船情况下，如挂港甚多，尽可能选择挂靠的是第一港或第二港的要求；

(3)应选择运价较低而服务较好的船公司，以达到快速运达；

(4)此外还应考虑某些条款对船公司或发货人、收货人是否能予接受，如有些港口船公司不接受运费到付，有些箱型如高箱、挂衣箱等特种箱船公司能否供应，船公司的某些免责条款是否可以接受，等等。

2. 危险品操作程序

危险货物由于具有易爆、易燃、有毒、腐蚀、放射等危害性，在进出口运输安排上要求较高，难度较大，托运的手续和需要的单证比一般普通货物复杂烦琐。在我国远洋航运中，由于发货人托运时提供的材料、单证错误，包装不善，以及船方管理不良和积载、隔离不当造成的海难事故举不胜举。为防患于未然，对发货人或货运代理来说，托运时必须小心谨慎，正确缮制和提供完整的各类单证，这是保证运输安全的首要条件之一。如何办理危险货物的托运，需要提供哪些单证，下面就目前国内的一些做法介绍如下：

1)危险货物的托运订舱必须按各类不同危险特性的货物分别缮制托运单办理订舱配船，以便船方按各种不同特性的危险货物按照《国际海运危规》的隔离要求分别堆装运输，以利安全。例如一份信用证和合同中同时出运氧化剂、易燃液体和腐蚀品三种不同性质的货物，托运时必须按三种不同性质危险货物分别缮制三份托运单，切不能一份托运单同时托运三种性质互不相容的危险货物；否则，船方就会将三种互不相容的危险货物装在一起，三种不同性质、互不相容的货物极容易互相接触，产生化学反应，引起燃烧、爆炸，造成事故。如是集装箱运输，切忌将互不相容的危险货物共同装在一个集装箱内。

2) 托运单的缮制，除一般普通货物共同需要的内容如：目的港、码头、收货人、通知人、品名、重量、尺码、件数等以外，危险货物的托运单还需增加下述七项内容：

(1)货物名称必须用正确的化学学名或技术名称，不能使用商品俗名。例如“漂白粉或漂粉精”不能用“BLEACHING POWDER”，而应使用“次氯酸钙 CALCUIUM HYPOCHLORITE”；砒霜不能用俗名“信精”，而应使用“三氧化二砷”。

(2)必须注明危险货物(DANGEROUS CARGO)字样，以引起船方和船代理的重视。

(3)必须注明危险货物的性质和类别。例如:氧化剂(OXIDIZING AGENT)和第 5.1 类(CLASS5.1)字样,或易燃液体(INFLAMMABLE LIQUID)和第 3.2 类(CLASS 3.2)。

(4)必须注明联合国危险品编号。例如:磷酸为 UN NO.1805。

(5)必须注明《国际海运危规》页码。例如:硝酸钾为 IMDG CODE PAGE 5171。

(6)易燃液体必须注明闪点。例如 PLASH POINT 20 ℃。

(7)另外,对积载时有特殊要求的,也必须在托运单上注明,供船舶配载时参考。例如:必须装舱面的货物,需注明“DECK SHIPMENT ONLY”;需远离火源和热源的货物,应注明“FAR AWAY FROM FIRE HEAT!”等。

3) 托运时应随托运单提供中英文对照的“危险货物说明书”或“危险货物技术证明书”一式数份,内应有品名、别名、分子式、性能、运输注意事项、急救措施、消防方法等内容,供港口、船舶装卸、运输危险货物时参考。

4) 托运时必须同时提交经港务监督审核批准的“包装危险货物安全适运申报单”(简称货申报),船舶代理在配船以后凭此申报单(货申报)再向港务监督办理“船舶载运危险货物申报单”(简称船申报),港务部门必须收到海事局审核批准的船申报后才允许船舶装载危险货物。

5) 托运时应提交出入境检验检疫局出具的按《国际海运危规》要求进行过各项试验结果合格的“危险货物包装容器使用证书”。该证书需经港务局审核盖章后方才有效,港口装卸作业区凭港务局审核盖章后的证书同意危险货物进港并核对货物后方可验放装船。海事局也凭该包装证书办理第 4 项内容中的货物申报。

6) 集装箱装载危险货物后,还需填制中英文的“集装箱装运危险货物装箱证明书”一式数份,分送港区、船方、船代理和港务监督。

7) 危险货物外包装表面必须张贴《国际海运危规》规定的危险品标志和标记,具体标志或标记图案需参阅危规的明细表;成组包装或集装箱装运危险货物时,除箱内货物张贴危险品标志和标记外,在成组包装或集装箱外部四周还需贴上与箱内货物内容相同的危险品标牌和标记。

8) 对出口美国或需在美国转运的危险货物,托运时应提供英文的“危险货物安全资料卡”(简称 MSDS)一式两份,由船代理转交承运人提供美国港口备案。危险货物安全资料卡需填写概况、危害成分、物理特性、起火和爆炸资料、健康危害资料、反应性情况、渗溢过程、特殊保护措施、特殊预防方法等九项内容。

9) 罐式集装箱装散装危险货物时,还须提供罐式集装箱的检验合格证书。

10) 对美国出运危险货物或在香港转运危险货物,还需增加一份《国际海运危规》推荐使用的“危险货物申报单”。

3.船卡

货运代理人在取得船公司的配舱回单后,分船归类立卡,作好每批货物的记录,这种记录称为船卡(shipping list by vessel)。

船卡的内容可根据货运代理人内部管理的需要而定,一般为表格式,表头为船名、航次、预离日期、作业港区、截单期等。表格内容有每批货物的运编号、提单号、货名、件数、尺码、重量、目的港、集装箱类别及数量、信用证装期和有效期、装箱地点等。

船卡是货运代理人在某一条船上的全部货物清单,可据以检查通关情况、装箱情况、集港情况、信用证装效期内提单是否签发等。因此,它对货运代理人掌握工作进度,实现跟踪检查,加强有效管理极为有用。

4.6.1.3 装运前的准备工作

出口货物在装船前主要有两项工作程序：其一是申报海关检验放行；其二是按船舶集港时间及时将货物装入港区备装。以上两项工作，各环节如不紧密相扣，就会影响出运，因此对每批货物实行跟踪管理是货运代理人的一项十分重要的工作。

1. 报关及海关查验

按照海关法规定，出口货物必须从设有海关的地方出境，出境前由出口货物的发货人或其代理人向海关如实申报，交验规定的单证文件，请海关办理查验放行，这种手续叫作报关。出口货物的发货人及其代理人必须分别是海关准予注册的有权经营出口业务和代理出口企业办理报关手续的企业。报关员需经海关培训考核，持有海关发给的报关员证件，才能办理报关事宜。

现将报关主要流程分列如下：

1)接受报关单证

出口货物报关单证一般包括委托书、报关单、装货单、发票、装箱单、合同、外汇、核销单等。进口货物报关单证一般包括委托书、提货单、报关单、发票、装箱单、合同等。根据海关要求，其他可能涉及的单证有许可证、产地证、商检证、环保证、监管证明，机电产品登记表、重要工业品登记表、信用证副本等。

若客户或上级工序提供有关单证有误，要及时联系更正。尤其是对商品名称、商品编码、贸易性质、原产地等重要项目的更改，应得到客户的书面确认，否则会因税率或因许可证等问题造成严重后果；更改项目要加盖核对章；不同合同的货物不能报在一份报关单上。

(1)送交预录入中心

按照新的通关作业模式，货主或代理申报时，所报单据内容应输入海关作业系统，输入内容准确完整，并及时发送，接受回执。

要随时关注所发送的报关单数据和回执。如果发送后在规定时间内收不到回执时，要及时与海关审单中心联系。

(2)特殊情况处理

已发送的报关单证信息，在海关进行报关审核发现该报关单证内容不符合保管要求需作更改时，应及时前往海关将已发送的信息作删除处理，同时建立更新后的报关信息，重新报关。

2)海关现场报关

收到海关电子回执后打印出正式报关单，连同其他报关单据送到海关报关台现场申报，海关会对提供的单证进行现场核对，核销并提出处理意见。出口单位或其货运代理人在向海关现场申报时，随附的单证主要有：

(1)出口发票，即出口单位缮制的出口商业发票；

(2)货物的装箱清单或重量单或规格清单；

(3)装货单，即集装箱运输的场站收据(包含装货单联)；

(4)出口收汇核销单；

(5)出口货物许可证(实行出口许可证管理的商品)；

(6)出境货物通关单(实行法定商检的货物)；

(7)配额许可证(对出口欧美地区实行配额管理的商品)；

(8)登记手册(进料加工、来料加工、补偿贸易货物);

(9)海关认为必要的贸易合同、信用证副本等。

3)海关验货放行

对审核没有问题的单据,海关将予以放行。放行时,接受海关签退的有关报关单证如登记手册、证明、许可证、保管单、海关签章的装货单(或运单)等,并作好交接记录。

但对需要检查的货物,海关报关台会开出查验通知单,要求代理或货主将货物送到查验堆场让海关查验。海关总署对进出口货物查验比例有具体要求,进口货查验比例一般较出口货要高。

4)货物放行后的善后工作

许可证、手册等在海关核销后要及时收回退给客户。出口退税单一般在船舶开航后一个月内退回,对长期不退回的,要及时与海关协商解决。

2. 出口货物集港

在货运代理人接受托运、订妥舱位后,委托单位必须在船只截港期以前交付货物,其方式大致有以下几种:

(1)货主备车送货到货运代理人指定的装箱点(CFS)装箱

货运代理于订妥舱位后以书面通知装箱点,装箱点按通知书上的商品名称、件数、所配船名、航次、关单号以及委托单位名称及托运编号等接收委托单位送来的货物,点验后签收送货回单。在港区截港期以前由货运代理人安排集装箱卡车,凭船公司或其代理人发给的"设备交接单"向指定场所提取集装箱空箱送到装箱点,由装箱点将货物装入箱内,装妥后在箱门上加具封志 (Seal),将货物送到港口作业区备装,此种方式俗称"内装箱"。

(2)货运代理人到委托单位指定的工厂、仓库接货

货运代理人提取集装箱到委托单位指定的货物储存场所由储存场所安排劳动力自行装箱、理货、加封,装箱完毕货运代理人将货物拉送到港口作业区备装。此种方式俗称"门到门"。

(3)委托单位自行送货至指定的港口作业区

由委托单位自行安排集装箱卡车提取空箱到货物储存场所装箱、理货、加封后直接送入指定的港口作业区备装,此种方式俗称"自拉自送",也属于"门到门"范畴。在"自拉自送"情况下,货运代理人须取得委托单位的保证,不得将货运代理人交付的"设备交接单"转让他人,提取的空箱,只可用于装载该批托运货物之用,不得移作他用。

(4)货运代理人到火车站或江河码头接货

有些外地来货存放车站、码头,为简化中间转仓环节,由货运代理人派车提货送到装箱点装箱后再送入港口作业区。

4.6.1.4 装运和现场操作

1. 收取货物

现场理货员根据业务部门的通知及货物的海运提单号,接受客户所需运输的货物,检查货物情况和包装状态,进行必要的称量,核查无误后,由客户签字确认。对有异常情况的货物,应及时通知客户并业务部门进行相关处理,必要情况下应拒收货物。

2. 堆放和装箱

货物接受后,应进行分类堆放,便于装箱。装箱时应根据拼箱明细,对货物进行装箱,同时应及时将货物装箱情况、装完的集装箱号、铅封号通知有关业务部门,并做好业务保存。

在码头的现场操作部门一般还提供以下服务：

(1)跟踪船期动态，并报知有关部门；

(2)根据船期表，对应预配清单和船卡，对所配出口货物的场站收据及装箱到达集港情况进行跟踪并与订舱业务部门保持联系；

(3)如有超载情况，应负责同船公司现场配船人员协调解决；

(4)在协调无效情况下，应及时向有关业务部门和上级领导汇报，以采取应急措施；

(5)做好对特殊危险品、重大件、贵重品、特种商品和驳船来货(如支线来货)的船边接卸、直装工作，防止接卸和装船脱节；

(6)对装船过程中发生的货损，应及时取得责任方的签证，并联系有关方做好处理工作。

(7)现场操作人员应在开船后及时做单船小结，对预配、实装、漏装数量进行统计小结，及时报知订舱业务部门。

如果为某一船公司提供现场CY服务，一般要根据船公司要求制作预配清单，并收取场站收据；港区开始签单时将所收的场站收据送港区配载处，代表船公司现场负责校对场站收据、装箱单，协助港区配船，开船后及时将装箱单副本带回现场办公室，交输单人员输入计算机。

4.6.1.5 装运后的工作

货物通关、装箱、集港后，货物即可装船。货物装船后，港区现场将场站收据或收货单传送给船公司或其代理人凭以签发装船提单或其他运输单据，由货运代理人转送给委托单位(出口企业)向银行结汇。至此，货运代理人接受的托运任务初步告一段落。

此外，由于某种原因，已经进入港区的货物如发生退关、不能装船，货运代理人还须将留存港区的货物作出妥善处理。因此，货物装运后，主要有以下三项工作：

1. 提单处理

提单是用以证明海上货物运输合同和货物已经交由承运人接收或装船以及承运人凭以交付货物的单证。货物装船后，货运代理人应立即从船公司或其代理人手中取得提单，并交给委托人向银行议付。

2. 退关处理

货运代理人代委托单位订妥舱位并办妥通关手续或者货已集港，但在装运过程中因故中止装运叫作退关(shout out)。退关的原因多种多样，有的是由于委托单位货未备妥备齐或信用证没有如期开到；有的是由于单证误差不能及时更正或补齐，例如集装箱装箱单与场站收据对不上号或内容差异，港区无法配载；有的是货已进港，通关时单证不全或存在问题，海关不予放行；也有的是船公司超载配舱或船只漏装造成退关。发生退关后除弄清情况、分清责任外，当务之急是迅速做好善后处理。

1)单证处理

属于委托单位主动提出退关的，货运代理人在接到委托方通知后须尽快转告船公司或其代理人以便对方在舱单上注销此批货物，并下达港区现场理货人员注销场站收据或装货单；另一方面货运代理人须向海关办理退关手续，将注销的报关单及相关单证(外汇核销单、出口许可证、商检证件、来料或进料登记手册等)尽早取回退还委托方。如不属于委托单位主动提出退关而由于船方、港方或海关手续不完备等各种原因造成退关的，货运代理人在办理以上单证手续前，须通知委托方说明情况并听取处理意见。

2)货物处理

(1)通关后如货物尚未进入港区，货运代理人须分别通知发货人、集卡车队、装箱点停止发货、派车及装箱；

(2)货物已经进入港区，如退关后不再出运，须向港区申请结清货物在港区的堆存费用，把货物拉出港区拆箱后送还发货人；

(3)退关后如准备该船下一航次或原船公司的其他航班随后出运，则暂留港区，待装下一航次或其他航班的船(限同一港区作业)；

(4)如换装另一船公司的船只，因各船公司一般只接受本公司的集装箱，此种情况下，须将货物拉出港区换装集装箱后再送作业港区；

(5)退关处理极为麻烦，货运代理人在处理此项工作时需要注意的是：

①必须抓紧时间，跟踪处理，不可延缓。

②对委托方提出的退关要求应采取积极配合的态度，但不宜轻率地做出承诺，因为现场装船时间很紧，情况多变，往往不易控制。

③内外各部门、各环节之间除电话联系外，还须作书面通知，从时间界线上划清责任。

3)海关核退出口报关单、退税联等有关单据

货物报关或出口后，海关按程序核查以下单证：

(1)出口报关单及报关单出口退税专用联各一份，报关单上盖有出境地海关验讫章，退税专用联上并加盖“本票货物于某年某月某日运输出境”及出境地海关具名的印章。

(2)出口收汇核销单(左、中、右)全联，在中、右两联骑缝处盖有出境地海关验讫章，通常在报关时经海关核验盖章后退还。

(3)如有出口许可证，退还其正本联，背面由出境地海关批注出口数量并盖印章。

(4)如有配额许可证的由海关退还，正面盖有海关图章。

(5)如有进料加工或来料加工、补偿贸易登记手册的，由海关在册内成品出口页上批注出口数，报关时即行退还。

以上报关单、出口退税专用联是出口企业向税务部门办理退税的主要证明，为慎重计，海关须核对船公司或其代理人提供的舱单后才可盖章退还。因此时间较长，通常在货物出口后1～4周内可以办妥，货运代理人应抓紧此项善后工作，把应退单证及时收齐退交给出口委托单位。

4.6.1.6　货物整箱出口的程序

1.托运和订舱(图4-5)

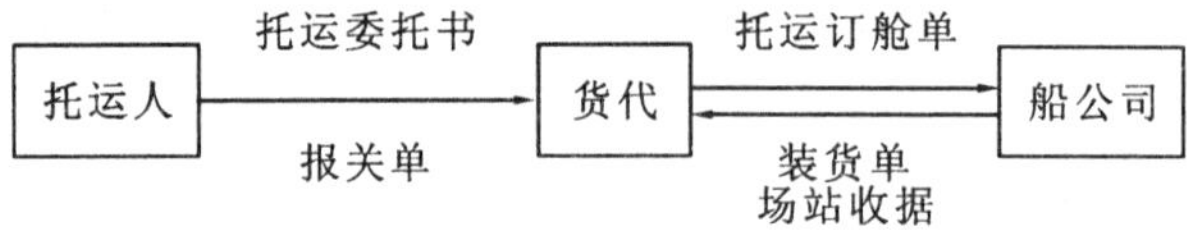

图4-5　托运和订舱流程图

委托人将托运委托书连同报关单据交货代(货运代理人)；货代核阅委托书和有关单据后缮制托运订舱单，船公司或船代订舱；船公司或船代配载后将装货单、场站收据等联退给货代。

2.货物出口

货代向海关办理计算机报关记录，并提交全套报关单据向出境海关申报出口，海关核验后在装货单上盖章放行，将装货单、场站收据等联退给货代。货代将盖章放行的装货单、场站收

据交码头配载室。船公司或船舶代理人根据订舱配载留底缮制装货清单、预配清单等送码头供收货装船之用。货代向船公司或船代领取集装箱设备交接单到指定堆场领取空箱。货代到委托单位储货地点装箱(或委托单位送货到货代仓库装箱)后,将集装箱货物连同集装箱装箱单、设备交接单送到码头。码头将船公司或船代提供的装货清单及集装箱装箱单送海关监管装船。报关流程图见图 4-6。

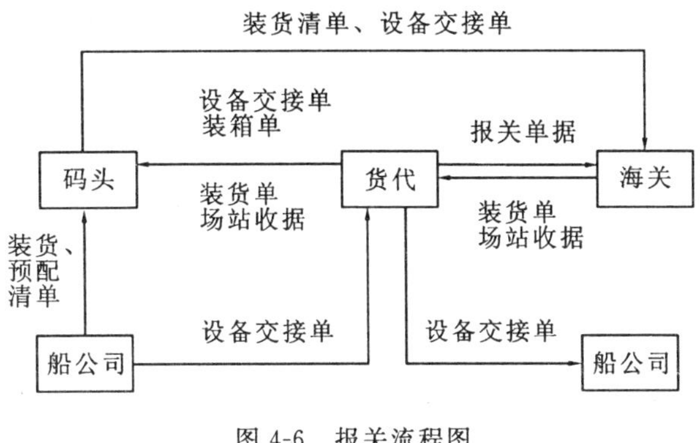

图 4-6 报关流程图

3.装船(图 4-7)

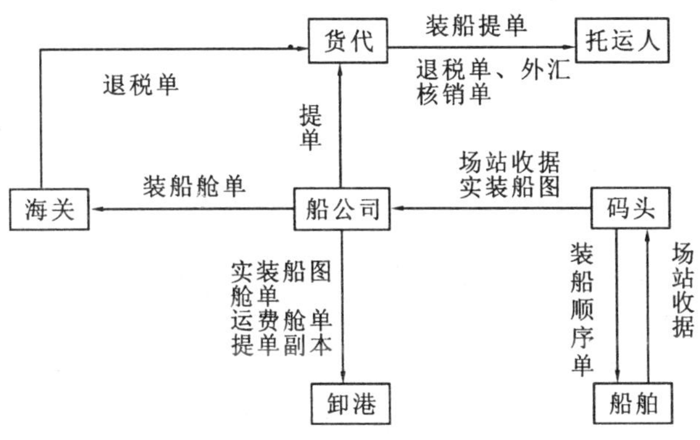

图 4-7 装船流程图

码头收货后根据配船图和预配清单配定载位,缮制装船顺序单交船舶。大副凭装货单接载,装货后签发场站收据。装货后场站收据由码头交船公司或船代。码头根据装船实际情况绘制实装船图交船公司或船代。船公司或船代将实装船图、舱单、运费舱单、提单副本交卸港。船公司或船代凭场站收据签发装船提单给货代,货代将装船提单送交托运人。船公司或船代将装船舱单送海关。海关根据装船舱单核发退税单等凭证给货代,货代取到退税单、外汇核销单等送交托运人。

4.6.2 货运代理在集装箱进口货运中的业务

海运进口的货运代理业务是我国货代业务中涉及面较广、线较长、货种较复杂的货代业务。完整的海运进口业务,从国外接货开始,安排装船,安排运输,代办保险,直至货物运到我国港口后的卸货、接运、报关、报检、转运等,涉及多种运输方式和多个港口部门。

4.6.2.1 接受委托

代理人与被代理人之间必须订立代理协议,确定代理的范围和代理人的职责权限,在授权范围内代理人一切行为的后果，由被代理人承担责任，因此委托协议是确定双方关系的重要依据。

1. 协议中应明确的项目

在协议中应明确以下项目：

(1)委托人(被代理人)及受托人(代理人)的全称、注册地址。

(2)代办的范围，如是否包括海洋运输，是否包括装运前的装箱工作、集港运输等，到达目的港后是提单交货或送货上门等。明确了代办范围，一旦发生意外，就能判明双方责任，也可避免因双方职责不明而造成的损失。

(3)委托方应该提供的单证及提供的时间，提供的时间应根据该单证需用的时间而定。

(4)服务费收费标准及支付时间、支付方法。

(5)委托方及受托人的特别约定。

(6)违约责任条款。

(7)有关费用如海洋运费、杂费及关税等支付时间。

(8)发生纠纷后，协商不成的解决途径及地点。

2. 委托的形式

双方建立的委托关系可以是长期的，过去有不规定终止期限的长期委托协议，一方有意终止协议必须提前三个月或六个月书面通知另一方，才能终止协议，在这种情况下，委托人往往已把代理人订入订货合同，国外发货人在履行合同的有关运输部分会直接与代理人联系，有助于提高工作效率和避免联系脱节的情况发生。在目前的条件下，长期合同还是以一年或两年期为好，双方都有机会就当时情况变化提出修改意见，也可以续约，这对双方都是比较主动的。也可以就某一数量的货物签订委托协议，或就某批数量较大的货物签订委托协议，也可以一次托运多次装运。对于某一批货物也可以采取委托书的形式，但也必须具备上述要件。

3. 慎重审查具体业务内容

接受委托是对责任的承诺，因此是一件十分严肃的事，如果草率接受而最后无力完成就要承受违约的经济赔偿责任，因此对具体业务必须慎重审查。

(1)装货港口。要认真了解国外装运港的具体情况，如有无直达班轮航线，港口的装卸条件，运费和附加费的水平，港口和码头泊位的水深，港口对各种价格条件下，收发货人各应承担的责任和费用的具体情况和惯例。

(2)选择港的接受。有时在成交时明确规定一个装运港有困难，可以接受选择港条款，但必须将港口名称一一列出，一般为两个，最多不超过三个，应规定装运港由买方选择，如果必须由卖方选择，要求卖方及时将所交货物名称、数量和装货港口通知买方。

(3)货量。这是确定运输条件的重要因素，因为有的适宜使用班轮，有的适宜于程租。

(4)如果港口通航班轮班次较稀疏，应争取一次装运或尽可能少的批次。

(5)如果使用程租船，也要注意到每批交货的数量，一般来讲，大吨位的船只其吨运价低于较小吨位的船只。

(6)货名及规格。对于托运的货物要详细审核，如是危险品，则按照其性质必须有其特定的装运条件，有的危险品必须装在水线以下，有的甚至必须装在冷冻舱，这是接受托运时必须注意的。

(7)装运日期。应注意到是否能及时订到舱位或租到合适的船只。

(8)注意港口有无重名。世界港口中重名的不少,如美国、加拿大、圭亚那都有 GEORGE TOWN 港,英国和澳大利亚都有 ARDROSSAN 港,因此接受托运时要注意港口后是否有国别,有的港口一般都是从某国起运的,但这不等于只此一港,不能想当然,而是要有根据。

(9)是否需要特种服务。这在购买成套二手设备时是经常遇到的,这就需要从拆装时所需工时,拆装后待运期间的储存,由装运港集中的运输条件等均要作尽可能符合实际的估计。

4.6.2.2 订舱(通常是指 FOB 条款项下的进口订舱)

(1)在合同签订后,受托方将此票货物的详细资料(包括货名、重量、尺码、装卸港、装运期、发货人联系地址、合同号等)传真给在公司评审时确定的船公司或代理,向船公司或代理订舱并索取装货港代理资料。

(2)将船公司或代理确认的装港代理名称地址及联系人资料传真给委托方,让委托方与国外发货人联系,确认装运港代理。

(3)密切与装货港代理联系,落实有关发货人备货情况和拟装运情况。如有变化,或与合同不符,要将信息反馈给委托方。需要修改合同时,按《合同评审控制程序》中合同修订程序进行,若有必要,可重新进行合同评审,重新批准后,再执行。

(4)将船公司或其代理安排该票货物的船名、船期等资料,传真给委托方,让其通知发货人按此船期与装港代理联系装运。

4.6.2.3 装运

海运集装箱进口的装运程序类似于出口 FOB 业务,主要包括:

(1)发货人向收货人指定的装货港代理提供托运单。

(2)装港代理根据收货人的订舱要求在托运单上填写符合规定的船名、箱堆场名称,并提供给发货人。

(3)发货人凭装港代理提供的填有船名、航次、提单号的托运单,向代理指定的集装箱堆场提取空箱,自行装货或委托箱场代理装货。

(4)装集装箱后,发货人在规定期限内清关,集装箱堆场凭海关放行单将装有货物的集装箱装船。

(5)船公司或代理凭船上大副收据和集装箱堆场货物装船签章签发提单。

4.6.2.4 收取运费

(1)在货物装船后,向船公司或代理索取提单副本,并按照提单上的实际货运量(箱量)计算海运费,并通知客户按此运费额准备运费。

(2)在集装箱货物抵达目的港后,及时通知客户作好提货准备,并通知船公司或代理,在没有收回海运费的情况下不能放货(进口 FOB 货)。

(3)在客户换单提货前,收取海运费,并通知船公司或代理放单。

(4)按照与船公司的协议运价(已采购运价),填写联系单后,发往财务部,支付船公司或代理进口海运费。

(5)将该票进口业务的单证资料整理存档,备查。

4.6.2.5 进口集装箱的接卸与堆存

(1)集装箱站根据进口船舶靠泊计划,到船公司或代理处领取《离船电》和舱单,交有关计算机人员审核。

(2)计算机人员审核无误后,把舱单所有内容输入计算机,并参照《离船电》,打印出整箱货，拼箱货的箱号，交给箱站现场操作人员。

(3)现场操作人员根据进口重箱的数量和分票情况合理安排场地，堆存重箱。

(4)现场操作人员根据分票箱号合理安排机械卸箱堆码，同时收取《集装箱交接凭证》"交箱凭证联"，并检查箱体、铅封是否完好无损，如发现问题应立即与箱管部门联系解决。

(5)现场操作人员收箱完毕后，与箱管部门核对箱数、签字，依据"接箱凭证"与计算机业务员核对箱号、箱数，准确无误后留存。

4.6.2.6 进口单证

一般情况下要求委托人提供下列单证：

1.提单正本

提单是发货人(货物卖方)向银行结汇货款的主要单证之一。正本提单必须由承运人或其代理人或船长手写签署或用签字印章等法定方式签发。为防止流通过程中遗失或延误而使银行或收货人无法及时收到提单，正本提单通常为一式三份，各份具有同等法律效力，在卸货港凭其中一份办理提货手续后，其他各份自动失效。通常所称的全套提单，是指经签署的所有正本提单。一般情况下，在银行结汇，或要求承运人改变卸货港，或转让提单时，都要求提供全套提单。因此提单交接必须办理签收手续，货运代理人在接受提单并签收时应仔细审阅以下内容。

(1)运费支付方式。如果是到付运费，应请委托人将运费交到代理人，以便在换取提单时代付。

(2)注意卸货费的划分。

(3)正本提单且经背书，上有"ORIGINAL"字样，根据航运习惯，标有"1ST ORIGINAL"、"2ND ORIGINAL"、"3RD ORIGINAL"以及"DUPLICATE"、"TRIPLICATE"等字样的也是正本提单。

(4)提单的背书及转让则取决于提单收货人(consignee)一栏所记载的方式。

2. 提单的背书

提单的背书是构成单据合法转让的必要手续，因此，提单必须是 Duly Endorsed。提单的背书通常有如下三种：

(1)空白背书(blank endorsement)也称普通背书，即持有人仅签章，使提单成为不记名提单。

(2)全衔背书也称完全背书(endorsement in full)即持有人在签章以外加注受让人名称，例如"Deliver to×××"，即使提单成为记名提单。此时收货人就是×××。

(3)指示背书，即背书人在提单背面签章以外加注凭×××指示。例如："Deliver to the Order of××Bank"，××银行可以提货或再背书转让。

有时因为运输路线短，在船到前无法收到正本提单，应该按照船公司的要求提供银行担保或其他可以被接受的担保，货运代理人也可自行出具担保提货。担保必须慎重，担保提货后要注意向委托人收回正本提单并向船公司销保、收回担保函，避免担保函长期流落在外。为了避免正本提单不能及时得到而造成的麻烦，有的国家在老客户之间或母子公司之间采用"海运单"(sea waybill)。它不能转让，这种单据直指某法人为收货人，已失去物权凭证的作用，提货时就无需提供正本海运单为条件。收货人仅需按要求证明自己确实是海运单上注明的收货人即可提取货物。证明材料包括：sea waybill 副本，盖有法人章和具法人代表签字的单位保函，本单位经办人的工作证和身份证。

为了使收货人能在卸货港及时提取货物，目前在海运实践中出现了所谓“电放”的业务。即由托运人在货物的装船港将承运人或其代理人签发的全套正本提单交回承运人或其代理人，并由承运人使用电传、电报等通信手段，授权其在卸货港的代理人，明确该提单号项下的货物不需要在收货人出示正本提单的情况下放货。由于此时的授权放货通知是采用电报、电传等电函方式，所以实务中人们称之为“电放”。

3. 发票

发票是买卖双方货款结算的凭证，也是办理保险、报关、报检及索赔的依据，发票应列明商品名称、具体计价单位，计价单位应与海关规定的商品计量单位相一致，免费品、样品或短装后补装的，也需由发货人开具形式发票以利作业。

4. 装箱单

装箱单应列明具体装运内容、包装外形尺寸、包装形式、包装材料。重量单必须列明货物每件重量和总重量，为国内卸货时安排相应能力的卸货工具提供数字依据。对于成套设备、大件货物装箱单和重量单更是卸货时必备单证。

5. 品质证明和产地证明

它们表明了商品的质量依据、级别、商标或牌号、产地，是验收商品的依据。

6. 保险单

保险单是向保险公司办理索赔的依据，它载明投保的险别、投保的金额、保险的起讫地点、保险期限及检验期限，它决定了货物到达目的港后必须进行检验的期限及转运内地时是否需要另行保险的规定。

7. 进口许可证

进口许可证是国家对进口贸易实行管理的措施之一，凡属许可证实施条例规定的凭证进口货物，除国家另有规定外，都必须事先申请领取进口货物许可证，海关凭证验收。许可证不得伪造、涂改、转让。

8. 机电产品进口登记表

凡进口机械设备、电子产品及其零部件、元器件等机电产品，均应根据《机电产品进口管理暂行办法》向本地区、本部门机电产品进口管理机构领取登记表。登记表应注明进口品种、数量、金额、国别等有关内容。

9. 其他单证

如木箱包装需要熏蒸证明，放射性物品需要安全包装证明等，视所委托的物品而定，海关对特种物品也有不同的要求，如国际救济物品、国际会议用品及使领馆的办公用品和家用物品都有特定的单证。

为了保证每个货代人员都能熟悉工作中所应该了解的规定，每个工作人员都应关心收集有关规定，货代企业应该指定专人注意有关行政单位的规定和法令的发布，汇总成册及时转发业务人员。

4.6.2.7　报关、报检及关税处理

1. 报关

1）一般进口货物报关

(1)对一般进口货物向海关的申报程序为：填写报关单—计算机录入—海关预审核—查

验—审价—征税—复审—放行。

(2)报关单的内容有:船名、贸易国别、货名、标记、件数、重量、金额、经营单位、运费、保费、报关单位等项。报关单一式二份。

(3)进口报关除了必须真实正确外,还必须及时,即自船舶抵港后14天内必须办理报关手续,否则将被罚款,并从之后第15天起每日按CIF价的0.5‰征收滞报金。

2)须转口输出的货物、来料加工货物、进料加工货物的报关

须转口输出的货物、来料加工货物、进料加工货物等报关单必须一式三份(应按有关具体规定)除报关单外,还应随附下列单据。

(1)外贸主管部门签发的进口货物许可证和国家规定的其他批准文件。

(2)提货单(海关检查单证和查验货物后在提单上加盖放行章,凭以提取货物)。

(3)发票一份。

(4)装箱单一份。

(5)减免税或免验的证明一份。

2. 报检

进口报检是对列入"实施检验检疫的进出境商品目录"的进口商品,实施法定检验。

(1)报检所需单证:报检单及报检委托书、合同、提单、发票、装箱单等。

(2)在法定检验之外,检验检疫机构可以对进口货物进行公证鉴定,鉴定结果可以作为索赔依据。

3. 关税处理

海关除了征收关税外,还代征增值税及消费税。

(1)进口关税的计算方法:进口关税=CIF价格×进口关税税率。

(2)增值税的计算方法:增值税=(CIF价格+进口关税金额+消费税金额)×增值税税率。

(3)进口货物的收货人或其代理人应如实向海关申报进口成交价格,以海关审定的成交价格作基础,计算所得的到岸价格是货物的完税价格。关税必须在海关填发税款交纳证的次日起7天内向指定银行交纳税款,如果逾期,按日加收税金的1‰的滞纳金。

(4)对某些享受减免税政策的进口物品,进口报关时应提供有关的证明。

(5)关税争议的处理。如对征税、减税等有异议,应当先按海关核定的税额交纳税款,然后自海关填发税款交纳证之日起30天内,向海关书面申请,逾期申请复议者,海关可不予办理。对海关误征及货物短卸等情况应办理退税,纳税人可在交纳税款之日起1年内,书面申请理由,连同原纳税收据,向海关申请退税,逾期不予办理。

4.6.2.8 监管转运

进口货物入境后一般在港口报关放行后再内运,但经收货人要求,经海关核准,也可以运往另一设关地点办理海关手续,这称为转关运输货物,属海关监管货物。办理转关运输的入境地申报人必须持海关颁发的《转关登记手册》,承运转关运输货物的承运人必须是经海关核准的运输企业,持有转关运输准载证,监管货物在到达地申报时,必须递交入境地海关人关关封、《转关登记手册》和转关运输核载证。申报必须及时,并有海关签发回执,交入境地海关。

4.6.2.9 进口交货

1. 交货

交货有两种情况，一是象征性交货，即以单证交接，集装箱进口货物到港后经海关验放，并在提货单上加盖海关放行章，将该提货单交给货主，即为交货完毕，俗称货主自提。二是实际性交货，即除完成报关放行外，货运代理人负责向集装箱堆场办理提货，并负责将货物运到货主指定的地点，交给货主。如果整箱提货通常还要负责空箱的还箱工作。以上两种交货方式，都应做好交货工作的记录。

2. 办理集装箱进口货物的提货手续

(1)收货人或其代理人凭加盖海关放行章的提货单和船公司交货记录，到指定的进口部门交纳进口港杂费，并办理集装箱设备交接单。

(2)集装箱堆场进口部门依据收货人或其代理提供的海关签章放行的提货单和船公司的交货记录，开具进口集装箱计划单交计算机操作人员。

(3)计算机操作人员留存货主在船公司办理的集装箱设备交接单中的“留底联”和“场站留底联”，并在“场站留底联”记录车队、车号、联系电话及有效证件号码备查，以跟踪集装箱回空情况，同时开具出门证与集装箱设备单中的“留底联”送交船公司。

(4)现场业务员依据“集装箱计划单”中所列箱号，速查箱位，指挥叉车装车，同时请货主或其代理人在集装箱设备交接单上签字。

(5)办理进口转关货物提货时，进口业务员应验证海关颁发的载货登记本，和海关监管车辆证件及驾驶证、行车证，核对车号无误后，方可办理发货手续。

(6)凡需在集装箱站内拆空的集装箱，应先向货主或代理人收取拆箱费后，组织叉车及搬运工人拆箱装车，拆箱装车完毕后让货主或代理签字，并为其开出门证。业务员到计算机操作人员处开列“交箱凭证”与箱管部办理签字交接，每周缮制“站内重拆空周报表”交箱管部经理签字确认。

(7)对整箱发运的集装箱，进口业务员每周打印“周报表”交箱管部空箱堆场确认是否回空，对无确认回空箱进行追索。

(8)对船公司指定的回空集装箱，进口部门开具“交箱凭证”，承运车辆在指定回空地点卸箱后，凭收箱人在“交箱凭证”的签章到进口部门领回押箱支票。如回空集装箱出现破损、污染等情况，则须向押箱人收取一定费用。

海口南青集装箱班轮公司与广州市黄埔至发货运部集装箱交付纠纷案

原告：海口南青集装箱班轮公司

被告：广州市黄埔至发货运部

2002年11月25日，原告委托被告承运12个40’HF集装箱货物由广州港黄埔外运仓码头送往各收货人单位，并约定将卸完货的空箱送还至芳村内四码头堆场。然而，至今为止，原告仅收到被告返还的九只空箱，另三只空箱下落不明；经原告反复查询，负责芳村内四码头经营管理的“广州港务局河南港务公司”证明：“其余三个箱，箱号为WSDU4804270、CLHU4203760、CLHU4202660，没有进入我码头。”请求判令被告向原告返还40’HF集装箱三个；偿付滞箱造成的损失7609.44元。

被告广州市黄埔至发货运部辩称:被告在接受原告的委托时,已经将这些集装箱转给中原物流运输公司承运,原告与被告并没有签订合同,也没有约定还箱的期限,实际上双方并没有合同关系;原告主张滞箱造成的损失和集装箱的价值均没有提供计算依据。请求驳回原告的诉讼请求。

【审判】

原告委托被告运输集装箱货物,被告接受原告的委托,双方之间成立了货物运输合同关系。被告出具的证明和中原物流运输公司出具的证明均可以证明被告接受原告的委托后,再委托中原物流运输公司从事部分运输,因此,被告应对全部运输负责。根据原告与被告的运输合同约定,被告应将空集装箱运回芳村内四码头,交还给原告。现双方对箱号为“WSDU4804270”、“CLHU4203760”、“CLHU4202660”的3个集装箱是否运回芳村内四码头产生争议,被告作为交付一方,应承担举证责任。中原物流运输公司出具的证明与广州港务局河南港务公司第二港务站出具的证明互相矛盾,均没有其他证据可以佐证,不能证明该3个集装箱是否已交回芳村内四码头。但因被告不能提交集装箱交付记录或其他关于集装箱交接的证据,应认定上述3个集装箱没有交回。原告与被告没有约定还箱的期限,被告应在合理的期限内将集装箱交还给原告。被告已将集装箱运出近一年,又不能做出不能还箱的合理解释,应认为已超过合理期限。

被告没有依照运输合同的约定交还集装箱属违约行为,应承担违约责任。但原告对其损失没有提供证据,故对其请求被告赔偿滞箱造成的损失7609.44元的诉讼请求不予支持。

(资料来源:http:www.110.com/zhuanti/jizhuangxiang)

海特澳大利亚有限公司与中远集装箱运输有限公司海上货物运输合同无单放货赔偿纠纷案

原告:海特澳大利亚有限公司

被告:中远集装箱运输有限公司

2001年8月4日,原告将价值111060.00美元的澳大利亚绵羊皮交由被告承运,被告签发编号为COSU683102454号提单,该提单载明:提单的种类为指示提单;货物的品名为澳大利亚绵羊皮;装运港为澳大利亚墨尔本,目的港为中国郑州。该提单于当日在墨尔本签发。然而货到目的港后,在正本提单尚未收回的情况下,被告却于2001年12月10日将原告的货物让人提走。据此,请求赔偿原告:

1. 价值111060.00美元的货款损失;

2. 处理此单货所发生的(1)往返国际机票费用4000.00澳元;(2)食宿费人民币11179.00元;(3)传真、电话、市内交通费人民币2500.00元;(4)调解费人民币5000.00元;(5)翻译、认证费2245.00澳元;

3. 上述款项的银行利息4178.63美元;

4. 其他损失(1)银行费用243.12美元、人民币1121.00元;(2)误工等费用11538.00

澳元；

5. 本案律师费人民币 45000.00 元，汇率差额及影响周转费用计 25151.00 澳元。

【审判】

一、原告海特澳大利亚有限公司不可撤销和保证其为本案所涉第 COSU683102454 号提单项下货物的托运人、合法所有人，对提单项下货物损坏具有合法索赔权，并保证该货物损坏未曾从任何其他方（包括但不限于货物的保险人）获得过任何的货损或者货物灭失等赔偿。若违反此项保证，原告海特澳大利亚有限公司将向被告中远集装箱运输有限公司退还本协议第二条所约定的调解金额；

二、被告中远集装箱运输有限公司同意在本协议签订之日起 20 个银行工作日内一次性向原告海特澳大利亚有限公司支付人民币 700000.00 元（人民币柒拾万元整）或者等值美元，包括所有利息和费用，作为本案最终和全部的调解方案。若因被告中远集装箱运输有限公司的原因未能按时付款，被告中远集装箱运输有限公司同意按日万分之二点一的逾期付款利息率支付逾期付款利息；

三、被告中远集装箱运输有限公司同意向原告海特澳大利亚有限公司支付上述款项，不代表被告中远集装箱运输有限公司对本案责任的任何承认，也不影响或妨碍被告中远集装箱运输有限公司在因“MI YUN HE”轮 0008 航次第 COSU683102454 号提单项下货物损坏引起的其他索赔或诉讼中主张免责或享受责任限制或任何抗辩的权利；

四、在被告中远集装箱运输有限公司支付本协议第二条约定的调解金额后，原告海特澳大利亚有限公司立即将全套 COSU683102454 号正本提单和正本货物商业发票等材料交给被告中远集装箱运输有限公司，否则原告海特澳大利亚有限公司将向被告中远集装箱运输有限公司退还本协议第二条所约定的调解金额；

五、在被告中远集装箱运输有限公司支付本协议第二条约定的调解金额后，原告海特澳大利亚有限公司立即将 COSU683102454 号提单项下的权利以及本案所涉海上货物运输合同中的权利（以被告中远集装箱运输有限公司向原告海特澳大利亚有限公司支付的人民币 700000.00 元为限）一并转让给被告中远集装箱运输有限公司，并向被告中远集装箱运输有限公司签发本协议所附的收据和免除责任确认书，以便被告中远集装箱运输有限公司能向有关责任者进行追偿。剩余的货物价值原告海特澳大利亚有限公司可另行向货物买方追偿。

（资料来源：http://www.110.com/zhuanti/jizhuangxiang）

本章思考题

4.1　主要集装箱运输单证包括哪些？它们的内容与功能是什么？

4.2　叙述集装箱运输进出口单证的流程。

4.3　收、发货人在进出口货运中的业务有哪些？

4.4　船公司和集装箱码头在进出口货运中的业务有哪些？

4.5　叙述集装箱货运站在进出口货运中的作用。

5 国际集装箱陆空运输组织及业务

集装箱运输最早起源于铁路，其历史可追溯到19世纪中叶，到了20世纪初，随着世界贸易的发展，货运量的迅速增加，铁路集装箱运输才真正发展起来。而我国的公路集装箱运输是伴随着海运国际集装箱运输和国内铁路集装箱运输的发展而兴起的。随着国际贸易货物对运输要求的变化，航空集装箱运输所占比例明显增加。集装箱陆路运输及航空运输在国际集装箱集疏运和实现“门到门”的运输中发挥了重要的支撑作用。

5.1 集装箱铁路运输组织及业务

5.1.1 铁路集装箱货运程序

(1)托运受理

托运人向车站提出货物运输申请，填写货物运单和运单副本。车站接到运单后，应审核整车货物的申请是否有批准的月度、旬度货物运输计划和日要车计划，检查货物运单上各项内容的填写是否正确。如果确认可以承运，则在运单上登记货物应进入车站的日期或装车日期，即表示受理托运。

(2)进行集装箱货物集配计划

受理车站的集配货运员根据掌握的全部受理运单的到站去向和数量，本站可用空箱和待交箱数量，待装车、待装箱和残存箱的方向和数量以及站外集散站的集装箱等资料，做出集配计划。集配计划完成后，及时通知托运人和承运货运员，以便托运人安排车辆组织进货，货运员做好承运准备工作。

(3)货物装箱

首先是整箱货装箱。整箱货的装箱可在站内完成，也可在站外完成。若在站内装箱，托运人按车站指定的送货日期将货物运至车站，外勤货运员指定拨配空箱，由托运人自己组织装箱，装箱完毕后施封；若在站外装箱，一般先由托运人根据车站指定的取箱日期将空箱运到本单位组织装箱，并在施封后将重箱送到车站。

无论在何处装箱，托运人接到外勤货运员拨配的空箱后，一定要检查集装箱是否有破损、装置是否完好。箱内货物的数量和质量由托运人负责，因此，施封必须由托运人自己进行，承运人不得接受代为施封的委托。

其次是拼箱货装箱。拼箱货是将若干个不同托运人托运到同一铁路到站的零担货物装箱运输。目前有铁路拼箱和集散站拼箱两种作业形式。铁路拼箱货物按零担货物收取运费，但须另收拼箱费用。货物的装、拆箱以及受理和交付均由铁路负责。因此，货物运单、领货凭证和货票等运输单证上要加盖“铁路拼箱”戳记。同一箱内货物的所有票据应封入“铁路集装箱拼箱货运票据封套”中。

集装箱集散站是设立在铁路车站之外，具备库场和装卸、搬运设备的企业。集散站拼箱是集散站使用铁路集装箱或部分自备集装箱，由集散站面对货主办理货物的承运和交付，并将同一到站不同收货人的货物共装于一个集装箱内，向铁路部门按整箱办理运输。铁路车站与集散站之间的关系是承运人与托运人之间的关系。

(4)承运

托运人在指定日期将集装箱货物送至车站指定的地点，铁路核查货物运单的记载与实物的情况，确认无误后在运单上加盖承运日期戳，即为承运。铁路向托运人核收运费。

(5)装车运输

1 t 箱主要使用棚车装运，可以和普通零担货物混装，但不得与其他货物混装。5 t 及以上集装箱主要使用敞车装运，不得和其他货物混装于一车。

(6)国际铁路联运货物在国境站的交接

国境站除办理一般车站的事务外，还办理国际铁路联运货物、车辆与邻国铁路的交接、货物的换装或更换轮对、票据文件的翻译及货物运送费用的计算与复核等工作。国际铁路联运货物在国境站的交接还涉及海关、货代等部门，他们在国际联运交接所内联合办公，实行流水作业。

国际铁路联运集装箱货物在国境站的交接程序如下：

第一步，国境站接到国内前方站的列车到达预报后，立即通知国际联运交接所，做好交接的准备工作。

第二步，列车进站后由铁路会同海关接车，海关负责对列车监管和检查。未经海关许可，列车不准移动、解体或调离，车上人员亦不得离开。铁路负责将随车带交的票据送至交接所。

第三步，交接所内各单位各司其职，协同完成货物的出境手续。

第四步，相邻两国国境站办理货物、车辆、单证的交接手续并签署交接证件。

(7)到达交付

集装箱货物运抵到站后，到站应在不迟于集装箱卸车后的次日用电话等方式向收货人发出催领通知，通知完毕后，货运员在货票上记载通知的时间和方法。但到站的催领通知仅是通知收货人收货的辅助手段。货物承运后，托运人应将领货凭证及时寄交收货人，收货人应主动向到站联系领取货物，这是到货通知的主要手段。

收货人在到站领取货物时，须出示本人的身份证明和领货凭证。到站应仔细核对运单和领货凭证，无误后向收货人交付货物。收货人在货票上盖章或签字，到站将收货人的身份证明文件号码记载在货票上。

对到达的货物，收货人有义务及时将货物搬出，铁路有义务提供一定的免费留置期限，以便收货人安排搬运工具、办理仓储手续等，一般为两天。超过这个期限，收货人应向铁路支付延期使用费和货物暂存费。

若货物在站内掏箱，收货人应于领取的当日内掏完；在站外掏箱时，收货人应于领取的次日内将该空箱送回。

5.1.2 铁路集装箱货运单证

(1)铁路货物运单

铁路货物运单的性质和作用：铁路货物运单（以下简称“货物运单”或“运单”）是铁路与托运人之间为完成货物运输而填制的具有运输合同性质的一种运送单据。如果在运输过程中发生货运事故或运输费用计算错误时，货物运单就是处理铁路与托运人、收货人之间责任的依据。

运单的填制：货物运单由两部分组成，左边为“货物运单”，右边为“领货凭证”。货物运单粗线框内各栏和领货凭证各栏由托运人填写货物的详细情况以及托运人、收货人的资料等项目。车站在承运货物时，要在货物运单和领货凭证连接处，骑缝加盖发站承运日期戳。

遇有下列情况，托运人还应随货物运单提供物品清单：同一批托运的货物过多，不能在货物运单内逐一填记时；同一包装内有两种以上货物时；托运搬家货物时。物品清单一式三份，一份由发站存查，一份随同运输票据递交到站，一份退还托运人。

(2)货票

货票的性质和作用：货票是铁路填制的供财务统计使用的票据。它在发站是铁路向托运人核收运输费用的收款收据；在到站是与收货人办理交付手续的一种凭证；在铁路内部则是清算运输费用，统计铁路完成货运工作量、运输收入以及有关货运方面工作指标的根据。

货票的使用：货票一式四联，甲联由发站存查，乙联由发站寄交发局，丙联由发站交给发货人作报销用，丁联由发站将它与货物运单一起随货递至到站，由到站将丁联存底备查，将货物运单交给收货人。承运货物时，发站必须在领货凭证上记明本批货物的货票号码，将货票丙联连同运单上的“领货凭证”交予托运人，由其将领货凭证寄交收货人。

5.2 集装箱公路运输组织及业务

5.2.1 公路集装箱货运程序

按照公路集装箱运输服务的对象区分，其业务内容及生产作业流程主要有以下三种：

(1)港口进出口国际集装箱集疏运业务及其作业流程

出口集装箱进港发送作业流程包括：

①接受托运人或其代理提出的集装箱出口托运申请；

②汇总托运申请，编制运输计划，并据此向货运代理和船舶公司联系提供空箱；

③将集装箱出口运输通知单和放箱单交给集装箱码头，换取集装箱设备交接单、集装箱装箱单和封具，并提取空箱；

④将空箱连同装箱单和封具一起自集装箱码头堆场运往托运人工厂、仓库或中转站；

⑤自托运人工厂或仓库将拼箱货接运至中转站拆装箱库；

⑥在货运代理、海关、商检等部门的监督下，把货物装箱加封后，将集装箱连同已填写、签署的装箱单送往集装箱码头或中转站，待船舶到港后准备装船；

⑦将装箱单和集装箱设备交接单提交集装箱码头，经核查后取得签发的集装箱交付收据。

进口集装箱出港送达作业流程包括：

①接受货主或其代理提出的集装箱进口托运申请；

②汇总托运申请，编制运输计划，并据此向船公司和货运代理联系提箱；

③将集装箱进口运输通知单和提货单交集装箱码头，换取集装箱设备交接单，并在集装箱堆场提取重箱装车；

④整箱货集装箱运送至收货人工厂或仓库，拼箱货集装箱运回中转站集装箱作业区；

⑤拆箱后将空箱和设备交接单送回集装箱码头堆场或中转站集装箱堆场；

⑥将集装箱设备交接单提交集装箱码头堆场，送回集装箱并经检查后取得签署的集装箱退回收据；

⑦将属于不同收货人的拼箱货在有关部门监督下，理货后分送有关收货人。

(2)国内集装箱公铁联运上、下站接取送达业务及其作业流程

公铁联运集装箱上站发送作业流程包括：

①接受托运人或其代理提出的货物托运申请；

②向铁路货运站提出联运申请和空箱要箱计划；

③待联运申请被答复后，领回铁路进货证和集装箱交接单，凭单提取空箱运至托运人工厂或仓库，或运回中转站堆场；

④将拼箱货自托运人工厂或仓库运至中转站，按铁路货运站配箱计划和积载要求装箱，并填写集装箱装箱单；

⑤按计划将重箱运送至铁路货运站，并按铁路有关规定办理集装箱交接；

⑥托运人按铁路运价交付运费，领回托运人报销联及铁路运单副本。

公铁联运集装箱下站送达作业流程包括：

①接受收货人或其代理人提交的货物托运单、到货通知和领货凭证；

②将到货通知、领货凭证提交铁路货运站办理提箱手续，领取出门证及集装箱交接单；

③按计划到铁路货运站提取重箱，将重箱运至收货人仓库或中转站并办理交接手续；

④将拼箱货在中转站拆箱后通知货主提货，或送至收货人；

⑤将用毕的空箱送回铁路货运站，并办理集装箱交接手续；

⑥按规定向收货人收取运费和附加费。

(3)公路干线集装箱直达运输业务及其作业流程

①接受托运人或其代理提出的货物运输申请；

②审核托运单填写内容与货物实际情况是否相符，检查包装，过秤量方，粘贴标签、标志；

③按有关规定向托运人核收运杂费、附加费；

④按照零担运输作业程序核对装箱，当场进行铅封并编制装箱单；

⑤按班期将集装箱货物运送到对方站，凭铅封进行交接，明确相互责任；

⑥到达站将货物从集装箱内掏出，并以最快速度通知收货人在最短时间内将货物提走，以加速物资和仓库的周转。

5.2.2 公路集装箱货运单证

为规范公路集装箱运输业务，便于划分公路集装箱运输的责任，交通运输部于1997年发布《道路货物运单使用和管理办法》(以下简称《办法》)，自1997年10月1日起施行。凡从事营业性道路货物运输和货运代理的经营者，均须遵守该《办法》。

(1)道路货物运单的性质和种类

道路货物运单是道路货物运输合同的凭证，是运输经营者接受货物并在运输期间负责保管和据以交付的凭证，也是记录车辆运行和行业统计的原始凭证。道路货物运单分为甲、乙、丙三种，其中乙种运单适用于集装箱汽车运输。

(2)道路货物运单的使用

①承、托运人要按运单内容逐项如实填写，不得简化和涂改。

②乙种道路货物运单第一联为存根，作为领购新运单和行业统计的凭据；第二联为托运人存查联，交托运人存查并作为运输合同当事人一方保存；第三联为承运人存查联，交承运人存查并作为运输合同当事人另一方保存；第四联为随货同行联，作为载货通行和核算运杂费的凭证，货物运达经收货人签收后，作为交付货物的依据。

③已签订年、季、月度或批量运输合同的，必须在运单"托运人签章或运输合同编号"栏中注明合同编号，由托运人签章。批次运输任务完成或运输合同履行后，凭运单核算运杂费，或将随货同行联汇总后转填到合同中，由托运人审核签字后核算运杂费。

④道路货物运输和货运代理经营者凭运单开具运杂费收据。

(3)道路货物运单的印制、发放和管理

道路货物运单由省级道路运政管理机关统一印制，由地(市)级以上道路运政管理机关负责发放和管理。道路货物运输和货运代理经营者必须到注册所在地指定的道路运政管理机关领用运单，非营业性运输经营者从事一次性营业运输，由当地道路运政管理机关核发运单。运单必须缴旧领新，经营者凭"道路货物运单领购证"按要求交回已汇总统计数的旧运单存根，批量领用新运单，旧运单存根经审核签章后退还经营者。每年度运单须全部回缴，回缴时间为次年1月1日至20日。

(4)监督检查与处罚

各级交通主管部门对使用运单的经营者的违章行为实施监督、检查、纠正和处理。运单的使用情况已被列为经营者年度审验的项目。凡违反《办法》规定者将受到如下的处罚：

①经营者超出范围使用运单的，每次处以人民币100～200元罚款。

②营业性或一次性营业运输不使用运单的，每次处以人民币500元罚款。

③经营者三个月以上不使用运单的，处以人民币10000元以下罚款。

④私自印制、伪造、转让、倒卖运单的，收缴全部运单并处以非法所得3倍以下罚款，但最高不超过人民币30000元。

⑤当事人对处罚决定不服，可在接到处罚通知书之日起15日内，向作出处罚决定机关的上一级行政机关申请行政复议或向法院起诉；期满未提出复议又不起诉且拒不履行处罚决定的，作出处罚决定的机关可申请法院强制执行。

5.3　集装箱航空运输组织及业务

5.3.1　航空集装箱货运程序

5.3.1.1　国际航空集装箱运输进口货运程序

1. 市场销售

货代企业需及时向出口单位介绍本公司的业务范围、服务项目、各项收费标准，特别是向出口单位介绍本公司的优惠运价，介绍本公司的服务优势等。

2. 委托运输

由托运人自己填写货运托运书。托运书应包括下列内容栏：托运人、收货人、始发站机场、目的地机场、要求的路线、申请订舱、供运输用的声明价值、供海关用的声明价值、保险金额、处理事项、货运单所附文件、实际毛重、运价类别、计费重量、费率、货物的品名及数量、托运人签字、日期等。

3.审核单证

单证应包括:发票、装箱单、托运书、报送单项式、外汇核销单、许可证、商检证、进料/来料加工核销本、索赔/返修协议、到会保函、关封。

4.预配舱

代理人汇总所接受的委托和客户的预报,并输入计算机,计算出各航线的件数、重量、体积,根据各航空公司不同机型对不同板箱的重量和高度要求,制定预配舱方案,并对每票货配上运单号。

5.预订舱

代理人根据所指定的预配舱方案,按航班、日期打印出总运单号、件数、重量、体积,向航空公司预订舱。

6.接受单证

接受单证是接受托运人或其代理人送交的已经审核确认的托运书及报送单证和收货凭证。将收货记录与收货凭证核对,制作操作交接单,填上所收到的各种报关单证份数,给每份交接单配一份总运单或分运单。将制作好的交接单、配好的总运单或分运单、报关单证移交制单。

7.填制货运单

航空货运单包括总运单和分运单,填制航空货运单的主要依据是发货提供的国际货物委托书,委托书上的各项内容都应体现在货运单项式上,一般用英文填写。

8.接收货物

接收货物,是指航空货运代理公司把即将发运的货物从发货人手中接过来并运送到自己的仓库。

接收货物一般与接单同时进行。对于通过空运或铁路从内地运往出境地的出口货物,货运代理按照发货提供的运单号、航班号及接货地点日期,代其提取货物。如货物已在始发地办理了出口海关手续,发货人应同时提供始发地海关的关封。

接货时应对货物进行过磅和丈量,并根据发票、装箱或送货单清点货物,核对货物的数量、品名、合同号或唛头等是否与货运单上所列一致。

9.标记和标签

标记:包括托运人、收货人的姓名、地址、联系电话、传真、合同号等;操作(运输)注意事项;单件超过150千克的货物数量。

标签:航空公司标签上前三位阿拉伯数字代表所承运航空公司的代号,后八位数字是总运单号码。分标签是代理公司对出具分标签的标志,分标签上应有分运单号码和货物到达城市或机场的三字代码。

一件货物贴一张航空公司标签,有分运单的货物,再贴一张分标签。

10.配舱

核对货物的实际件数、重量、体积与托运书上预报数量的差别。对预订舱位、板箱进行有效利用、合理搭配,按照各航班机型、板箱型号、高度、数量进行配载。

11.订舱

接到发货人的发货预报后,向航空公司吨控部门领取并填写订舱单,同时提供相应的信息:货物的名称、体积、重量、件数、目的地、要求出运的时间等。航空公司根据实际情况安排舱位和航班。货运代理订舱时,可依照发货人的要求选择最佳的航线和承运人,同时为发货人争取最低、最合理的运价。

订舱后,航空公司签发舱位确认书(舱单),同时给予装货集装箱领取凭证,以表示舱位订妥。

12. 出口报关

首先将发货人提供的出口货物报关单的各项内容输入计算机,即计算机预录入。在通过计算机填制的报关单上加盖报关单位的报关专用章,然后将报关单与有关的发票、装箱单和货运单综合在一起,并根据需要随附有关的证明文件,以上报关单证齐全后,由持有报关证的报关员正式向海关申报,海关审核无误后,海关官员即在用于发运的运单正本上加盖放行章,同时在出口收汇核销单和出口报关单上加盖放行章,在发货人用于产品退税的单证上加盖验讫章,粘上防伪标志,完成出口报关手续。

13. 出仓单

配舱方案制定后就可着手编制出仓单:出仓单的日期、承运航班的日期、装载板箱形式及数量、货物进仓顺序编号、总运单号、件数、重量、体积、目的地三字代码和备注。

14. 提板箱

向航空公司申领板箱并办理相应的手续。提板箱时,应领取相应的塑料薄膜和网。对所使用的板箱要登记、销号。

15. 货物装箱装板

注意事项:不要用错集装箱、集装板,不要用错板型、箱型,不要超装箱板尺寸,要垫衬,封盖好塑料纸,防潮、防雨淋,集装箱、板内货物尽可能配装整齐,结构稳定,并接紧网索,防止运输途中倒塌;对于大宗货物、集中托运货物,尽可能将整票货物装在一个或几个板、箱内运输。

16. 签单

货运单在盖好海关放行章后还需要到航空公司签单,只有签单确认后才允许将单、货交给航空公司。

17. 交接发运

交接是向航空公司交单交货,由航空公司安排航空运输。

交单就是将随机单据和应由承运人留存的单据交给航空公司。随机单据包括第二联航空运单正本、发票、装箱单、产地证明、品质鉴定证书。

交货即把与单据相符的货物交给航空公司。交货前必须粘贴或拴挂货物标签,清点和核对货物,填制货物交接清单。大宗货、集中托运货,以整板、整箱称重交接。零散小货按票称重,计算后交接。

18. 航班跟踪

需要联程中转的货物,在货物运出后,要求航空公司提供二程、三程航班中转信息,确认中转情况。及时将上述信息反馈给客户,以便遇到有不正常情况及时处理。

19. 信息服务

从多个方面做好信息服务:订舱信息、审单及报关信息、仓库收货信息、交运称重信息、一程二程航班信息、单证信息。

20. 费用结算

发货人结算费用：在运费预付的情况下，收取航空运费、地面运输费、各种服务费和手续费。

承运人结算费用：向承运人支付航空运费及代理费，同时收取代理佣金。

国外代理结算主要涉及付运费和利润分成。

5.3.1.2 国际航空集装箱进口业务的流程

(1)接到客户的全套单据后，要查清该进口货物属于哪家航空公司承运、哪家作为代理、在哪儿可以换到供通关用的提货单。(注：全套单据包括带背书的正本提单或电放副本、装箱单、发票、合同)。

注意事项：

①提前与航空公司或航空代理部门联系，确定飞机到站时间、地点，如需转机应确认二程机名。

②提前与航空公司或航空代理部门确认换单费、押箱费、换单的时间。

③提前联系好场站确认好提箱费、掏箱费、装车费、回空费。

(2)凭带背书的正本提单(如是电报放货，可带电报放货的传真件与保函)去航空公司或航空代理部门换取提货单和设备交接单。

注意事项：

①背书有两种形式，如果提单上收货人栏显示"TO ORDER"则由"SHIPPER"背书；如果收货人栏显示其真正的收货人，则需收货人背书。

②保函是由进口方出具给航空代理的一份请求放货的书面证明。保函内容包括进口站、目的站、机名、航次、提单号、件重尺及进口方签章。

③换单时应仔细核对提单或电放副本与提货单上的集装箱箱号及封号是否一致。

④提货单共分五联，白色提货联、蓝色费用账单、红色费用账单、绿色交货记录、浅绿色交货记录。

⑤设备交接单：它是集装箱进出港区、场站时，用箱人、运箱人与管箱人或其代理人之间交接集装箱及其他机械设备的凭证，并兼管箱人发放集装箱的凭证的功能。当集装箱或机械设备在集装箱码头堆场或货运站借出或回收时，由码头堆场或货运站制作设备交接单，经双方签字后，作为两者之间设备交接的凭证。

集装箱设备交接单分进场和出场两种，交接手续均在码头堆场大门口办理。出码头堆场时，码头堆场工作人员与用箱人、运箱人就设备交接单上的以下主要内容共同进行审核：用箱人名称和地址，出堆场时间与目的，集装箱箱号、规格、封志号以及是空箱还是重箱，有关机械设备的情况，正常还是异常等。

进机场堆场时，机场堆场的工作人员与用箱人、运箱人就设备交接单上的下列内容共同进行审核：集装箱、机械设备归还日期、具体时间及归还时的外表状况，集装箱、机械设备归还人的名称与地址，进堆场的目的，整箱货交箱货主的名称和地址，拟装机的机次、航线、卸箱站等。

(3)用换来的提货单(1、3)联并附上报关单据前去报关。

报关单据：提货单(1、3)联海关放行后，在白联上加盖放行章，发还给进口方作为提货的凭证。正本箱单、正本发票、合同、进口报关单一式两份、正本报关委托协议书、海关监管条件所涉及的各类证件。

注意事项：

①接到客户全套单据后，应确认货物的商品编码，然后查阅海关税则，确认进口税率、确认货物需要什么监管条件，如需做各种检验，则应在报关前向有关机构报验。报验所需单据：报验申请单、正本箱单发票、合同、进口报关单两份。航空代理部门及时给海关传舱单，如有问题应与海关舱单室取得联系，确认舱单是否转到海关。

②当海关要求开箱查验货物时，应提前与场站取得联系，调配机力将所查箱子调至海关指定的场站。（事先应与场站确认好调箱费、掏箱费。）

(4)若是法检商品应办理验货手续。

如需商检，则要在报关前，拿进口商检申请单（带公章）和两份报关单办理登记手续，并在报关单上盖商检登记在案章以便通关。验货手续在最终目的地办理。

如需动植物检疫，也要在报关前拿箱单发票合同报关单去代理报验机构申请报验，在报关单上盖放行以便通关，验货手续可在通关后在堆场进行。

(5)海关通关放行后应去"三检"大厅办理"三检"。

向大厅内的代理报验机构提供箱单、发票、合同报关单，由他们代理报验。报验后，可在大厅内统一窗口交费。并在白色提货单上盖"三检"放行章。

(6)"三检"手续办理后，去港池大厅交港杂费。

航空港杂费用结清后，港方将提货联退给提货人供提货用。

(7)所有提货手续办妥后，可通知事先联系好的堆场提货。

注意事项：

①首先应与港池调度室取得联系安排计划。

②根据提箱的多少与堆场联系足够的车辆尽可能在港方要求的时间内提清，以免产生转站堆存费用。

③提箱过程中应与堆场有关人员共同检查箱体是否有重大残破，如有，要求港方在设备交接单上签残。

(8)重箱由堆场提到场地后，应在免费期内及时掏箱以免产生滞箱。

(9)货物提清后，从场站取回设备交接单证明箱体无残损，去航空公司或航空代理部门取回押箱费。

5.3.2 航空集装箱货运单证

空运单由托运人填写。每件货物应填写一套单证。空运单是承运人与发货人之间的运输合同，是承运人收到托运货物的收据，是承运人记账的凭证；是海关放行查验时的单据；可作为保险证书，是承运人内部业务处理的依据。

空运单不同于海运提单，它不是货物所有权的凭证。因为空运速度快，通常在托运人将空运单送达收货人之前，货物已到达目的地。这就基本排除了通过转让单据来转让货物的可能性。所以在国际运输中，空运单一般都印有"不可转让"字样。货物运至目的地后，收货人凭承运人的"到货通知"和有关证明提货，并在提货时，在随货运到的空运单上签收，而不要求收货人出示空运单。

货运操作全套单证包括货主提供的单证和货代提供的单证。

货主提供的单证包括：

1. 出口委托书

2. 出口货物明细单

3. 装箱单(PACKING LIST) / 装箱单(PACKING LIST)

4. 发票(INVOICE) / 发票(INVOICE)

5. 出口许可证

6. 出口收汇核销单、退税单

7. 报关手册

货代负责的单证包括:

1. 出口十联单

第一联:集装箱货物托运单(货主留底)(B/N)

第二联:集装箱货物托运单(船代留底)

第三联:运费通知(1)

第四联:运费通知 (2)

第五联:场站收据(装货单)(S/O)

第五联副本:缴纳出口货物港务费申请书

第六联:大副联(场站收据副本)

第七联:场站收据(D/R)

第八联:货代留底

第九联:配舱回单(1)

第十联:配舱回单(2)

2. 提单(正本/副本)(B/L ORIGINAL/COPY) / 提单

①分提单(HOUSE B/L)

②总提单 (OCEAN B/L)

3. 海运单(SEA WAYBILL)

4. 出口货物报关单证

①必要单证,主要包括:报关单、外汇核销单、代理报关委托书、装箱单、发票、合同、信用证副本。

②其他单证,主要包括:出口许可证、免税手册、商检证明、产地证明等。

5. 货物报关清单

6. 进舱通知

7. 集拼货预配清单

8. 装箱单(CLP)

9. 集装箱发放/设备交接单 进场/出场(EIR IN/OUT)

德国集装箱公铁联运发展

在铁路货物运输中,怎样有效地实现各集装箱办理站"门到门"运输,是实现铁路物流全过程运输的一个重要环节。德国铁路经过不断改革,探索出了一条集装箱公铁联运的运输方式。

德国运输集装箱的重载汽车由德国、瑞典、意大利、荷兰、法国等不同国家生产，但装载集装箱的拖车标准是一样的，即集装箱拖车可以互换，从而促进了公路集装箱运输在欧洲的发展。

德国铁路改革之初，已经把全德所有铁路货场出售给比利时的ABX公司，ABX公司根据收购德铁货场的具体情况，对市场效益进行分析和重新商业运作，只有极少数货场仍然从事铁路业务，这标志着德国铁路货运几乎不存在与国内管理方式相同的铁路货场。个别铁路货场的公路运输业务由德铁斯廷思物流公司(StinnesAG)的子公司辛克公司(SchenkerAG)办理。德国有4500条专用线和1600个货运作业点，原德铁货场的货运业务现主要由这些专用线和货运点办理。为了抢占运输市场份额，失去铁路货场的德铁为专用线和货运点免费提供计算机和货运软件应用程序，免费维修与保养。

1. 合同的签订

德国铁路集装箱实现专用线或货运点到顾客之间的运输，有靠专用线或货运点自有汽车运输的，也有靠子公司汽车进行运输的。现在，专用线或货运点和汽车运输公司签订了公铁联运运输合同。

运输合同的签订使专用线或货运点拥有重载汽车使用的优先权。专用线或货运点根据日常运输任务，决定需要的汽车数量，不需要保证汽车运输任务。如果某日下午没有集装箱运输任务，只要专用线或货运点工作人员对重载汽车司机说明，重载汽车就可以自由寻找其他运输任务，但是重载汽车明天必须按要求到专用线或货运点接受新的运输任务。

在德国，普通重载汽车空车(不含拖车)的造价是7.5万欧元左右，普通重载汽车拖车是2.3万至3.9万欧元。这种价格在德国是比较贵的。所以，一家普通卡车公司拥有重载汽车的数量不是很多，许多卡车公司只是拥有两三辆，和国内的个体运输户很相似。但也有较大的卡车公司，如不来梅的中立运输营业处有限责任公司(简称NTK)，该公司拥有70多辆卡车，但卡车的产权并不属于公司，公司只是将若干个拥有私人卡车的个体进行有效的整合与组织，并且购置一部分拖车，为每辆加入的卡车安装全球卫星定位系统(GPS)，以NTK的品牌为用户服务。这种方式可以提高品牌效应，提高竞争力。

由于运输公司间的竞争加剧，导致各运输公司之间运输合同的内容也不相同，运输合同没有统一标准的格式。德国很早就制定了《德国承运商人通用标准》，要求运输合同的签订必须在这个框架范围内，具体内容可以补充。

2. 运输的组织

办理集装箱运输的专用线或货运点一般设有重载汽车编排部，负责重载汽车的任务分配和费用清算等，但重载汽车的日常维修与保养、运输服务质量、出现事故的处理费用等，都通过合同由运输公司负责。重载汽车的运输半径一般在150千米以内，也有运输半径超过200千米的。

重载汽车运输任务的安排。德国铁路"门到门"运输的线路是由不同的运输公司组织安排的，虽然运输公司都宣称自己可以代理德国境内甚至欧洲范围的公铁集装箱"门到门"运输，但是由于各个公司经营线路的侧重点不同，所以存在着运输价格的差别(运输价格在德国是保密的)。

组织集装箱运输的德铁子公司或组织集装箱运输的私营公司在收到客户订单后，根据客户在发、到站取送集装箱的时间要求，及时给发、到站发传真和电子邮件，告知接、送集装箱的运输任务，由发、到站根据时间安排，提前1至2天制定行车命令单，便于及早安排运输任务。私营集装箱运输公司的运输程序和德铁很相似，只不过有价格差别。

重载汽车集装箱的装卸。集装箱在专用线或货运点的装卸由专用线或货运点负责，费用由货主出。重载汽车只负责运输到指定地点，不负责装卸，如果集装箱收、发货人没有起重能力，可以申请由到站派车前来装卸，费用是另外收取的。

重载汽车运输费用的清算。重载汽车的清算单据是德铁行车命令单或私营集装箱运输公司的运输任务单据，按照运输最短路径的每公里费率进行清算。首先由德铁组织集装箱运输的公司或私营集装箱运输公司和集装箱货运人清算，然后和发、到站进行清算，发、到站再和重载汽车运输公司清算。由于公路运输最短路径可以查出，运输价率又有规定，所以在这一点上不存在运输费用的分歧。

运输过程中涉及装卸时间，一般情况下，装卸时间在2小时以内不收费，如果超出2小时将另外收取费用。装卸时间将在行车命令单或运输任务单据上体现，由司机和集装箱收、发货人共同确认。每次重载汽车司机运输完毕，将单据交到重载汽车编排部，一是确认上批任务完成，二是领取下批任务。

2005年1月1日起，德国对通过高速公路运输的重载汽车收取一定的费用，这些费用也由集装箱收、发货人承担。

3. 特种货物的运输

运输危险货物和超大货物的集装箱，根据货物的不同，选用的重载汽车也不同。

德国运输普通危险货物的司机必须每5年进行一次30小时的培训。司机在运输危险货物时，必须配备安全帽、防护镜、铁锹、灭火器等，在集装箱四周必须张贴危险识别标志和国际通用的危险货物代码。

对于放射性或炸药等危险货物，将由经过更严格培训的司机运输，集装箱换装站也是指定的。

如果运输超重的集装箱，就需要选派装载超重集装箱的拖车运输。

根据不同的情况，选用不同的车辆，这需要重载汽车编排部有目的地选择运输合作单位。运输特种集装箱的费用也不同于普通集装箱的运输费用。

（资料来源：王德占，何世伟. 德国集装箱运输中的公铁联运，铁道货运. 2005(11).）

本章思考题

5.1 简要说明铁路集装箱货运程序。

5.2 简要说明集装箱公路运输组织及业务。

5.3 简述集装箱航空运输进出口业务的程序。

5.4 简述空运单与海运提单的区别。

6 集装箱运输经济分析

受全球经济和国际贸易成交量的影响，在一定时期内，集装箱运输供求关系处于动态变化中。在集装箱运输市场周期中，由于集装箱运输投资较大，运价、运量、成本变动幅度大，航运企业在享受规模效益带来可观经济收益的同时也需要承受市场变化导致的较大的运营风险。

6.1 集装箱运输市场结构及其特征

6.1.1 集装箱运输市场

集装箱运输是现代交通运输发展的代表，是海运竞争力的主要体现。集装箱运输，尤其在海洋运输中优势明显。集装箱化可以加快运输速度，降低运费，便于海陆联运。中国90%以上的外贸物流量要依靠港口实现，而主要运输方式就是集装箱运输，集装箱化率为18.28%，并有不断增长的趋势。

集装箱是进行货物运输、便于用机械装卸的一种成组工具。集装箱能长期反复使用，具有足够的强度，可以进行快速装卸，并可以从一种运输工具直接方便地换装到另一种运输工具上，途中转运可以直接换装。集装箱运输具有提高装卸效率、减轻劳动强度、避免货物捣载、防止货损货差、加速车船周转、加快货物送达、节省包装费用、简化理货手续、减少营运费用、降低运输成本的优点，这些优点使其在近几十年的运输业中应用越来越广泛。

集装箱制造真正开始于美国，但由于经济和物流的原因，不久其生产中心转移到欧洲，后来转移到亚洲的日本和韩国。由于中国具有绝对的成本优势，全球集装箱制造业于20世纪90年代初历史性地向中国转移。1991年当时的世界第一韩国年产34.9万TEU，还远远地把中国抛在后面，但到了1993年，中国开始后来居上，在全球集装箱生产中所占份额从1990年的7.2%上升到1999年的69%，2010年，市场占有率达95%以上，连续18年蝉联世界第一集装箱产销大国。

目前我国是世界上集装箱的第一制造大国，并在这一生产领域创造了三项世界第一。我国集装箱年生产能力已达580万TEU，居世界第一；生产集装箱的规格品种世界第一，我国集装箱生产从干货集装箱到一般货物集装箱，以及特种集装箱、箱式运输车，规格品种已达900多个，能满足各种运输需求；集装箱产销量世界第一，2010年我国集装箱产销量已达256万TEU。

6.1.2 集装箱运输市场特征

集装箱运输市场价格受多种因素的影响，包括世界政治格局的变化，世界经济和贸易的发展，国际贸易区域化和集团化的程度，世界各国贸易保护主义和贸易自由化两种力量的消长，及国际金融市场的变化等。同时还受到行业内国际惯例、法规、操作习惯，主要航运公司的航运策略，政府对航运业的干预和保护程度，双边和多边国际海运协定、航运公会、航线稳定协议的制约和影响;船舶价格、各类货物的价格水平、世界各主要港口的费率水平和收费标准、航运业的技术进步,特别是季节性因素等都对集装箱运输市场有着强烈影响。

(1)供求关系

随着世界经济的周期性波动,国际产业结构的变化、世界范围变幻莫测的船舶运力供应、反复无常的石油市场及由此带来的燃料和其他投入物的价格变化等种种因素,使得国际航运市场表现出强烈的周期性。国际集装箱运输经济基本上以10年左右的时间为周期波动性增长。由于运输产品的非储存性和单向不平衡性,使得单一航线市场进出口贸易量大的一方成为该航线的主导市场,而由此引起的运输能力的储备,在满足外贸运输市场需求的同时,也可能产生供过于求的风险,再加上运输产品的季节性和时效性、集装箱运输市场的固有特性等因素,造成运价周期性大幅度波动,市场剧烈震荡,对本行业形成了不小的冲击。

(2)成本结构

国际航运业属于技术和资金密集型行业,所要求的航线经营费用和固定资产投资规模十分巨大。由于这种规模经济和经验曲线的效应,航运业的行业结构通常表现为几个跨国公司占统治地位的"寡头"竞争结构。

根据经济学理论,固定成本与变动成本的差异性使得集装箱运输市场存在固有缺陷。当成本结构中的固定成本所占的比例越大,在生产周期中,面对需求的实际下降,企业不能充分利用生产能力时,面对很高的固定成本和相对较低的边际成本,企业往往采取降低价格,提高产量的措施来增加利润。在这种情况下,产品成本和市场份额之间有直接的联系,以致许多船公司将市场份额作为市场竞争的唯一目标。在存在垄断或市场"不灵"的情况下,价格机制"这只看不见的手"的效率特征就可能遭到破坏。在供需严重失衡情况下,要加强价格同盟是非常困难的。这也是资金密集型行业,如石油化工,钢铁工业,航空、航运等行业价格同盟常常破裂的原因,航运在这方面表现特别明显,因而政府往往制订相应的政策,允许航运企业结成价格同盟稳定运价;同时政府采取补贴的形式来增加运输业的稳定,保证外贸运输的需要。

(3)各国海运政策和海运行政管理法规

今天世界经济发展中的许多矛盾,就是一体化的全球经济与以国家为单位的管理体制之间的矛盾。国际集装箱运输,一个国家的进口就是另一个国家的出口,在还没有缔结国际性公约的前提下,各国往往独自立法进行管理,在WTO的框架下,通过双边海运协定协调关系,在协调未果的情况下,极易引起贸易纠纷,这也造成目前全球几大主要航线市场的价格机制存在相当大的差异。

(4)承托双方关系

集装箱运输市场的主体是承托双方,承运人和托运人是一对矛盾的统一体。航运业是贸易的派生行业,没有国际贸易,国际航运业也就无需存在,而没有航运业,国际贸易就不可能顺利实现,两者相互依存,共同发展。但承托双方在运价的定价机制方面则是一对矛盾,从市场经济所要求的公平的角度看,服务应该获得它的对价,即付出的价格应当得到相应的服务。

(5)信息不对称

由于集装箱运输稳定货源和保证航线经营的可靠性的需要,船公司一般不易退出斥巨资经营的航线,因此集装箱运输市场的供给弹性较小。在信息不对称的情况下,当航运低谷来临时,市场份额急剧下降,巨额投资运力和航线的承运人在与托运人的议价过程中无疑处于一种不利状态,承运人很难有选择的机会,灵活的托运人将在不同的承运人之间选择低运价,在与托运人的定价还价中，承运人无疑陷入了博弈论中著名的“囚犯陷阱”。

在航运周期的低谷，承运人犹如受巨额船舶固定投资限制自由的“囚犯”，在信息不对称的条件下，不同的“囚犯”在接受托运人的“压价”选择中，往往被迫接受降价，导致行业整体降价，且越来越低，最后出现严重亏损，直至退出市场，整个行业遭到重创。这就形成了集装箱市场的固有缺陷。

(6)运价结构

运价通常由净海运费、附加费、码头操作费、单证费等杂费组成。随着市场竞争的加剧，承运人越来越趋向增加附加费（特别是码头操作费）而降低净海运费。从短期来看，船公司可以稳定运费来源和水平；但长期看来，只有加剧市场竞争的态势，因为码头操作费使得价格信息更加不对称。我国出口日本航线就是典型代表，欧洲航线的效果也显现出来了，现在东南亚航线的趋势也很明显。

(7)运价类别

国际集装箱运价通常分为运价本运价（tariff rate）、公开报价和协议运价。运价本运价一般只起标杆作用，并明确一些运价规则，作为承运人与托运人协商协议运价的议价基础。而公开报价和协议运价是实际执行运价。这三者又是相互影响的，公开报价随市场而波动，一票一议，当市场需求好的情况下，公开报价推高协议运价，最终推高运价本运价；而市场需求不好的时候，公开报价市场成为市场竞争的主要阵地，协议运价的货量成为船公司放低价的筹码，加剧了公开报价市场竞争态势，反过来又影响协议运价，短期使协议运价降低，长期影响运价本运价。但总体上，协议运价是行业稳定的重要因素。

(8)运价衍生品的影响

运价衍生品，如运费期货(FFA)，由于运费期货可以创造虚拟需求，在经济繁荣时放大了现货市场需求，提升了运输市场成本。由于运力投入的滞后性和退出刚性，当经济衰退来临之际，需求急剧萎缩，运力投入不减，供求严重失衡，市场份额远比价格来得重要，价格成为追求市场份额的主要手段。市场价格远远低于船公司的实际成本，运价衍生品进一步放大了现货市场运价的波动幅度。干散货市场 BDI 能从 11793 的历史高点巨跌至 663 点充分说明了这种影响的力量。而由于干散货造船市场和集装箱造船市场属于同一市场，干散货市场的运力成本也推高了集装箱市场的运力成本，而干散货市场部分市场需求与集装箱运输市场可相互转移，运价衍生品的这种影响也从干散货市场波及集装箱运输市场。

从航运价格垄断到反垄断法的诞生，从“反垄断法豁免”的提出到当前随着欧盟取消对班轮公会的反垄断豁免，目前欧盟班轮公司不能共同协商运费水平，或交换信息试图达成运价协定。欧洲航线集装箱班轮运输市场竞争越来越充分，是否会转变为充分竞争的市场尚有待于观察，对集装箱运输业发展的影响也尚在评估当中。从历史经验来看，面对百年一遇的全球金融危机，欧洲航线集装箱班轮运输市场的发展前景不容乐观。

在经济周期中，积极促进集装箱运输市场健康发展，面对全球金融危机，世界经济濒临衰退的边沿，航运业如何应对，集装箱运输市场如何健康发展，成为业内人士的共同话题。

6.2 集装箱运输需求

6.2.1 需求与需求规律

所谓集装箱运输需求，是指货主在一定运价条件下愿意并能交运的集装箱运量。运输需求必须具备两个条件：交运意愿和交运能力，即需要运送集装箱并具有支付运价的能力。

在集装箱运输市场上，当运价上升时，则集装箱运输需求量减少；反之则增加。这表明集装箱运价与集装箱运输需求量之间呈反比关系，这就是集装箱运输需求规律，见图6-1。

在图6-1中，横轴 OQ 表示集装箱运输需求量，纵轴 OP 表示运价水平。D 为集装箱运输需求曲线，其斜率为负，表明运价与需求量成反比关系。当运价为 OP_1 时，需求量为 OQ_1；当运价下降到 OP_2 时，需求量则增加到 OQ_2。

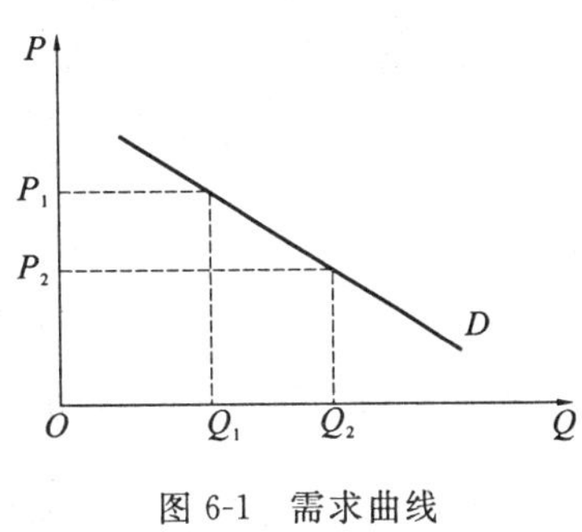

图 6-1 需求曲线

6.2.2 集装箱运输的需求弹性

需求弹性，一般是指需求的价格弹性，表示集装箱运输需求随运价变动而相应增减的特性，弹性的大小表明需求量对运价变动的反应程度。设 E_d 表示需求弹性系数，它的大小等于需求量变动的比率与价格变动的比率的比值，以下式表示：

$$E_d = \frac{\Delta Q}{Q} \bigg/ \frac{\Delta P}{P} = \frac{\Delta Q}{\Delta P} \cdot \frac{P}{Q}$$

式中 E_d——需求弹性系数；

P——运价；

ΔP——价格变动量；

Q——需求量；

ΔQ——需求变动量。

由于价格与需求量呈反方向变动，所以需求弹性系数为负值，但在实际应用时，一般都取其绝对值。

根据弹性系数的大小，需求弹性可分为5种类型。

(1)需求完全无弹性，即 $E_d=0$，在这种情况下，无论价格如何变动，需求量不变。具有这种弹性的需求曲线是一条垂直于横轴的直线，如图6-2(a)所示。

(2)需求完全有弹性，即 $E_d \to \infty$，在这种情况下，价格不变，而需求量可以无限增加，其需求曲线是一条平行于横轴的直线，如图6-2(a)所示。

(3)单位需求弹性，即 $E_d=1$，在这种情况下，需求量变动的幅度等于价格变动的幅度，其需求曲线是一条正双曲线，如图6-2(a)所示。

(4)需求缺乏弹性，即 $0<E_d<1$，在这种情况下，需求量变动的幅度小于价格变动的幅度，其需求曲线较陡，斜率较大，如图6-2(b)所示。

(5)需求富有弹性，即 $1<E_d<\infty$，在这种情况下，需求量变动的幅度大于价格变动的幅

度，其需求曲线斜率较小，如图 6-2(c)所示。

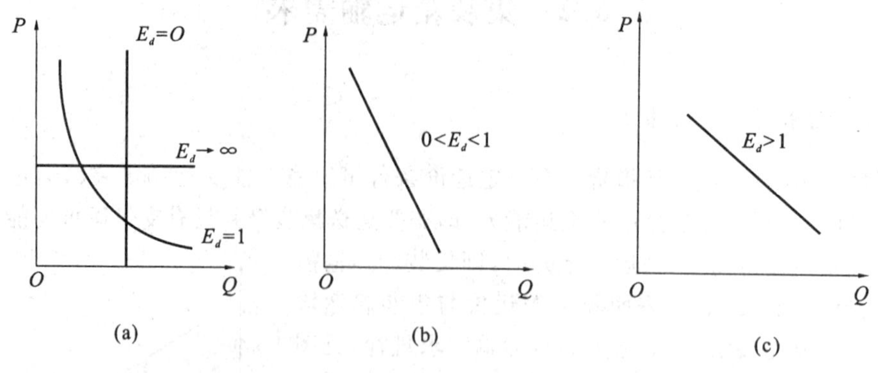

图 6-2　需求的价格弹性

在需求弹性 5 种类型中，前 3 种只是理论上的推论，实际上需求弹性属于后 2 种情况。

6.2.3　集装箱运输需求弹性影响因素分析

总的说来，集装箱运输需求弹性是较小的。这是因为集装箱运输货物依赖于海上运输，所以运价的变动不会引起需求量很大的变化；集装箱运输的货物价值高，承担运价的能力较强，它们在运价上升时被削减或取消运输需求的可能性很小；由于货主在大多数情况下可以把运费增加的部分转嫁到贸易商品价格中去，所以运价的上升，不会影响外贸物资对集装箱运输的需求。但是，在一定条件下，集装箱运输需求随运价变动而变化的情况还是比较明显的。因为，集装箱运输需求弹性的大小还与以下因素有关：

(1)运价因素。在集装箱运输市场上，就高价值货物而言，航空运输可替代集装箱船舶运输；就低价值货物而言，不定期船可替代集装箱船运输。由于高价值货物的运输需求不富有弹性，所以当集装箱船公司刚开始提高运价时，公司的货运量减少不会太大，如果运价不断上涨，以至于接近航空运输运价时，货主就有可能将高价值货物转由空运，这样一来，集装箱运输市场的需求弹性就变得富有弹性。而低价值货物，由于其运输需求富有弹性，当运价上升到失去与不定期船竞争的优势时，这些货物就会从集装箱班轮转向不定期船运输市场。

(2)非价格因素。影响集装箱运输需求的因素，还有运输服务质量这个重要因素。高价值货物托运人极其关心运输时间及运输质量可靠性，而低价值货物托运人对运价反应强烈，但对运输时间仍相当关心。可见，非价格因素对需求有较大影响。

(3)收入因素。收入增长对高档商品、高价值商品影响较大，这时集装箱运输需求量将增长。

(4)其他。如与集装箱运输有关的各项费用的水平，对集装箱运输的需求有一定影响。

6.3　集装箱运输供给

6.3.1　集装箱运输的供给及供给规律

所谓供给，是指集装箱船公司在一定运价条件下，愿意并能够提供的集装箱运输能力。在集装箱运输市场上，运价上升时，运力供给会增加；运价下降时，运力供给就会减少，供给与价格之间的这种正比变动关系即为供给规律。供给曲线见图 6-3。

对于由价格本身引起的供给变动称为供给量的变动，由非价格因素引起的供给变动即为供给的变动。如图 6-4 中，供给量的变动表现在一条供给曲线上移动，在 S_0 上，从 A 移到 B 表示供给量的增加，从 A 移到 C 表示供给量的减少。供给的变动表现为供给曲线位置的移动，即从 S_0 移到 S_2 表示供给增加，从 S_0 移到 S_1 表示供给的减少。

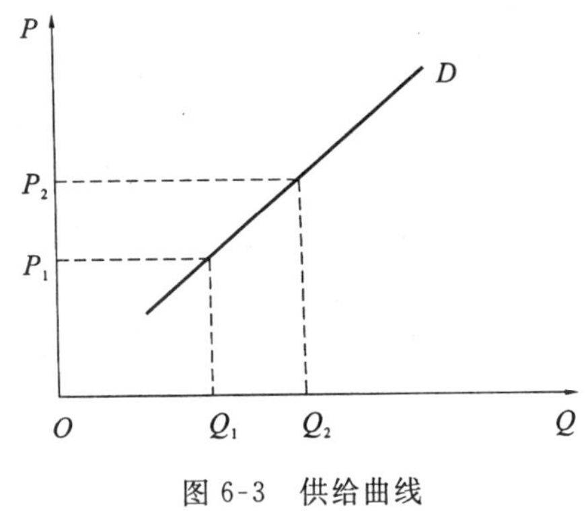

图 6-3　供给曲线

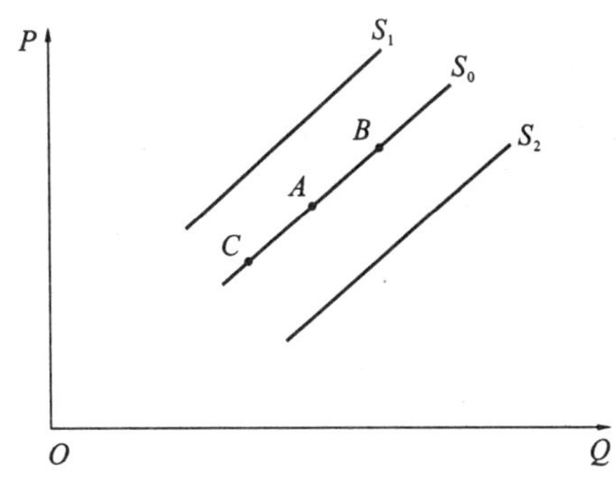

图 6-4　供给量的变动与供给的变动

6.3.2　集装箱供给弹性分析

所谓供给弹性，是指供给的价格弹性，它表示供给量对其运价变动的反应程度。供给弹性公式为：

$$E_S=\frac{\Delta Q}{Q}\Big/\frac{\Delta P}{P}=\frac{\Delta Q}{\Delta P}\cdot\frac{P}{Q}$$

式中　E_S——供给价格弹性。

由于运价与供给量成正比例变动关系，所以供给弹性系数一般为正值。在一般情况下，供给弹性主要有富有弹性及供给缺乏弹性两种。

集装箱班轮运输通常是在航线垄断条件下经营，其航线、运价已事先规定，对市场的变化反应不是太敏感。集装箱运输市场能力供给随市场需求的变化作适应性调整的难度较大，其供给弹性较小，但并不是集装箱运输市场能力的供给不受市场运价水平高低的影响，只不过结合集装箱运输生产的特点，它有一些具体的规律性。

(1)运价上升时的情况与分析。运价上升时，船公司将设法通过租船、购买旧船或从其他航线抽调运力等方式增加运力，如预见在较长时间内市场看好，可能会出现建造新船以增加供给的局面，以扩大供给量，有较大的供给弹性。但也存在为扩充运力，致使船舶租金费率、旧船卖价和新船造价上升，当上升幅度影响收入时，对船公司也会带来不利影响，影响供给弹性。

(2)运价下降时的情况及分析。当运价下降时，船公司不会轻易退出市场，因为船舶在停止营运时仍需开支封存维持费用，一般情况下，船舶仍继续营运，以减少经济损失。但如下降幅度很大时，可能使船公司采取措施，如封存部分船舶，减速航行，放慢船舶周转速度，缩减市场上船舶的实际运输能力，船舶吨位的供给并不强烈地随需求的减少而减少，与运价上升时的情况相比，供给弹性较小。

6.4 集装箱运输收入及成本

6.4.1 集装箱运输收入

6.4.1.1 集装箱市场均衡价格及供求不平衡的基本原理

在集装箱运输市场中，其市场活动以供给配合需求而展开，供求在一定条件下会趋于平衡。但是，由于存在供求弹性的影响，供求不平衡是绝对的，平衡是相对的。当运输供求不相平衡时，运价将会上升或下跌，这种价格的变化调节着供求之间的关系，使供求逐渐趋向平衡。

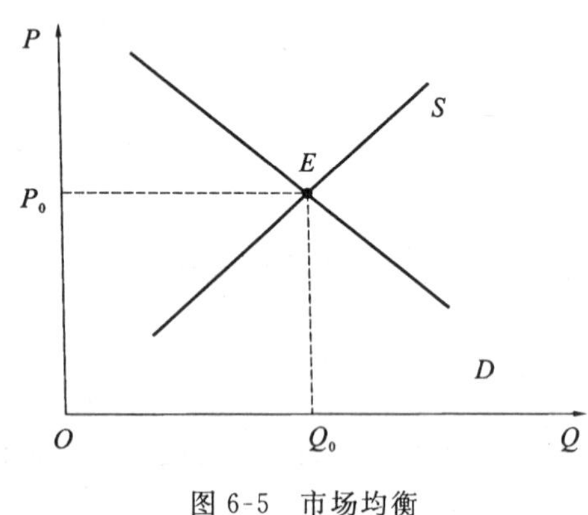

图 6-5 市场均衡

当集装箱运输市场的供给与需求处于平衡状态时，集装箱运输的需求价格与供给价格相一致，此时的价格即为均衡价格，或者说集装箱运输需求曲线与运力供给曲线相交时的价格。如图 6-5 所示中 E 点上确定的价格 OP_0 即为均衡价格，OQ_0 为均衡运量。

均衡价格的决定或形成是商品市场调整的结果。

(1)当市场运价高于均衡价格时。图 6-6 中 OQ_0 为均衡运量，OP_0 为均衡价格，如果由于某种原因，市场运价上升到 OP_1 高于 OP_0，根据需求规律，价格上升，需求减少，需求量从 OQ_0 减少到 OQ_1。根据供给规律，价格上升，供给增加，即从 OQ_0 增加到 OQ_2。这样，供给大于需求，其差额即为 Q_1Q_2。但是，这种不平衡的状态是暂时的，由于供给过剩，市场运价必然下降，一直降到 OP_0，这时供给与需求相等，价格又回到均衡状态。

(2)当市场运价低于均衡运价时。图 6-7 所示为市场运价低于均衡运价的情况。由于某种原因，市场价格下降到 OP_1，低于均衡运价 OP_0，根据需求及供给规律，价格下降，需求增加，供给减少。在 OP_1 的水平上，需求量增加到 OQ_2，供给量减少到 OQ_1，需求大于供给，其差额为 Q_1Q_2。这种现象也是暂时的，因为需大于供，运价将会上升，运价一直上升到 OP_0 时，供给等于需求，价格上升过程才告结束，又恢复了均衡。

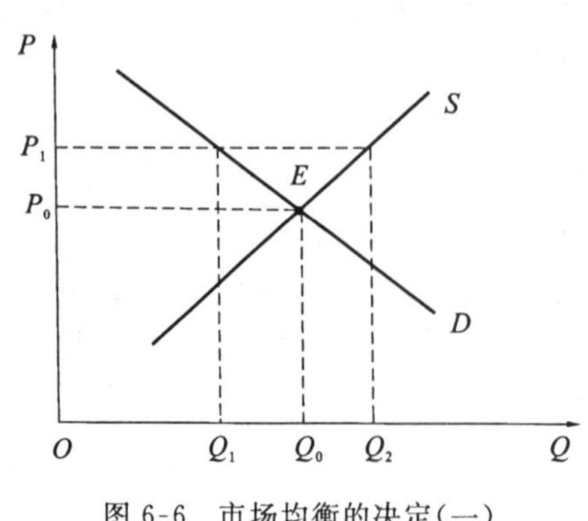

图 6-6 市场均衡的决定(一)

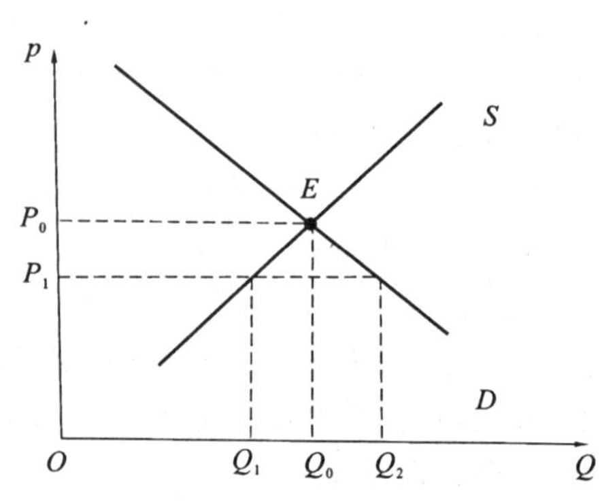

图 6-7 市场均衡的决定(二)

总之，在没有外来干扰的条件下，由于供求规律的调节作用，均衡是市场运行的必然趋势，而失衡的状态只是暂时的现象。

6.4.1.2 需求弹性与总收入的关系

需求弹性对于船公司制定运价有重要意义，因为需求弹性与总收入有密切关系。设总收入 TR 等于运价(P)乘以运量(Q)，即 $TR=P\times Q$。当价格上升时，运量就会减少，当价格下降时，运量就会增加。总收入增加还是减少由需求弹性而定。

(1)运输需求富有弹性。运价降低，运量增加的幅度大于运价下降的幅度，从而总收入增加；当运价上升时，运量减少的幅度大于运价上升的幅度，从而总收入减少。

(2)运输需求缺乏弹性。运价降低，运量增加的幅度小于运价下降的幅度，从而总收入减少；当运价上升时，运量减少的幅度小于运价上升的幅度，从而总收入增加。

6.4.2 集装箱运输成本

6.4.2.1 集装箱运输成本的意义

集装箱运输生产是一种特殊的物质生产，它的产品是客、货在空间的转移，虽然不创造新的物质产品，但也创造新的价值，并且以货币形式来度量。生产集装箱运输产品所耗费的生产资料的价值和劳动者为自己的必要劳动所创造的价值，这两部分的价值表现为企业的生产费用，构成企业的产品成本。所以，集装箱运输产品成本是集装箱运输产品价值主要部分的货币表现，是生产集装箱运输产品过程中所耗费的资金的总和，是集装箱运输企业在完成客、货空间转移过程中所支出的一切费用的总和。

集装箱运输成本是集装箱运输企业生产耗费补偿的尺度。企业为了实现再生产，每一次运输生产耗费不仅要有实物形态的补偿，而且要有价值形态的补偿，这种价值形态的补偿具体表现为企业资金耗费的补偿，而企业运输生产过程所耗费的资金形成集装箱运输成本，而成本的高低也就反映出需要补偿的资金数额大小，因此，集装箱运输成本就成为衡量企业运输生产耗费补偿的尺度。企业的运输收入能够补偿成本时，才能收回运输生产中所耗费的资金，才能维持简单再生产的起码条件。

集装箱运输成本是集装箱运输企业生产耗费的表现，在一定程度上反映了企业运输生产经营活动的经济效果。它反映了企业工作质量及经营管理水平，它是一个综合性的指标。

集装箱运输成本还是制定集装箱运价的重要依据。它关系到运价水平的高低，关系到在国际运输市场上的占有率和市场的竞争能力，影响企业的经济效益。

集装箱运输企业应努力降低运输成本，尽量节约运输支出，就可以用较少的支出完成同样的集装箱运输任务，或用同样的支出完成更多的集装箱运量，从而提高企业经济效益和社会综合效益。

6.4.2.2 集装箱运输成本构成与特点分析

集装箱运输成本项目及构成，对于一般集装箱船公司而言，由于未开展全球范围的集装箱多式联运，因而通常包括以下费用：

(1)变动费用：燃料费、港口使用费、中转费、垫料费、货物装卸费、速遣费、事故费、其他(如临时变更挂港产生倒箱费等)；

(2)船舶固定费用：船员费用、船舶用品费、润滑油费、船舶保险费、船舶修理费、杂费、船舶折旧费、船舶贷款利息、船公司与此有关的管理费等；

(3)集装箱费用：包括购箱、租箱、修箱以及因集装箱管理而产生的费用等；

(4)企业管理费。

以上费用仅限于海段运输，如果开展全球集装箱多式联运，船公司除支付以上费用外，还应支付支线船与转船费用，内陆运输费用，内陆货运站费，如果码头是船公司自己经营，还包括码头的折旧、贷款利息等费用。

从以上集装箱运输成本结构可看出，它具有以下突出特点：

1.成本范围大，成本构成复杂

由于国际集装箱运输已超出了“港—港”的海段运输，甚至船公司作为多式联运经营人时，成本范围可包括从发货人工厂仓库到收货人的仓库，其中有内陆货运站，各种运输方式，中转码头、车站，以及代理网和各种通信、管理设施等全部费用，而船舶营运成本仅为总成本中的一部分，据有关资料显示，约在20%～25%。

2.资本成本在总成本中的比例大

由于集装箱运输是资本高度密集型产业，集装箱船舶远比传统船舶的造价高，集装箱港口码头投资昂贵，各种类型的集装箱造价也很高，还有与集装箱运输相关的其他设施的投资也相当高，因而决定了集装箱运输总成本中，资本成本所占的比例很大，高达45%以上，约为传统班轮的4倍。由此可知，为了提高船公司在国际集装箱运输市场的竞争能力，必须拥有雄厚的资本，应具有一定的投资规模，才能实现规模经济效益。

3.固定成本在总成本中比例较大

根据我国某集装箱运输船公司多年经营实际资料显示，各项成本在总成本中所占的比例分别为：船舶固定费用为29%，燃料费11%，港口使用费10%，货物装卸费（含中转费用）32%，集装箱费用占17%，其他占1%（含管理费、速遣费、垫料费等）。可见，集装箱运输的固定成本占总成本比例高达46%，有的船公司所占比例更大。

由于资本成本、固定成本比例大，这就决定了集装箱运输成本具有相对的稳定性。

船公司应从集装箱运输成本的特点分析，优化投资决策，充分利用各种设施，加速船、箱周转，以提高企业的经济效益。

6.4.2.3 集装箱运输成本控制及量、本、利分析

1.集装箱运输成本控制

成本控制是根据一定时期预先建立的成本管理目标，由成本控制主体在其责权范围之内，于运输生产经营发生之前和企业成本形成过程之中，对各种影响因素和条件采取主动及时地预防和调节措施，以保证成本管理目标的实现和成本补偿的一种管理行为。科学的成本控制，可以保证集装箱运输企业目标成本和目标利润的实现，是提高企业经济效益的重要保证。

必须指出，集装箱运输成本尽管范围广，也很复杂，但是，它具有可控性。因为集装箱运输企业成本具有多种发展的可能性，集装箱运输的耗费具有可调节性，通过企业管理措施的作用，集装箱运输生产耗费的资金能够按照一定的目标发展，实现控制目的。

为了有效地实施成本控制，必须强化成本管理职能，应遵循以下原则：

1)责权结合的原则。在企业内部一定的成本可控空间上，成本控制主管部门必须拥有在其范围内采取有效的管理措施，对该范围内发生的费用支出及资金耗费实施控制的权力。当然，也应承担因管理失误或控制不力而导致成本失控而产生损失的经济责任。为贯彻责权结合的原则，需要明确划分不同层次的成本控制范围。对船公司每个部门，每个运输环节，每艘船甚至每个岗位都必须实行这一原则，理顺各成本可控空间之间的责任关系。对于成本控制

取得成效的控制主体，应给以肯定和奖励，以调动积极性，更好地做好成本控制工作。

2）及时性原则。集装箱运输成本是随运输过程而形成的，它总是处于不断的变动之中，为了增强成本控制的时效性，应及时监督，揭示实际支出与成本控制标准之间的差异，并追查差异产生的具体原因，及时纠正偏差，使成本失控产生的不利后果限制在尽可能小的范围内，并尽可能补偿这种损失。

3）全面性原则。由于成本是一项综合性指标，它涉及企业的各个方面，因此应树立统筹兼顾的全面观点，要处理好成本与运量、质量、利润之间的关系，必要时，经过全面分析和系统论证后，做出适当的修正。

同时，要求对运输成本形成的全过程进行日常控制，把成本控制的任务分解落实到基层及具体岗位，实现全方位的有效控制。

2. 集装箱运输的量、本、利分析

量、本、利分析，是对集装箱运输的运量、成本、利润三者之间的变量关系进行分析研究的一种有效的现代企业管理方法。

由于运量、成本和利润三者之间存在着复杂的关系，彼此互相影响，相互制约，需要综合分析，才能揭示它们之间的关系。

1）量、本、利平衡图，如图 6-8 所示。图中横轴表示集装箱运量，纵轴表示运输收入和成本的金额，根据有关资料，在图上画出反映运输收入、运输成本的两条直线，这两条直线的交点就是损益平衡点或保本点 E，在点 E，收入和成本相等，利润等于零，不赚也不亏。从保本点向右是盈利区，向左是亏损区，保本点相对于横轴的数值 X_0 即为保本运量。

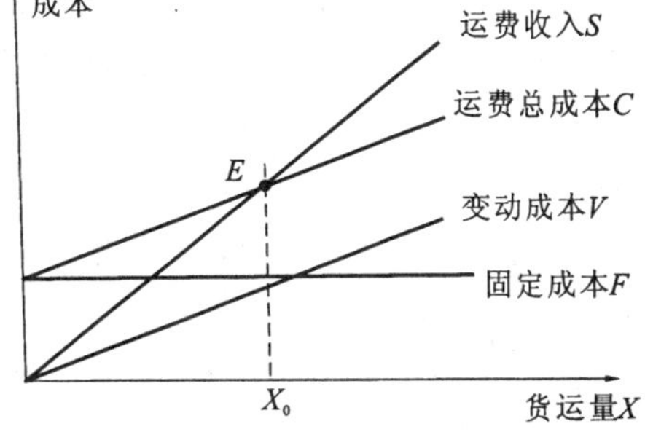

图 6-8 量本利平衡

2）保本运量及保本运输收入的确定

（1）保本运量的确定。设集装箱运输的固定成本为 F，单位固定成本为 C_F，变动成本为 V，单位变动成本为 C_V，则总成本：

$$C = F + V = F + C_V X$$

式中 X——集装箱运量（TEU）；

F——固定成本（元）；

C_V——单位变动成本（元/TEU），$C_V = V/X$。

集装箱运输收入 S 按下式计算：

$$S = WX$$

式中 W——集装箱运价率（元/TEU）。

在平衡点 E，其对应运量为 X_0

$$S = C$$

$$WX_0 = F + C_V X_0$$

经移项整理得：

$$X_0 = \frac{F}{W - C_V} \tag{6-1}$$

（2）保本运输收入的确定。由式（6-1）两端乘以 W，得

$$WX_0 = FW / (W - C_V)$$

以 W 除右项：

$$WX_0 = (FW/W)/(W/W - C_V/W) = F/(1 - C_V/W)$$

$$S_0 = F/(1 - C_V/W)$$

式(6-1)中的 $W - C_V$ 称为单位边际贡献或单位临界收益。它是单位运价减去单位变动成本后的余额，也就是可以用来补偿固定成本的份额，如果这部分余额等于固定成本即保本，大于或小于固定成本即为盈利或亏损。临界收益或边际贡献的多少，是衡量船公司经济效益的依据，也是选择运输生产、经营等方案的标准。

例 1：某集装箱船公司拟经营集装箱运输航线，该航线上的基本运价为 600 元/TEU，据资料测算，经营该航线的固定成本为 1350 万元，单位变动成本为 330 元/TEU，试确定该航线的保本运量为多少？保本收入为多少？

解：已知：$W = 600$ 元/TEU，$F = 1350$ 万元，$C_V = 330$ 元/TEU

保本运量 $X_0 = F/(W - C_V) = 13500000/(600 - 330) = 5$ 万 TEU

保本收入 $S_0 = F/(1 - C_V/W) = 13500000/(1 - 330/600) = 3000$ 万元

答：该公司在该航线的保本运量为 5 万 TEU，在运价水平和成本总额一定的情况下，应努力工作，设法完成 5 万 TEU 以上的运量，该公司才有盈利。该航线应完成运输收入 3000 万元以上方有盈利。应加强增产节支及创收的经营活动，实施成本控制，使成本控制在 3000 万元以内。

3)集装箱运输目标利润的实现。根据船公司确定的目标利润的要求，用量本利分析的方法，确定必须达到的运量和运输收入，才能保证公司目标利润的实现。

设目标利润为 $P_{目}$，目标运量为 $X_{目}$，目标收入为 $S_{目}$，根据利润、成本、运量的关系，则有：

$$P_{目} = S_{目} - C = S_{目} - F - V$$

$$S_{目} = F + V + P_{目}$$

则因为

$$S_{目} = WX_{目}, V = C_V X_{目}$$

所以

$$WX_{目} = F + C_V X_{目} + P_{目}$$

$$X_{目} = (F + P_{目})/(W - C_V)$$

$$S_{目} = (F + P_{目})/(1 - C_V/W)$$

例 2：某集装箱船公司确定某集装箱航线 1998 年的目标利润为 200 万元，该航线的年固定成本为 1500 万元，单位变动成本为 400 元/TEU，航线基本运价为 700 元/TEU，试确定要实现目标利润应完成多少运量？应达到多少运输收入？

解：已知：$P_{目} = 200$ 万元，$F = 1500$ 万元，$C_V = 400$ 元/TEU，$W = 700$ 元/TEU

$X_{目} = (F + P_{目})/(W - C_V) = (1500 + 200)/(700 - 400) = 56666.7 \approx 56667$ TEU

$S_{目} = (F + P_{目})/(1 - C_V/W) = (1500 + 200)/(1 - 400/700) = 39627039.6 \approx 39627040$ 元

答：该公司要实现目标利润 200 万元，在一定的运价水平和成本金额的条件下，应完成 56667 TEU 运量及实现运输收入 39627040 元。

4)确定集装箱运输航线的竞争价格。在国际集装箱运输市场上，船公司之间开展着激烈的竞争，企业要获得生存和发展，就必须具有取胜的竞争能力，而运价，则是竞争的一个重要因素。在一般情况下，运价降低，可以吸引一定的货源，增加运输收入，但也会使单位利润减少，因此要确定一个既可保证总利润实现，又具有竞争能力的价格——即竞争价格。

例 3：某集装箱船公司经营某集装箱航线，其固定成本为 3000 万元，1998 年公司决定该航线的目标利润为 400 万元，航线基本运价为 700 元/TEU，单位变动成本为 500 元/TEU，船公司运力为 25 万 TEU，当前货源不足，市场竞争激烈，为提高竞争能力，公司决定内部挖潜，运价下浮 10%。试确定应当完成多少运量运价，以既保证目标利润实现，又能占领运输市场？

解：(1)先求出实现目标利润 400 万元应完成的运量，该运量为：

$$X_1=(F+P)/(W-C_V)=(3000+400)/(700-500)=17\text{ 万 TEU}$$

(2)运价下浮 10%后，即运价为 630 元/TEU 时，为保证目标利润 400 万元，应完成的运量为：

$$X_2=(F+P)/(W-C_V)=(3000+400)/(630-500)=26.1538\text{ 万 TEU}$$

但是，船公司仅有运力 25 万 TEU，上述运价虽有竞争能力，但不现实，故应制定一个既有竞争能力，且又能实现的运价。

(3)竞争运价的确定：

$$W=(F+P)/X+C_V=(3000+400)/25+500=636\text{ 元/TEU}$$

答：该公司以 636 元/TEU 的运价经营该航线，既可确保目标利润完成，又能充分发挥公司的运力，占领运输市场。

5)用于成本预测，确定目标成本。在船公司已经确定目标利润，但根据运输市场预测的运量，尚不足达到目标利润的要求，而固定成本又不能降低，航线运价也不能提高的情况下，唯一的途径是降低单位变动成本，以保证目标利润的实现。利用量本利分析法，可以求得单位变动成本应达到的目标，即确定目标成本。计算公式为：

$$C_V=W-(F+P_{目})/X$$

例 4：某集装箱船公司经营某集装箱航线，航线基本运价为 600 元/TEU，固定成本为 3000 万元，目标利润为 500 万元，预测运量为 10 万 TEU，试确定该航线的目标成本为多少？

已知：$W=600$ 元/TEU，$F=3000$ 万元，$P_{目}=500$ 万元，$X=10$ 万 TEU。求：目标成本 C_V。

解：$C_V=W-(F+P_{目})/X=600-(3000+500)/10=250$ 元/TEU

答：该公司应实施成本控制，使单位变动成本控制在 250 元/TEU 以内，即总变动成本控制在 2500 万元以内，这就要求节约燃料费，下大力气研究节能技术和措施，并对其他变动成本项目也应采取措施，才能实现目标利润。

6.4.2.4 降低集装箱运输成本的途径

1)实行目标成本管理，是降低集装箱运输成本的有效手段。

目标成本管理是根据规定的目标成本进行企业管理的一种方法。所谓目标成本是船公司各个部门、船舶以及各个工作岗位在一定时期要达到的成本水平。

实行目标成本管理要形成一种宏观与微观、公司与部门、部门(船舶)与职工(船员)的上下左右相互协调的保证指标体系，以便指标分解下达、考核、监督及执行。

科学地确定目标成本是船公司实行目标成本管理的关键。目标成本的确定可选择公司某一先进的成本水平作为目标成本。它可以根据本企业上年实际平均单位成本和上级公司下达的成本降低率计算出来；也可以是同行或同一航线的先进成本水平，或本企业历史上先进成本水平；也可以是按本企业平均先进水平制定的计划成本，或按下式确定：

$$C_{目}=S-P_{目}$$

$$S = WX_{目}$$

式中 $C_{目}$——目标成本(元);

S——运输收入(元);

W——运价率(元/TEU);

$X_{目}$——目标运量(TEU);

$P_{目}$——目标利润(元)。

目标成本确定后,应进行目标成本的分解,以便为目标成本控制提供依据。可以将目标成本分解到船公司各部门、各环节及各工作岗位,形成运输生产全过程、全公司及全员的目标成本管理。

目标成本分解后,应进行目标成本控制,它是目标成本管理的核心环节。通过成本控制,可事先限制各项运输成本费用和各种消耗的发生,有计划地控制成本的形成,使成本不超过预定目标,达到降低成本,提高船公司经济效益的目的。成本控制是目标成本的实施过程,可以促进目标成本更好的实现。

目标成本控制要在目标成本分解的基础上进行,要对分解后的目标成本进行归口分级控制。

最后,进行目标成本的定期分析与考核,这是目标成本管理的最后环节。目标成本的分析主要是将实际成本与目标成本进行比较,这种比较应与目标成本的分解和归口分级控制紧密结合。要分析目标成本与实际成本的差异,关键是要找出集装箱运输过程和各环节的目标成本与实际成本的差异,以及产生这些差异的原因,并在此基础上提出合理化建议,以保证目标成本的先进可行。目标成本的考核是目标成本管理顺利进行的可靠保证,没有考核就没有责任,没有责任就不可能管好。通过目标成本考核,表扬并奖励先进,批评及惩罚落后,只有这样,才能实现集装箱运输成本的有效控制和降低。

2)改善经营管理,节约各项物资消耗,缩减费用的支出。为此,要在全面加强企业管理和实行经济核算的基础上,加强物资消耗定额管理,制定和实行先进合理的物资消耗定额,推广先进用料经验,严格控制各项开支标准,尽量压缩管理费用和减少非生产开支。

3)走技术进步的道路,提高运输生产技术水平,降低燃料费,减少船舶维修费的支出。要优化航线和船型,提高船舶运输效率,开展船舶节能研究,加强日常船舶维护保养,努力降低燃料费和维修费,这对降低集装箱运输成本具有重要意义。

4)提高劳动生产率,力求以较少的人力消耗完成较多的生产任务。这样不仅可减少单位运输产品的工资支出,而且还可节省与人员数有关的其他费用。开展以增产节约为中心的劳动竞赛,充分发挥职工群众的积极性和创造性,不断提高劳动生产率。同时,应改善劳动组织,加强定额与定员管理,并加强技术教育和船员培训工作,提高职工技术水平和整体素质。这些,都有利于降低运输成本。

5)节约港口费用,是降低集装箱运输成本的重要途径,由于港口费用占集装箱运输成本的比例相当大,因而降低港口费用有重要意义。通过加强与港口代理的联系,必要时派出驻港代表,提高代理质量等,均能起到一定作用。

6)加强安全质量管理,保证航行安全,减少机损、海损和箱损事故,可以减少事故赔偿费用及事故修理费用,对于降低运输成本有重要作用。

7)做好箱管工作,降低集装箱费用。合理确定船舶集装箱配备量、自备量和租箱量,做好空箱调运及集装箱配积载工作。加强损坏箱的修理工作,实现现代化集装箱跟踪管理等,对于降低与集装箱有关的费用,从而降低集装箱运输成本具有重要作用。

6.4.3 集装箱运输规模经济效益

6.4.3.1 集装箱运输的规模经济效益

所谓规模经济效益,是指一定的生产规模与平均收益(或平均成本)之间的关系。通过它可以研究在生产规模发生变动,如投入要素增加时,收益的变动情况。

通常,规模经济效益可分为三种类型。

第一种类型:收益增加幅度大于投入要素增加幅度,这种类型叫作规模经济效益递增;

第二种类型:收益增加幅度等于投入要素增加幅度,这种类型叫作规模经济效益不变;

第三种类型:收益增加幅度小于投入要素增加幅度,这种类型叫作规模经济效益递减。

从集装箱运输的宏观分析上看,它既存在递增的规模经济效益,也存在递减的规模经济效益。这主要体现在以下两个方面:

一是船舶大型化,增加船舶载箱量。随着船舶载箱量的增加,船舶单位运输成本明显下降,从而呈现出递增的规模经济效益。当然,在船舶规模增大的同时,港口也相应提高装卸效率,其他运输环节不断完善,这才能实现规模经济效益递增。

二是提高船舶航速。由于航速的提高,必将造成燃油成本的上升,则单位运输成本将提高,而且,航速较高的船舶,在港维持成本也较高,显示出递减的规模经济效益,亦即航速提高在规模上并不经济。然而,集装箱船舶仍以较高的航速在营运,这主要是由于船舶航速的提高,船舶往返航次时间缩短了,航线配船数可减少,从而节约船舶投资。并且,为了吸引货源和保证班期以及提高运输服务质量,通过技术经济论证选择合理的较高航速也是符合规模经济效益的。

纵观集装箱运输的发展历史,集装箱船舶的大型化和高速化已成为发展的趋势,只要合理处理好集装箱船舶的载箱量、航速、港口装卸效率、船舶需要量、航程、集装箱及有关设备利用率等关系,将实现规模经济效益递增。

6.4.3.2 集装箱船舶载箱量、航速与规模经济效益的关系

不同载箱量的集装箱船在各种航速条件下与规模经济效益的关系见图 6-9。

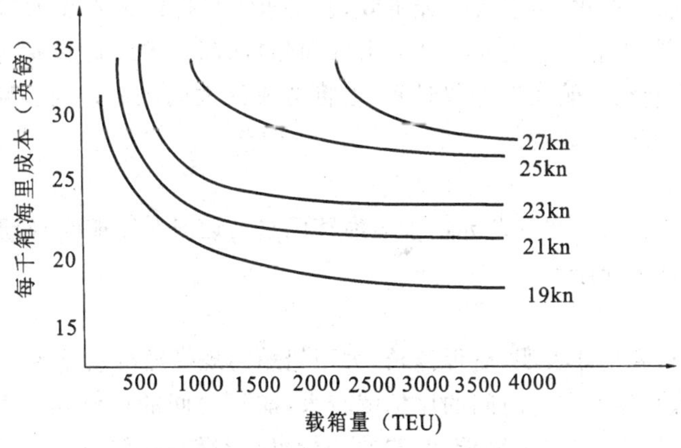

图 6-9 船舶载箱量、航速与规模经济效益关系曲线

1. 增加船舶载箱量是实现规模效益的有效途径

从图中可以看到,在一定航速条件下,船舶单位运输成本均向右下方倾斜,即:随着船舶载

箱量的增加，其单位运输成本逐渐降低。

2. 增加船舶航速呈递减的规模经济效益

从图中可看出，在船舶载箱量一定的条件下，单位运输成本随航速的提高逐次向上排序，展示了航速提高规模经济效益呈现递减的情况。

目前，随着集装箱船舶大型化，航速普遍提高，可以减少航线配船数，从而减少船舶投资，并且有利于提高运输服务质量及提高集装箱及有关设备的利用率，这当然是有利的一面，但随着航速的提高，必然引起燃油成本上升，从而导致单位运输成本提高，这是不利的一面。必须经技术经济论证并综合分析后确定最佳的航速。

6.4.3.3　集装箱船舶载箱量、航速与在港成本之间的关系

船舶单位在港成本随船舶载箱量的提高而递增，呈递减的规模经济效益。效率并不随船舶载箱量的增大而提高，因而导致大型集装箱船在港停留时间比中小型集装箱船长，造成停港损失增加。并且由于集装箱船舶投资很大，其资本成本也高，因此大型集装箱船舶单位在港成本(即在港停泊成本)要高。

并且，在不同装卸效率条件下，随着船舶载箱量的增加船舶的单位在港停泊成本呈递增势头。当装卸效率呈相同变化幅度时，大型船舶的单位在港成本下降幅度要明显高于中、小型船舶。这是因为:当装卸效率变化时不同规模(载箱量)的船舶成本及在港天数下降比例是一致的。但是，在既定装卸效率下，由于大型船舶的单位在港成本要高于中小型船舶，因此就成本实际下降绝对值而言，前者比后者大得多。

6.4.3.4　影响集装箱船舶规模经济效益的因素

1. 集装箱运输的适箱货源

提高集装箱运输的规模经济效益，首先必须在集装箱航线上具有充足而稳定的货源。这是因为随着集装箱船舶大型化和载箱量的提高，客观要求与之相适应的货源也要越来越多，如果没有充足的适箱货源，大型集装箱船舶具有单位运输成本低的优势也就发挥不出来，由于缺少货源，船舶越大，亏损也就越大，更谈不上盈利。因而，船舶规模扩大也就失去了其经济意义。

2. 港口条件

随着集装箱船舶大型化，追求规模经济效益，要求港口提供可停靠大型集装箱船(如第4、5代集装箱船)的靠泊设施、泊位水深、码头水域和陆域、高效的装卸设备等。否则，大型船舶无法挂靠，也延长集装箱船舶在港停留时间，也将造成巨大的经济损失。船舶越大，损失也就越大，也就丧失了规模经济效益。

3. 航路条件

航路条件主要是指航道水深及苏伊士运河和巴拿马运河对船舶吃水、船长、船宽等方面的限制，否则，只能另选其他航路。

4. 航程因素

实践和理论分析和论证表明，航程越长，大型船舶的规模经济效益越佳;反之，则越差。这是因为航线距离较短，船舶在港时间的比例就较大，航行时间的比例相应就会减小，使船舶的生产效率受到影响;反之，如航程较长，船舶的航行率相对较高，航行时间的比例增加，船舶越大，其规模经济效益越好。所以，航程的长短，对集装箱船舶规模经济效益有密切关系。

5. 装卸效率

港口装卸效率较低，则船舶在港停留时间增加，船舶往返航次时间也就增加，船舶周转速

度降低，影响航线船舶运输能力和船舶配备量的增加，带来不利的经济效果，船舶越大，如果装卸效率不随之提高，则船舶规模经济效益越差。所以，应该随着船舶大型化的同时，不断提高港口装卸效率，实现集装箱码头装卸作业高效化。

对新形势下铁路集装箱保价运输工作的思考

1. 铁路集装箱保价运输的现状

铁路集装箱运输是铁路货运现代化的重要标志，铁路集装箱运输发展的好坏直接影响着铁路集装箱保价运输的发展。在托运人的装货地点，将货物装入集装箱，通过各种运输方式将集装箱直接运到收货人卸货目的地的运输，称为集装箱的“门到门”运输。集装箱运输相对于其他运输方式，有着比较明显的优势。就客户而言，可以减少或免去包装，保证货物运输的完整和安全，减少运输手续；就铁路运输而言，集装箱运输实行的是优先政策，即优先审批计划及优先承运，优先配车，优先挂运，优先回空。由于其运输和换装的便利性，近些年来在我国得到越来越多的关注和较快的发展，从铁道部建设 18 个集装箱中心站的举措来看，集装箱业务的发展势头已锐不可当。这势必为大力发展集装箱保价运输带来前所未有的契机。而发展集装箱保价运输，又势必会有利于促进保价运输的发展，有利于加速集装箱运输设备改造，有利于加快集装箱运输信息化建设，有利于提高集装箱运输安全卡控能力。

铁路保价运输自 1991 年 5 月开办以来，有力地促进了铁路运输合同的履行，确保了社会经济活动的正常运行。但随着市场经济的发展，市场需求的变化和保险业的竞争，使保价运输面临着严峻的挑战。集装箱保价运输作为铁路保价运输的重要组成部分，同样面临着机遇和挑战。以中铁集装箱运输有限责任公司成都分公司（以下简称成都分公司）为例，集装箱保价运输收入逐年增加，2010 年比 2009 年增长了 5%，而同期集装箱运量的增幅则达 17%。

从流失的部分可以看出，集装箱保价运输的现状不容乐观。

2. 铁路集装箱保价运输面临的困难

(1)铁路集装箱保价运输面临激烈的竞争。铁路运输卖方市场的地位正在变化，铁路集装箱运输同公路、水路、航空等不同运输方式的竞争日益激烈，保价运输与保险业竞争也日趋激烈。例如：铁路国际联运的集装箱货物保价运输仅办理国内铁路段，为了避免出口报关前重新办理货物保险业务等手续所带来的不便，客户通常选择包含了国内铁路段运输的货物全程保险。

(2)货主参与铁路集装箱保价运输的积极性不高。铁路集装箱货物发送一般是物流公司代办运输，物流公司为了保证运输货物的利润最大化，通常以价格优势从企业争取货源，一般是在铁路集装箱运输货物时，采取降低货物保价额的手段。由于铁路集装箱运输与铁路整车运输相比，不容易发生货运事故，即使发生货运事故，损失也不大，物流公司一般都可以承担。因此，货主参与铁路集装箱保价运输的积极性不高。

(3)铁路集装箱保价费率的机动灵活性有待提高。对于货物保险收费，保险公司可灵活地降低保险费率与铁路保价运输竞争。以成都分公司为例，重庆集装箱中心站发送的铝卷，铁路集装箱保价费率为3‰,保险公司的保险费率为0.5‰。这在利润最大化的客户面前,会在一定程度上影响铁路保价运输的市场占有率。

(4)铁路集装箱保价运输的激励机制有待完善。面对保险公司的激烈竞争,铁路集装箱保价运输政策的激励机制尚不完善,而保险公司为了与保价运输争夺客户,全面扩大保险代办费的提取比例,将承保工作人员办理的保险额与其收入直接挂钩,大大提高了员工积极性。中铁集装箱运输有限责任公司每年对集装箱保价运输人员奖励,目的在于调动集装箱保价运输部门职工的积极性,增加同保险行业的竞争力。

(5)个别单位和职工对铁路集装箱保价运输重视程度不够。一些单位以保价收入流失为代价吸引货源,影响了铁路集装箱保价收入。在思想上认识不到位,认为抓铁路集装箱收入仅仅就是抓铁路集装箱运输收入,有的单位甚至把铁路集装箱运输收入与铁路集装箱保价收入对立起来,错误地认为对保价运输抓得太紧会影响铁路集装箱运输收入任务的完成。

3. 铁路集装箱保价运输的新机遇

铁路集装箱的迅猛发展给铁路集装箱保价运输带来新的契机,发展铁路集装箱保价运输必须以发展铁路集装箱运输为载体。充分利用当前运输需求增长的有利态势,通过货运增收带动保价增收,通过保价优质服务促进货运增收。一方面,18个集装箱中心站的建设覆盖我国几大重点区域,构成了四通八达的全国铁路集装箱运输网,将有力提升我国铁路的货运实力,带动经济发展。铁路运能瓶颈将逐步解除,铁路集装箱运输系统也将逐步完善,制约铁路集装箱运输发展的外部问题将得到解决,专门独立的集装箱业务办理站点体系将逐步形成。这将使铁路中长距离运输的优势进一步得到发挥,铁路集装箱的运能加速增长。

另一方面,我国宏观经济发展将依旧保持良好势头,随着沿海经济向内陆延伸,将促进铁路集装箱的发展;而铁路集装箱物流体系的构建也将推动我国内陆经济发展。区域间商品交换将更为频繁。多品种、少批量、多批次货物运输需求的出现,给集装箱运输提供了广阔空间和充足货源。随着运能和运量的同步提高,铁路集装箱运输的发展将更进一步,这就为开展铁路集装箱保价运输创造了良好的条件。

4. 加快发展铁路集装箱保价运输的对策

(1)全方位、多角度地进行保价营销宣传

保价营销宣传一直以来都是保价运输工作的重点,在面对铁路集装箱市场由卖方市场向买方市场的过渡阶段,成都分公司做好保价营销宣传尤为重要。要利用中心站货运计划受理窗口、保价宣传橱窗、召开客户座谈会、客户服务满意度测评等形式,随时宣传保价运输的优越性,为客户细心分析保价运输利弊,同时大力宣传铁路货物保价运输知识,如:足额保价的重要意义、足额投保赔偿的具体案例等,通过这一系列的宣传既奠定了保价运输可靠的货源基础,又增强了保价品牌的社会影响力,从而提高客户参与铁路集装箱保价的积极性。

(2)实施保价大客户战略

成都分公司强化重点客户服务,与保价大客户签订代办保价协议,建立管理台账,定期走访保价大客户,加强沟通协调,分析客户需求,征求客户意见,帮助解决大客户运输过程中的问题,通过与大客户的密切交流,加强与保价大客户的合作关系,对提升集装箱保价运输的市场竞争力,扩大市场份额发挥了积极作用。

(3)完善保价运输激励机制

完善保价运输激励政策，将保价收入纳入铁路集装箱运输收入考核指标，强化责任落实，分阶段、分季度确定增收进度，每季度对有关负责人和业务人员进行严格考核，考核内容与经济责任制紧密挂钩，从而切实调动集装箱中心站货运职工开展保价工作的积极性。

(4)坚持对职工进行责任教育

开展"提高保价工作质量，做好事故理赔"为主题的教育活动，以转变货运管理人员、货运事故处理人员的观念为工作重点，建立主要领导全面抓、主管人员负责抓、各级保价办联手抓、集装箱中心站重点抓的"四抓"体制，由成都分公司负责"承上启下"的工作。牢固树立为客户提供优质服务的意识，坚持有效的管理制度，整顿避重就轻、推脱责任的不良作风，树立"实事求是、严于律己、勇于承担责任"的扎实作风，不断增强从业人员的服务意识。

(5)做好足额保价和高附加值货物保价工作

足额保价有利于维护客户利益，杜绝不足额保价所产生的理赔纠纷，有利于提高铁路保价运输的声誉，有利于保价运输工作进入良性循环和快速发展的阶段。鉴于集装箱运输货物安全性高，赔付率低，客户保价积极性不高，对发送的部分大宗品名的货物规定最低保额。努力提高高附加值货物的保价份额，例如：电脑配件、汽配、白酒、铝型材等，确保保价运输收入逐步提高。

(6)提高保价理赔服务质量

由于集装箱中心站职工人数较少，没有专人负责保价运输业务，同时集装箱装运货物一般损失较少，赔付相对较少。建议货运事故处理由集装箱中心站负责，集装箱中心站确定专人负责货运事故处理工作，配齐配强专业管理人员，做好保价事故理赔工作，加强理赔效率考核，提高有关人员的货运事故处理水平，避免因铁路责任事故处理不当带来的影响。

(7)提高保价人员业务素质

针对集装箱中心站保价从业人员新人多的特点，每年组织人员参加中铁集装箱运输有限责任公司、铁路局组织的保价培训班，加强保价业务知识、货运事故处理、保价事故案例等内容的培训；并且通过参加每年的货运业务技能大赛，激发职工学习技能的积极性，通过培训和竞赛，提高保价从业人员在货运安全基础管理、保价事故处理和保价宣传方面的能力。

(8)采取有效的集装箱安全防范措施

加大铁路集装箱基础设施建设投入，以高科技手段保证集装箱货物安全。例如：集装箱中心站可配备高清晰度的门禁检查设备，提供箱体优良的铁路集装箱，在门式起重机上安装货车装载状态监控装置等设备。加强货物交接和途中检查及装卸作业全过程把关，最大限度地减少铁路集装箱运输货物损失。发生事故后严格分析，找出发生事故的规律，防止惯性事故的不断发生。坚持安全分析制度，定期召开安全例会，通报安全情况，处理争议案件，共同查找问题，努力做好事故的理赔工作，真正让客户满意。

(资料来源：对新形势下铁路集装箱保价运输工作的思考，蒲仪，铁道货运，2011.08)

【案例分析】 试分析铁路集装箱保价运输的成本由哪几部分构成，与海运集装箱运输的成本构成有何异同。

本章思考题

6.1　简述集装箱运输市场的结构特征。

6.2 用数学关系式表示出集装箱运输需求规律。

6.3 某集装箱船公司拟经营集装箱运输航线，该航线上的基本运价为 750 元/TEU，据资料测算，经营该航线的固定成本为 1220 万元，单位变动成本为 280 元/TEU，试确定该航线的保本运量为多少？保本收入为多少？若该航线 2010 年的目标利润为 800 万元，试确定要实现目标利润应完成多少运量？应达到多少运输收入？

6.4 如何在激烈的市场竞争中赢得集装箱运输的最大利润？

7 国际集装箱多式联运总论

国际集装箱运输是一种先进的现代化运输方式，它具有运输效率高、经济效益好及服务质量优的特点。但是，只有现代化的生产组织手段与科学的管理技术才能与之相适应。同时，只有具备一定的技术与经济条件才能保证国际多式联运的顺利开展，并发挥其优越性。

7.1 国际集装箱多式联运运输

7.1.1 国际多式联运的含义

集装箱多式联运是集装箱运输发展的高级形式，它以集装箱为运输单元，将不同的运输方式有机地组合在一起，构成连续的、综合性的一体化货物运输。通过一次托运、一次计费、一份单证、一次保险，由各运输区段的承运人共同完成货物的全程运输，即将货物的全程运输作为一个完整和单一的运输过程来安排。集装箱多式联运与一般多式联运是有区别的，后者是指由多式联运经营人使用两种或两种以上的不同运输方式，将货物送至目的地的货物运输。多式联运不一定是以集装箱运输为运输单位，但正是多式联运和集装箱结合在一起，使两者都有了勃勃的生机。

国际多式联运(Multimodal Transport)是一种以实现货物整体运输的最优化效益为目标的联运组织形式。它通常是以集装箱为运输单元，将不同的运输方式有机地组合在一起，构成连续的、综合性的一体化货物运输。通过一次托运、一次计费、一份单证、一次保险，由各运输区段的承运人共同完成货物的全程运输，即将货物的全程运输作为一个完整的单一运输过程来安排。然而，它与传统的单一运输方式又有很大的不同。根据1980年《联合国国际货物多式联运公约》(简称《多式联运公约》)以及1997年我国交通部与铁道部共同颁布的《国际集装箱多式联运管理规则》的定义，国际多式联运是指"按照多式联运合同，以至少两种不同的运输方式，由多式联运经营人将货物从一国境内接管货物的地点运至另一国境内指定地点交付的货物运输"。国际集装箱运输是一种先进的现代化运输方式。与传统的件杂货散运方式相比，它具有运输效率高，经济效益好及服务质量优的特点。正因如此，集装箱运输在世界范围内得到了飞速发展，已成为世界各国保证国际贸易的最优运输方式。尤其是经过几十年的发展，随着集装箱运输软硬件成套技术臻于成熟，到20世纪80年代集装箱运输已进入国际多式联运时代。

国际多式联运是一种利用集装箱进行联运的新的运输组织方式。它通过采用海、陆、空等两种以上的运输手段，完成国际的连贯货物运输，从而打破了过去海、铁、公、空等单一运输方式不连贯的传统做法。如今，提供优质的国际多式联运服务已成为集装箱运输经营人增强竞争力的重要手段。

7.1.2 多式联运经营人的含义

7.1.2.1 多式联运经营人的定义

我国《海商法》在对多式联运合同定义的基础上，对多式联运经营人下了一个定义。1980年联合国国际货物多式联运公约，1991年联合国贸易和发展会议(国际商会联运单证规则)也都对多式联运经营进行了定义。

1. 国际集装箱多式联运经营人的定义

所谓多式联运承运人，又称多式联运经营人，是指与旅客或者托运人订立多式联运合同，并负责履行或者组织履行合同，对全程运输负责，享有承运人权利、承担承运人义务的人。

多式联运承运人不仅是订立多式联运合同的承运人，也是对全程运输负责的承运人。他既不是旅客或者托运人的代理人或代表，也不是参加多式联运的承运人的代理人或代表，或者不是参加联运各区段的具体承运人。多式联运承运人负有履行合同的全部责任，这是他与各区段具体承运人的主要区别所在。

2. 国内集装箱多式联运经营人的定义

我国法律虽未对国内集装箱多式联运经营人进行定义，但结合上述多式联运经营人和国际集装箱多式联运经营人的定义，可以将其定义为“本人或者委托他人以本人名义与托运人订立一项国内集装箱多式联运合同并以承运人身份完成此项合同责任的人”。从该定义中不难看出，国内集装箱多式联运经营人肯定是承运人，但不限于是各个区段的承运人，而是多式联运合同的承运人。多式联运经营人还区别于实际承运人，可以是无船承运人或契约承运人。同时，法律并没有给从事国内多式联运业务的主体设定一个门槛，并实行限入制度，造成了联运经营人主体的混乱。根据上述定义认定多式联运经营人是简单的，但实践当中，对于广大的托运人或货主而言，却非常困难。与国际集装箱多式联运业务相比，国内集装箱多式联运并没有规范的或强制适用的多式联运单据，通常托运人与多式联运经营人之间没有专门书面的多式联运合同，在发生货物运输纠纷时，货主往往无力向法庭主张多式联运合同成立的证据，而只能依据侵权法向侵权人索赔。因此，如何帮助托运人对多式联运经营人进行认定，就显得格外重要，同时也是法院审理国内多式联运合同纠纷案件中需要积极解决的问题。

7.1.2.2 国际多式联运经营人具有独特的性质和法律特征

(1)国际多式联运经营人是“本人”而非代理人。他对全程运输享有承运人的权利，承担承运人的义务。

(2)国际多式联运经营人同时也可以“代理人”身份兼营有关货运代理服务，或者在一项国际多式联运业务中不以“本人”身份而是以其他诸如代理人、中间人等身份开展业务。

(3)国际多式联运经营人具有双重身份，他既以契约承运人的身份与货主(托运人或收货人)签订国际多式联运合同，又以货主的身份与负责实际运输的各区段运输的承运人(即实际承运人)签订分运运输合同。

(4)国际多式联运经营人既可以拥有运输工具也可以不拥有运输工具。当国际多式联运经营人以拥有的运输工具从事某一区段运输时，他既是契约承运人，又是该区段的实际承运人。

7.1.2.3 国际多式联运经营人在多式联运中的地位

国际多式联运的发展离不开国际多式联运经营人，因为他是国际多式联运的组织者或主要承担人，负责对全程运输进行组织、安排和协调，在多式联运中占有重要地位。

国际多式联运这种运输方式需要多种运输工具完成，通常多式联运经营人自己并不独立承担全部运输，而是在与托运人签订多式联运合同后，再将部分或全部运输工作交由其他承运人完成。这些承运人依照与多式联运经营人签订的运输合同对后者负责，他们与货主或原托运人之间没有任何直接的合同关系。由此，多式联运经营人与货主之间的多式联运合同关系，多式联运经营人与区段经营人之间的合同关系构成了国际多式联运合同关系的主要特征。

由于国际货物多式联运作为不同运输方式之间的组合，涉及众多的关系人，构成了复杂的多种法律关系。这些关系主要包括：国际多式联运经营人与货主之间的多式联运合同关系，国际多式联运经营人与区段承运人之间的运输合同关系，又有多式联运经营人与其受雇人之间的雇佣关系，及其与代理人之间的代理关系，与分包承运人之间的承托关系，以及收货人与多式联运经营人及其受雇人、代理人、分包人之间可能发生的侵权关系等。由上可以看出，国际多式联运经营人在诸多关系中处于核心地位，各种关系围绕他而展开。所以，要理清国际多式联运中错综复杂，权利、义务又各不相同的各种法律关系，关键在于确定国际多式联运经营人这一主体及其法律地位。由于对国际多式联运经营人的法律地位并无多大争议，因此，更确切地说，关键是在于确定何人具有国际多式联运经营人这一主体地位。

7.1.2.4　国际货物多式联运经营人和承运人、货运代理人

一般地，承运人多用来指海路运输中的海运承运人，不过空运和陆运中负责完成运输任务的人同样也被称为承运人，那么，国际多式联运经营人是否属于承运人的范围呢？国际多式联运经营人可被看作负责完成包括几种不同运输方式在内的全程运输的一种新型承运人，只不过其负责的范围和事项比原来的承运人复杂得多而已。基于此种理解，我国《海商法》中关于承运人的一般规定应同样适用于多式联运经营人。但是，这只是理论上的一般推定，具体到实际问题，是否可以适用《海商法》的规定，可能并不容易确定。比如关于诉讼时效，我国《海商法》第257条规定“就海上货物运输向承运人要求赔偿的请求权，时效期间为一年。”那么，对于国际多式联运经营人，向其负责的海上运输区段要求索赔的诉讼时效应该是一年，而其他运输区段的诉讼时效则应根据有关的运输法规或合同法以及民法通则的一般规定。

7.1.3　国际多式联运的基本条件

尽管，已通过的多式联运公约至今没有生效，但多式联运应具备的基本条件是不变的。根据多式联运公约的规定和现行的多式联运业务特点，多式联运应具备的条件必须是：

(1)货物在全程运输过程中无论使用多少种运输方式，作为负责全程运输的多式联运经营人必须与发货人订立多式联运合同。因为，该运输合同是多式联运经营人与发货人之间权利、义务、责任、豁免的合同关系和运输性质的确定，也是区别多式联运与一般货物运输方式的主要依据。

(2)多式联运经营人必须对全程运输负责。因为，多式联运经营人不仅仅是订立多式联运合同的当事人，也是多式联运单证的签发人。自然，在多式联运经营人履行多式联运合同所规定的运输责任的同时，可将全部或部分运输委托他人(分运承运人)完成，并订立分运合同，但分运合同的承运人与发货人之间不存在任何合同关系。

(3)多式联运经营人接管的货物必须是国际的货物运输，这不仅有别于国内货物运输，主要还涉及国际运输法规的适用问题。

(4)多式联运不仅仅是使用两种不同的运输方式，且必须是该不同运输方式下的连续

运输。

(5)货物全程运输由多式联运经营人签发一张多式联运单证,且应满足不同运输方式的需要,并计收全程运费。

从上述多式联运应具备的基本条件看,凡是根据多式联运合同所进行的多式联运必须具备上述条件。多式联运经营人作为订立多式联运合同的一方,以至少两种运输方式组织运输并履行合同责任。但事实上,多式联运下的多式联运合同并非是独一无二的。因为,除了多式联运经营人承担或不承担部分运输外,更多的运输由他人来完成并与多式联运经营人订立分运合同。此外,现行的国际货运公约对联运的条件作了不同的规定,如:

凡符合下列条件属汉堡规则下的货物联运:

(1)两种运输方式之间,其中之一必须是海运;

(2)所订立的合同是国际的货物运输。

凡符合下列条件属公路货运公约下的货物联运:

(1)运输合同中规定的接管、交付货物的地点位于两个不同的国家;

(2)货物系由载荷车辆运输。

凡符合下列条件属铁路货运公约下的货物联运:

(1)运输方式之一在公约所规定的铁路线上运输;

(2)另一运输方式为公约所规定的公路或海上运输。

凡符合下列条件属华沙公约下的货物运输:

根据有关订立的运输合同,不论运输过程有无中断或转运,其出发地和目的地是在两个缔约国或非缔约国的主权、宗主权、委托统治权,或权力管辖下的领土内有一个约定的经过地点的任何运输。

事实上,任何现行国际货运公约缔约国的法律都强制规定,凡签订该公约范围内的运输合同应遵守公约所规定的义务。即该运输合同既要满足单一货运公约下的货物联运条件,又要符合多式联运公约范围内的要求,除非这两个公约所规定的责任、义务相同,否则公约之间的抵触难以避免。因此,作为订立多式联运合同的多式联运经营人,同时又作为某一运输区段的实际承运人时,首先应确定的是其订立的运输合同是否属于现行货运公约所适用的范围。

7.1.4 国际多式联运的优越性

国际多式联运是一种比区段运输高级的运输组织形式。20 世纪 60 年代末美国首先试办多式联运业务,受到货主的欢迎。随后,国际多式联运在北美、欧洲和远东地区开始采用。20 世纪 80 年代,国际多式联运已逐步在发展中国家实行。目前,国际多式联运已成为一种新型的重要的国际集装箱运输方式,受到国际航运界的普遍重视。1980 年 5 月在日内瓦召开的联合国国际多式联运公约会议上产生了《联合国国际多式联运公约》。该公约将在 30 个国家批准加入一年后生效。它的生效对以后国际多式联运的发展产生了积极的影响。

国际多式联运是今后国际运输发展的方向,这是因为,开展国际集装箱多式联运具有许多优越性,主要表现在以下几个方面:

(1)简化托运、结算及理赔手续,节省人力、物力和有关费用。在国际多式联运方式下,无论货物运输距离有多远、由几种运输方式共同完成,且不论运输途中货物经过多少次转换,所有一切运输事项均由多式联运经营人负责办理。而托运人只需办理一次托运,订立一份运输合同,一次支付费用,一次保险,从而省去托运人办理托运手续的许多不便。同时,由于多式联运采用一份货运单证,统一计费,因而也可简化制单结算手续,节省人力和物力。此外,一旦运输过程中发生货损货差,由多式联运经营人对全程运输负责,从而也可简化理赔手续,减少理赔费用。

(2)缩短货物运输时间,减少库存,降低货损货差事故,提高运输质量。在国际多式联运方式下,各个运输环节和各种运输工具之间配合密切,衔接紧凑,货物所到之处中转迅速及时,大大减少货物的在途停留时间,从而从根本上保证了货物安全、迅速、准确、及时地运抵目的地,因而也相应地降低了货物的库存量和库存成本。同时,多式联运系通过集装箱为运输单元进行直达运输,尽管货运途中须经多次转换,但由于使用专业机械装卸,且不涉及箱内货物,因而货损货差事故大为减少,从而在很大程度上提高了货物的运输质量。

(3)降低运输成本,节省各种支出。由于多式联运可实现门到门运输,因此对货主来说,在将货物交由第一承运人以后即可取得货运单证,并据以结汇,从而提前了结汇时间。这不仅有利于加速货物占用资金的周转,而且可以减少利息的支出。此外,由于货物是在集装箱内进行运输的,因此从某种意义上来看,可相应地节省货物的包装、理货和保险等费用支出。

(4)提高运输管理水平,实现运输合理化。对于区段运输而言,由于各种运输方式的经营人各自为政,自成体系,因而其经营业务范围受到限制,货运量相应也有限。而一旦由不同的运输经营人共同参与多式联运,经营的范围可以大大扩展,同时可以最大限度地发挥其现有设备的作用,选择最佳运输线路组织合理化运输。

(5)其他作用。从政府的角度来看,发展国际多式联运具有以下重要意义:有利于加强政府部门对整个货物运输链的监督与管理;保证本国在整个货物运输过程中获得较大的运费收入分配比例;有助于引进新的先进运输技术;减少外汇支出;改善本国基础设施的利用状况;通过国家的宏观调控与指导职能,保证使用对环境破坏最小的运输方式达到保护本国生态环境的目的。

7.2　开展国际多式联运经营的条件

7.2.1　国际多式联运经营人应具备的条件

国际货运公约或货物运输合同一般都规定,承运人应是与发货人订有运输合同的人,或完成货物运输的人。然而,现行的国际货运公约对承运人的概念理解不一,在认识上没有统一。如:海牙规则中的承运人是指参加运输的人还是与发货人订立合同的人,或两者兼而有之?同样,因对华沙公约中所规定的承运人认识不一,由此制定了瓜达拉哈拉公约。

如上节所述,多式联运作为不同运输方式间的组合,系由众多关系人组成,其法律关系十分复杂。多式联运首先应调整上述关系人的法律关系,确定多式联运经营人的法律地位,从而平衡相互间的权利、义务和赔偿责任。已通过的多式联运公约和现行的多式联运业务对多式联运经营人概念理解为:“多式联运经营人是指本人或通过其代表以本人名义与发货人订立多式联运合同的人。他是事主,而不是发货人的代理人或代表也不是参加多式联运的承运人的代理人或代表,并且负有履行合同的责任。”

可见,当多式联运经营人从发货人那里接管货物时起,即表明其责任业已开始,货物在运输过程中的任何区段发生灭失或损害,多式联运经营人均以本人的身份直接承担赔偿责任,即使该货物的灭失或损害并非由多式联运经营人本人的过失所致。

因此,作为多式联运经营人的基本条件是:

(1)多式联运经营人本人或其代表就多式联运的货物必须与发货人本人或其代表订立多式联运合同,而且合同中规定至少使用两种运输方式完成货物全程运输,合同中的货物系国际的货物。

(2)从发货人或其代表那里接管货物时起即签发多式联运单证,并对接管的货物开始负有责任。

(3)承担多式联运合同规定的与运输和其他服务有关的责任,并保证将货物交给多式联运单证的持有人或单证中指定的收货人。

(4)对运输全过程中所发生的货物灭失或损害,多式联运经营人首先对货物受损人负责,并应具有足够的赔偿能力。当然,这种规定或做法并不会影响多式联运经营人向造成实际货损的承运人行使追偿的权利。

(5)多式联运经营人应具备与多式联运所需要的、相适应的技术能力,对自己签发的多式联运单证确保其流通性,并作为有价证券在经济上有令人信服的担保程度。

7.2.2 国际多式联运应具备的条件

国际多式联运涉及多种运输方式,是由多种运输方式组合而成的综合性的一体化运输。因此,开展国际多式联运应具备比单一运输方式更为先进、更为复杂的技术条件。这些条件包括:

1.建立国际多式联运线路与集装箱货运站

国际多式联运的线路,从理论上说,可以是从某一国的任何一地到另一国的任何一地。但事实上这是不可能的,世界上许多经营多式联运的公司通常只能是重点办好几条多式联运线路。

确定建立一条多式联运线路,首先需要进行国际货物流向流量的调查,在此基础上,选择货物流量较大且较稳定的路线;其次要考虑联运线路的全程应具备适当规模的运输能力。此外,由于国际多式联运通常是以集装箱运输为主,所以联运线路需要有一定的装卸、运送集装箱的设备条件。

国际多式联运改变了传统运输的交接概念,不再仅仅把港口或车站作为货物的交接地点,而是延伸到港口或车站以外的地点进行交接。货主不一定需要到港口或车站去交货或提货。集装箱货运站(包括内陆货运站)即是接受货物进行装箱、拼箱或拆箱分拨的地方,具有货物交接、储存、中转的功能,在多式联运业务中有着重要作用。因此,多式联运经营人必须建立具有一定设施条件与能力的集装箱货运站;同时要加强集装箱货运站的组织管理,以降低运营费用,提高运输效率,保证货物的迅速流转。为确保集装箱货物的顺利交接,集装箱货运站应根据业务开展情况配备必要的机械设备,包括搬运和装卸集装箱的起重机、车辆及办理装箱、拆箱的各种机具。

集装箱货运站通常应建在靠公路线、铁路线或工业中心地区。这个地区还应能和海关、保险、商品检验等机构连接在一起,以便办理货物的报关查验、装箱、拆箱及分拨交接等业务。

2.建立国内外联运网点

国际多式联运是跨国运输,不可能仅由一国一家完成,需要国内外有关单位的共同合作才能进行有效的联合运输。因此,经营国际多式联运必须根据业务的需要建立国内外业务合作网,负责办理国内外运输、交接手续。

在国外建立联运业务合作网主要有以下三种方式:

(1)订立协议建立业务代理关系。这种方式要注意选择资信可靠有业务经营能力的货运公司签订协议，建立双方业务代理关系，接受或委托对方作为分承运人，承担分段运输业务。同时，根据委托编制和寄送有关单证，签发或回收联运提单，提供货运信息，代收支费用，处理货运纠纷与事故以及代办货物交接等工作。这种合作关系，双方自负盈亏，也可根据协议双方对合作的业务按比例分享盈利或分摊亏损。

(2)在国外货运公司内入股，或同国外货运公司搞联营或合营，遇有业务时，双方仍可采取委托与被委托形式开展业务活动。这种方式实际上是入股一方参与了对方的经营，至于参与的程度则根据入股多少来决定。由于对方经营能力的好坏直接影响到入股方的利益，因此采用这种方式时必须注意选择好合作伙伴。

(3)在国外设立自己的分支机构或子公司，独立承办自己的运输业务。多式联运经营人可在一些重点地区、国家设立分支机构，甚至子公司，作为全权代表，处理一些货物交接、揽货、出运等过程中的一系列业务。

以上三种方式采用较多的是第一种方式，而第二和第三种方式大都是一些较大的货运公司采用。

由于国际多式联运线长面广，因此在建立国外网点的同时，还应注重国内各省市间的运输网点的建设，以保证运输渠道的畅通。否则，即使外部开通，如果内部不畅也会使整个运输过程难以发挥效用。因此，建立国内跨地区的横向合作体制是极为重要的。

我国开展国际集装箱多式联运的范围还较小。目前，通过大陆港口的全部进出口集装箱货物中只有约11%～12%的货物进出内陆省份。同时，运输方式较为原始，联运市场有待健全，主要是内陆集装箱运输受铁路运力、站点设施、公路、车辆、桥梁以及服务质量等条件的限制。因此，我国国际多式联运还只能在有条件采用集装箱运输的线路上开展。但是，随着我国内陆省份的工业化进程的加快，内陆综合运输网的不断完善以及站点设施条件的进一步改善，尤其是外国船公司在我国内陆区域联运业务的迅猛发展，行业竞争势头的加剧，我国的国际多式联运服务网将有很大发展。

3. 制定多式联运单一费率

采用单一费率是国际多式联运的基本特征之一，因此经营多式联运要制定一个单一的联运包干费率。由于多式联运环节多，费率又是揽取业务的关键。所以制定单一费率是一个复杂而又重要的问题，需要综合考虑各种因素，使制定的费率具有竞争性，以利于联运业务的顺利进行。

国际集装箱多式联运全程运费主要由运输费用(国内外内陆段运费、海运段运费或国际铁路、航空运费)、经营管理费用以及利润等三大部分组成。该单一费率因货物的交接地点和业务项目的不同而异。

4. 制定国际多式联运单据

作为国际多式联运经营人必须具有自己的多式联运单据或提单。多式联运单据是经营人与货主之间的运输合同的证明，它具有有价证券的性质，可以进行转让和向银行抵押贷款。

至于多式联运业务中分承运人出具的各种承运单据，如海运提单，铁路、公路、航空运单等，仅是总、分承运人之间的运输合同或其书面证明，与货主无关。因此，在填制这些单据时，“托运人”一栏应填写多式联运经营人的名称和地址，“通知人”一栏则填写该程运输终端总承运人的代理人名称和地址，“收货人”一栏一般均填“凭指示”(To order)。

5. 建立科学的组织管理制度

要确保国际多式联运货物快速、安全的运抵目的地，必须建立科学的组织管理制度，使各

部门、各环节紧密衔接,从而从组织上保证货物迅速、安全运输。根据实践检验,应着重组织好以下各方面的工作:

(1)保证各部门之间的工作紧密衔接。国际多式联运业务效率的高低,关键在于组织好各部门之间的工作。从业务管理开始直到货物交接完毕,都要做到职责分明、环节紧扣。在国外,有的货运公司采用"作业安排书"的办法来衔接各部门和各环节的工作:业务部门受理业务后,填制"作业安排书",列明委托单位名称,托运的货名、重量、体积、数量,收货及装运日期与地点,运输方式、路线、中转地点、订舱时间、船名,国外代理名称、交货地点、交货条件、运费金额、集装箱取送时间与地点,以及托运人的特殊要求和运输注意事项等。"作业安排书"制妥后分送有关部门。它既是安排和检查全程运输工作的依据,也是业务进程的记录,衔接各部门和各环节工作的纽带。

(2)建立掌握货运信息的工作制度。货运信息在多式联运工作中具有重要作用。整个联运过程都离不开信息,特别是货物在中转地的到达、装卸、发运及交接动态,更须随时掌握和了解,以便发现问题可以迅速采取措施,保证运输顺利进行。

(3)要有一个统一的管理机构。根据多式联运工作环节多、涉及面广的特点,应建立一个统一的管理机构,负责对外受理业务,对内统一管理全部运输工作,包括对运力、报关、装卸、取送集装箱以及交接货物等工作的组织与衔接,以提高运输效率。

7.3 集装箱与多式联运的组织方法

7.3.1 国际多式联运企业(经营人)组织机构的建立

对于没有经营运输业务经历的经营人来说,要创建多式联运经营公司或机构不是件容易的事情。因为这不仅是资金投入的问题,更重要的是专业知识、技能和经验的积累。

对于多式联运经营人来讲,拥有精通国际运输业务的高素质的专业人才是最大财富。一般来说除了航运公司和航空公司等专业运输公司之外,这种专业人才通常只有在货运代理公司才能找得到。由此可见,无船承运人能在货运代理业站稳脚跟不足为奇。此外,作为多式联运经营人,他的另一大财富是与国内外经营相同业务的其他组织机构之间的广泛联系。要保证多式联运经营的成功,就必须对整个运输链进行严格的管理和控制,而这离不开与其他组织机构间的紧密联系。

建立经营多式联运业务的企业,通常可采用以下几种方式:

(1)由本国经营单一运输方式的承运人或货运代理对其经营范围进行扩展;

(2)由本国经营单一运输方式的多家承运人建立合资企业;

(3)由本国航运公司与国外航运公司创办合资公司;

(4)由内陆国家与转运国共同组建联营运输企业;

(5)由商品的生产商或贸易商组建新公司;

(6)由本国或地区的多家货运代理组建联营公司。

目前,国际上绝大多数多式联运经营人都集中在工业化国家,而且,这些经营人(企业)主要是由航运公司或大的货运代理公司所组成。当然,采用何种方式建立和组织多式联运经营企业,主要取决于自身的实际条件。即便是航运公司要成为多式联运经营人也同样面临许多困难，尤其是在可供资源（人、财、物等）十分有限的情况下，关键是如何充分利用现有的有效资源。值得一提的是，在一些欧洲国家，已经出现了由生产某种商品的跨国公司组建的多式联运经营人。在这种情况下，这些跨国公司就成了他们自己经营的多式联运公司的主要客户。

在我国，国际多式联运业务主要是由从事国际运输企业内部建立的专业化组织机构来完成的。由于当前我国的国际集装箱运输中90%左右是采用分段运输，而国际多式联运量很小，对于从事国际运输的企业来说，如果仅经营业务量很小的国际多式联运是不现实的，因此他们必须既经营分段运输业务，又通过企业内部的一个专业化机构来经营国际多式联运业务。这些从事国际运输业务的企业既有远洋运输公司，也有对外贸易运输公司，还有外轮代理公司等。这些经营人依靠他们丰富的国际运输经验和在国内外建有的广泛的运输业务网络优势，开展国际多式联运业务经营活动。同时，他们又充分发挥在各自领域的特长，利用自身优势，进行竞争。此外，国外一些主要的船公司，如美国海路轮船公司、美国总统轮船公司、日本邮船公司和丹麦马士基航运公司等均以实际承运人的身份在我国建立了为远洋干线集装箱船进行喂给服务的支线运输系统并充当国际多式联运经营人，经营国际多式联运业务。这也是国外既有多式联运业务主要的一种组织形式。

7.3.2 国际多式联运的经营方式

根据企业的类型及其业务范围，多式联运经营人的经营模式有很大的不同。例如，经营集装箱联运业务的“有船经营人”通常是由两个或更多的航运公司合并而成或者是由两个或更多的母公司组建的子公司，因而这种经营人通常是以航运联盟或班轮公会成员的形式开展业务。而对于无船承运人，比如提供多式联运服务的货运代理，在经营组织模式上与上述经营人则不相同，他们通常是独立地开展业务，并以确保有效的市场竞争为中心进行业务的组织与经营。

一般来讲，“有船”多式联运经营人的经营范围常常是限定在他所经营的特定航线上，而且，他能为货主（托运人）提供的服务范围有限。比如，他可能不提供包装、单证签发、报关、进出口便利等服务功能，而这些正是货主所需的。对于这些服务功能，他只能通过订立分合同的形式由分承运人或货运代理来提供。由于在国际多式联运的“门到门”运输过程中，海运是主要的一部分，因而由“有船经营人”来提供他自己经营的业务，对货主来说，这种服务显得更为可靠。这也是越来越多的船舶经营人成为多式联运经营人的原因。

而对于专门从事多式联运业务的无船承运人来说，他的服务范围则要大得多。他不仅可以提供去往世界各地的货物运输服务，而且，可以以代理人的身份提供诸如LCL货的拼箱、单证签发、货物包装、仓储、办理结关手续、货物保险等各种服务。当然，为此他必须建立一个包括代理、国外合伙人、子公司或分支机构等在内的联系紧密的网络。

无论经营人采用何种经营和组织模式，一旦组建起来，就有一系列决策、研究及其他任务要做。首先必须投入足够的时间和精力进行详细的市场调查，因为它是进行经济计算并做出最终决策的重要依据。市场调查的主要目的是确定所运送货物的年运量、季节波动性、当前运输成本水平、销售价格条款及制约环节等因素。其次是寻求发送量较大的关键货主，并与之建立长期、稳定的联系。再者，保证货流平衡也是经营人的一项十分重要的工作。当双向货流不平衡时，就会产生空箱调运，并严重影响运输的经济性。为此，经营人必须采取措施解决货流不平衡的问题，比如采用三角航线运输组织形式来减少空箱调运的比例。此外，经营人要想有一个良好的开端，还必须制定一个合理的全程包干费率，至少应保证自己制定的费率与竞争对手处于同一水平上。

7.3.3 国际多式联运的运输组织形式

国际多式联运是采用两种或两种以上不同运输方式进行联运的运输组织形式。这里所指的至少两种运输方式可以是:海陆,陆空,海空等。这与一般的海海、陆陆、空空等形式的联运有着本质的区别。后者虽也是联运,但仍是同一种运输工具之间的运输方式。众所周知,各种运输方式均有自身的优点与不足。一般来说,水路运输具有运量大,成本低的优点;公路运输则具有机动灵活,便于实现货物门到门运输的特点;铁路运输的主要优点是不受气候影响,可深入内陆和横贯内陆实现货物长距离的准时运输;而航空运输的主要优点是可实现货物的快速运输。由于国际多式联运严格规定必须采用两种和两种以上的运输方式进行联运,因此这种运输组织形式可综合利用各种运输方式的优点,充分体现社会化大生产大交通的特点。

由于国际多式联运具有其他运输组织形式无可比拟的优越性,因而这种国际运输新技术已在世界各主要国家和地区得到广泛的推广和应用。目前,有代表性的国际多式联运主要有远东/欧洲等海陆空联运,其组织形式包括:

1. 海陆联运

海陆联运是国际多式联运的主要组织形式,也是远东/欧洲多式联运的主要组织形式之一。目前组织和经营远东/欧洲海陆联运业务的主要有班轮公会的三联集团、北荷、冠航和丹麦马士基等国际航运公司,以及非班轮公会的中国远洋运输公司、台湾长荣航运公司和德国那亚航运公司等,这种组织形式以航运公司为主体,签发联运提单,与航线两端的内陆运输部门开展联运业务,与大陆桥运输展开竞争。

2. 大陆桥运输

所谓大陆桥,原文为“LAND BRIDGE”,其意是:在茫茫的大海中,将一块大陆当作桥梁,这是从地理概念出发的一种形象的说法。而大陆桥运输,系指由横贯大陆的铁路将其两边的海上运输线连接起来,形成跨越大陆,连接海洋的国际联运线,大陆起了“桥”的作用,所以称之为“大陆桥”。而海—陆—海联运中的陆运部分,即称之为大陆桥运输。由于大陆桥运输,是利用了当时正在大力发展的ISO标准的20 ft和40 ft集装箱,便于换装作业和易于实现“门到门”运输的优越性。故从其产生时起,就与集装箱运输紧密地结合在一起。大陆桥运输也是指国际集装箱过境运输,它是国际集装箱多式联运的一种特殊形式。

在国际多式联运中,大陆桥运输(Land Bridge Service)起着非常重要的作用。它是远东/欧洲国际多式联运的主要形式。所谓大陆桥运输是指采用集装箱专用列车或卡车,把横贯大陆的铁路或公路作为中间“桥梁”,使大陆两端的集装箱海运航线与专用列车或卡车连接起来的一种连贯运输方式。严格地讲,大陆桥运输也是一种海陆联运形式。只是因为其在国际多式联运中的独特地位,故在此将其单独作为一种运输组织形式。目前,远东/欧洲的大陆桥运输线路有西伯利亚大陆桥和北美大陆桥。

(1)西伯利亚大陆桥(Siberian Land bridge)。西伯利亚大陆桥(SLB)是指使用国际标准集装箱,将货物由远东海运到俄罗斯东部港口,再经跨越欧亚大陆的西伯利亚铁路运至波罗的海沿岸,如爱沙尼亚的塔林或拉脱维亚的里加等港口,然后再采用铁路、公路或海运运到欧洲各地的国际多式联运的运输线路。西伯利亚大陆桥也称为亚欧大陆桥。西伯利亚大陆桥路线如图7-1所示。

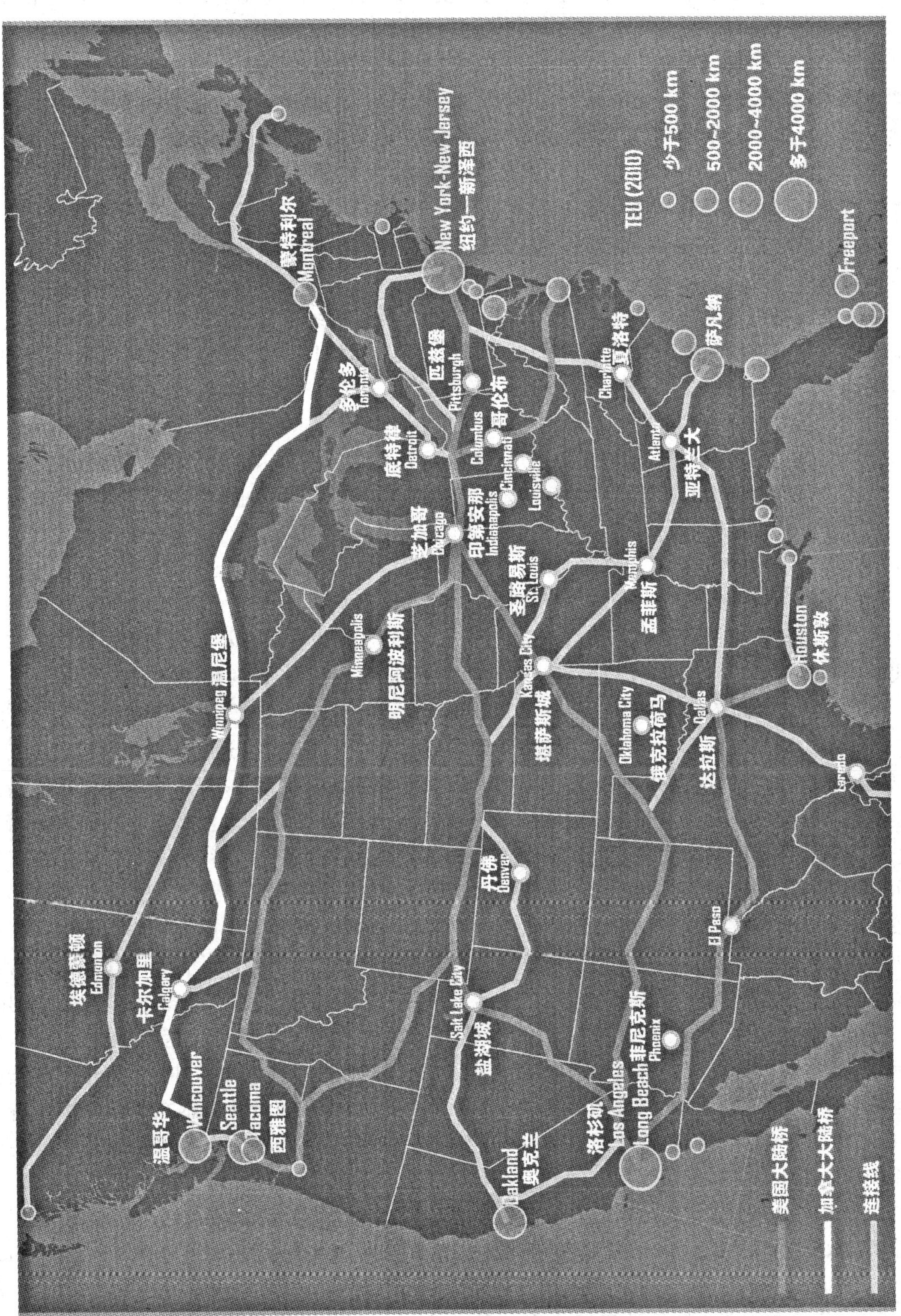

图 7-1 西伯利亚大陆桥(第一条亚欧大陆桥)示意图

西伯利亚大陆桥于1971年由原全苏对外贸易运输公司正式确立。现在全年货运量高达10万标准箱(TEU),最多时达15万标准箱。使用这条大陆桥运输线的经营者主要是日本、中国和欧洲各国的货运代理公司。其中,日本出口欧洲杂货的1/3,欧洲出口亚洲杂货的1/5是经这条大陆桥运输的。由此可见,它在沟通亚欧大陆,促进国际贸易中所处的重要地位。西伯利亚大陆桥运输包括“海铁铁”、“海铁海”、“海铁公”和“海公空”等四种运输方式。由俄罗斯的过境运输总公司(SOJUZTRANSIT)担当总经营人,它拥有签发货物过境许可证的权利,并签发统一的全程联运提单,承担全程运输责任。至于参加联运的各运输区段,则采用“互为托、承运”的接力方式完成全程联运任务。可以说,西伯利亚大陆桥是较为典型的一条过境多式联运线路。

西伯利亚大陆桥是目前世界上最长的一条大陆桥运输线。它大大缩短了从日本、远东、东南亚及大洋洲到欧洲的运输距离,并由此而节省了运输时间。从远东经俄罗斯太平洋沿岸港口去欧洲的大陆桥运输线全长13000 km。而相应的全程水路运输距离(经苏伊士运河)约为20000 km。从日本横滨到欧洲鹿特丹,采用大陆桥运输可使运距缩短1/3,运输时间也可节省1/2。此外,在一般情况下,运输费用还可节省20%~30%左右,因而对货主有很大的吸引力。

由于西伯利亚大陆桥所具有的优势,随着它的声望与日俱增,也吸引了不少远东、东南亚以及大洋洲地区到欧洲的运输,使西伯利亚大陆桥在短短的几年时间中就有了迅速发展。但是,西伯利亚大陆桥运输在经营管理上存在的问题如港口装卸能力不足、铁路集装箱车辆的不足、箱流的严重不平衡以及严寒气候的影响等,在一定程度上阻碍了它的发展,尤其是随着我国兰新铁路与中哈边境的土西铁路的接轨,形成一条新的“欧亚大陆桥”,为远东至欧洲的国际集装箱多式联运提供了又一条便捷路线,使西伯利亚大陆桥面临严峻的竞争形势。

(2) 北美大陆桥(North American Land bridge)

北美大陆桥是指利用北美的大铁路从远东到欧洲的“海陆海”联运。该大陆桥运输包括美国大陆桥运输与加拿大大陆桥运输。美国大陆桥有两条运输线路:一条是从西部太平洋沿岸至东部大西洋沿岸的铁路和公路运输线;另一条是从西部太平洋沿岸至东南部墨西哥湾沿岸的铁路和公路运输线。北美大陆桥示意图如图7-2所示。美国大陆桥于1971年底由经营远东/欧洲航线的船公司和铁路承运人联合开办“海陆海”多式联运线,后来美国几家班轮公司也投入营运。目前,主要有四个集团经营远东经美国大陆桥至欧洲的国际多式联运业务。这些集团均以经营人的身份,签发多式联运单证,对全程运输负责。加拿大大陆桥与美国大陆桥相似,由船公司把货物海运至温哥华,经铁路运到蒙特利尔或哈利法克斯,再与大西洋海运相接。

北美大陆桥是世界上历史最悠久、影响最大、服务范围最广的大陆桥运输线。据统计,从远东到北美东海岸的货物有大约50%以上是采用双层列车进行运输的,因为采用这种大陆桥运输方式比采用全程水运方式通常要快1~2周。例如,集装箱货从日本东京到欧洲鹿特丹港,采用全程水运(经巴拿马运河或苏伊士运河)通常约需5~6周时间,而采用北美大陆桥运输仅需3周左右的时间。

随着美国和加拿大大陆桥运输的成功营运,北美其他地区也开展了大陆桥运输,墨西哥大陆桥(Mexican Land bridge)就是其中之一。该大陆桥横跨特万特佩克地峡(Isthmus Tehuantepec),连接太平洋沿岸的萨利纳克鲁斯港和墨西哥湾沿岸的夸察夸尔利斯港,陆上距离182 n mile。墨西哥大陆桥于1982年开始营运,目前其服务范围还很有限,对其他港口和大陆桥运输的影响还很小。

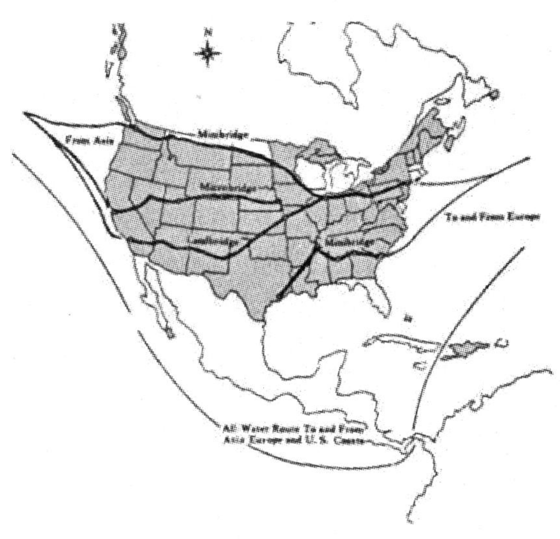

图 7-2 北美大陆桥示意图

在北美大陆桥强大的竞争面前，巴拿马运河可以说是最大的输家之一。随着北美西海岸大陆桥运输服务的开展，众多承运人开始建造不受巴拿马运河尺寸限制的超巴拿马型船(Post-Panamax Ship)，从而放弃使用巴拿马运河。可以预见，随着大陆桥运输的效率与经济性的不断提高，巴拿马运河将处于更为不利的地位。

3. 海空联运

海空联运又被称为空桥运输(Airbridge Servive)。在运输组织方式上，空桥运输与陆桥运输有所不同：陆桥运输在整个货运过程中使用的是同一个集装箱，不用换装，而空桥运输的货物通常要在航空港换入航空集装箱。不过，两者的目标是一致的，即以低费率提供快捷、可靠的运输服务。

海空联运方式始于20世纪60年代，但到80年代才得以较大的发展。采用这种运输方式，运输时间比全程海运少，运输费用比全程空运便宜。20世纪60年代，将远东船运至美国西海岸的货物，再通过航空运至美国内陆地区或美国东海岸，从而出现了海空联运。当然，这种联运组织形式是以海运为主，只是最终交货运输区段由空运承担。1960年年底，原苏联航空公司开辟了经由西伯利亚至欧洲航空线。1968年，加拿大航空公司参加了国际多式联运。80年代，出现了经由香港、新加坡、泰国等至欧洲航空线。目前，国际海空联运线主要有：

(1)远东——欧洲：目前，远东与欧洲间的航线有以温哥华、西雅图、洛杉矶为中转地，也有以香港、曼谷、海参崴为中转地，此外还有以旧金山、新加坡为中转地。

(2)远东——中南美：近年来，远东至中南美的海空联运发展较快，因为此处港口和内陆运输不太稳定，所以对海空运输的需求很大。该联运线以迈阿密、洛杉矶、温哥华为中转地。

(3)远东——中近东、非洲、大洋洲：这是以香港、曼谷为中转地至中近东、非洲的运输服务。在特殊情况下，还有经马赛至非洲、经曼谷至印度、经香港至大洋洲等联运线，但这些线路货运量较小。

总的来讲，运输距离越远，采用海空联运的优越性就越大，因为同完全采用海运相比，其运输时间更短，同直接采用空运相比，其费率更低。因此，从远东出发将欧洲、中南美以及非洲作为海空联运的主要市场是合适的。

4. 其他陆桥运输形式

北美地区的陆桥运输不仅包括上述大陆桥运输，而且还包括小陆桥运输(Minibridge)和微桥运输(Microbridge)等运输组织形式。

小陆桥运输从运输组织方式上看与大陆桥运输并无大的区别，只是其运送的货物的目的地为沿海港口。目前，北美小陆桥运送的主要是日本经北美太平洋沿岸到大西洋沿岸和墨西哥湾地区港口的集装箱货物。当然也承运从欧洲到美西及海湾地区各港的大西洋航线的转运货物。北美小陆桥在缩短运输距离、节省运输时间上效果是显著的。以日本/美东航线为例，从大阪至纽约全程水运(经巴拿马运河)航线距离 9700 n mile，运输时间 21～24 天。而采用小陆桥运输，运输距离仅 7400 n mile。运输时间 16 天，可节省 1 周左右的时间。

微桥运输与小陆桥运输基本相似，只是其交货地点在内陆地区。北美微桥运输是指经北美东、西海岸从墨西哥湾沿岸港口到美国、加拿大内陆地区的联运服务。随着北美小陆桥运输的发展，出现了新的矛盾，主要反映在：如货物由靠近东海岸的内地城市运往远东地区(或反向)，首先要通过国内运输，以国内提单运至东海岸交船公司，然后由船公司另外签发由东海岸出口的国际货运签证，再通过国内运输运至西海岸港口，然后海运至远东。货主认为这种运输不能从内地直接以国际货运单证运至西海岸港口转运，不仅增加费用，而且耽误运输时间。为解决这一问题，微桥运输应运而生。进出美、加内陆城市的货物采用微桥运输既可节省运输时间，也可避免双重港口收费，从而节省费用。例如，往来于日本和美东内陆城市匹兹堡的集装箱货，可从日本海运至美国西海岸港口，如奥克兰，然后通过铁路直接联运至匹兹堡，这样可完全避免进入美国东部的费城港，从而节省了在该港的港口费支出。见表 7-1。

表 7-1　大陆桥与小陆桥路线项目路线

<table>
<tr><th>项目</th><th>路　　线</th><th>附　　注</th></tr>
<tr><td rowspan="5">大陆桥</td><td>西伯利亚大陆桥运输路线：</td><td rowspan="4">一般西向 25～40 天，东向 30～50 天，西向运量大</td></tr>
<tr><td>1. 通过铁路——自远东纳霍德卡港到欧洲各站</td></tr>
<tr><td>2. 通过海运——自远东到原苏联经圣彼得堡、塔林、里加等地转海运至欧洲各港口</td></tr>
<tr><td>3. 公铁联运——自远东到欧洲维索科里多夫斯克转公路运往各地</td></tr>
<tr><td>海陆航运公司——自欧洲到远东经美国休斯敦</td><td>每周一次</td></tr>
<tr><td rowspan="4">小陆桥</td><td>欧洲——美国西海岸</td><td rowspan="4"></td></tr>
<tr><td>欧洲——美国海湾地区转内地</td></tr>
<tr><td>美国东海岸——美国海湾地区转远东</td></tr>
<tr><td>美国东海岸——美国海湾地区转澳大利亚</td></tr>
</table>

注：①微型陆桥运输未列入；

②加拿大大陆桥与美国大陆桥类同，未列入。

(资料来源：Intermodal Freight Transportation，Lansdowne，USA.)

7.4 集装箱多式联运经营人的服务范围

多式联运经营人的服务范围除全程运输外还常常包括以收货人或发货人的名义(也包括以多个收货人或发货人的名义)在目的地分发全部货物。下面按多式联运链中的服务过程分别说明多式联运经营人的服务范围。

1. 整箱货(FCL)服务

当货主(托运人)托运的集装箱货为整箱货(Full Container Load,FCL)时,通常是由货主或其代理自行装箱,并负责运送至经营人的集装箱堆场(CY)。当然,某些经营人也提供由集装箱货运站(CFS)到货主指定地点接收重箱或运送空箱的辅助性运输服务。同样,在进口运输中,也可以在收货人指定地点提供这种服务。经营人为此还常常提供集装箱租赁服务。

对于由货主自行装箱的整箱货,多式联运经营人通常不监督其装箱过程。当然,应托运人的要求,经营人可向其提供装箱咨询服务。对于此类集装箱,多式联运经营人通常要在多式联运单据(Multimodal Transport Document,MTD)上注明"据称装有(said to contain)"。

2. 拼箱货(LCL)服务

对于拼箱货(Less than Container Load,LCL),通常是在多式联运经营人或其代理的监督下,在其内陆货运站(Depot)或港口集装箱货运站(CFS)进行装箱。同时,在目的地所在国的集装箱货运站监督拆箱。如果是在货运代理公司的货运站装箱,则其装箱过程不受经营人的监督,且该集装箱将被视作整箱货。

3. 货物的计量(Weighing or Measuring)

货物重量或体积的计量是由货主(托运人)或其代理在多式联运经营人或其代理的监督下进行的。

4. 报关(Customs)

许多集装箱货运站可以设在内陆清关货运站(Inland Clearance Depot,ICD)内,并在那里进行海关检验。通常,海关清关、进出口手续、外汇兑换等业务是由货主或其代理负责办理的。但依经营人与货主的双方协议,也可由多式联运经营人或其代理办理上述业务,这取决于买卖双方所约定的价格条款。

此外,为保证国际联运货物顺利通过海关,多式联运经营人应负责向过境海关机构提供必要的担保,并在国内边境派驻代理,以确保符合海关手续及国家法律规定的任何其他要求。

5. 签发国际多式联运单据

多式联运单据(MTD)作为多式联运合同的证明,是由多式联运经营人或其代理签发给托运人或其代理人。根据货主的要求,该单据可以是可转让单据(Negotiable),也可以是不可转让单据(Non-Negotiable),这取决于各国的有关法规。

从事拼箱业务的货运代理通常向各托运人签发自己的联运单据(House MTD),并将各不足一箱的小票货物(LCL)拼装成整箱货(FCL)后交给多式联运经营人,以达到利用整箱货费率支付运费而获利的目的。

不过,在绝大多数情况下,经营这种拼箱业务的货运代理是将货物托运给海上承运人,而该承运人可能事实上并不是多式联运经营人,而仅仅是与货运代理订立分运合同的单式承运人。在这种情况下,该货运代理将收到的是将其视为托运人的海运提单,而各票货物在目的地的支付是由该货运代理在目的地的代理凭收货人出示的有关联运单据进行的。由于这种联运单据通常不是将签发人作为承运人，而仅仅是作为货主（托运人）的代理人，因而没有任何承运人对货物运输的全程进行负责。因此，严格地讲，将这种联运形式当作多式联运是完全错误的。而且，这种联运形式的责任问题将是十分复杂的。因此，货主必须十分警觉由此可能产生的法律纠纷。

6. 订舱

在从货主处接收货物后，多式联运经营人就必须向有关的不同运输方式通过与其订立了分合同的分承运人订舱，以便将货物运至最终目的地。

7. 多式联运过程的监督与管理

在接管了货物后，多式联运经营人就要对货物的运输与安全负责，直到将货物交付给收货人为止。为此，经营人或其代理须对多式联运链中货物的运输、装卸与储存等环节进行监督与管理，以确保货物能安全、迅速、顺利地运抵目的地。

8. 保险与索赔

多式联运经营人应按国际多式联运单据的规定，对货主承担免责范围外的货物损坏或灭失责任。为避免因承担责任造成自己的经济损失，经营人应根据提单规定的责任范围的大小，通过类似于“船东保赔协会”（P&I club）的互保协会如“全程运输协会”投保货物责任险。当然，他也可在普通保险公司投保其责任险。除货物责任险外，经营人还应投保集装箱本身在运输途中受到损坏或灭失损失的集装箱保险，该险有全损险与综合险之分。此外，有些经营人还以托运人或收货人的名义，或通过自己的保险部门，或根据与保险人的协议，投保货物险。

对于运输过程中的损坏或灭失，货主有权在规定的期限内向多式联运经营人索赔。索赔过程中，货主应备妥索赔通知书、国际多式联运单据副本、权益转让书、检验报告等单据，有时还需提供商业发票和装箱单。经营人赔付后，如货物的损坏或灭失发生在明显的运输区段，则可直接向分承运人索赔，属于保险责任范围的，可向保险公司索赔。

需指出的是，尽管上述多式联运经营人的服务范围主要是针对集装箱货物而言的，但它同样适用于其他形式的成组运输及散件运输，只不过需在某些细节上做些修改。

多式联运经营人在履行全程运输合同、实现上述服务功能时，必定要与许多参与方发生关系，并得到他们提供的服务。这些参与方可分为如下三种类型：

(1)承运人：包括海上承运人、公路运输经营人、铁路部门、航空公司及内河运输经营人等。

(2)非承运人：主要包括集装箱内陆货运站、仓储、集装箱货运站、集装箱租赁公司及提供包装、报关、进出口手续、外汇兑换和有关单据服务的部门。

(3)其他各方：包括银行、保险公司、外汇控制机构、港口及海关等。

7.5　我国的国际多式联运的发展

近年来，为适应和配合我国对外贸易运输的发展需要，我国对某些国家和地区已开始采用国际多式联运方式。目前，我国已开展的国际多式联运路线主要包括我国内地经海运往返日本内地、美国内地、非洲内地、西欧内地、大洋洲内地等联运线以及经蒙古或俄罗斯至伊朗和往返西、北欧各国的西伯利亚大陆桥运输线。其中西伯利亚大陆桥集装箱运输业务发展较快，目前每年维持在10000TEU左右。我国办理西伯利亚大陆桥运输主要采用铁铁、铁海、铁公三种方式。除上述已开展的运输路线外，新的联运线路正不断发展，其中包括举世瞩目的新亚欧大陆桥。

1990年9月12日，随着中国兰新铁路与哈萨克斯坦土西铁路接轨，连接亚欧的第二座大陆桥正式贯通。新亚欧大陆桥东起中国连云港，西至荷兰鹿特丹，途经哈萨克斯坦、乌兹别克斯坦、吉尔吉斯斯坦、塔吉克斯坦、俄罗斯、白俄罗斯、波兰、德国和荷兰等国，全长10900 km。该大陆桥为亚欧开展国际多式联运提供了一条便捷的国际通道。远东至西欧，经新亚欧大陆桥比经苏伊士运河的全程海运航线，缩短运距8000 km；比通过巴拿马运河缩短运距11000 km。远东至中亚、中近东，经新亚欧大陆桥比经西伯利亚大陆桥，缩短运距200～300 km。该大陆桥运输线的开通将有助于缓解西伯利亚大陆桥运力紧张的状况。

新亚欧大陆桥在中国境内经过陇海、兰新两大铁路干线，全长4131 km。它在徐州、郑州、洛阳、宝鸡、兰州分别与我国京沪、京广、焦柳、宝成、包兰等重要铁路干线相连，具有广阔的腹地，如图7-1所示。新亚欧大陆桥于1993年正式运营。至此，亚太地区运往欧洲、中近东地区的货物可经海运至中国连云港上桥，出中国西部边境站阿拉山口后，进入哈萨克斯坦国境内边境站德鲁日巴换装，经独联体铁路运至其边境站、港，再通过铁路、公路、海运继运至西欧、东欧、北欧和近东各国。而欧洲、中近东各国运往亚太地区的货物，则可经独联体铁路进入中国西部边境站阿拉山口换装，经中国铁路运至连云港后，再转船继运至日本、韩国、中国香港、中国台湾和菲律宾、新加坡、泰国、马来西亚等国家和地区。

美国、加拿大多式联运发展经验

美国早在20世纪60年代就开展多式联运，加拿大多式联运量占社会总运量的80%，其中集装箱多式联运量占50%。这2个国家发展多式联运的经验值得国内借鉴。

1. 美国

(1)加强立法

美国联邦政府在20世纪80年代通过一系列鼓励发展多式联运的法案，消除或部分消除多式联运的操作限制，如1980年《机动车辆运输承运人法案》消除公路运输中的各种操作限制，《交错运输法案》部分解除公路铁路联运业中的管制，1984年《航运法案》和1988年《航运改革法案》消除班轮公司与其他运输企业合作中的障碍，并进一步削弱班轮公会的垄断地位，1991年《陆上联运效率法案》则进一步推动美国多式联运的快速发展。

(2)实行大交通管理体制

美国联邦运输部是联邦政府管理水、陆、空运输的机构，主要工作是制定运输政策，实施运输扶持计划。运输部下设联邦铁路局、联邦海事局、联邦公路局、联邦航空局、城市大众交通管理局、海岸警卫队、圣劳伦斯航道开发局和国家公路交通安全局等部门。其中，联邦公路局、国家公路交通安全局和城市大众交通管理局直接负责道路运输管理工作。各州政府设有州运输厅，县、市、镇等地方政府也设有相应的交通运输主管部门。州、县运输主管部门与联邦运输部独立平行，各司其职。当各州制定的运输规则出现矛盾时，由联邦政府与各州通过对话协商解决。

(3)班轮公司作用明显

在美国,客户在与集装箱班轮公司签订运输服务合同时,要求“门到门”运输的比例较高,因此集装箱班轮公司成为美国多式联运主要的组织者和协调者。作为多式联运承运人,集装箱班轮公司需要在海运或海铁联运之后,组织和协调公路运输以完成多式联运。此外,从码头到铁路场站以及不同的铁路场站之间,拖车运输也必不可少。

(4)铁路运输地位重要

铁路运输在美国集装箱多式联运中占有重要地位。美国东西海岸港口到内陆点的铁路运输网络完善,海铁联运发达。铁路内部信息管理系统实现全国联网,数据的动态采集、分析和处理能力较强。

2. 加拿大

(1)各种运输方式配合紧密

加拿大的铁路、港口、仓储运输设施及配货中心围绕国际集装箱运输形成与之相匹配的标准体系,实现高效运输。铁路在加拿大集装箱多式联运系统中发挥重要作用,它一端连接港口,另一端连接北美内陆铁路网,铁路内陆中转站是加拿大多式联运中的重要节点。

(2)交通运输管理体制较为完善

加拿大联邦政府和省政府对运输业实行2级管理,联邦政府的运输管理部门为运输部和运输署。运输部的职责是为保障各种运输方式的安全和有效竞争而协调有关部门、企业、团体等,形成法律提案,上报议会形成法律。运输署为准司法性的仲裁机构,负责对行业中的经济问题进行裁决,组织实施运输法规,并与政府其他部门和机构合作,实施其他相关法规,如《引航法》《环境影响评价法》和《沿岸贸易法》等。此外,运输署还负责全面协调、规划和建设加拿大国内综合运输网络,以充分发挥各种运输方式的优势。

(3)多式联运和物流业发达

加拿大的多式联运企业大多是国际多式联运经营人,其主要业务是为客户选择优质的运输服务和最经济的运输方式,代客户订舱、报关、报检、运输、仓储、包装和结算等,力争使客户的运输成本降到最低。加拿大多式联运和物流企业的经营服务呈多样化发展。

(4)信息技术发达

加拿大各铁路公司之间及其与收发货人之间的信息交换通过EDI完成,一级卡车运输企业均建有EDI系统。物流配送中心与大型连锁企业全部联网,配送中心能及时掌握每个连锁店的商品需求情况并及时送货。

(资料来源:张帅,集装箱化,2009.11)

【案例分析】 结合本案例谈谈我国的多式联运发展存在哪些问题,有何改进的方法和措施。

本章思考题

7.1　建立经营多式联运业务的企业,通常可采用哪几种方式?

7.2　什么是多式联运?什么是多式联运经营人?

7.3　多式联运合同有哪些条件及特点?

7.4　国际多式联运经营人应具备什么条件?

8　集装箱多式联运运价及费用计收

国际集装箱运价，同其他交通运输价格一样，对国民经济的发展起着重要的调节作用和杠杆作用。合理地制定运价，有利于促进商品的流通，促进生产力的合理布局，促进各种运输方式之间的合理分工，提高运输工具的使用效率。本章主要介绍了集装箱运输与多式联运运价的定价原理，分析了集装箱海运运价、内陆运价的构成，同时介绍了集装箱运输运费的计算方法。

8.1　集装箱运输与多式联运的定价原理

8.1.1　集装箱运价及特点

通常所称的国际集装箱运价，不仅是一个简单的价格金额，而且还包括国际集装箱运费费率标准和计收办法以及承托双方责任、风险和费用划分等的一个综合性的概念。

对一个经营国际集装箱运输的班轮公司来说，在经营国际集装箱运输过程中，必然要发生船员工资、伙食、奖金、津贴；燃物料；船、箱的维修保养；货、箱的装卸；保险和税金以及企业的管理费用等的营运支出。经营国际集装箱运输的班轮公司，为了维持和扩大其再生产，除了每年提取船、箱折旧外，还要获得一定的利润。为了补偿营运支出并获取一定的利润，就必须向托运人、收发货人收取集装箱运输费用，这种集装箱运输费用的单位价格，就是本章论述的国际集装箱运价。

海上国际集装箱运输一般为班轮运输，它除了具有班轮运价的特点外，还具有国际集装箱运价本身的主要特点：

(1)《海牙规则》规定，海上承运人责任期间从装货港的船舷(吊钩)至目的港的船舷(吊钩)，班轮运价也包括货物从装货港的船舷或吊钩至目的港的船舷或吊钩的单位运输费用。在运价中包括了海上承运人应向港方支付的港口费用；而“集装箱联运提单”条款规定，国际集装箱运输经营人风险责任从海上延伸到内地，打破了传统海上运输班轮对货物承担的“从装货港的船舷(吊钩)至目的港的船舷(吊钩)”的风险责任界限。由于国际集装箱运输扩大了集装箱船公司的风险责任和业务范围，所以在国际集装箱运价中，包括了集装箱运输经营人应向港方集装箱码头堆场、集装箱货运站和内地支线承运人支付的有关费用。

(2)签发“集装箱联运提单”，除“提单”上注明运费预付或到付以及费率和运费金额外，还应注明承、托双方商定的集装箱货物交接方式，即经商定的集装箱码头堆场、集装箱货运站、托运人或收货人的工厂或仓库、其他地点交接集装箱和集装箱货物，以便分清风险责任以及计收和支付运费。

(3)在国际集装箱联运中，由国际集装箱班轮公司向托运人或收货人一次性收取全程运输费用，然后由集装箱班轮公司(联运经营人)将其中一部分运费分割给受委托的关系人，其中包括受委托的港口经营人、集装箱堆场经营人、集装箱货运站经营人和内地承运人以及受委托的船舶代理人、货运代理人、理货公司和集装箱修理、清洗企业。

(4)国际集装箱运输是采用国际标准集装箱装运国际货物的，由于集装箱价值昂贵，每年还需计提折旧费用，所以集装箱班轮公司须向集装箱使用单位计收超期使用费以及集装箱丢失、推定全损和实际损坏的赔偿费。

8.1.2 国际集装箱运价制定的主要影响因素

制定和调整国际集装箱运价，一般需要考虑以下主要的影响因素：

(1)国际集装箱运输成本，是制定和调整集装箱运价应遵循的最基本的原则和最主要的影响因素。作为一个运输企业，要得以生存和发展，除了扣除成本和税金之外，还要获得一定的利润。在集装箱货运量一定的条件下，如果上缴的税金不变，运输成本越低，所获得的利润就越高。

(2)国际集装箱运价的制定，不仅要考虑本企业的国际集装箱运输成本，还要研究和掌握国际集装箱运价市场的情况，其中包括世界各主要国际集装箱运输班轮公司的运价水平以及各主要集装箱班轮公司的运价水平，以便制定出在国际集装箱运输市场上有竞争力的集装箱运价。

(3)制定国际集装箱运价，还要考虑到集装箱货物的负担能力，也就是说集装箱运价占集装箱货价的比例。一般来说商品价值越高，对运价负担能力越大，根据这一比例关系，确定不同的商品等级和费率。

(4)不同性质的货物对集装箱运价有较大的影响，例如冷藏货物需要采用冷藏集装箱来装运，危险货物特别是烈性危险货物虽然可采用普通干货集装箱来装运，但是运输这些特种货物必须采取相应的特殊措施来管理。

(5)集装箱货物的积载因数及其货批量对集装箱运价也有一定影响。因为整箱货物和拼箱货物的交接方式不同，其集装箱货物操作处理也不一样。

(6)内地集疏运系统的完善程度，对制定集装箱联运运价影响很大。如果内地运输设施设备不配套，信息不灵，管理不善，势必影响集装箱的周转和货物运送速度以及联运效率的提高。

(7)集装箱货流不平衡对集装箱运价的制定也有不同程度的影响。诚然，货流平衡是相对的，不平衡是绝对的。不过，像中国至波斯湾航线和中国至红海航线等，我国出口该地区的适箱货物采用集装箱装运，而该地区几乎没有或很少有货物可以装运集装箱。在这种情况下，可以通过加强揽货的力度来解决回程集装箱货载的问题。对这种单向集装箱货流的航线，最好是采取航次租箱的办法解决，即便采取有关措施，运输成本仍然会比较高，所以在制定国际集装箱运价时，必须考虑这方面的影响因素。

从以上分析可以看出，国际集装箱运价的制定，从某种意义上来说，主要是从集装箱运输成本的角度来考虑的。

8.2 集装箱多式联运运价与国际贸易

8.2.1 国际集装箱运输与国际贸易价格条件

在国际贸易中，买卖双方一般都相距遥远，其所交易的商品通常需要经过长途运输。在商品的运输、装卸、仓储、转运及交接过程中需要办理进出口清关手续，安排运输与保险，支付各项税款和运杂费用；此外，货物在装运过程中，还可能遭遇到自然灾害、意外事故及其他各种外来风险。有关上述责任应由谁承担、手续由谁办理、费用由谁支付、风险如何划分等，就成为买卖双方在磋商交易、签订合同时，必须明确解决的问题。为此，在国际贸易长期的实践中，逐渐形成了适应各种需要的贸易价格术语或称价格条件。不同的价格条件表示了买卖双方在责任、费用和风险上所承担的权利和义务的区别。目前，常用的价格条件主要有三种，即离岸价格(FOB)、运费到岸价格(CFR)及运费和保险费到岸价格(CIF)。这三种常用的价格条件是建立在"港到港"交接的基础上的，主要适用于传统的散件货物的海上和内河运输。

在现代国际贸易中，集装箱运输和国际多式联运的使用越来越广泛，货物交接向内陆延伸，实现"门到门"交接。在这种情况下，上述三种常用价格条件就难以完全适应新形势发展的需要。鉴于此，国际商会(ICC)在《Incoterms1990》中推出了三种新的贸易价格条件：货物交指定地点承运人价格(FLA)、运费付至目的地价格(CPT)、运费保险费付至目的地价格(CIP)。这三种贸易价格条件不仅适用于公路、铁路、海运、内河、航空等单一运输方式，而且适用于两种或两种以上运输方式相结合的国际集装箱多式联运。

在目前常用的三种价格条件中，买卖双方的责任和风险的划分是以装货港或卸货港的船边为界限。而在新的价格条件中，买卖双方的责任和风险划分是以货物交给承运人或收货人为界限。尽管目前国际集装箱运输中货物的交接地点已延伸到内陆，但习惯上仍然沿用三种常用的价格条件，不过，随着国际集装箱多式联运的发展走上正轨，三种新的贸易价格条件的使用将会越来越普遍。

8.2.2 国际集装箱运价在国际贸易中的作用

国际集装箱运价，同其他交通运输价格一样，对国民经济的发展起着重要的调节作用和杠杆作用。合理地制定运价，有利于促进商品的流通，有利于促进生产力的合理布局，有利于促进各种运输方式之间的合理分工，有利于提高运输工具的使用效率。

运价是对外贸易进出口商品价格的一个重要组成部分，同时，在对外国际贸易中，运价水平的高低，不仅涉及商品的成本，而且也直接影响了贸易成交率和商品在国际市场上的竞争力。因此制定一个合理的运价对促进对外国际贸易和国际经济交流以及发展本国海上贸易运输均起着十分重要的作用。如果运价定得过低，会使国家遭受不必要的经济损失；反之不仅有可能直接阻碍贸易的成交，而且因为货载的减少，反过来又影响了运输业的发展。

就国际集装箱运价而言，由于集装箱运输具有成本低的特点，因此在国外集装箱运价一般低于传统的件杂货运价。集装箱运价的这种价格导向作用，促进了国际集装箱运输的发展，促进了件杂货的集装箱化。20 世纪 70 年代末，国际海上贸易运输中，件杂货的集装箱化约为30%～40%。目前，北美、欧洲、日本主要航线的集装箱化程度已达到 75%以上，甚至有些航线已高达 90%。

8.3 海运运价

国际海运运价大体可以分为两种类型：不定期船运价和班轮运价。其中，前者的费率水平随航运市场的供求关系而波动。在市场繁荣时期，不定期船运费率就会上涨；在市场不景气时，就会随之下跌。后者由班轮公会和班轮经营人确定，它们多与经营成本密切相关，在一定时期内保持相对稳定。

由于海上集装箱运输大都是采用班轮营运组织方式经营的，因此集装箱海运运价实质上也属班轮运价的范畴。集装箱海运运费的计算方法与普通的班轮运输的运费计算方法是一样的，也是根据费率本规定的费率和计费办法计算运费的，并有基本运费和附加运费之分。

8.3.1 国际集装箱海运运价的确定原则

通常，班轮公会或班轮经营人对其确定班轮运费率的基本原则并不是公开的。不过，一般来说，传统的“港—港”或称“钩—钩”交接方式下海运运价的确定，通常基于下列三个基本原则。

1. 运输服务成本原则

所谓运输服务成本原则（The Cost of Service），是指班轮经营人为保证班轮运输服务连续、有规则地进行，以运输服务所消耗的所有费用及一定的合理利润为基准确定班轮运价。根据这一原则确定的班轮运价可以确保班轮运费收入不至低于实际的运输服务成本。该原则被广泛应用于国际航运运价的制定。

2. 运输服务价值原则

运输服务价值原则（The Value of Service），是从需求者的角度出发，依据运输服务所创造的价值的多少进行定价。它是指货主根据运输服务能为其创造的价值水平而愿意支付的价格。运输服务的价值水平反映了货主对运价的承受能力。如果运费超过了其服务价值，货主就不会将货物交付托运，因为较高的运费将使其商品在市场上失去竞争力。因此，如果说按照运输服务成本原则制定的运价是班轮运价的下限的话，那么，按照运输服务价值原则制定的运价则是其上限，因为基于运输服务价值水平的班轮运价可以确保货主在出售其商品后能获得一定的合理收益。

3. “运输承受能力”原则

这是一个很古老，也是在过去采用较为普遍的运价确定原则。考虑到航运市场供求对班轮运输的巨大影响，“运输承受能力”原则（“What the Traffic Can Bear”）采用的定价方法是以高价商品的高费率补偿低价商品的低费率，从而达到稳定货源的目的。按照这一定价原则，承运人运输低价货物可能会亏本，但是，这种损失可以通过对高价货物收取高费率所获得的盈利加以补偿。

虽然，价值较高货物的运价可能会高于价值较低货物的运价很多倍，但从运价占商品价格的比重来看，高价货物比低价货物要低得多。根据联合国贸发会的资料统计，低价货物的运价占该种货物 FOB 价格的 30％～50％，而高价货物运价仅占该类货物 FOB 价格的 1％～28％。因此，尽管从某种意义上说，“运输承受能力”定价原则对高价商品是不大公平的，但是这种定价方法消除或减少了不同价值商品在商品价格与运价之间的较大差异，从而使得低价商品不致因运价过高失去竞争力而放弃运输，实现了稳定货源的目的，因而对于班轮公司来说，这一定价原则具有十分重要的意义。

不容置疑，上述定价原则在传统的件杂货海上运输价格的制定过程中确实起了十分重要的作用。然而，随着集装箱运输的出现，如何确定一个合理的海运运价，确实是集装箱班轮运输公司面临的全新课题。在过去，由于零散的件杂货种类繁多，实际单位成本的计算较为复杂,因而“运输承受能力”原则比运输服务成本原则更为普遍地被班轮公会或船公司所接受。但是,使用标准化的集装箱运输使单位运输成本的计算更加简化,特别是考虑到竞争的日趋激烈,现在承运人更多地采用运输服务成本原则制定运价。当然,在具体的定价过程中,应该是以运输服务的成本为基础,结合考虑运输服务的价值水平以及运输承受的能力,综合地运用这些定价原则。如果孤立地运用某一个原则,都不可能使定价工作做得科学合理。

由于集装箱班轮运输已进入成熟期,运输工艺的规范化使各船公司的运输服务达到均一化程度,尤其是随着集装箱船舶的大型化,船舶运输的损益平衡点越来越高,使得扩大市场占有率,迅速突破损益平衡点,成为集装箱船公司获利的基础。因此,维持一定水平的服务内容,合理地降低单位运输成本,以低运价渗透策略迅速扩大市场占有率,应是合理制定集装箱海运运价的重要前提。

8.3.2 国际集装箱海运运价的基本形式

目前,国际集装箱海上运输,有几种不同的运价形式,其中主要包括:均一费率(FAK)、包箱费率(CBR)以及运量折扣费率(TVC)等。

1. 均一费率

均一费率(Freight for All Kinds Rates,FAK)是指对所有货物均收取统一的运价。它的基本原则是集装箱内装运什么货物与应收的运费无关。换句话说,所有相同航程的货物征收相同的费率,而不管其价值如何。它实际上是承运人将预计的总成本分摊到每个所要运送的集装箱上所得出的基本的平均费率。

这种运价形式从理论上讲是合乎逻辑的,因为船舶装运的以及在港口装卸的都是集装箱而非货物,且集装箱占用的舱容和面积也是一样的。但是,采用这种运价形式,对低价值商品的运输会产生负面影响,因为低费率货物再也难以从高费率货物那里获得补偿。这对于低费率商品的货主来说可能难以接受。例如,集装箱班轮公司对托运瓶装水和瓶装酒的货主统一收取同样的运价,尽管瓶装酒的货主对此并不在意,但瓶装水的货主则会拒绝接受这种状况,最终,船公司被迫对这两种货物分别收取不同的运价。因此,在目前大多数情况下,均一费率实际上还是将货物分为5~7个费率等级。

2. 包箱费率

包箱费率(Commodity Box Rates,CBR),或称货物包箱费率,是为适应海运集装箱化和多式联运发展的需要而出现的一种运价形式。这种费率形式是按不同的商品和不同的箱型,规定了不同的包干费率,即将各项费率的计算单位由“吨”(重量吨或体积吨)简化为按“箱”计。对于承运人来说,这种费率简化了计算,同时也减少了相关的管理费用。

按不同货物等级制定的包箱费率、等级的划分与件杂货运输的等级分类相同(1~20级)。不过,集装箱货物的费率级别,大致可分为4组,如:1~7级、8~10级、11~15级和16~20级,或1~8级、9级、10~11级以及12~20级等,但也有仅分3个费率等级的,采用这种集装箱费率的有《中远第6号运价表》的中国—澳大利亚航线、中国—新西兰航线、中国—波斯湾航线、中国—地中海航线、中国—东非航线等。

3. 运量折扣费率

运量折扣费率(Time-volume Rates,又称Time-volume Contracts,TVC)是为适应集装箱运输发展需要而出现的又一费率形式。它实际上就是根据托运货物的数量给予托运人一定的费率折扣,即:托运货物的数量越大,支付的运费率就越低。当然,这种费率可以是一种均一费率,也可以是某一特定商品等级费率。由于这种运量激励方式是根据托运货物数量确定运费率,因而大的货主通常可以从中受益。

起初,这种折扣费率的尝试并不十分成功,原因是有些多式联运经营人在与承运人签订TVC合同时承诺托运一定数量的集装箱货物,比如说500 TEU,从而从承运人那里获得了一定的费率折扣,但到合同期满时,他们托运的集装箱并未达到合同规定的数量,比如说仅托运了250 TEU。显然,承运人就会认为自己遭受了损失。正因如此,使得所谓的"按比例增减制"越来越普遍。根据这种方式,拥有500 TEU集装箱货物的货主,当他托运第一个100 TEU集装箱时支付的是某一种运价,那么,他托运第二个100 TEU集装箱时支付的是比第一次低的运价,而他托运第三个100 TEU集装箱时支付的是一个更低的运价,以此类推。目前,这种运量折扣费率形式采用得越来越广泛,尤其是多式联运经营人可以充分利用这种方式节省费用,不过,采用TVC形式并非都是有利可图的。对于一个新的当然经营规模也可能是较小的多式联运经营人来说,相比大得多式联运经营人如果采用TVC费率形式,将处于不利的局面,这是由于其集装箱运量十分有限而不得不支付较高的运费率。

8.4 集装箱内陆运价

在国际多式联运过程中,海上运输是最重要,而且可能也是费用最高的运输区段。尽管如此,它也仅仅是整个运输中的一段,而且其运输费用占整个运输费用的比例也只有15%~25%。这表明,从工厂或农场大门到港口的内陆运输与海上运输具有同样的重要性。因此,有必要在此分析一下内陆运输价格问题。在国际多式联运中,内陆运输主要有两种形式:一是由货主自己负责集装箱货物的内陆运输并承担相应的运输费用;另一种是货主承担费用,由承运人负责集装箱内陆运输。在此主要是就后一种情况的运输费率问题进行探讨。

8.4.1 内陆运费计收方式

为充分发挥集装箱运输的优越性,经营大型集装箱专用船的航运公司被迫限制船舶的挂靠港数量。这样一来,非挂靠港腹地的货物就只能通过汽车或火车运往少数几个挂靠港(基本港)进行装船。这不仅使得传统的相对较为严格的腹地划分方式变得毫无意义,与此同时,由此所产生的货物"绕道运输"对于有些航线以及港口较为分散的情况而言,由于货主承担的内陆运费的增加,船公司的这种经营战略是否会被货主所接受是个难题。为解决这一矛盾,减轻货主的内陆运输负担,目前世界上许多船公司在内陆运费的计收上采用较为灵活的方式,其中包括:

1. 港口均等制(Port Equalisation Systems)

出于竞争战略考虑,班轮公会或非会员船公司为避免因大型集装箱船减少挂靠港数量使得某些货主的内陆运输费用增加而有可能失去这些货主,大多采用港口均等制来向货主收取内陆运输费用。这种方式的具体计费形式,根据班轮公会或船公司以及营运条件、时间的不同而有所不同。其中有的规定对非基本港腹地货物从该腹地运往基本港的内陆运费按其原来从该腹地运往该非基本港的内陆运费计收。也就是说,在内陆运输费用的计收上,基本港与非基本港是均等的,还有的规定以低于现行国家铁路运价的一定比例,比如20%,计收将集装箱货物从非基本港运到基本港的内陆铁路运费。

2. 总分区制(Total Grid Systems)

由于港口均等制形式多样,变化也较频繁,货主不易掌握,而且常常出现对货主不公平的情况,因此在英国、意大利等国至美国的航线上,班轮公会采用了所谓的"总分区制"来计收内陆运费。这种计费形式的具体做法是,班轮公会将一个国家划分成许多小块(区),分别计算出每一小块到各自最近的一个基本港的实际内陆运输费用,并以此作为班轮公会的内陆运费计收标准。这样船公司就可以在任何港口装运来自任何一个区的集装箱货物,并仅按该区到离其最近的一个基本港的内陆运费率计收内陆运费。这种计费形式可以说完全消除了港口均等制的不足,更易为货主所掌握和接受。

8.4.2 国际集装箱公路运价

1. 国际集装箱公路运价

在国际集装箱多式联运的内陆运输中,公路运输是最常见,也是最重要的一种运输方式。在公路运输价格与运费计收方法上,专业汽车运输公司与由承运人提供的汽车运输有所不同。专业汽车运输公司的计费方式主要有以下三种:

(1)重箱货的总里程运费加上空箱返回运费;

(2)按集装箱的往返行程划分不同的计程费率等级;

(3)分别对每个 40 ft、两个 20 ft 空箱以及一个 20 ft 重箱规定不同的费率。

船公司为货主提供的汽车运输所采用的计费方式是将上述(2)、(3)两种形式结合在一起,不同的是船公司提供的汽车运输只对重载行程和重箱收费,也就是说在按货主的指示将集装箱货物交付给货主后,船公司将免费把空箱运回。

2. 我国的国际集装箱公路运价

根据交通部 1987 年 9 月发布的《国际集装箱汽车运输费收规则》的规定,我国国际集装箱公路运价的计价以箱为单位,按不同规格箱型的重箱、空箱计费。根据计价方式的不同,我国的国际集装箱公路运价分为计程运价、计时包车运价和包箱运价。计价单位分别为:元/箱公里、元/吨位小时和元/箱。同时,对于国际集装箱运输的计费里程,该规则规定包括运输里程和装卸里程,并以 5 km 为起码计费里程,递进计算,尾数不足 1 km 的按 1 km 计算。同时规定,经承托双方协议,在一定地区或同一线路内进行多点运输时,可以按平均运输里程作为计费里程包干计算。

根据上述规则规定,我国的国际集装箱公路运输采用了全国统一的基本运价,各省市区根据当地实际情况,可以在全国统一基本运价的基础上,在 20%上下幅度内,制定本地区实际的基本运价。但是,为解决我国各地集装箱公路运价多年来存在的费率水平偏低,运价与成本倒挂的现象,交通部于 1991 年以"关于调整国际集装箱汽车运输和汽车货运站部管费收项目基本费率的通知",对原制定的费收规则作了修改和调整。其中 20 ft 箱的全国统一基本运价由 3.00 元/箱千米调整为 5.00 元/箱千米,40 ft 箱由 5.20 元/箱千米调整为 7.50 元/箱千米。1992 年为解决由于燃油价格上调和燃油供应平价转议价给经营公路运输造成的困难,交通部以"关于提高公路汽车运输省际零担货物运输、国际集装箱运输价格的通知",将国际集装箱汽车运输基本价格提高了 20%。其中 20 ft 标准集装箱每箱千米由 5 元调整为 6 元,40 ft 标准集装箱每箱千米由 7.50 元调整为 9.00 元。

对于国际集装箱汽车运价的计算，交通部制定的上述规则规定，以重箱为计价基础，并分别规定了“单程重(空)箱价”、“双程重箱价”、“一程重(空)箱，一程空(重)箱价”和“双程空箱价”。

单程重(空)箱运价，按各省、市、自治区制定的国际集装箱汽车运输基本运价计算。

双程重箱运价的计算方法是：同一托运人同一去程和回程重箱，回程对流运输的重箱运价，按基本运价减乘20%；提供不属于同一托运人的回程重箱，对各托运人均按对流运输部分的基本运价减乘10%。

一程重(空)箱，一程空(重)箱运价的计算按以下方法进行：同一托运人托运的重箱去，同时空箱回，或空箱去同时重箱回的，按一程重箱计费，遇有空箱运输里程超过重箱运输里程的非对流运输部分按重箱运价计算。

对于同一托运人托运的双程空箱，其中较长一程的空箱按单程重箱计费，另一程捎运的空箱则免收运费。

对于标明是危险品的国际集装箱，根据上述规则规定应执行危险品运价。其中，放射性、易燃、易爆、烈性危险品运价在基本运价的基础上加价50%～100%；其他危险品运价在基本运价的基础上加价20%～50%。

此外，该国际集装箱汽车运输费收规则还规定了计时包车运价和包箱运价等计费形式。其中对于因下列原因对运输效率产生较大影响时，可采用计时包车运价：

(1)托运人原因使车辆不能按正常速度行驶；

(2)中途开箱时间过长；

(3)托运人自行确定车辆开停时间。

计时包车运价按计费时间、包用车辆的标记吨位和计时包车运价率计算。其中计费时间以小时为单位，起码计费时间为四小时，超过四小时者，以半小时为单位递进计算。

包箱运价是指，遇有大批量又同时受时间限制的国际集装箱的港、站进出口集散运输和直达、中转及联运至目的地的运输，经承托双方协议，可采用包箱运价。包箱运价以计程运价率和运距为基础计算，一般不得高于同类箱型基本运价的20%。同时各类服务项目均采用包干计费。

应指出的是，上述国际集装箱汽车运价计算办法是针对长途汽车货运而言的。对于短途汽车运价，交通部的上述费收规则规定，按里程递减的原则，采取基本运价加箱次费，或按短途里程分档的运价率计算，两种方法计算的运价要大致相等。国际集装箱汽车运输短途运价箱次费以每箱次为计价单位。1992年调整后全国统一的短途运价箱次费标准为：20 ft标准集装箱每箱次30元，40 ft标准集装箱每箱次46元。各省、市、区交通主管部门根据当地实际情况可在全国统一的箱次费标准基础上，在20%上下幅度内，制定本地区箱次费费率。

3.国际集装箱公路运输其他费收项目

除集装箱运输费外，国际集装箱公路运输一般还包括以下费收项目：

(1)车辆延滞费：当车辆(包括挂车)按规定时间到达装卸箱地点后，由于托运人或收货人责任造成装箱、卸箱、掏箱、拆箱、冷藏箱预冷超过规定时间，装卸箱落空的等待时间，现场和途中停滞时间，都应按计时运价的25%核收车辆延滞费。由于承运人责任延误的运输时间，按承托双方协议支付延滞赔偿费，最高不得超过运费收入的15%。

延误时间累计不足半小时者免收延滞费，超过半小时以半小时为单位，递进计收。

(2)车辆装箱落空损失费:汽车(包括挂车)按预定时间到达指定地点后,因托运人的直接责任引起的装箱落空,应按车辆自车场(站、车辆驻地)至装、卸箱地点的往返行驶里程和计程运价的50%计收装箱落空费。装箱落空又同时延误时间的,还要核收车辆延滞费。

(3)过渡费:车辆过渡、过桥、过隧道和通过收费路段的费用,均由托运人负担。承运人按当地规定的费收标准代收代付。

(4)计箱装卸费:汽车运输国际集装箱的计箱装卸费以20 ft国际标准集装箱装载普通货物的基本费率为基础,按不同箱型、箱装货物类别和重、空箱分别计费。装有危险货物的集装箱和冷藏箱在基本费率的基础上增加30%~50%,装载放射性、易燃、易爆货物的集装箱增加75%~100%。40 ft国际标准箱的计箱装卸费在20 ft箱各项费率基础上增加50%。

空箱计箱装卸费按重箱装卸基本费率的80%计收。非标准集装箱和特殊集装箱的计箱装卸费由承托双方协议定价。

(5)装卸机械计时包用费:在国际集装箱汽车运输的装卸过程中,根据托运人要求及作业条件的限制,需要包用装卸机械的,收取装卸机械计时包用费。

该项费用按包用时间和装卸机械计时费率计费。装卸机械的计时费率,应分别按不同的机械操作能力制定,其计费单位为每标准吨位吨小时。包用时间是指装卸机械到达任务地点起至完成任务时止的全部时间。作业时间内机械发生故障进行修理、工人用餐时间应予扣除。包用时间以四小时为起码计费时间,以半小时为单位递进计费。

(6)装卸机械走行费:自行或牵引的装卸机械自出场、站(驻地)至装卸地点作业,应按发车点至作业点往返行驶时间或行驶里程折算时间和装卸机械计时费率的50%核收装卸机械的走行费。

(7)装卸机械延滞费:装卸机械按规定时间到达指定作业地点后,由于托运人或收货人直接责任引起的超过额定装卸时间、装卸箱落空时间、中途的停滞时间,都要按装卸机械实际操作能力和计时费率的25%核收装卸机械延滞费。上述延误时间不足半小时者免收延滞费,超过半小时以上,以半小时为单位递进计费。

(8)掏、装箱费:国际集装箱在汽车货运站内拆、装箱应按港口费收规定向船方或货方收取掏、装箱费。站外拆、装箱向收、发货人计收。装有危险货物的集装箱和冷藏箱在基本费率基础上增加50%;装有放射性、易燃、易爆危险货物的集装箱在基本费率基础上增加100%。

(9)人工延滞费:凡随车工人(包括单独约用)至约定地点掏、装箱或进行其他劳务作业,由于托运人或收、发货人直接责任引起不能作业或延误作业时间,应核收人工延滞费。延误时间不足半小时者免收延滞费,超过半小时以上的,以半小时为单位递进计费。

(10)辅助装卸费:在装卸、掏、装箱作业中,涉及码垛、铺垫、遮盖、分包、超高、超远和加固作业的,应另收辅助装卸费或包干费。

此外,对于国际集装箱汽车货运站内的中转作业还有集装箱堆存费、货物堆存费、搬移费、清洗费、熏蒸费、修理费、服务手续费及劳务作业包干费等费收项目。

8.4.3 国际集装箱铁路运价

1.国际集装箱铁路运价

基于标准化或均一化原则,铁路运输在其整个运输网内通常都是采用相同的吨公里费率,尽管对于不同的运行线路其实际运输成本可能并不相等。依据均一化原则制定运价的主要目的是维持国家内部的地区平衡，避免位于某些地区的国内工业因运输成本较高而失去应有的竞争优势。然而，在国际多式联运情况下，如果仍然沿用这一定价原则就不太适合，一般来说，当采用国际多式联运形式进行货物或产品的运输时，地方厂家的竞争力并不受该地区铁路运输条件的影响。因此，在国际多式联运情况下，依据成本定价原则为铁路运输制定价格可能更为合适。同时，采用不同的吨公里运价率有助于减少国内某些港口面临的区位劣势。

目前，国际铁路运输价格制定的趋势是增加在整个铁路运输过程中，途中各国铁路运输部门对本国运输区段运费的可收取性，也就是说，途中各国越来越倾向于由本国计收经由本国铁路运输区段的运费。这在一定程度上削弱了铁路运输对公路运输的竞争力，因为这一定价原则对长距离铁路运输没有在费率上给予一定的折扣或折扣很少。因此，当前迫切需要为国际集装箱运输制定一个真正的单一运费率，同时制定出一个参与运输的有关铁路承运人的利益分配原则。

2. 国际铁路集装箱运价的形式

国际铁路集装箱运价形式通常为附带最低装载量条款的FAK费率或包干费率。如表8-1所示为国际铁路集装箱运价结构的一个范例。该范例实际上是上述两种费率形式的一种综合，同时还考虑了铁路货车的装载能力限制。

表 8-1　国际铁路集装箱运价结构范例

集装箱的状态	计费条款	运费率(美元/箱)
重箱或新起租箱	20′，载重不超过 24 t	100
	2×20′，载重不超过 12 t	60
	2×20′，载重 12～24 t	80
	1×40′，载重不超过 24 t	120
	20′/40′，载重不超过 24 t	150
同一对流运输的回程空箱	2×20′	40
	20′	60
	40′	80

从上述范例中可以看出，国际集装箱铁路运价对重箱和空箱分别制定了不同的运费率，并对同一承运人运送的对流回程空箱给予一定的费率折扣。此外，为避免过量运送收益不大的空箱，对于新起用集装箱以及非同一承运人运输的对流空箱规定按重箱运费率计收运费。

铁路集装箱运价通常应以箱为计费单位，并对整车装运集装箱给予一定的折扣。但是，应避免以整车为计费单位计算运费，因为这可能会出现当托运人一次托运集装箱数不足一整车时，为避免承担过高运费，托运人不得不承担起本应由承运人负责的货源组织任务这一不正常状况，从而影响铁路集装箱运输的发展。同时，整车计费对货主可能不利，因为这种计费方式为货运代理人或有关承运人在向货主计收运费时留有一定的自由度。

3. 我国的国际集装箱铁路运价

根据我国铁道部于 1986 年制定的《大型集装箱运输货物暂行规定》，20 ft 国际标准集装箱按 24 吨的整车 9 号运价率计收运费，1989 年又作了修改通知，规定 40 ft 国际标准集装箱按 50 吨、20 ft 箱按 25 吨的整车 9 号运价率计收运费。

经过一段时间的试行后，在 1990 年修订的新《铁路货物运价规则》中，对集装箱运价做了按箱计费的规定："集装箱货物的运费按照使用的箱数及集装箱货物运价率表规定的运价率计算。"新的规则符合国际惯例，方便了运费的计收，并取消了一批只装一只 20 ft 标准箱或者一只重箱和一只空箱按两只重箱计费的规定，空箱一律以重箱的 60%计收运费。

目前，为缓解铁路货物运输价格偏低的矛盾，疏导成品油价格调整对铁路运输成本的影响，经研究，决定自 2008 年 7 月 1 日起，调整国家铁路货物统一运价。调整后的 20 ft 集装箱运价每箱千米上调为 1.0374 元，40 ft 集装箱运价每箱千米上调为 1.6374 元。

另外，为满足货主需求，开拓铁路集装箱运输市场，铁道部制定了《集装箱运输一口价实施办法》，自 2007 年 4 月 1 日施行。集装箱运输一口价是指集装箱自进发站货场至出到站货场铁路运输全过程中各项运营费用一次收取、一票结清的一种运费结算办法。《集装箱运输一口价实施办法》第三条规定：集装箱一口价包括运费、铁路建设基金、新路新价均摊运费、电气化附加费、特定线路运费、特定加价运费和发站实际发生的杂费等所有符合国家规定的运价和杂费，但不包括下列费用：

(1)专用线、专用铁路装卸作业的费用；

(2)集装箱在到站实际发生的杂费(已在发站核收的装卸费除外)；

(3)托运人或收货人责任发生的费用；

(4)地方铁路建设基金等代收款。

8.5 集装箱运费计算

8.5.1 集装箱运费基本结构

集装箱货物在国际多式联运下，由于承运人对货物的风险和责任有所扩大，因此，集装箱的运价一般包括从装船港承运人码头堆场或货运站至卸船港承运人码头堆场或货运站的全过程费用，如由承运人负责安排全程运输，所收取的运价中还应包括内陆运输的费用。但从总的方面来说，集装箱运价仍是海运运价加上各种与集装箱运输有关的费用而组成，这是集装箱运价构成的基本概念。

集装箱的海运运价，除包箱费率(Box Rates)外，拼箱货一般按所装箱内货物的重量或尺码计收，但对整箱货则有最高运费和最低运费之分。

1. 运费基本结构的组成

(1)海运运费。从集装箱船舶运输公司的优越性看，如将海上运费当作运输的等价物，那么，集装箱船可收取高于普通船运输的运费。但从目前的收费情况看，除有特殊规定外，基本上仍是按所运货物的运费吨所规定的费率计收，这与普通船货物运费的计收方法基本相一致。目前，集装箱货物运费计收所依据的运价本主要有两种：一种是班轮公会运价本，另一种是船公司运价本。

(2)堆场服务费。堆场服务费也叫码头服务费，包括在装船港堆场接收出口的整箱货，以及堆存和搬运至装卸桥下的费用。同样，在卸船港包括从装卸桥下接收进口箱，以及将箱子搬运至堆场和堆存的费用，也一并包括在装卸港的有关费用内。堆场服务费一般分别向发货人、收货人收取。

(3)拼箱服务费。拼箱服务费包括为完成下列服务项目而收取的费用:

①将空箱从堆场运至货运站;②将装好货的实箱从货运站运至堆场(装船港);③将实箱从堆场运至货运站(卸船港);④理货;⑤签发场站收据、装箱单;⑥在货运站货物的正常搬运;⑦装箱、拆箱、封箱、作标记;⑧一定期限内的堆存;⑨必要的分票与积载;⑩提供箱子内部货物的积载图。

(4)集散运输费。集散运输又叫支线运输(feeder service),是由内河、沿海的集散港至集装箱出口港之间的集装箱运输。一般情况下,集装箱在集散港装船后,即可签发集装箱联运提单,承运人为这一集散而收取的费用称集散运输费。

(5)内陆运输费。内陆运输费有两种情况,一种由承运人负责运输,另一种由货主自己负责运输。

如由承运人负责内陆运输,其费用则根据承运人的运价成本和有关提单条款的规定来确定,主要包括:

①区域运费。所谓区域运费系指承运人按货主的要求在所指定的地点间进行实箱或空箱运输所收取的费用。

②无效拖运费。在承运人将集装箱按货主要求运至指定地点,而货主却没有发货,且要求将箱子运回。一旦发生这种情况,承运人将收取全区域费用,以及货主宣布运输无效后可能产生的任何延迟费用。

③变更装箱地点。如承运人应货主的要求同意改变原集装箱交付地点,货主要对承运人由此而引起的全部费用给予补偿。

④装箱时间与延迟费。装箱时间的长短与延迟费的大小,主要视港口的条件、习惯、费用支付情况而定,差别甚大。如在发货人工厂、仓库装箱时,有的对免费允许时限规定为:

20 ft 箱——2 小时;40 ft 箱——3 小时

上述时间均从驾驶员将箱子交货主时起算,即使是阴天下雨或恶劣气候也不能超出规定的时限。如超出规定的时限,则对超出时间计收延迟费。

⑤清扫费。使用箱子结束后,货主有责任清扫箱子,将清洁无味的箱子归还给承运人。如此项工作由承运人负责,货主应负责其费用。

如果内陆运输由货主自己负责,承运人则可根据自己的选择和事先商定的协议,在其所指定的场所将箱子或有关机械设备出借给货主,并按有关规定计收费用。在由货主自己负责内陆运输时,其费用主要包括:

①集装箱装卸费。货主在承运人指定的场所,如集装箱码头堆场或货运站取箱时,或按照承运人指定的地点归还箱子时,或将箱子装上车辆,或从车上卸下的费用均由货主负担。

②超期使用费。货主应在规定的用箱期届满后,将箱子归还给承运人,超出时间则为延误,延误费用计收的标准按每箱每天计收,不足 1 天以 1 天计。

③内陆运输费。货主对其从得到集装箱时起至归还箱子时止整个期间所产生的费用负责。

集装箱运费结构包括:

①发货地国家内陆运输费及其有关费用;②发货地国家港区(码头堆场)费用;③海上运费;④收货地国家港区(码头堆场)费用;⑤收货地国家内陆运输费及其有关费用。

由于集装箱运输特别是国际多式联运不仅存在由谁负责内陆运输的问题,且还有整箱货、拼箱货之分，因此，费用的结构和分担较复杂，如表 8-2 所示：

表 8-2　费用结构和分担

装港					运输方式	卸港					费用组成
运输方式	A	B	C	D	E	运输方式	B	C	D	A	T=
承运人运输 FCL	A	B			E	承运人运输 FCL	B			A	A+B+E+B+A
承运人运输 FCL	A	B			E	货主运输 FCL	B	C			A+B+E+B+C
承运人运输 FCL	A	B			E	LCL			D		A+B+E+D
货主运输 FCL		B	C		E	承运人运输 FCL	B			A	B+C+E+B+A
货主运输 FCL		B	C		E	货主运输 FCL	B	C			B+C+E+B+C
货主运输 FCL		B	C		E	LCL			D		B+C+E+D
LCL				D	E	承运人运输 FCL	B			A	D+E+B+A
LCL				D	E	货主运输 FCL	B	C			D+E+B+C
LCL				D	E	LCL			D		D+E+D

注：A 为内陆运输费（Inland Transportation Charge）；B 为堆场服务费（Terminal Handle Charge）；C 为装卸费（车辆）（Transfer Charge）；D 为拼箱服务费（LCL Service Charge）；E 为海上运费（Ocean Freight）。

2. 不同交接方式下的费用结构

在集装箱整箱货、拼箱货流转过程中，其货物的交接方式有 9 种，每一种交接方式下的费用结构也有所不同。

(1)拼箱货—拼箱货(LCL—LCL)

采用拼箱货—拼箱货的交接方式，承运人以货物原来的形态从各发货人手中接收货物，由承运人组织装箱运输，运到目的地，承运人将货物从箱中掏出后，以原来的形态向各收货人交付。以这种方式交付，运费包括装船港拼箱服务费、装船港堆场服务费、海运运费、卸船港堆场服务费、卸船港拼箱服务费。

(2)整箱货—整箱货(FCL—FCL)

采用整箱货—整箱货的交接方式，发货人自行装箱并办好加封等手续，承运人接收的货物是外表良好、铅封完整的集装箱，货物抵达目的地时，承运人将同样的集装箱交付收货人，收货人自行将货物从箱中掏出。根据交接货物地点的不同，又可细分为如下四种交接形式。

①门—门：

门—门的交接方式是指集装箱运输经营人由发货人的工厂或仓库接收货物（整箱货），负责将货物运至收货人的工厂或仓库交付。在这种交付方式下，运费包括出口国集散运输费、装船港堆场服务费、海运运费、卸船港堆场服务费、进口国集散运输费。

②门—场：

门—场的交接方式是指集装箱运输经营人由发货人的工厂或仓库接收货物（整箱货），负责将货物运至卸货港码头堆场或其内陆堆场，在堆场处向收货人交付。在这种交付方式下，运费包括出口国集散运输费、装船港堆场服务费、海运运费、卸船港堆场服务费。

③场—场：

场—场的交接方式是指集装箱运输经营人在装货港的码头堆场或其内陆堆场接收货物（整箱货），并负责将货物运至卸货港码头堆场或其内陆堆场，在堆场处向收货人交付。在这种交付方式下，运费包括装船港堆场服务费、海运运费、卸船港堆场服务费。

④场—门：

场—门的交接方式是指集装箱运输经营人在装货港的码头堆场或其内陆堆场接收货物(整箱货)，负责将货物运至收货人的工厂或仓库交付给收货人。在这种交付方式下，运费包括装船港堆场服务费、海运运费、卸船港堆场服务费、进口国集散运输费。

(3)拼箱货—整箱货(LCL—FCL)

采用拼箱货—整箱货的交接方式，承运人以货物原来的形态从各发货人手中接收货物，由承运人组织装箱运输，运到目的地，承运人将同样的集装箱交付收货人，收货人自行将货物从箱中掏出。根据交接货物地点的不同，又可细分为如下两种交接形式。

①站—场：

站—场的交接方式是指集装箱运输经营人在装货港码头或其内陆的集装箱货运站接收货物(经拼箱后)，负责将货物运至卸货港码头堆场或其内陆堆场，在堆场处向收货人交付。在这种交付方式下，运费包括装船港拼箱服务费、装船港堆场服务费、海运运费、卸船港堆场服务费。

②站—门：

站—门的交接方式是指集装箱运输经营人在装货港码头或其内陆的集装箱货运站接收货物(经拼箱后)，负责运至收货人的工厂或仓库交付。在这种交付方式下，运费包括装船港拼箱服务费、装船港堆场服务费、海运运费、卸船港堆场服务费、进口国集散运输费。

(4)整箱货—拼箱货(FCL—LCL)

采用整箱货—拼箱货的交接方式，发货人自行装箱并办好加封等手续，承运人接收的货物是外表良好、铅封完整的集装箱，货物抵达目的地时，承运人将货物从箱中掏出后，以原来的形态向各收货人交付。根据交接货物地点的不同，又可细分为如下两种交接形式。

①门—站：

门—站的交接方式是指集装箱运输经营人由发货人的工厂或仓库接收货物(整箱货)，负责将货物运至卸货港码头或其内陆的集装箱货运站，经拆箱后向各收货人交付。在这种交付方式下，运费包括出口国集散运输费、装船港堆场服务费、海运运费、卸船港堆场服务费、卸船港拼箱服务费。

②场—站：

场—站的交接方式是指集装箱运输经营人在装货港的码头堆场或其内陆堆场接收货物(整箱货)，负责将货物运至卸货港码头或其内陆的集装箱货运站，经拆箱后向收货人交付。在这种交付方式下，运费包括装船港堆场服务费、海运运费、卸船港堆场服务费、卸船港拼箱服务费。

必须说明，上述是集装箱运费组成的一般概念。目前，有些港口习惯上对整箱货在堆场至堆场交货时不另收堆场服务费。因为，实际上这部分费用已加到海运运费里了。此外，在集装箱运价中，某些航线还出现总包干费率(All Inclusive)的计算方法，即在该费率中包括了一切附加费用，方便了运费的计算。

另外，有些航线采用包箱费率(Box Rates)，即按箱子的类型规定每一种箱的包干运价。这种包箱费率一般分商品包箱费率(Commodity Box Rates)和均一包箱费率(FAK Box Rates)两种。前者按不同商品和不同类型的箱子规格规定各种不同的包箱费率，后者不管箱内装什么商品(危险品除外),按不同类型箱子规定包箱费率。应说明的是包箱费率为整箱货,其运价可以是总包费率,也可以是包箱费率加各种附加费。包箱费率是国际航运竞争的产物,这种费率较低,是对货主在托运整箱货运输时的一种优惠,也是船公司作为揽货的一种手段。

8.5.2 集装箱海运运费计算方法

国际集装箱海运运费的计算办法与普通班轮运费的计算办法一样,也是根据费率本规定的费率和计费办法计算运费,并同样也有基本运费和附加费之分。不过,由于集装箱货物既可以交集装箱货运站(CFS)装箱,也可以由货主自行装箱整箱托运,因而在运费计算方式上也有所不同。主要表现在当集装箱货物是整箱托运,并且使用的是承运人的集装箱时,集装箱海运运费计收有"最低计费吨"和"最高计费吨"的规定。此外,对于特种货物运费的计算以及附加费的计算也有其规定。

1. 拼箱货

目前,各船公司对集装箱运输下的拼箱货运费计算方法,基本上依据件杂货运费计算标准,但应掌握这样几个基本要点:

(1)船公司或其他承运人对拼箱货运费的计算依据其所承担的责任和费用。由于拼箱货由货运站负责装箱、拆箱,而且,承运人的责任系从出口国货运站至进口国货运站,当然,这一货运站应为承运人所拥有或管辖,对于交货前和交货后所发生的责任、费用均由货主自负。

(2)拼箱货海运运费的计收方法类同班轮运输下的件杂货运费计算方法,只是加收集装箱有关费用,如拼箱服务费等,但不再收取件杂货下码头的收货费用。这些运费和有关费用的计算依据,是船公司制定的运价本所规定的每一件货物的重量或尺码(W/M),但计价货物的拼箱服务费则根据货物重量或尺码,按其中高者计收。

(3)拼箱费的起码运费,按每提单计收。

(4)由于拼箱货涉及不同的收货人,因而,拼箱货不能接受货主提出的有关选港或变更目的港的要求。所以,没有拼箱货的选港附加费和变更目的港附加费。

2. 整箱货

对于整箱托运的集装箱货物运费的计收:一种方法是同拼箱货一样,按实际运费吨计费;另一种方法,也是目前采用较为普遍的方法是,根据集装箱的类型按箱计收运费。

在整箱托运集装箱货物且所使用的集装箱为船公司所有的情况下,承运人则有按"集装箱最低利用率"(Container Minimum Utilization)和"集装箱最高利用率"(Container Maximum Utilization)支付海运运费的规定。

(1)按集装箱最低利用率计费。一般说来,班轮公会在收取集装箱海运运费时通常只计算箱内所装货物的吨数,而不对集装箱自身的重量或体积进行收费,但是对集装箱的装载利用率有一个最低要求,即"最低利用率"。不过,对有些承运人或班轮公会来说,只是当采用专用集装箱船运输集装箱时,才不收取集装箱自身的运费,而当采用常规船运输集装箱时则按集装箱的总重(含箱内货物重量)或总体积收取海运运费。

规定集装箱最低利用率的主要目的是,如果所装货物的吨数(重量或体积)没有达到规定的要求,则仍按该最低利用率时相应的计费吨计算运费,以确保承运人的利益。在确定集装箱的最低利用率时,通常要包括货板的重量或体积。最低利用率的大小主要取决于集装箱的类型、尺寸和集装箱班轮公司所遵循的经营策略。当然,在有些班轮公会的费率表中,集装箱的最低利用率通常仅与箱子的尺寸有关,而不考虑集装箱的类型。目前,按集装箱最低利用率计收运费的形式主要有三种:最低装载吨、最低运费额以及上述两种形式的混合形式。

最低装载吨可以是重量吨或体积吨,也可以是占集装箱装载能力(载重或容积)的一个百分比。以重量吨或体积吨表示的最低装载吨数通常是依集装箱的类型和尺寸的不同而不同,但在有些情况下也可以是相同的。而当以集装箱装载能力的一定比例确定最低装载吨时,该比例对于集装箱的载重能力和容积能力通常都是一样的,但同样也存在例外。

最低运费额则是按每吨或每个集装箱规定一个最低运费数额,其中后者又被称为“最低包箱运费”。

至于上述两种形式的混合形式则是根据下列方法确定集装箱最低利用率:

①集装箱载重能力或容积能力的一定百分比加上按集装箱单位容积或每集装箱规定的最低运费额;

②最低重量吨或体积吨加上集装箱容积能力的一定百分比。

(2)亏箱运费(Short fall Freight)的计算。集装箱内所装载的货物总重或体积没能达到规定的最低重量吨或体积吨,而导致集装箱装载能力未被充分利用时,货主将支付亏箱运费。亏箱运费实际上就是对不足计费吨所计收的运费,即是所规定的最低计费吨与实际装载货物数量之间的差额。在计算亏箱运费时,通常是以箱内所载货物中费率最高者为计算标准。此外,当集装箱最低利用率是以“最低包箱运费”形式表示时,如果根据箱内所载货物吨数与基本费率相乘所得运费数额,再加上有关附加费之后仍低于最低包箱运费,则按后者计收运费。

(3)按集装箱最高利用率计收运费。集装箱最高利用率的含义是,当集装箱内所载货物的体积吨超过集装箱规定的容积装载能力(集装箱内容积)时,运费按规定的集装箱内容积计收,也就是说超出部分免收运费。至于计收的费率标准,如果箱内货物的费率等级只有一种,则按该费率计收;如果箱内装有不同等级的货物,计收运费时通常采用下列两种做法:一种做法是箱内所有货物均按箱内最高费率等级货物所适用的费率计算运费;另一种做法是按费率高低,从高费率起往低费率计算,直至货物的总体积吨与规定的集装箱内容积相等为止。

需指出的是,如果货主没有按照承运人的要求,详细申报箱内所装货物的情况,运费则按集装箱内容积计收,而且,费率按箱内装货物所适用的最高费率计。如果箱内货物只有部分没有申报数量,那么,未申报部分运费按箱子内容积与已申报货物运费吨之差计收。

规定集装箱最高利用率的目的主要是鼓励货主使用集装箱装运货物,并能最大限度地利用集装箱内的容积。为此,在集装箱海运运费的计算中,船公司通常都为各种规格和类型的集装箱规定了一个按集装箱内容积折算的最高利用率,例如,20 ft 集装箱的最高利用率为 31 m^3,而 40 ft 集装箱的最高利用率为 67 m^3。最高利用率之所以用体积吨而不用重量吨为计算单位,是因为每一集装箱都有其最大载重量,在运输中超重是不允许的。因此,在正常情况下,不应出现超重的集装箱。

3. 特殊货物海运运费的计算

一些特殊货物如成组货物、家具、行李及服装等在使用集装箱进行装运时,在运费的计算上有一些特别的规定。

(1)成组货物。班轮公司通常对符合运价本中有关规定与要求,并按拼箱货托运的成组货物,在运费上给予一定的优惠,在计算运费时,应扣除货板本身的重量或体积,但这种扣除不能超过成组货物(货物加货板)重量或体积的 10%,超出部分仍按货板上货物所适用的费率计收运费。但是，对于整箱托运的成组货物，则不能享受优惠运价，并且，整箱货的货板在计算运费时一般不扣除其重量或体积。

(2)家具和行李。对装载在集装箱内的家具或行李，除组装成箱子再装入集装箱外，应按集装箱内容积的100%计收运费及其他有关费用。该规定一般适用于搬家的物件。

(3)服装。当服装以挂载方式装载在集装箱内进行运输时，承运人通常仅接受整箱货"堆场——堆场"(CY/CY)运输交接方式，并由货主提供必要的服装装箱物料如衣架等。运费按集装箱内容积的85%计算。如果箱内除挂载的服装外，还装有其他货物时，服装仍按箱容的85%计收运费，其他货物则按实际体积计收运费。但当两者的总计费体积超过箱容的100%时，其超出部分免收运费。在这种情况下，货主应提供经承运人同意的公证机构出具的货物计量证书。

(4)回运货物。回运货物是指在卸货港或交货地卸货后的一定时间以后由原承运人运回原装货港或发货地的货物。对于这种回运货物，承运人一般给予一定的运费优惠，比如，当货物在卸货港或交货地卸货后六个月由原承运人运回原装货港或发货地，对整箱货(原箱)的回程运费按原运费的85%计收，拼箱货则按原运费的90%计收回程运费。但货物在卸货港或交货地滞留期间发生的一切费用均由申请方负担。

(5)货物滞期费。在集装箱运输中，货物运抵目的地后，承运人通常给予箱内货物一定的免费堆存期(Free Time)，但如果货主未在规定的免费期内前往承运人的堆场提取货箱，或去货运站提取货物，承运人则对超出的时间向货主收取滞期费(Demurrage)。货物的免费堆存期通常系从货箱卸下船时起算，其中不包括星期六、星期天和节假日。但一旦进入滞期时间，便连续计算，即在滞期时间内若有星期六、星期天或节假日，该星期六、星期天及节假日也应计入滞期时间。免费堆存期的长短以及滞期费的计收标准与集装箱箱型、尺寸以及港口的条件等有关，同时也依班轮公司而异，有时对于同一港口，不同的船公司有不同的计算方法。

根据班轮公司的规定，在货物超过免费堆存期后，承运人有权将箱货另行处理。对于使用承运人的集装箱装运的货物，承运人有权将货物从箱内卸出，存放于仓储公司仓库，由此产生的转运费、仓储费以及搬运过程中造成的事故损失费与责任均由货主承担。

(6)集装箱超期使用费。如货主所使用的集装箱和有关设备为承运人所有，而货主未能在免费使用期届满后将集装箱或有关设备归还给承运人，或送交承运人指定地点，承运人则按规定对超出时间向货主收取集装箱超期使用费。

4. 附加费的计算

与普通班轮一样，国际集装箱海运运费除计收基本运费外，也要加收各种附加费。附加费的标准与项目，根据航线和货种的不同而有不同的规定。集装箱海运附加费通常包括以下几种形式：

(1)货物附加费(Cargo Additional)。某些货物，如钢管之类的超长货物、超重货物、需洗舱(箱)的液体货等，由于它们的运输难度较大或运输费用增高，因而对此类货物要增收货物附加费。当然，对于集装箱运输来讲，计收对象、方法和标准有所不同。例如对超长、超重货物加收的超长、超重、超大件附加费(Heavy lift and Over-length Additional)只对由集装箱货运站装箱的拼箱货收取，其费率标准与计收办法与普通班轮相同。如果采用CFS/CY条款，则对超长、超重、超大件附加费减半计收。

(2)变更目的港附加费。变更目的港仅适用于整箱货，并按箱计收变更目的港附加费。提出变更目的港的全套正本提单持有人,必须在船舶抵达提单上所指定的卸货港 48 h 前以书面形式提出申请,经船方同意变更。如变更目的港的运费超出原目的港的运费时,申请人应补交运费差额,反之,承运人不予退还。由于变更目的港所引起的翻舱及其他费用也应由申请人负担。

(3)选卸港附加费(Optional Additional)。选择卸货港或交货地点仅适用于整箱托运整箱交付的货物,而且一张提单的货物只能选定在一个交货地点交货,并按箱收取选卸港附加费。

选港货应在订舱时提出,经承运人同意后,托运人可在指定承运人经营范围内直航的或经转运的三个交货地点内选择指定卸货港,其选卸范围必须按照船舶挂靠顺序排列。此外,提单持有人还必须在船舶抵达选卸范围内第一个卸货港 96 h 前向船舶代理人宣布交货地点,否则船长有权在第一个或任何一个选卸港将选卸货卸下,即应认为承运人已终止其责任。

(4)服务附加费(Service Additional)。当承运人为货主提供了诸如货物仓储或转船运输以及内陆运输等附加服务时,承运人将加收服务附加费。对于集装箱货物的转船运输,包括支线运输转干线运输,都应收取转船附加费(Trans-shipment Additional)。

除上述各项附加费外,其他有关的附加费计收规定与普通班轮运输的附加费计收规定相同。这些附加费包括:因港口情况复杂或出现特殊情况所产生的港口附加费(Port Additional);因国际市场上燃油价格上涨而增收燃油附加费(Bunker Adjustment Factor,BAF);为防止货币贬值造成运费收入上的损失而收取货币贬值附加费(Currency Adjustment Factor,CAF);因战争、运河关闭等原因迫使船舶绕道航行而增收绕航附加费(Deviation Surcharge);因港口拥挤致使船舶抵港后不能很快靠卸而需长时间待泊所增收的港口拥挤附加费(Port Congestion Surcharge)等。此外,对于贵重货物,如果托运人要求船方承担超过提单上规定的责任限额时,船方要增收超额责任附加费(Additional for Excess of Liability)。

需指出的是,随着世界集装箱船队运力供给大于运量需求的矛盾越来越突出,集装箱航运市场上削价竞争的趋势日益蔓延。因此,目前各船公司大多减少了附加费的增收种类,将许多附加费并入运价当中,给货主提供一个较低的包干运价。这一方面起到了吸引货源的目的,同时也简化了运费结算手续。

8.6 集装箱多式联运运价的确定

虽然目前在有些国际班轮航线上,如泛太平洋航线及泛大西洋航线,班轮公会实际上实行的是“点到点”运费率。但是,大多数国际集装箱海上承运人还没有真正采用这种门到门运费率形式。然而,随着国际集装箱运输及多式联运的迅速发展,采用门到门运价正变得越来越普遍,这种费率形式的大规模应用只是个时间问题。因此,有必要对制定国际集装箱多式联运运价的基本原则及运费计收方式等方面的问题进行讨论。

8.6.1 国际集装箱多式联运运价的制定

作为国际集装箱多式联运经营人的两种主要类型,无船承运人和有船承运人在很多方面具有不同的特征。然而,从多式联运运价表的内容与结构来讲,这两种多式联运经营人却并无大的区别。任何一个多式联运经营人,在制定多式联运运价表之前,首先必须确定出具体的经营线路,并就有关各运输区段的各单一运输方式做好安排,在此基础上,依据各单一运输方式的运输成本及其他有关运杂费，估算出各条营运线路的实际成本，从而制定出一个真正合理的多式联运运价表。

国际集装箱多式联运运价表从结构上讲，可采用以下两种形式。一种是城市间的门到门费率，这种费率结构可以是以整箱货或拼箱货为计费单位的货物等级费率，也可以是按 TEU 或 FEU 计费的包箱费率。这是一种真正意义上的多式联运运价。另一种形式与海运运价表相似，是港到港间费率加上内陆运费率。这种费率结构形式较为灵活，但从竞争的角度来看，由于这种形式将海运运价与内陆运价分开，因而于竞争不利。

在多式联运运价分为海运运价和内陆运价两部分的情况下，应注意运价表的内陆运价部分必须包括这样一些内容：

(1)一般性条款，如关税及清关费用、货物的包装、无效运输以及更改运输线路与方向等；

(2)公路、铁路及内河运输的装箱时间及延滞费；

(3)额外服务及附加费的计收，如因货主原因而使用有关设备等。

内陆运价应真实反映各种运输方式的成本状况及因采用集装箱运输而增加的成本项目。同时，在确定内陆运价时，既要考虑集装箱的装载能力，也要考虑运输工具的承载能力。这在有些时候会发生货主利益与承运人利益相互冲突的情况。例如，由于集装箱载重能力或内容积的限制，承运人在运输集装箱货物时不能达到运输工具的允许最大承载能力，进而给承运人造成一定的亏载损失。

由于目前国际集装箱多式联运运价的制定倾向于只限定在特定的一些运输线路上，即从海港到内陆消费中心或生产中心，因此在制定内陆运价时可以考虑在不影响整个费率结构及其水平的情况下，采用较为优惠的内陆集装箱运输费率，对处于区位劣势的港口给予一定的补偿，从而提高这些港口的竞争力，促进这些港口腹地的国际集装箱多式联运的发展。

根据国际集装箱运输市场运价的变化及时调整费率水平，确保国际集装箱多式联运运价始终处于一种最新的状态，是多式联运经营人的一项十分重要的任务。通常，内陆运费率及有关费用的变化，相比海上运费率要频繁得多。因此，当内陆运费率及有关费用发生变化时，多式联运运价必须尽快做出相应的变化。如果内陆运输成本上升而多式联运运价仍保持在原有的水平，那么，多式联运经营人的盈利就会减少。相反，如果内陆运输费用降低，而多式联运运价不相应降低，多式联运经营人的竞争地位就会受影响。

为充分发挥国际集装箱多式联运的优越性，国际多式联运运价应该比分段运输的运价对货主更具吸引力，而绝对不能是各单一运输方式运费率的简单相加，因为这将使得多式联运经营人毫无竞争力可言。众所周知，运输时间和运输成本是与多式联运经营人竞争力密切相关的两个因素。对于组织、管理水平较高的多式联运经营人来说，运输时间是比较容易控制的。在此，重要的是如何降低运输成本。目前，多式联运经营人，主要是无船承运人大多采用所谓的“集并运输”(Consolidation)方式来减少运输成本。集并运输有时也称为“组装化运输”(Groupage)，它是指作为货运代理人的无船承运人将起运地几个发货人运往同一目的地的几个收货人的小批量、不足一箱的货物汇集起来，拼装成整箱货托运。货物运往目的地后，由当地集并运输代理人将它们分别交付各个收货人。其主要目的是从海上承运人较低的整箱货运费率中获益，从而降低海上运输成本。多式联运经营人降低海上运输成本的另一个途径是采用前述的运量折扣费率(TVC)形式，通过与海上承运人签订 TVC 合同，获取较低的海运运费率。此外，多式联运经营人还可以通过向非班轮公会会员船公司托运货物的方式来降低海运成本,因为相比之下,非会员船公司的费率水平通常要比会员船公司的低。

除海上运输外,国际集装箱多式联运经营人也可采用类似的方法来降低内陆运输(包括航空运输)成本,如采用运量折扣费率。此外,还可以通过加强与公路、铁路等内陆运输承运人之间的相互合作,获得较低的优惠费率。实际上,这种有效的合作对双方都是有利的。对于公路或铁路运输承运人来说,由于采用集装箱运输,车辆在一定时期内完成的周转次数比散件运输要多得多,或者说,运输同样数量的货物,采用集装箱运输所需的车辆数量要少得多,因而可以减少公路或铁路运输承运人的资本成本。

8.6.2 国际集装箱多式联运的计费方式

如前所述,国际集装箱多式联运全程运费是由多式联运经营人向货主一次计收。目前,多式联运运费的计收方式主要有单一运费制和分段运费制两种。

1.按单一运费制计算运费

单一运费制是指集装箱从托运到交付,所有运输区段均按照一个相同的运费率计算全程运费。在西伯利亚大陆桥(SLB)运输中采用的就是这种计费方式。原苏联从1986年起修订了原来的7级费率,采用了不分货种的以箱为计费单位的FAK统一费率。陆桥运输开办初期,从日本任何一个港口到布列斯特(原苏联西部边境站)的费率为385卢布/TEU,陆桥运输的运费比班轮公会的海运运费低20%~30%。

2.按分段运费制计算运费

分段运费制是按照组成多式联运的各运输区段,分别计算海运、陆运(铁路、汽车)、空运及港站等各项费用,然后合计为多式联运的全程运费,由多式联运经营人向货主一次计收。各运输区段的费用,再由多式联运经营人与各区段的实际承运人分别结算。目前大部分多式联运的全程运费均采用这种计费方式,例如欧洲到澳大利亚的国际集装箱多式联运。日本到欧洲内陆或北美内陆的国际集装箱多式联运等。

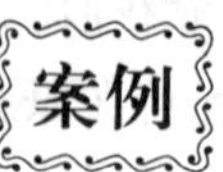

我国集装箱班轮运价影响因素

目前,我国国际贸易运输量90%以上是由海运来完成,而集装箱运输又占海洋运输很大比例。自2008年全球金融危机爆发以来,国际贸易量大幅下降,国际海运业也遭受了巨大冲击,我国出口集装箱班轮运价波动剧烈。分析运价影响因素有利于班轮公司关注运价影响因素,并在经营中根据市场变化合理做出调整。

1.我国集装箱班轮运价现状

(1)CCFI指数介绍

为了适应中国集装箱运输市场迅猛发展的需要,由交通运输部主持、上海航运交易所编制发布的中国出口集装箱运价指数(简称CCFI)于1998年4月13日首次发布。上海航运交易所每周五编制、发布中国出口集装箱综合运价指数及11条分航线指数,该指数客观反映了集装箱市场状况,被联合国贸发会海运年报作为权威数据引用,成为世界了解中国航运市场的重要指标,为各大航贸企业日常经营决策提供有力依据。

(2)我国出口集装箱班轮运价现状分析

从图 8-1 可以看出,集装箱班轮运价指数在 2009 年 5 月底降至最低,之后总体处于上行趋势,在 2010 年 8 月份达到高峰后开始下滑,到了 2010 年 12 月份中国出口集装箱运输市场延续了前期弱势走势,在多种因素作用之下,班轮运价继续下跌,但跌幅不是很大。根据上海航运交易所信息部发布的中国出口集装箱运输市场报告,2010 年 12 月份中国集装箱出口的主要航线运价由于总体运力供大于求都有一定幅度的下调,但多数航线迎来春节长假前传统出货高峰,拉动货量明显增长,市场运价跌势趋缓。截至 2011 年 1 月 6 日,受节日影响,中国出口集装箱运输市场总体需求上升,至美国等远洋航线市场货量增长,支撑市场运价基本稳定,运价指数止跌回升。

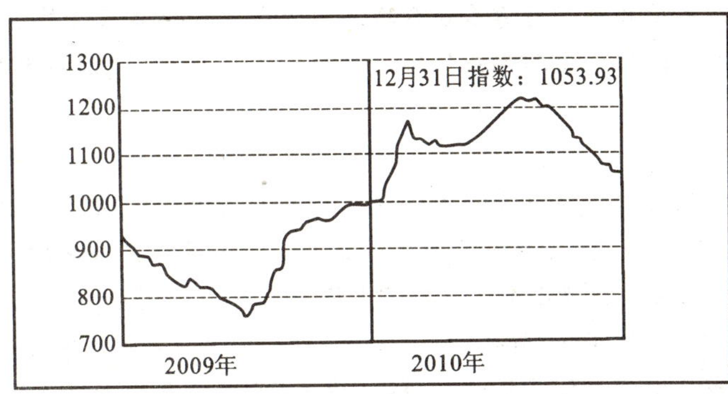

图 8-1 中国出口集装箱运价指数趋势图

2. 我国集装箱班轮运价影响因素分析

(1)航运市场供求关系

集装箱班轮运输市场的供求关系是集装箱班轮运价的决定因素。从需求分析的角度,根据海关总署数据,2010 年我国对外贸易呈现高速恢复性增长,2010 年 1～8 月份出口总额合计为 989739 百万美元,同比增长 35.4%,这期间全球经济总体运行良好,欧美市场需求由于圣诞节的关系相对较旺。从运力供给角度,班轮公司之前进行了一定的运力控制,这两方面共同推动了 2010 年 8 月份之前中国集装箱班轮运价的上扬。而到了 2010 年 10 月份,需求方面,由于国庆节前最后一批圣诞节货物出运高峰已经结束,出口欧美等地市场出现货量萎缩的态势,运力供给方面,船公司已投放运力仍然处于高位,导致运价指数在 11～12 月份呈下行趋势。

(2)运输成本

对于集装箱班轮运输企业而言,运输成本、税金以及利润组成了运价,运价中运输成本所占的比例非常高,一般都在 90%以上,是运价构成的主体。2010 年集装箱班轮运价比 2009 年总体呈较高位运行,除了市场供求影响之外,也与班轮公司经营、管理成本等增加有关。

①燃油价格上涨。根据中华航运网公布的燃油价格信息,世界主要港口的燃油价格在 2010 年度有大幅上涨,一定程度上促使班轮公司提高运价。以欧洲主要港口鹿特丹为例,上海交易所 2010 年 5 月 21 日公布的燃油价格(美元/吨)为 IF380:418～420,IF180:440～442,MDO:598～600,而 12 月 10 日公布的燃油价格为 IF380:479～481,IF180:504～506,MDO:722～724。这期间燃油价格总体呈阶梯上行态势,取每种燃油的中间价计算可得出这期间三种燃油价格上涨率分别高达:14.6%、14.5%、20.7%,许多集装箱班轮公司为了降低成本都采

取降速节油的措施。

②汇率因素。美元贬值也增加了集装箱班轮公司的成本。根据中国外汇管理局统计,人民币中间价相对于美元从 2010 年 1 月 4 日的 682.81 美元到 2010 年 12 月 29 日的 662.47 美元贬值约 2.98%。美元持续贬值,物价、工资、原料皆会随之上涨,从而引起诸如燃油费、装卸费、港口使用费、中转费、船代费等费用上涨,造成班轮公司的经营成本增加;美元贬值还可能引起诸如维修、备件、物料、船员工资、船检等费用的上涨导致班轮公司管理成本上升;而且班轮业的运费收入都以美元结算,美元贬值造成兑算成本国货币后的净利减少。

③索马里海盗增加海运风险和经营成本。有的集装箱班轮公司为避免海盗扰袭取道非洲南端的好望角航行,货船的航行时间至少要增加 10 天,这会增加上十万美元的运输成本。如果不绕道好望角采取其他措施预防海盗也会增加运营成本如偏离正常航线从安全海域绕道而行、提高航速通过危险海域、加大船舶投保额度和交纳更多保费等,这些额外增加的成本最终都转嫁到运价上。

(3)宏观政策因素

①国际集装箱班轮运价备案制度一定程度上控制了恶性竞争,稳定了班轮运价。2009 年 6 月 10 日,交通运输部发布了《关于国际集装箱班轮运价备案实施办法的公告》规定该办法自 2009 年 6 月 15 日起生效。实行备案制度后,"零运价"、"负运价"揽货现象在集装箱班轮运输市场基本得到有效控制。从市场"货代"公开报价来看,运价备案制度实施前与实施一年后,国际集装箱运输市场报价均有大幅度提升,并相对稳定,当然这其中不排除 2009 年以来航运市场供求变化因素影响。从中日航线的统计数据来看,中日航线的供求关系在运价备案制度前后并未发生明显变化,备案之前市场平均舱位利用率为 58.55%,备案之后为 64.02%,但运价的恢复和稳定效果十分明显,通过恶性杀价来争取货源的情况明显减少。除上述集装箱班轮运价实施备案之外,交通运输部于 2010 年 9 月 19 日,又发布了《关于公布无船承运业务经营者运价备案实施办法的公告》,这一举措进一步控制了集装箱班轮市场的恶性竞争,有利于班轮运价的稳定。

②新的出口退税政策一定程度上影响了班轮运价。财政部、国家税务总局 2010 年 6 月 20 日发出通知,从 2010 年 7 月 15 日起,取消 406 个税号商品的出口退税。此次出口退税政策从短期来看,一些出口商为了继续享有政策的优惠会赶在通知施行之前尽快将产品出运,造成航运市场短期货量增加,运价小幅上升,退税政策实施以后,市场相对走弱,集装箱班轮运价小幅下调,一些企业也放弃了往年都会征收的旺季附加费来吸引客户;但从长期来看,由于此次税率调整主要集中在一些"两高一资"(高耗能、高污染和资源性)的产品上,适箱货源较少,集装箱班轮市场货量影响不是很大,运价也不会受到太大影响。

(资料来源:王述芬,价格理论与实践,2011.1)

【案例分析】 结合案例谈谈集装箱运输价的各组成部分各受哪些因素影响。

本章思考题

8.1 什么是运价?集装箱运价的特点体现在哪些方面?

8.2 影响集装箱定价的主要因素有哪些?

8.3 集装箱海运运费的构成有哪些?

8.4　集装箱内陆运输运价有哪些形式？

8.5　国际集装箱运输运费基本结构有哪些？

8.6　国际集装箱多式联运的计费方式有哪些？

9　国际集装箱多式联运责任、保险及货损处理

国际集装箱多式联运的发展改变了传统的货物交接界限，也从根本上改变了多式联运经营人的承运责任范围。根据联合国多式联运公约的规定，当多式联运经营人从托运人那里接管货物时起，即表明责任业已开始。并且，随着多式联运经营人责任范围的扩大，运输责任保险的范围、保险期限及保险费率等也随之发生变化。因此，既有的约束和调整单一运输方式下国际运输承运人责任与保险的公约和法规已难以适应国际多式联运。

9.1　国际多式联运经营人的责任范围与责任期间

9.1.1　国际多式联运责任制

9.1.1.1　国际多式联运责任制的类型

对多式联运经营人赔偿责任的分析，首先必须确定责任制(Liability Regime)，即其应承担的范围。

在目前的国际集装箱多式联运中，经营人责任形式主要有以下四种。

(1)责任分担制。也称分段责任制，是多式联运经营人对货主并不承担全程运输责任，仅对自己完成的区段货物运输负责，各区段的责任原则按该区段适用的法律予以确定。由于这种责任形式与多式联运的基本特征相矛盾，因而，只要多式联运经营人签发全程多式联运单据，即使在多式联运单据中声称采取这种形式，也可能会被法院判定此种约定无效而要求多式联运经营人承担全程运输责任。

(2)网状责任制。网状责任制是指多式联运经营人尽管对全程运输负责，但对货运事故的赔偿原则仍按不同运输区段所适用的法律规定，当无法确定货运事故发生区段时则按海运法规或双方约定原则加以赔偿。目前，几乎所有的多式联运单据均采取这种赔偿责任形式。因此，无论是货主还是多式联运经营人都必须掌握现行国际公约或国内法律对每种运输方式下承托双方的权利、义务与责任所做的规定。

(3)统一责任制。统一责任制，是指多式联运经营人对货主赔偿时不考虑各区段运输方式的种类及其所适用的法律，而是对全程运输按一个统一的原则并一律按一个约定的责任限额进行赔偿。由于现阶段各种运输方式采用不同的责任基础和责任限额，因而，目前多式联运经营人签发的提单均未能采取此种责任形式。不过前述所称的适用于单一运输方式法律的“多式联运”，比如，航空特快专递、机场——机场航空运输、港——港海上集装箱运输等，倒可以看作是采用了统一责任制。因为这种“多式联运”形式下，即使这种事故发生在陆运区段，多式联运经营人也应按空运或海运法规所规定的责任限额予以赔偿。

(4)经修订的统一责任制。这是介于统一责任制与网状责任制之间的责任制，也称混合责任制。它是在责任基础方面与统一责任制相同，而在赔偿限额方面则与网状责任制相同。目前，《联合国国际货物多式联运公约》基本上采取这种责任形式。该公约规定“多式联运经营人

对货损的处理，不管是否能确定造成货损的实际运输区段，都将适用于本公约的规定，但对于货损发生于某一特定区段，而该区段适用的国际公约或强制性国家法律规定的赔偿责任限额高于本公约规定的赔偿责任限额时，则应按照该区段适用的国际公约或强制性国家法律规定的赔偿责任限额予以赔偿。”由于目前各个单一运输方式国际公约和国内法律对承运人的责任基础和赔偿责任限额的规定并不统一，所以相互之间存在较大的差别。即使采用修正统一责任也将会对现有的运输法律体系产生一定的冲击。因此，这也是造成该公约至今尚未生效的主要原因。

9.1.1.2 国际多式联运公约采用的责任形式

在国际多式联运公约起草过程中，分歧最大的问题之一就是选择网状责任制还是统一责任制。一些发展中国家主张采用统一责任制，而发达国家主张采用网状责任制。主张采用统一责任制者认为其采用了一种法律规定，既包括了多式联运经营人与货方之间的法律关系，也包括了多式联运经营人与实际承运人之间的法律关系。这一方面保证了货主的利益，简化货运事故的处理，也解决了整个运输过程中可能出现的“隐藏损害”即货物发生损害，但又无法确定造成损害的区间和具体的责任人的处理问题，是一种较为优越的责任制。主张采用网状责任制者认为统一责任制有其优越性，但并不完善，实际上是行不通的。这是由于各国及承运人早已接受不同的国际公约，这些公约对运输合同及承运人责任的规定差别很大，如果接受统一责任制的多式联运公约，则会面临不能同时履行对每一公约义务的情况。由于统一责任制规定的责任与单一运输方式公约规定的责任不同，这会给实际运作带来极大的问题。再者，目前与集装箱运输相关的人如保险人等的赔偿责任都是建立在单一运输法规的责任规定之上的，改为统一标准会给这些行业带来混乱。他们认为网状责任制更为实用，可把多式联运经营人与实际承运人的赔偿责任结合起来，即在货物的损害可确定发生在哪一区段并归结于某一实际承运人时，或者在多式联运承运人中该区段实际承运人的赔偿责任相同但不能归结于某一实际承运人时，多式联运经营人可按照双方约定的特殊责任予以承担，一般按海上运输区段所适用的法规处理。

为使公约能顺利通过，分歧双方都做了让步，最后通过的国际多式联运公约采用了经修订的统一责任制，即多式联运经营人对全程运输负责，各区段的实际承运人仅对自己完成区段的运输负责。无论货损发生在哪一区段，多式联运经营人和实际承运人都按公约规定的统一责任限额承担责任，但“如果货物的灭失、损坏发生于多式联运的某一特定区域，而对这一区段使用的一项国际公约或强制性国家法律规定的赔偿责任限额高于本公约规定的赔偿责任限额时，多式联运经营人对这种灭失、损坏的赔偿应按照适用的国际公约或强制性国家法律予以确定。”这种经修订的统一责任制前一半是统一责任制，而后一半是网状责任制。

多式联运的这种特殊规定，在多式联运中出现了两层赔偿关系，第一层首先是多式联运经营人与货方间的赔偿关系。由于各种运输方式至今分别采用“不完全过失责任制”海运、“完全过失责任制”空运和“严格责任制”铁路、公路运输，且各公约规定的赔偿责任限额有很大差别，空运最高，铁路次之，海运最低，空运、铁路及公路运输公约规定限额均高于多式联运公约规定的统一限额，只有海运公约低于这一限额，以及考虑国际多式联运公约的强制性，在处理该层赔偿时多式联运经营人不能放弃或降低规定的责任限额，也不能把自己承担的责任转嫁给货主。第二层赔偿关系是多式联运经营人与各区段实际承运人之间的赔偿责任。对这一责任，公约中并没做出任何规定，只能按目前各区段使用的法律处理。这种规定极易造成多式联运经营人利益的损害或把责任完全归由多式联运经营人独自承担的局面。例如多式联运中货物的灭失、损坏发生在海上运输区段，由于海上运输目前适用法规海牙规则等规定的赔偿限额低于多式联运公约中规定的统一限额，多式联运经营人按公约规定的限额赔偿货方后，却不能通过向海运区段承运人的追偿中得到足够的补偿。更有甚者，如果事故是由于海上承运人驾船或管船过失造成时，根据适用的法律，海上承运人是免责的，不承担向多式联运经营人的赔偿责任，而公约规定多式联运经营人不能借以免除责任，同时又无法向海上承运人追偿。再者，如果是各种方式的实际承运人接受统一的责任限额，又是很困难的。因此，多式联运公约中规定的这种经修订的统一责任制在目前确实是难以实行的。公约中出现的这种责任制问题在近期内很难解决，只有当其他单一方式的运输公约、法律做出调整或新的规定后才能逐渐解决。这也是国际多式联运公约至今仍未生效的主要原因之一。

9.1.1.3 国际多式联运经营人责任形式的应用

在传统的分段运输下，各种运输方式的国际公约对承运人的责任形式、责任基础和责任限制都有明确的规定，在货损事故处理中，承运人只要根据所在国家加入的国际公约规定的责任限制额对自己应承担的责任进行赔偿就可以了。但在多式联运中，情况要复杂得多。在多式联运经营人的责任形式四种类型中，责任分担制由于其实质与多式联运的基本特征相抵触，因此现今基本不被采用。而经修订的统一责任制实际上是网状责任制和统一责任制相融合的产物，因此其特点也表现为网状责任制和统一责任制各自的特点。鉴于上述原因，这里仅对统一责任制和网状责任制这两种责任形式对货损事故的影响加以讨论。

在这两种责任形式下，确定多式联运经营人责任的原则和赔偿额都有很大区别。在统一责任制下，多式联运经营人要对运输全程负责。各区段的实际承运人要对自己承担的区段负责，无论事故发生在哪一个区段，都按统一规定的限额进行赔偿。如在多式联运中采用统一责任制，一般规定的统一赔偿限额比航空、铁路和公路运输公约规定的要低，但比海运公约规定的要高。因此各方式的实际承运人出于长期的习惯难以接受这一限额，特别是海运段的承运人更难以接受这一较高的标准。这就会造成在能确知货损事故发生区段和实际责任人的情况下，多式联运经营人按统一限额做出赔偿后，在向实际责任人追偿时得不到与已赔额相同的赔偿，特别是事故发生在海运区段，而事故原因又符合海运公约规定的免责规定时甚至得不到任何赔偿的局面，造成不应有的损失。

在网状责任制下，多式联运经营人对全程运输负责，各区段的实际承运人对自己承担的区段运输负责，在确知事故发生区段的情况下，多式联运经营人或实际承运人都按事故发生区段适用的国际公约或地区法律规定和限额进行赔偿。如果在多式联运中采用网状责任制，则在可以确定事故发生区段和实际责任人的情况下，多式联运经营人对货方的赔偿与实际承运人向多式联运经营人的赔偿都可按相同的责任基础和责任限额进行。由于目前的保险业也是以各种单一方式运输法规和地区性法规为基础的，因此即使在投保情况下，都可以有效地避免上述问题的发生。这也是目前在多式联运中大多采用网状责任制的原因。但采用这种责任形式会给货方索赔带来一定麻烦，与多式联运的初衷有所抵触。

9.1.2 国际多式联运经营人的责任期间

责任期间(Period of Responsibility)是指行为人履行义务、承担责任在时间上的范围。不言而喻，承运人责任期间的长短，也在一定程度上体现了承运人承担义务的多少和责任的轻重。

1.单一运输公约下承运人的责任期间

对于海上承运人的责任期间，根据《海牙规则》的规定，承运人的责任期间是“自货物装上船时起至卸下船时止”这一段时间。就是说货物的灭失或损坏系在该期间产生的，才适用《海牙规则》。然而，由于人们对“装上船”和“卸下船”的理解存在差异，因而《海牙规则》的这一规定不是很明确。

例如，在使用船上起重机的情况下，货物装上船至少可以有以下四种理解：货物被吊离地面、货物被吊过船舷、货物被吊至甲板上或与舱口周围垂直的舱底、货物被放妥在预定的积载位置上。从中可以发现，根据每一种理解，承运人责任期间开始的时间是不同的。至于卸货，也不同程度地存在一些不同的理解。

基于上述情况，提单条款必须定出一个精确的时间，作为承运人责任期间的开始与结束，而大多数船公司的提单，都以“钩到钩”作为承运人的责任期间。

“钩到钩原则”(Tackle to Tackle)规定，在使用装运船舶起重机起吊货物时，对于货物的风险，承运人只在货物被吊离地面时至货物被吊离船落地时止这一段时间内负责。由于“钩到钩原则”所表示的责任期间在《海牙规则》规定的范围内，因此这样的规定是有效的。当然，在不使用船上起重机时，就可不以此原则来确定承运人的责任期间。一般规定，在使用岸上起重机的情况下，承运人的责任期间为船舷至船舷；在使用驳船装卸时，承运人的责任期间为货物被吊上钩起至全部货物被卸至驳船上止；石油和散货运输如使用管道和传送带，承运人的责任期间为：货物被输送至管道或输送带的入舱口起至货物被送到船舶与管道或输送带的最后一个接点止。

对于责任期间以外发生的货损货差，可由承托双方在合同上自由约定。因此，《海牙规则》又进一步规定：“对货物没有装上船或货物已从船上卸下后，承运人的权利、义务不受本规则的限制，承托双方自由协商，即使其责任或权利大于本规则，也为法律所许可。”

值得注意的是，《海牙规则》中所规定的承运人的责任期间并非绝对的，还要受有些国家国内法的规定和港口惯例的约束。这是因为《海牙规则》对于承运人责任期间的规定是较为有利于承运人的，因而有些国家为了保护货主的利益，以法律、港口规章或惯例的形式，要求承运人负更多责任。鉴于港口所在国法律对提单的强制适用，承运人就不得不承担这种责任。当然，承运人可以与港口、仓储经营人订立合同，对于他们的过失造成的货物损失保留追偿的权利。

1978年通过的《汉堡规则》则延长了承运人的责任期间，规定：“承运人对货物的负责时间包括货物在装船港、运输途中和卸船港承运人掌握的整个期间”。也就是说，从收到货物时起到交付货物时止。当然，收货和交货都有区域限制，在港口以外收交货物的，就不能以此收交为责任期间的开始和结束。《汉堡规则》的这一规定，突破了《海牙规则》对承运人的最低责任期间，向装卸前后两个方向发展，在一定程度上加重了承运人的责任。

对于承运人接受和交付货物的方式，《汉堡规则》规定，承运人可以按通常的方式从托运人或其代表处接受货物，也可依照法律或规章，从海关或港口当局处接受货物；在交付货物方面，承运人可以把货物交给收货人，也可依照法律或规章，把货物交给有关当局或第三人。如果收货人提货延迟，承运人将货物置于收货人的支配之下便无责任。通常，在将货物交给港口当局、并向收货人发出通知后，货物即可被认为已处于收货人的支配之下。

根据《汉堡规则》的规定，无论货物的灭失或损坏发生在哪一区域，只要是在承运人掌管期间发生的，收货人均可向承运人提出赔偿要求，即使实际上的货物灭失或损坏并非属于承运人的责任。当然，这并不排除承运人向有关责任人行使追偿的权利。

至于其他国际货物运输公约，如国际公路货物运输公约(CMR)、国际铁路货物运输公约(CIM)、国际航空货物运输公约(华沙公约)等对承运人责任期间的规定，与《汉堡规则》的规定大体相同，即承运人的责任期间为：从承运人接管货物时起至交付货物后止，差别主要在于接管和交付货物的方式与地点。由于在货物运输实务中，接管和交付货物的方式与实际责任期间的长短和风险的大小相关，因此各货运公司通常在其章程、运输条件中予以明确。

2008年12月11日，《鹿特丹规则》在第63届联合国第67次会议获得通过。《鹿特丹规则》规定承运人责任期间是"收货—交货"，并且不限定接收货物和交付货物的地点。因此，该规则适用于承运人在船边交接货物、在港口交接货物、在港外交接货物或者"门到门"运输。与《海牙规则》、《海牙-维斯比规则》、我国《海商法》规定的"装货—卸货"和《汉堡规则》规定的"装港—卸港"相比，《鹿特丹规则》扩大了承运人的责任期间。这一承运人责任期间的扩大，一方面将有利于航运业务尤其是国际货物多式联运业务的开展，但同时在一定程度上将增加承运人的责任。

2.国际多式联运公约对承运人责任期间的规定

在各种国际公约和国内法规中，关于多式联运的责任期间具有很高的一致性。国际多式联运公司明确规定：多式联运经营人对多式联运货物的责任期间，为自接收货物时起至交付货物时止。这一规定表明不论货物的接收地和目的地是港口还是内陆，不论多式联运合同中规定的运输方式如何(但其中之一必须是海上运输)，也不论多式联运的经营人是否将部分或全部运输任务委托给他人履行，他都必须对全程货物运输负责，包括货物在两种运输方式交换的过程。这个规定与我国《海商法》以及《汉堡规则》关于承运人责任期间的规定完全相同。在国际集装箱多式联运中，这使海上承运人在很多情况下演变成了契约承运人，即与货物托运人订有多式联运合同的人，与此相对应的是陆上的承运人有时也充当了多式联运经营人的角色。在这两种经营人中，业务范围的扩大使他们的责任期间也随之延长了。具体的表现是有船舶承运人作为多式联运经营人在接收货物之后，不但要负责海上运输，还要安排汽车、火车或者飞机的运输。为此，经营人往往再委托给其他的承运人来运输，对交接过程中可能产生的装卸和包装储藏业务也委托有关行业办理，但是这整个范围都是必须负责的责任期间。同样的道理，无船经营人对货物在海上运输的过程也要负同样的责任。因此，我国《海商法》第一百零四条第一款进一步强调：多式联运经营人负责履行或组织履行多式联运合同，并对全程运输负责。

依照多式联运公约条款的规定，多式联运经营人接管货物有两种方式：

(1)从托运人或其代表处接管货物，这是最常用、最普遍的规定方式；

(2)根据接管货物地点适用的法律或规章，货物必须交其运输的管理当局或其他第三方，这是一种特殊的规定。

在第二种接管方式中，有一点应予以注意，即使多式联运公约规定多式联运经营人的责任从接管货物时开始，但在从港口当局手中接收货物的情况下，如货物的灭失或损坏系在当局保管期间发生的，多式联运经营人可以不负责任。

多式联运公约对交付货物规定的形式有三种：

(1)将货物交给收货人；

(2)如果收货人不向多式联运经营人提取货物，则按多式联运的合同或按照交货地点适用的法律或特定行业管理，将货物置于收货人支配之下；

(3)将货物交给根据交货地点适用法律或规章必须向其交付的当局或其他第三方。

在收货人不向多式联运经营人提取货物的情况下，多式联运经营人可按上述第二、三种交货形式交货，责任即告终止。在实践中，经常会发生这种情况，如收货人并不急需该批货物，为了节省仓储费用；又如市场价格下跌，在运费到付的情况下，都有可能造成收货人延迟提货。因此，多式联运公约的这种规定不仅是必要的，也是合理的。

9.2 国际多式联运经营人的责任制度

9.2.1 多式联运经营人为其受雇人、代理人和其他人所负的赔偿责任

国际多式联运系由多式联运经营人将货物从一国境内接管货物的地点运至另一国境内指定地点交付货物。这里重要的是必须订立多式联运合同。由于多式联运全过程要通过各种代理人、实际承运人等共同来完成，因而各有关方之间的法律关系十分复杂。其中，既有多式联运经营人与托运人之间的合同关系，又有多式联运经营人与其受雇人之间的雇佣关系、与其代理人之间的代理关系、与分包承运人之间的承托关系，以及托运人、收货人与多式联运经营人及其受雇人、代理人、分包人之间可能发生的侵权行为关系。对于如此错综复杂，且权利、义务又各不相同的法律关系，应把握一点，即多式联运下的法律结构是调整多式联运经营人与托运人之间的合同关系的，而其他法律关系都附着在这一合同关系上，并比照这一合同关系统一权利和义务。

根据联合国多式联运公约的有关规定，多式联运合同的一方是多式联运经营人，包括基本人或通过其代表订立多式联运合同的任何人，他是事主，而不是托运人的代理人或代表或参加多式联运的承运人的代理人或代表，并且，负有履行合同的责任。多式联运合同的另一方是托运人，这也是指其本人或通过其代理与多式联运经营人订立多式联运合同的任何人。多式联运经营人和他的受雇人、代理人、分包人的关系都适用代理关系，货物交由他们掌管应视为与交给多式联运经营人掌管具有相同效力。所以，多式联运公约规定：多式联运经营人应对他的受雇人或代理人在其受雇范围内行事时的行为或不行为负赔偿责任，或对他为履行多式联运合同而使用其服务的任何其他人在履行合同的范围内行事时的行为或不行为负赔偿责任，一如他本人的行为和不行为。

同样，虽然托运人和收货人与多式联运经营人的代理人、受雇人没有合同关系，但可依据侵权行为提起诉讼。不过，在这种诉讼中，经营人的代理人、受雇人可享受与经营人同样的辩护理由和责任限制。这样，既有利于货主与承运人之间行使追偿的权利，又使承运人一方得到应有的保护，而且，也保障了以各种形式起诉都能得到同一法律效果，达到法律的统一性和公正性。

9.2.2 多式联运经营人的赔偿责任基础及非合同赔偿责任

9.2.2.1 多式联运经营人的赔偿责任基础

在各类运输法规中，承运人的赔偿责任基础一般是指承运人在按运输合同规定完成运输的过程中，其责任期限内对发生的哪些事情或事故承担赔偿责任及按照什么样的原则判断是

否应承担责任。

目前已经在国际货物运输中实行的各种单一方式货运公约对承运人的赔偿责任基础的规定是不同的，大致可分为过失责任制和严格责任制两种。过失责任制是指承运人承担责任是以自己在执行这些合同过程中有过失，并因这些过失造成对货方或其他人的损害为基础而承担损害的赔偿责任。根据目前各公约中规定的不同，过失责任制又可分为不完全过失责任制和完全过失责任制两种。完全过失责任制是指不论承运人的过失是什么情况，只要有过失并造成了损害就要承担责任，如海运的《汉堡规则》、《鹿特丹规则》和航空运输的《海牙议定书》就采取这种责任制，其中《鹿特丹规则》废除了承运"航海过失"免责和"火灾过失"免责。不完全过失责任制是指规定对某些性质的过失造成的损害可以免责即不承担赔偿责任，如海上运输的《海牙规则》就采用这种责任制，规定承运人对由于船长、船员、引航员或者承运人的其他受雇人在驾驶船舶或者管理船舶中的过失("航海过失")和火灾中的过失("火灾过失")而导致的货物灭失、损坏或迟延交付免责，但对管货的过失应承担责任。严格责任制则是指除不可抗力造成的损害可以免责外，承运人要对责任期限内发生的各类损害承担赔偿责任，不论承运人是否有过失或损害是否由于过失造成。目前国际铁路、公路运输公约采用这类责任制。

在国际多式联运公约中，仿照《汉堡规则》，采用了完全过失责任制，对多式联运经营人规定的赔偿责任基础是"多式联运经营人对于发生在其掌管期间内货物的灭失、损坏或延误交货的损失应负赔偿责任。除非多式联运经营人能证明其本人、受雇人或其代理人或其他人为避免事故的发生和其后果已采取了一切符合要求的措施。"这个规定的前一句话说明了多式联运经营人责任的范围，即对掌管货物期间发生的货物灭失、损害和延误交货造成的货方损失负责。后一句话说明在能证明本人或受雇人或代理人无过失的情况下可以不承担责任。或反过来说，如果有过失或不能证明无过失则应承担责任。由于没有区分过失的性质，这句话实际是完全过失责任制的体现。

值得注意的是，由于采用严格责任制的国际公约或国内法也列举了大量的免责事项，从而使得严格责任制与完全过失责任制在承担责任范围的差别上有所缩小，但严格责任制与完全过失责任制毕竟是两种不同的责任基础。

在多式联运公约中又对延误交货做出规定"如果货物未在议定的时间内交付，或者无此种协议情况下，未在按照具体情况对一个勤奋的多式联运经营人合理要求的时间内交付，即为延误交货。"又规定如果货物在上面规定的交货日期届满后连续九十日内未交付，索赔人即可认为这批货物业已灭失。上述对延误交货的规定可以分为两种情况。

(1)未在双方议定或合同规定的时间内交货；

(2)未在合理的时间内交货。

如何理解"勤奋的多式联运经营人"与"合理的时间"，要根据不同情况加以判断，如由于气候、天气影响不能正常装卸和运输造成的延误交货或延误日数即使再勤奋的多式联运经营人也不可避免，因此也不能作为未在合理时间内交货处理。

此外，如果货物的灭失、损坏或延迟交付是由多式联运经营人、其受雇人、代理人或有关其他人的过失或疏忽与另一原因结合而产生的，根据多式联运公约规定，多式联运经营人仅对灭失、损坏或延迟交货可以归之于此种过失或疏忽的限度内负赔偿责任。但公约同时指出多式联运经营人必须证明不属于此种过失或疏忽的灭失、损坏或延迟交货的部分。

9.2.2.2 国际多式联运经营人的非合同赔偿责任

多式联运公约的第 20 条是对非合同赔偿责任(Non-Contractual Liability)的规定。公约该条的第(1)款规定:本公约规定的辩护理由和赔偿责任限制,应适用于因货物灭失、损坏或延迟交付造成损失而对多式联运经营人提起的任何诉讼,不论这种诉讼是根据合同、侵权行为或其他。

在一些国家的法律规定中,允许受损方享有双重诉讼请求权,即受损方既可根据合同提出诉讼,也可根据侵权行为提起诉讼。在这种情况下,多式联运经营人将受到双重诉讼,而这种不同的诉讼,将使多式联运经营人不能享受公约中他应享受的责任限制,随之诉讼时效也不适用了。如果是这样,将使公约的制定失去实际意义。根据公约第 20 条第(1)款的规定,无论是根据违约行为提起诉讼,还是根据侵权行为或其他理由提起诉讼,都将适用本公约的规定,而且,必须按本公约规定的责任限制、诉讼时效执行。

公约第 20 条第(2)款是关于多式联运经营人的受雇人或代理人是否有权援用本公约的辩护理由和赔偿责任限制的规定。该规定指出,如果由于货物灭失、损坏或延迟交付造成损失而对多式联运经营人的受雇人或代理人,或对经营人履行多式联运合同而使用其服务的其他人提起诉讼,该受雇人或代理人如能证明他是在受雇范围内行事,该其他人如能证明他是在履行合同的范围内行事,则该受雇人、代理人或其他人应有权援用多式联运经营人按本公约有权援用的辩护理由和赔偿责任限制。可以看出,该规定实质上是“喜马拉雅条款”的适用。

9.2.3 多式联运经营人的赔偿责任限制及其丧失

9.2.3.1 多式联运经营人的赔偿责任限制

1.关于货物灭失、损坏的赔偿责任限额

在现有的国际货运公约中,对于承运人的赔偿责任限制采用的赔偿标准都不尽相同。《海牙规则》采用的是单一标准的赔偿方法,即只对每一件或每一货运单位负责,而不对毛重每千克负责。这种规定方法在实际应用中存在较大缺陷,已不符合现今国际贸易和运输业发展的需要。为此,1968 年制定的《维斯比规则》把双重标准的赔偿方法列入公约,既对每一件或每一货运单位负责,又对毛重每千克货物负责。同时,对集装箱、托盘或类似的成组工具在集装或成组时的赔偿也作了规定。1978 年制定的《汉堡规则》也采用了这种赔偿方法。

国际多式联运公约仿照了《汉堡规则》的规定,也将这种双重赔偿标准列入了公约中。不同的是,多式联运公约不仅规定了双重标准的赔偿方法,同时也规定了单一标准的赔偿方法。多式联运公约按国际惯例规定多式联运经营人和托运人之间可订立协议,制定高于公约规定的经营人的赔偿限额。在没有这种协议的情况下,多式联运经营人按下列赔偿标准赔偿:

(1)如在国际多式联运中包括了海上或内河运输,也就是在构成海/陆、海/空等运输方式时,多式联运经营人对每一件或每一货运单位的赔偿按 920 个特别提款权(SDR)或毛重每千克 2.75 个 SDR,两者以较高者为准。

关于对集装箱货物的赔偿,多式联运公约基本上采用了《维斯比规则》规定的办法。因此,当根据上述赔偿标准计算集装箱货物的较高限额时,公约规定应适用以下规则:

如果货物是采用集装箱、托盘或类似的装运工具集装,经多式联运单据列明装在这种装运工具中的件数或货运单位数应视为计算限额的件数或货运单位数。否则,这种装运工具中的货物视为一个货运单位。

如果装运工具本身灭失或损坏，而该装运工具并非为多式联运经营人所有或提供，则应视为一个单独的货运单位。

(2)如在国际多式联运中根据合同不包括海上或内河运输，即构成陆/空、铁/公等运输方式时，多式联运经营人的赔偿责任限额，按毛重每千克 8.33 个 SDR。

多式联运公约采用不包括海运或内河运输在内时的单一标准赔偿方法，实际上是对其所奉行的统一责任制做出一种例外，这是非常必要的。因为多式联运如果不包括海上或内河运输，其风险就比较小，经营人收取的运费也比较高，所以采用高限额赔偿是理所当然的。但实际上，多式联运公约确定的限额并不高，8.33 个 SDR 赔偿限额与国际公路货运公约下承运人的赔偿限额 25 金法郎相等。这说明对不包括水运的多式联运，经营人是按最低限额进行赔偿的，因为事实上多式联运不可能只由公路运输组成，它必须与铁路运输或航空运输一起组成，否则，就称不上多式联运。而国际铁路公约和华沙航空公约下的承运人的赔偿责任限额均高于公路货运公约。

此外，多式联运公约采用这一赔偿标准，显然也是为了有利于与除海上或内河运输外的其他运输方式下承运人的赔偿责任制保持一致，以避免问题的复杂化。因为，华沙航空货运公约、国际铁路货运公约及国际公路货运公约都采用的是毛重每千克单一标准的赔偿方法。

下面将现有的各国际货物运输公约对每一件或每一货运单位及毛重每千克赔偿限额的不同规定分别列入下表 9-1 中。

表 9-1　国际货物运输公约有关赔偿责任限额的规定

公约名称	每件或每货运单位		毛重每千克		备注
	责任限额(SDR)	多式联运公约责任限额所占其比例(%)	责任限额(SDR)	多式联运公约责任限额所占其比例(%)	
多式联运公约	920		2.75		包括海上或内河运输
海牙规则	161	570			
维斯比规则	680	135	2.04	135.0	
汉堡规则	835	110	2.50	110.0	
鹿特丹规则	875	105	3.00	91.7	
CMR(公路)			8.33	33.0	
CIM(铁路)			16.67	16.5	
华沙公约(空)			17.00	16.0	
多式联运公约			8.33		不包括海上或内河运输
CMR(公路)			8.33	100.0	
CIM(铁路)			16.67	49.9	
华沙公约(空)			17.00	49.0	

注：表中责任限额均用特别取款权(SDR)表示，原公约中所用的英镑和各种金法郎已折算成为特别提款权。

(资料来源：国际货物运输法．蒋正雄编著．北京：人民交通出版社．)

从上述规定中不难看出，在不包括海运方式下的多式联运，公约采用的赔偿责任限额是各种运输公约中最低的，与公路货运公约的规定相同，但仅是铁路货运公约和华沙公约所规定的二分之一还少。可见，在国际多式联运中，货运受损方从多式联运经营人那里得到的赔偿都低于单一运输方式下所得到的赔偿限额。因此，公约规定的赔偿责任限额是十分低的。为此，公约采取了补救的办法,公约第 19 条规定,如果货物的灭失、损坏发生在某一特定的区段,而对这一特定区段所适用的国际公约或强制性国家法律规定限额高于上述限额时,多式联运经营人对这种灭失、损坏的赔偿应按该国际公约或强制性国家法律予以确定。公约的这一规定虽然补充了上述提及的不足之处,但不能确定货物在哪一区段造成损害的赔偿即隐藏损害时,仍然受制于多式联运公约规定的责任限制,这似乎又显得不合理。因为,隐藏损害可能发生在整个运输过程中的任何一个区段,参加多式联运的承运人都应承担相应部分的损失。以其合理性来说,应符合相应运输方式下的货运公约的规定,制定出一个相应的合理比值。如公路—铁路联运下采用公路和铁路公约的平均数。

2. 关于迟延交付货物的赔偿

关于货物延迟交付的赔偿限额,各国际货运公约均有不同规定,如表 9-2 所列:

表 9-2 各国际公约关于货物延迟交付赔偿责任限额的规定

公约	赔偿责任限额	赔偿责任总额	公约	赔偿责任限额	赔偿责任总额
多式联运公约	应付运费的 2.5 倍	不超过合同应付运费总额	汉堡规则	应付运费的 2.5 倍	不超过合同应付运费总额
华沙公约	未提及迟延交付	未提及迟延交付	CMR(公路)	延迟交付货物运费总额	无限额规定
海牙规则	无限额规定	无限额规定	CIM(铁路)	应付运费的 2 倍	无限额规定
鹿特丹规则	应付运费的 2.5 倍	不超过合同应付运费总额			

(资料来源:国际集装箱多式联运实务与法规.杨志刚主编.上海:上海科学技术出版社)

对于迟延交付的赔偿责任,海牙规则、维斯比规则均未提及,但并不等于说排除。在实际航运业务中,海牙规则、维斯比规则不允许有不合理绕航。因此,从另一侧面弥补了上述公约中没有明确延误责任的不足。但这种方法显然是十分欠缺的,承运人往往可以根据这些公约来免除自己的一些延误责任。因为根据海牙规则、维斯比规则,货主想要对此获得赔偿,必须要举证船舶曾发生过不合理绕航,并且是由于船舶的不合理绕航导致了承运人延误交货,从而造成了其损失。而这对于货主来说并非易事。

多式联运公约对多式联运经营人在延误交货时规定,如果货物的灭失、损坏或迟延交付系由于多式联运经营人、其雇用人员或代理人的行为或不行为所致,多式联运经营人应负赔偿责任。显然,多式联运公约对不合理绕航并没有提及,但这并没有给多式联运经营人带来多大好处。因为,绕航的结果往往是时间上的延误,只有在时间上没有延误的前提下,才能对绕航不负责任。此外,多式联运公约也没有像汉堡规则那样提及合理绕航的问题,这主要考虑到陆运和空运中,绕航问题并不突出。

多式联运公约的赔偿标准中还包括了延迟交付赔偿限额的计算方法。根据公约的规定,不管多式联运是否包括海上或内河运输,经营人对延迟交货造成损失所负的赔偿责任限额,相当于被延迟交付的货物应付运费的两倍半,但不得超过多式联运合同规定的应付运费的总额。同时,延迟赔偿或延迟与损失综合赔偿的限额,不能超过货物全损时多式联运经营人赔偿的最高额。可见,多式联运公约对运输延误的赔偿是建立在运费基础上的,与运费基数成正比。如延迟交付货物的运费没有超过运费总额的 40%,则按该票延误货物的运费乘上 2.5 倍,反之,如果超过运费总额的 40%,2.5 倍的标准失效,其最高运输延误赔偿不超过多式联运合同规定的应付运费的总额。

多式联运公约对延误赔偿的这一规定，可能产生以下问题。第一，由于公约在两套责任限额上的差异，也就是在一般赔偿责任限额高于延误损失的赔偿责任限额时，要求损害赔偿的一方当事人往往希望自己的货物损失不属于运输延误所致。然而，是否属于延误损失，一旦发生，由于存在举证上的困难，很难区分清楚。第二，当双方在多式联运合同中并没有约定交货时间，多式联运经营人是否在“合理时间内交货”，如何确定“合理”的标准，又容易产生误解引起纠纷。

就国际多式联运经营人的责任限额而言，国际多式联运公约的规定有其合理性，但不应违背各国贸易和运输开展的实际情况。国际多式联运公约的特点之一，就是强调它的统一性，即各国适用同样的法律原则。统一性是多式联运公约的根本要求，但这种统一也应是相对的，在不宜统一的问题上过分强调一致，则有可能导致走向反面。多式联运公约强调统一，并规定统一的责任限额，是不符合各国及众多关系人的利益的，也因此很难为大多数国家所接受。相反，如果在责任限额上允许灵活，才能真正体现限制责任原则的本意，才能与国际经济的发展相适应。

9.2.3.2　多式联运经营人赔偿责任限制权利的丧失

为了防止多式联运经营人利用赔偿责任限制的规定，对货物的运输安全掉以轻心，使货主遭受不必要的损失，影响国际贸易和国际运输业的发展，多式联运公约在第 21 条明确规定在下列情况下，多式联运经营人将丧失赔偿责任限制：如经证明，货物的灭失、损坏或延迟交付是由于多式联运经营人有意造成或明知可能造成而毫不在意的行为或不行为所引起，则多式联运经营人无权享受本公约所规定的赔偿责任限制。

虽有第 20 条第 2 款的规定，如经证明，货物的灭失、损坏或延迟交付是由于多式联运经营人的受雇人或代理人或为履行多式联运合同而使用其服务的其他人有意造成或明知可能造成而毫不在意的行为或不行为所引起，则该受雇人、代理人或其他人无权享受本公约所规定的赔偿责任限制。

这里要顺便提及不合理绕航的法律后果问题。《海牙规则》、《维斯比规则》、《汉堡规则》以及《多式联运公约》都承认不合理的地理上的绕航是根本违约。不过，其规定不尽相同。在《海牙规则》中，不合理绕航被认为是一种破坏和违反该公约和运输合同的行为。这意味着承运人将丧失公约所规定的单位责任限制、免责抗辩、一年时效以及合同中各项责任限制和除外条款的权利。这与《维斯比规则》或《汉堡规则》中相关规定有所不同，后两个规则仅涉及单位责任限制。

《维斯比规则》对承运人丧失责任限制的标准已作了明确的规定，即如果货物损失是由于承运人的故意或者明知可能造成损失而轻率的作为或不作为造成的，承运人将丧失责任限制。《鹿特丹规则》也有明确规定：经证明，货物的灭失、损坏或者迟延交付是由于承运人的故意或者明知可能造成损失而轻率地作为或者不作为造成的，承运人不得援用限制赔偿责任。而《多式联运公约》的规定更进了一步，将“故意或者明知可能造成损失而轻率的作为或不作为”的主体从多式联运经营人扩大到了多式联运经营人的受雇人或代理人或为履行多式联运合同而使用其服务的其他人，进一步保护了货方利益。

9.3 国际集装箱多式联运与保险

国际货物运输保险是一种对被保险货物遭受承保范围内的风险而受到损失时由保险人(Insurer)负赔偿责任的制度。它通常分为两种类型:一是运输货物保险;二是运输工具保险。前者包括海上、陆上和航空等运输货物保险以及国际货物多式联运保险等;后者包括船舶、火车、卡车、飞机以及船东互保等。随着现代货物运输方式的不断变化,运输保险的内容、范围和方式也随之发生变化。运输保险已从原来的海上运输保险单一形式发展成为与现在陆上运输、航空运输保险同时并存的综合运输保险体系。

国际货物运输保险作为国际贸易业务中的一个重要交易条件已成为国际经济不可缺少的组成部分。它是随着国际贸易和国际航运业的发展而发展起来的,同时,国际货物运输保险的发展,又对国际贸易和国际航运业的发展起着重要的促进作用。

9.3.1 国际集装箱多式联运保险概述

国际集装箱多式联运的发展,在为货主提供便利的门到门服务,减少了部分集装箱货物运输风险的同时,也增加了一些新的风险,从而给运输保险提出了一些新的问题,如保险人责任期限的延长、承保责任范围的扩大、保险费率的调整以及集装箱运输责任保险等。

与传统的运输方式相比,国际集装箱多式联运使得货物在运输过程中的许多风险得以减少,其中包括:

(1)装卸过程中的货损事故;

(2)货物偷窃行为;

(3)货物水湿、雨淋事故;

(4)污染事故;

(5)货物数量溢短现象等。

然而,随着集装箱多式联运的开展也出现了一些新的风险,如:

(1)由于货物使用集装箱运输,货物包装从简,因而货物在箱内易造成损坏;

(2)由于货物在箱内堆装不当、加固不牢造成损失;

(3)在发生货物灭失或损坏时,责任人对每一件或每一货损单位的赔偿限额大为增加;

(4)装运舱面集装箱货物的风险增大等。

由于上述原因,尤其是舱面装载集装箱,运输风险增大,保险公司会据此提出缩小承保责任范围,或对舱面集装箱征收高保险费率,或征收保险附加费。

与此同时,在多式联运下,保险利益所涉及的范围也有所变化,主要有:

(1)海运经营人:如果该集装箱由船公司拥有,则应该由船公司进行投保。可采取的投保方式包括延长集装箱船舶保险期、扩大承保范围、单独的集装箱保险等。在实际保险业务中,单独的集装箱保险比延长船舶保险期应用得更为广泛。

(2)陆上运输经营人:陆上运输经营人通常是指国际货运代理人、公路承运人、铁路承运人等。当他们向货主或用箱人提供集装箱并提供全面服务时,必须对集装箱进行投保,以保护其巨额资金投入。

(3)租箱公司:在租箱业务中,不仅要确定租赁方式,同时,确定由谁对集装箱进行投保也是十分重要的。根据目前的实际情况看，无论是集装箱的长期租赁，还是程租，较为实际的做法是由租箱公司继续其保险，而向承租人收取费用。

(4)第三者责任：在集装箱多式联运过程中，除因箱子损坏而产生经济损失外，还有可能引起第三方法律责任。如集装箱运输过程中造成人身伤亡及其他财产损失等。由于对第三者的损失责任可能发生在世界任何用箱地，因此其签订的保险单也必须是世界范围内的。

9.3.2 国际集装箱多式联运保险的特征

国际集装箱多式联运保险承保的是运输货物从一国(地区)到另一国(地区)之间的“位移”风险。由于所承保的保险标的在整个运输过程中，无论是地理位置，还是运输工具以及操作人员等均频繁变更，使得承保标的时刻暴露在众多的自然或人为的风险之中，因此与其他财产保险相比，多式联运运输保险有着下列不同的特征：

(1)事故发生的频度高，造成损失的数量大。国际集装箱多式联运以其安全、简便、优质、高效和经济的特点已广为国内外贸易界和运输业所接受，业务量迅猛增加。与此同时，由于其覆盖面广、涉及环节多，因而不可避免地使得货物在运输过程中发生事故的频率增加，造成的损失也大。

(2)集装箱多式联运保险具有国际性。国际集装箱多式联运保险的国际性主要表现在它涉及的地理范围超越了国家的界限。多式联运所涉及的保险关系方不仅包括供箱人、运箱人、用箱人和收箱人，而且包括不同国家和地区的贸易承运人或货主等。因此，运输保险的预防与处理，必须依赖于国际公认的制度、规则和方法。这是国际集装箱多式联运保险的一个显著特征。

(3)运输保险人责任确定的复杂性。国际集装箱多式联运保险涉及多种运输方式，一般以海运为主体，铁路运输、公路运输以及内河运输等为辅助。在承运过程中，保险人对被保险货物所遭受的损失是否负赔偿责任，首先应以导致该损失的危险事故是否属于保险合同上所约定的承保事项为依据。也就是说，只有因保险合同上所约定的危险事故造成的损失，保险人才负赔偿责任。其次是货物受损的程度限制。当损失尚未达到保险合同约定的程度时，保险人也不负赔偿责任。由此可见，多式联运下货物损失赔偿的确定是一个非常复杂的问题。它不仅涉及保险合同本身的承保范围，同时也涉及与运输有关的货物承运人的责任问题。因此，为了划清损失的责任范围，必须深入了解各国以及国际上公认的法律和惯例。

9.3.3 国际集装箱多式联运与海上货物运输保险

无论是从保险的基本概念，还是从保险合同条款的内容来看，海上货物运输保险与国际多式联运的风险保护，在某种意义上说是一致的。

目前，以国际贸易运输货物为承保对象的英文保险单大都是以1906年英国海上保险法为准据法的。该法的第3条第1款规定：“海上保险合同可以根据明文规定或商业习惯，扩大其承保范围，向被保险人赔付因海上航行前后发生于海上或陆上的风险所造成的损害”。也就是说，在货物运输过程中，货运保险应就运输全程所发生的危险，向被保险人提供连续、不间断的保险。从这一传统的海上货物运输保险的基本概念来看，海上货物运输保险与保护与因集装箱化而出现的真正意义上的多式联运过程中所发生的货物风险，从体制上讲是相适应的。

此外，从构成保险合同的条款和保险期限等方面看，海上货物运输保险也能提供供应于集装箱化和国际多式联运下的“门到门”运输的全程货物保险体制。以目前世界各国保险市场上广泛使用的英国保险协会货物条款为例，根据该条款第1条(运输条款)中所规定的“仓到仓”条款(Warehouse to Warehouse Clause)，不论贸易当事人之间对于货物的风险、责任转移的时间和地点等的约定有什么差异，从货物离开起运地仓库或其他场所时开始，至进入最终目的地的仓库时止(但有时有卸船后60天的限制或其他约束)，货物保险均应对货物运输给予全程保险。

9.3.4 国际多式联运经营人的责任限制与保险

在保险实务中，货物的损坏或灭失首先是由货物保险人予以赔偿的。根据国际保险法有关追偿权(Subrogation)的规定，与支付保险金相对应，保险人可以代位继承(保险代位)被保险人对第三者享有的权利。多式联运经营人责任制的主要作用就是确定保险人对经营人行使代位追偿的权利。

对于多式联运经营人的责任制，如前所述，国际多式联运公约采用了“修正的统一赔偿责任制”。也就是说，在责任原则方面，遵循由债务人(经营人)承担举证责任的严格责任主义，采用统一责任制。而在责任限额方面，则采用网状责任制。关于责任限额，多式联运公约规定了三种赔偿标准。其中，该公约规定的第一赔偿标准，即包括水运的赔偿标准，比《海牙规则》相应的责任限额提高了4.7倍，分别是《维斯比规则》和《汉堡规则》、《鹿特丹规则》赔偿限额的1.35倍、1.1倍、1.05倍。同时该公约的第三赔偿标准规定，如果货物的灭失或损坏已确定发生在多式联运的某一地区段，而该区段适用的国际公约或强制性国家法律规定的赔偿限额高于多式联运公约的标准，则经营人的赔偿应以国际公约或强制性国家法律予以确定。

很显然，在上述情况下，多式联运经营人的赔偿责任将会超过其分承运人，而且难以从其分承运人那里得到与其支付给索赔人(货主)数额相同的赔偿金额，因为多式联运经营人对其分承运人的追偿请求不能使用多式联运公约，只能适用多式联运某运输区段所对应的单一运输国际公约，而有些单一运输方式所适用的国际公约规定的赔偿责任却低于多式联运公约的规定，如上述的《海牙规则》或《汉堡规则》、《鹿特丹规则》。为弥补此差额，多式联运经营人除提高运费外，只得向保险公司进行责任保险，以避免此类损失。

由此可见，随着多式联运经营人责任的严格化和扩大化，以经营人的责任为对象的货物赔偿责任保险的保险费将会大幅度提高，而这种保险费本来就是包括于运费之中的。所以，多式联运经营人的责任制对其运输成本所产生的影响是很大的。

9.3.5 多式联运经营人的责任保险和货物保险之间的关系

简单地说，运输保险可以分为两种形式：一种是由货主向货物保险公司投保的货物保险；另一种是由承运人(经营人)相互投保的责任保险。

在多式联运条件下，多式联运经营人作为多式联运单证的签发人，当然应对该多式联运负责。不过，多式联运经营人对于运输过程中造成的货物损失或灭失的赔偿责任，通常都是以货物赔偿(Cargo Indemnity)责任保险(简称责任保险)向保险公司或保险协会投保。当然，经营人的责任保险所承担的风险，取决于他签发的提单中规定的责任范围，即货物保险承保的是货主所承担的风险，而责任保险所承保的则是经营人所承担的风险。

尽管很难确切地说明货物保险和责任保险的全部关系，但根据有关的国际公约和规则的规定可以看出，两者之间既存在着互补的关系，也有共同承包货物运输风险的关系。也就是说，尽管以多式联运经营人所签发的提单上规定的赔偿责任为范围的责任保险和以与货主（托运人或收货人）的可保利益（除作为所有人利益的货物的 CIF 价格外，还包括预期利益、进口税、增值利益等）有关的各种损害为范围的货物保险之间存在着各种各样不同领域的保护范围，但是两者之间的相互补充作用也是很明显的。例如，在多式联运提单下由于不可抗力以及罢工、战争原因所造成的损害是免责的，而在全损险和战争险、罢工险条件下的货物保险则包括上述事项。换句话说，不论把多式联运经营人的责任扩大到什么范围，或严格到什么程度，货主都不会不需要货物保险。

另外，责任保险是以由运输合同约束的货主与承运人（经营人）之间的权利、义务为基础的保险。与此对比，货物保险则是由无损害发生的事实约束的货主与保险人之间以损害赔偿合同约定的保险。因承运人保留权利而不得不由货主负担的各种风险，理所当然地属于货物保险的范围。这一点不但是货物保险的实质功能，而且也是国际贸易保险之所以不可缺少的重要原因。

9.3.6 货物保险和责任保险的特点

在货物保险中，保险人面临着激烈的自由竞争。货物保险的保险费率是在考虑了该种货物的性质、数量、包装、运输船舶或其他运输工具的详细情况、运输区间、港口条件、季节和其他自然条件、签约人（被保险人）过去承保的得失等因素后，精确地计算出来的。由于签约人可以直接和保险人交涉保险条件和费率，所以他可以将商品的运费和保险费置于自己的管理之下。发生索赔时，只要损害是由保险所承保的危险造成的，就能迅速地从分布于世界各地、港口的理赔代理人那里得到保险金。

与此相对，在责任保险中，承运人以一定的赔偿责任限额为基础，将根据运输合同应由自己承担的责任，向保险人投保。因此，这种保险费率的确定，难以考虑各种货物和不同货主的差别，只能以承运人的责任限额和船舶吨位为基准统一决定。如果从货主的角度来看这一问题，这种做法对货主是很不利的。因为即使货主在包装、托运、运输工具、保管方法或其他方面都采取了非常细致的防止损害的措施，也不能直接享受到因采取这些措施而取得的实效。而且，这种保险不论对索赔保险费比率（损失率）低的货主，还是比率高的货主，都是以统一的保险费率承保。另外，即使货主是与承运人签订运输合同的当事人，对于承运人承保的责任保险来说，他也是局外人，所以发生损害时，仅由承运人举证证明所发生的损害属于运输合同所规定的承运人的责任范围，而货主则只能通过承运人间接地享受责任保险的利益。

因此可以说，虽然同属于保险制度，但是货物保险和货物损害赔偿责任保险却是功能完全不同的两种保险。作为国际贸易主体的货主，在责任保险中只能通过承运人间接地享受保险利益，而在货物保险中，货主本身就是保险合同的当事人，他可以直接享受全部保险范围内的利益。

如果从多式联运的货主（托运人或收货人）、多式联运经营人和保险公司之间的关系来看，货物保险和责任保险之间也存在差别。在货物保险中，通过签发保险单，保险公司与托运人和收货人建立了关系，不过，索赔求偿则是仅由收货人与保险公司的索赔代理人直接发生关系。而在责任保险中，托运人和收货人与保险公司之间并无直接关系，通常只是以承运人（经营人）为媒介，享受保险赔偿的利益。

9.4 国际多式联运与集装箱综合保险

国际多式联运正随着运输集装箱化程度的不断提高而得到迅猛发展。因此，有必要就国际多式联运中有关受理集装箱运输各种风险的集装箱综合保险问题进行论述。

9.4.1 集装箱综合保险

集装箱保险，就是集装箱的所有人或租借人，对因在集装箱运输过程中的各种危险而产生的集装箱箱体的损害或灭失进行的保险。或者，当因集装箱运输事故而使集装箱对第三者（人或物）造成损害时，由于集装箱所有人负有法律上的责任，因此有必要预先对此赔偿责任进行保险，进而，由于集装箱运输中的事故，也可能使装在箱内的货物发生损害，此时，由于集装箱承运人负有法律上的以及运输合同上的赔偿责任，因此承运人也必须把对货主的损害赔偿责任进行保险。

由此可见，集装箱保险是上述所提及的各类保险的总称。由于这一名称与集装箱自身的保险易于混同，所以在此作为总称，称之为集装箱综合保险。

也就是说，集装箱综合保险包括下列三种类型。

(1)集装箱自身保险；

(2)集装箱所有人（包括租借人）对第三者的赔偿责任保险；

(3)集装箱承运人（包括多式联运经营人）的货物损害赔偿责任保险。

这三种保险，可以一并在一张保单（Blanket Policy）上加以承保，但一般应签订特约书（Open Contract）形式的综合预定保险合同。除这三种保险外，还可根据投保人的要求签订清除残骸、消毒、检疫费用等的特约。

在上述三类保险形式中，由于(1)类保险占集装箱综合保险的绝大部分，因此可以仅就集装箱自身保险进行单独投保。但是第(2)类和第(3)类保险原则上不能单独投保，必须与第(1)类保险相配套，组合成(1)与(2)或(1)与(3)的形式加以投保。这是因为集装箱自身保险与责任保险的关系是密不可分的，而且，集装箱自身保险是责任保险的基础。

集装箱综合保险主要具有以下几个方面的特征：

1.保险期间与责任范围

一般的货物海上保险的保险期间和责任范围，根据该货物的运输期间以及买卖条件，是有长短差别的。原则上，都是以航次（一个或几个）为单元办理保险的。而集装箱的保险是以一年为单位签订期间合同（亦称流动合同）的，这是因为集装箱保险的对象很多，同时又伴随着频繁的运输，因此，不可能在集装箱的每次海上运营时都签订保险合同，而是像船舶保险一样，以一定的期间为限制签订合同，对在合同所商定的这一期间中所发生的损害进行综合保险。

不过，对于船公司、货主等的短期或特定的航行，在其投保集装箱险的时候，也可以签订航次保险合同。另外，还可以对不满一年的短期保险合同减免一定比例的保险费。

集装箱保险的责任范围，则包括集装箱于保险期间在世界各地与各港口间的运输过程、保管过程，甚至也包括修理检查过程以及因此所进行的搬运过程。

2.保险对象

作为保险合同对象的集装箱，是指符合国际标准化组织（ISO）标准的，用于国际运输特点的大型集装箱。至于各国国内运输的集装箱保险,则另外规定有关的受理办法。

3. 损害赔偿限额

在国际集装箱运输中,经营人保险标的的累加额是极为巨大的,这是由集装箱运输特点所决定的。因此,在签订保险合同时,保险人在与投保人协商的基础上,将赔偿限额分别按不同的保险类别加以设定:集装箱自身、对第三者的赔偿、对货物的赔偿等。

这里的赔偿限额,包括一次事故的赔偿限额与一个被保险人总的责任赔偿。

4. 小额损害免责特约

为避免因逐一查验、索赔小额损害(Perry Claims)而给保险公司和被保险人带来各种手续上的麻烦,集装箱综合保险在适当降低保险费率的基础上,通常签订关于集装箱小额(通常都控制在一定的金额范围内)损害免责的特约。由于集装箱运输过程中,特别是集装箱自身,每一航次,多少都会受到一点损害,而且不属于偶然性保险事故的自然损耗也时常发生,因此设定一个小额损害免责额也是一个合理的保险受理条件。通常,一次事故中的单个集装箱都有一定的扣除免责额。

5. 保单流通受限制

以在国际买卖的各种商品为保险对象的一般货物保单,是可以在商品买卖当事人之间流通的。但是,在集装箱保险中,对于投保人甚至于被保险人所拥有(或租赁)的众多集装箱而言,不可能将它们都计人一张保险单中予以综合承保,不仅如此,将它们一次性买卖通常也是不可能的。所以,集装箱的保单就不具备转让性。

9.4.2 集装箱自身保险

集装箱自身保险是赔偿因集装箱箱体的灭失、损坏而产生的经济损失的保险,占集装箱保险的主要部分。

一般而言,集装箱自身保险是以一切险或全损险承保条件受理的。这里的一切险承保条件是以伦敦保险人协会制定的一切险条款为基础的。而全损险承保条件则是以伦敦保险人协会制定的全损条款为蓝本的。

集装箱自身的保险,一般是由集装箱所有人作为投保人。而在租赁集装箱情况下,则由租借人(Lessee)作为准所有人(Quasiowner)签订合同。另外,租借人也可以把其对所有人的赔偿责任加以投保。此时,租借人须签订赔偿责任保险的特约。

9.4.3 集装箱所有人对第三者的赔偿责任保险

集装箱所有人或租借人,当因集装箱的有关事故而使他人的身体遭受伤害或财物受到损坏时,在法律上便有赔偿的义务。通过此种保险,可以使集装箱所有人或租借人因之蒙受的损失得到赔偿。另外,施救费用、为保全权利的费用,以及得到保险人同意的有关诉讼、仲裁等费用也可以得到赔偿。

此种保险分两种情形:一是只承保集装箱所有人或租借人的赔偿责任;二是承保包括集装箱所有人的责任在内的集装箱经营人的赔偿责任。但是无论是哪一种情形,一旦判明是集装箱制造者对集装箱自身的制造缺陷所造成的责任,则本保险不予赔偿。

此外,对于清除集装箱内部残骸的费用及消毒费用等,可以依据保险特约对依法必须支付的费用损失加以保险。或者,如果在集装箱经营人的货物损害赔偿责任保险合同中加订特约,那么,对于集装箱内部的货物进行特别检疫、消毒所需费用也可以得到赔偿。

不过,此种保险对于某些赔偿责任是免责的。这些免责事项包括,因合同而加重的赔偿责任;从事被保险人方面业务的工作人员所遭受的身体伤害;被保险人所有、使用管理的财物或由被保险人所运输的货物的损害等。此外,由被保险人的故意或重大过失,由战争、暴动、叛乱、罢工等危险所造成的损害,由地震、火山爆发、风暴、洪水、涨潮等天灾所造成的损害,以及由与核动力相关的放射性污染等所造成的损害也是免责的。

9.4.4 集装箱经营人的货物损害赔偿责任保险

通常,船舶所有人在船舶航行过程中,对第三者的赔偿责任以及货物赔偿责任,一直是由具有悠久历史的船东保赔协会(P&I Club)受理的。但是,随着集装箱运输的发展,集装箱运输过程中的各种责任保险只由保险协会负责是不够的。因此,集装箱保险中,对于货物损失投保赔偿责任险具有极为重要的作用,尤其是没有自己的保赔协会的货运代理人,其作为集装箱的所有人或租借人应负的责任,更可以通过集装箱保险加以全面的保护。

由前述可知,当货主采用集装箱进行货物运输,并由其投保海上运输货物保险时,根据货物保险条件规定,在货主所得到的赔偿中,如有承运人的赔偿责任,则货物保险人可以根据代位求偿原则向承运人索赔。由此,集装箱经营人(承运人)投保的货物赔偿责任保险便发挥了它的作用。它使得货物运输中的危险与责任通过货物保险和责任保险得到充分的保险保障。需强调的是,由于集装箱承运人投保的赔偿责任险是集装箱综合保险的一个不可分割的部分,因而承运人是不能单独投保责任险的,通常都是与集装箱自身保险一起投保。

集装箱经营人的货物损害赔偿责任保险通常涉及以下几个方面的问题:

1.货物损害赔偿责任保险的标准条款

作为集装箱经营人或承运人,根据法律及运输合同的规定,负有对货主赔偿货物灭失或损坏的责任,因此承运人会遭受损失。集装箱经营人的货物损害赔偿责任保险就是承保这种损失以及与之相关的各种费用、责任、损失的保险。

对于此种保险,一般是通过货物损害赔偿责任保险标准条款进行受理的。该条款包括赔偿责任的范围,承保的责任、损害、费用,对高价品的处理,免责事项,被保险人的义务,仲裁,保险代位求偿以及准据法等主要内容。

2.保险费率

以集装箱运输为前提的国际多式联运的货物赔偿责任保险,核定费率的因素是极为复杂的,大致有如下一些因素:

(1)主要运输区域、运输区间和经由路线以及货物的种类。这些因素是判明货物运输过程中危险的依据;

(2)被保险人(承运人)签发使用的联运单证背书中规定的具体责任内容(责任原则、责任限额、免责事项等);

(3)被保险人在其经营年度内的集装箱数量以及集装箱的类型。

确定保险费时,一般将每一集装箱、每一次的保险费按集装箱的种类和运输区域分别计算决定,之后再乘上每月实际运输的集装箱的个数,即得出应支付的保险费。

同时,由于保险是期间性的,所以可以分期支付保险费。

3.保险的受理方式

保险的受理方式也是集装箱保险的一个组成部分。通常，集装箱保险的受理以一年为期限。但是，集装箱自身保险合同也有很多是以航次为期限的。对此，以之为准的货物赔偿责任保险也应以航次为单位签订合同。

4.经营人与实际承运人之间的内部求偿关系

货物赔偿责任保险所保的是联运单证背书所规定的承运人的责任。但是，如果作为货运代理人的联运经营人与其提供服务的实际承运人之间有内部求偿关系的话，视其求偿关系，实际承运人也应相应地投保其对经营人的货物赔偿责任保险。

在联运单证中，从联运经营人与实际承运人之间的内部求偿关系出发，对货主作了如下关于求偿方面的规定：

(1)实际承运人与经营人享受统一免责事项；

(2)货主就联运合同中规定的承运人的责任提起诉讼时，只能以多式联运经营人为对象。

5.特殊责任

受理集装箱保险的专业保险公司通常也对一些特殊责任予以承保。这些特殊责任包括：

(1)货物的错送与误投的赔偿责任：由于在集装箱货运站的搬运错误，本来应该向A地投送的集装箱却被送到了B地。或者，本应在C港卸下的集装箱却被送到D港。像这样的将联运集装箱错投误送现象是十分普遍的。因此，集装箱保险公司对有关错投、误送事件发生后的事故处理与改正手续所需的各项费用(如运费、搬运费、保管费等)也予以承保。

(2)业务上的过失赔偿责任：联运经营人有时会在制定和签发联运单证方面犯一些业务性的过失，或是在货物运输方面误解了货主的意图，或是违反了有关货物进出口运输的规则等。对于经营人因此而承担的赔偿责任，保险公司也予以承保。

(3)延迟责任：集装箱多式联运是由海上、陆上各运输区间，以及联结这些区间的集装箱港站和仓库等构成的长距离、多环节的门到门运输。很显然，运输过程中的任何一个环节出了问题，就会引起连锁反应，致使全部运输延迟。在联运中，有的合同规定，对于延迟，要按运费的一定比例甚至是一定倍数的金额限度向货主支付违约金。对于这种由延迟而支付的违约金费用也可以得到保险赔偿。

不过，在多式联运过程中，即使能够确定货物到达最终目的地的延误时间，但要准确确定运输环节中各运输区间的具体延误时间从而向实际承运人索赔，这是十分困难的。所以，对联运经营人来讲，重要的是有无延迟责任。在一般情况下，联运经营人对因延迟引起的直接、间接的损害是免责的，并且在保险受理上也是免责的。但是，对于特别规定的延迟，经营人则以支付的运费为基准承担责任，并将之加以保险。

海上运输保险合同案

原告广东恒兴集团有限公司诉被告华泰财产保险股份有限公司广东省分公司海上货物运输保险合同纠纷一案，广州海事法院于2007年11月7日受理后，依法组成合议庭，于2008年1月22日组织双方当事人庭前证据交换，并公开开庭进行了审理，原告委托代理人陆俊、李祖裕，被告委托代理人陈玉生到庭参加诉讼。本案现已审理终结。

原告诉称：2007 年 3 月 6 日，原告购买 451.10 吨秘鲁鱼粉，由地中海航运公司“MSC 秘鲁”(MSC Peru)轮自秘鲁派塔(Paita)港运至上海港。原告为此向被告购买了该批货物的海洋货运一切险，保险金额 4359099.41 元。该货物于 4 月 21 日运抵上海。5 月 14 日，原告准备提货时发现货物颜色变红，有异味及焦灼味。经原告质检人员化验，货物发热、自燃现象严重，已失去了原来的使用价值。次日，原告向被告提交了出险通知书及有关初步证据。经原告质检人员、原被告双方委托的上海东方公估行和商检局检验，均证实该批货物严重受损。为防止损失扩大，原被告协商一致对残损货进行变卖处理，收回残值 1116000 元。但是，被告对因保险事故造成的鱼粉自燃损失 3230022.11 元拒不理赔，亦未向原告支付残货清理、堆存、检验等费用 42226 元。保险标的鱼粉自燃受损，系保险责任期间发生的保险责任事故，被告依法应予赔偿。故诉请法院判令被告向原告赔付保险金 3272248.11 元，并由被告承担全部诉讼费用。

【审判】

保险单约定的保险金额为 4359099.41 元，扣除 0.3%的绝对免赔额，减去经处理收回的鱼粉残值 1123395 元，被告应向原告赔付的保险金额为 3222627.11 元。根据《中华人民共和国海商法》第二百四十条“被保险人为防止或者减少根据合同可以得到赔偿的损失而支出的必要的合理费用，为确定保险事故的性质、程度而支出的检验、估价的合理费用，以及为执行保险人的特别通知而支付的费用，应当由保险人在保险标的损失赔偿之外另行支付”的规定，原告支付的鱼粉整理费 11190 元，服务费 600 元，检验费 19761 元，装卸费 847 元，堆存费 9828 元，共计 42226 元，由被告在保险标的损失赔偿之外另行支付。

根据《中华人民共和国海商法》第二百三十七条、第二百四十条之规定，判决如下：

被告华泰财产保险股份有限公司广东省分公司向原告广东恒兴集团有限公司赔付被保险货物损失 3222627.11 元，向原告支付受损货物检验费等 42226 元。案件受理费 32978 元，由原告负担 75 元，被告负担 32903 元。被告应负担的费用，迳向广州海事法院支付；原告预付的该部分费用，由原告向广州海事法院申请清退。

(资料来源：倪学伟. 广东恒兴集团有限公司诉华泰财产保险股份有限公司海上货物运输保险合同案，珠江水运，2009(10))

本章思考题

9.1　国际多式联运责任制的类型有哪些，它们之间有什么区别？

9.2　什么是国际多式联运经营人的责任期间？

9.3　多式联运公约对多式联运经营人规定的赔偿责任基础包括哪些内容？

9.4　在什么情况下，多式联运经营人将丧失赔偿责任限制？

9.5　国际集装箱多式联运保险有哪些特征？

9.6　货物保险和责任保险的特点分别是什么？

9.7　集装箱综合保险的特征是什么？

10　国际集装箱运输与多式联运单证

国际集装箱运输与多式联运单证是整个集装箱运输过程中有关各方责任、权利和义务转移的凭证，它与集装箱货物的交接、责任划分、保险、索赔等问题有着十分密切的关系。在此，主要就国际集装箱运输与多式联运单证的构成、特征、功能、主要条款以及电子单证(EDI)等方面的内容进行论述。

10.1　国际集装箱运输单证的构成及其特点

10.1.1　国际集装箱运输单证的构成

国际集装箱运输单证系统由出口运输单证、进口运输单证及向口岸监管部门申报所用的相关单证等三大类构成。其中，进出口运输单证主要有：集装箱货物托运单、装箱单、设备交接单、场站收据、提单、集装箱预配清单、集装箱预配船图、集装箱实装船图、理货报告、货物舱单、运费舱单、到货通知、提货单、交货记录等；向海关、商检、动植物检、港监等口岸监管部门申报所用的相关单证主要有：报关单、合同副本、信用证副本、商业发票、进出口许可证、免税证明书、产地证明书、商品检验证书、药物/动植物报检单、危险品清单、危险品性能说明书、危险品包装证书、危险品装箱说明书等。

上述单证的流转过程可通过下列流程图来表示。

1. 集装箱运输出口单证流程

集装箱运输出口业务的简明流程如图 10-1 所示。

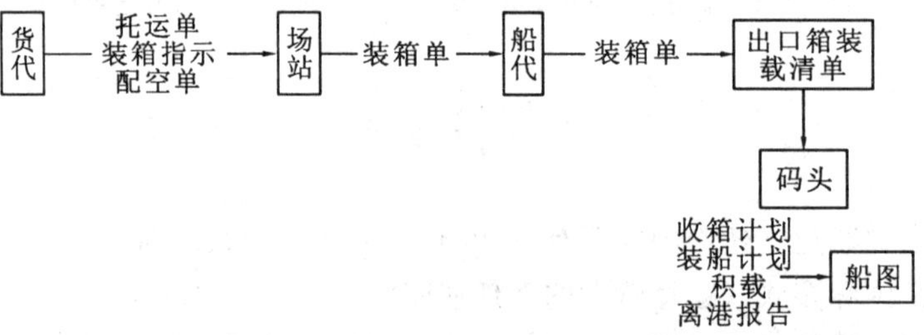

图 10-1　集装箱运输出口业务中货、箱、船简明流程图

集装箱运输出口业务具体由四部分组成：(1)订舱受理；(2)内陆集箱；(3)检查受箱；(4)船舶离港。

具体流程见图 10-2、图 10-3、图 10-4、图 10-5。

2. 集装箱运输进口单证流程

集装箱运输进口是出口的逆过程，其简明流程如图 10-6 所示。

集装箱运输进口业务具体由三部分组成：(1)船舶挂靠港；(2)卸船；(3)内陆疏运。

具体流程见图 10-7、图 10-8、图 10-9。

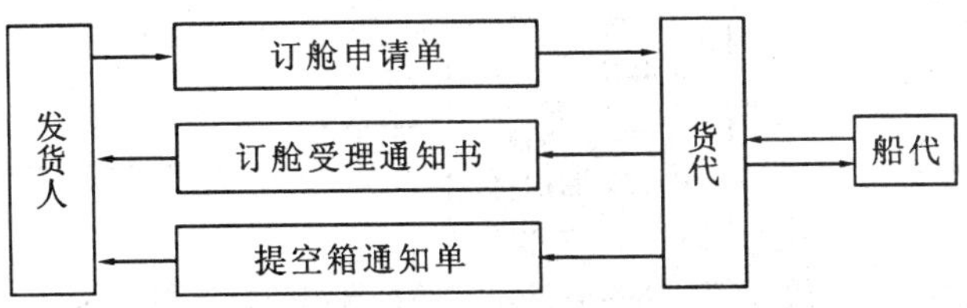

图 10-2　集装箱出口订舱受理单证流程

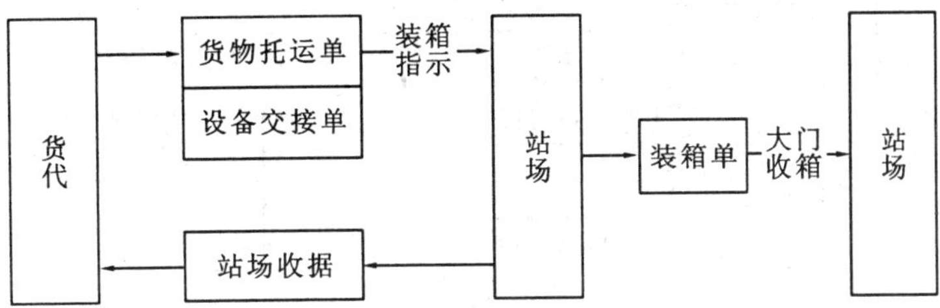

图 10-3　集装箱出口内陆集箱单证流程

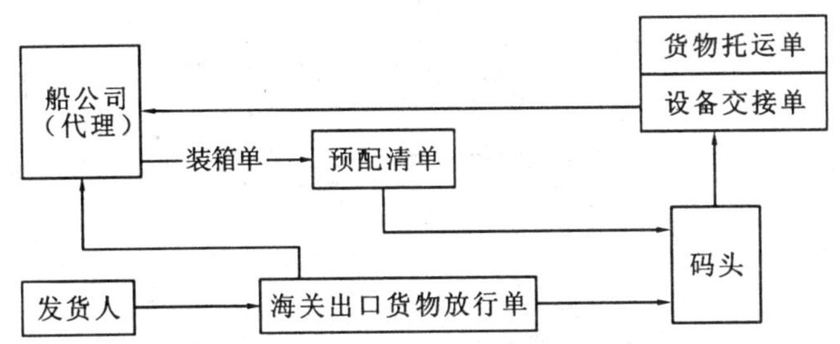

图 10-4　集装箱出口检查受箱单证流程

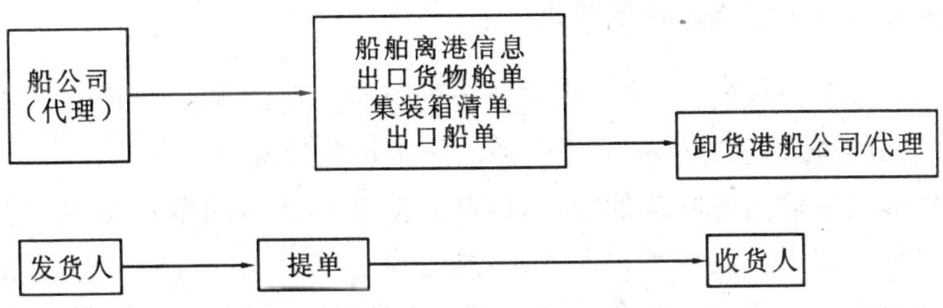

图 10-5　集装箱出口船舶离港单证流程

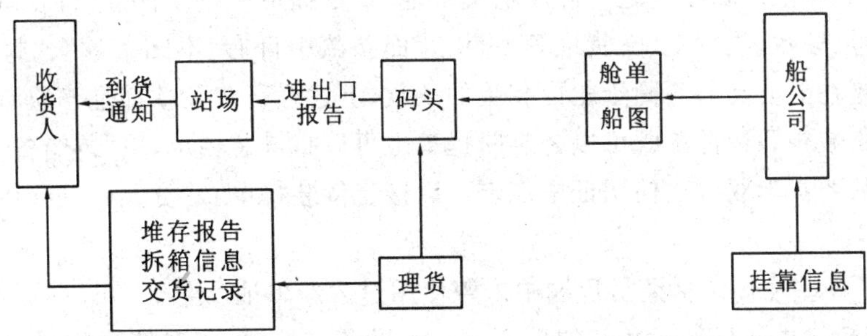

图 10-6　集装箱运输进口业务简明流程

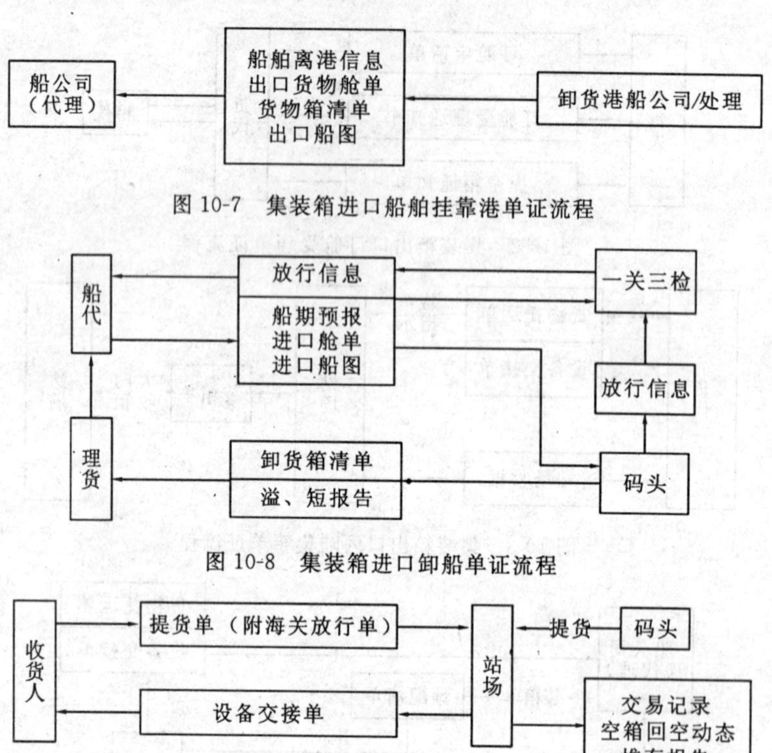

图 10-7　集装箱进口船舶挂靠港单证流程

图 10-8　集装箱进口卸船单证流程

图 10-9　集装箱进口内陆疏运单证流程

10.1.2　国际集装箱运输单证的特点

与普通货物运输单证相比，集装箱运输单证的特点主要体现在以下几个方面：

1. 使用的是与普通海运提单有本质区别的集装箱联运提单

由于国际集装箱运输具有联运的特点，因此一般使用集装箱联运提单。普通海运提单由海上承运人即船舶所有人或船舶承租人签发，规定海上承运人的责任范围是“船舷—船舷”，而集装箱联运提单是由海上承运人或多式联运经营人签发，规定承运人的责任范围须延伸到“码头—码头”或“装船港内陆收货地—卸船港交货地”。在提单栏目设置上，集装箱联运提单有集装箱号、封志号、箱数、收货地、交货地等栏目，背面条款中订有“不知条款”、“封志完整交货条款”以及集装箱在舱面装载等同于舱内装载的条款，上述栏目和条款都是普通海运提单上所没有的。而且，集装箱联运提单既可以是装船提单也可以是待装提单，以“装船备忘录”是否填注内容来区别，只要买卖双方在信用证中规定可以接受待装提单，发货人可以持待装提单到银行结汇。

2. 使用了一些在传统件杂货运输中未曾使用过的新单证

在集装箱运输中使用的一些新的单证主要有设备交接单、集装箱货物托运单、站场收据、交货记录、装箱单、集装箱装载清单。这些新单证的使用是实现运输正规化管理，充分发挥集装箱运输高效率和高效益的优越性所必不可少的。

3. 集装箱运输单证的制作与传送的电子化已成为发展趋势

与传统的件杂货运输相比，集装箱船舶运输对班期及停港时间的要求更高，而集装箱运输单证处理工作量更大，为提高工作效率和工作质量，国际上已开始广泛使用计算机进行单证与信息的处理和传送，从而从根本上简化了书面单证的数量与单证的流转程序。可以说，电子数据交换将是国际集装箱运输单证处理的发展方向。

10.2　主要集装箱运输单证的内容与功能

10.2.1　集装箱联运提单

与普通海运提单一样，集装箱联运提单的主要功能是承运人或其代理人签发的货物运输收据，是货物的物权凭证，即货物所有权的支配文件，是承运人与托运人之间运输契约成立的证明。

所不同的是，集装箱联运提单是一张收货待运提单，所以，在大多数情况下，承运人根据发货人的要求，在提单上填注具体的装船日期和船名后，该收货待运提单也便具有了与装船提单同样的性质。为此，现行的集装箱联运提单在其正面都有表面条款，以说明货物在使用集装箱运输情况下所签发的提单的性质和作用。该条款由“确认条款”、“承诺条款”、“签署条款”组成，主要内容有：

(1)确认条款：该条款表明负责集装箱运输的人，是在集装箱货物“外表状况良好，封志完整”下接收货物的，并以同样状况交货。并说明签发给货物托运人的提单系收货待运提单。

(2)承诺条款：该条款表示货物托运人同意并接受提单中的所有条件，并受其约束。当然，这并不是集装箱运输提单中特有的条款，普通海运提单也有类似规定。

(3)签署条款：该条款表明由谁签发提单，以及正本提单签发的份数。普通海运提单都列有船长签署的规定，尽管实际上提单可能并非由船长签发。现行的集装箱联运提单一般都列入船公司的名称，而且不管由谁签发提单，都仅是“代表承运人”签字，或者“仅以代理人身份”签字。

10.2.2　装箱单

集装箱装箱单是详细记载每一个集装箱内所装货物的名称、数量及箱内积载情况的单证。每个载货集装箱都要制作这样的单证，它是根据已装进箱内的货物情况制作的，是集装箱运输的辅助货物舱单。由于集装箱装箱单是详细记载箱内所载货物情况的唯一单证，因此在国际集装箱运输中，集装箱装箱单是一张极为重要的单证。其功能主要体现在以下几个方面：

(1)在装货地点作为向海关申报货物出口的代用单证；

(2)作为发货人、集装箱货运站与集装箱码头堆场之间货物的交接单；

(3)作为向承运人通知集装箱内所装载货物的明细清单；

(4)在进口国及途经国作为办理保税运输手续的单证之一；

(5)单证上所记载的货物和集装箱的重量是计算船舶吃水差和稳性的基本数据；

(6)当发生货损时，作为处理事故索赔的原始依据之一。

由此可见，装箱单记载内容准确与否，对保证集装箱货物运输的安全有着非常重要的意义。

10.2.3　设备交接单

设备交接单是集装箱进出港区、场站时，用箱人、运箱人与管箱人或其代理人之间交接集装箱及其他机械设备的凭证，并兼有管箱人发放集装箱的凭证的功能。当集装箱或机械设备在集装箱码头堆场或货运站借出或回收时，由码头堆场或货运站制作设备交接单，经双方签字后，作为两者之间设备交接的凭证。其背面条款主要包括以下内容：

1. 出租人(集装箱所有人)的义务

集装箱或机械设备的所有人应提供完好的，并具有合格、有效证书的设备和集装箱。当交接集装箱、机械设备时，用箱人、运箱人如无异议，则表示该集装箱或设备处于良好状态。

2. 用箱人的责任与义务

用箱人在接收集装箱或机械设备后，在其使用期间应保持集装箱、机械设备的状态良好，并应负责对该集装箱和机械设备进行必要的维修保养。在用箱期间，不论是何种原因引起的有关集装箱或机械设备的丢失、损坏，应由用箱人负责赔偿，但自然磨损除外。此外，对于在用箱期间，因使用集装箱或机械设备不当所引起的对第三者的损害责任，由用箱人负责赔偿。

用箱人应在规定的时间、地点，将集装箱或机械设备按租赁时的状况交还给出租人，无论是何种原因引起的延期交还，用箱人都应支付附加费用。此外，用箱人在事先得到出租人允许的情况下，可以将集装箱或机械设备转租给第三方，但原出租人与用箱人之间的责任、义务等各项规定并无任何改变。

集装箱设备交接单分进场和出场两种，交接手续均在码头堆场大门口办理。出码头堆场时，码头堆场工作人员与用箱人、运箱人就设备交接单上的以下主要内容共同进行审核：用箱人名称和地址，出堆场时间与目的，集装箱箱号、规格、封志号以及是空箱还是重箱，有关机械设备的情况是正常还是异常等。

进码头堆场时，码头堆场的工作人员与用箱人、运箱人主要就设备交接单上的一些内容共同进行审核：集装箱、机械设备归还的日期、具体时间及归还时的外表状况，集装箱、机械设备归还人的名称和地址，进堆场的目的，整箱货交箱货主的名称和地址，拟装船的船名、航次、航线、卸箱港等。

10.2.4　场站收据

场站收据是由承运人签发的，是证明已经收到托运货物并对货物开始负有责任的凭证。场站收据一般都由发货人或其代理人根据船公司已制定的格式进行填制，并跟随货物一起运至集装箱码头堆场，由承运人或其代理人在收据上签字后交还给发货人，证明托运的货物已经收到。发货人据此向承运人或其代理人换取待装提单或已装船提单，并根据买卖双方在信用证中的规定可向银行结汇。

承运人或其代理人(如站场业务员)在签署场站收据时，应仔细审核收据上所记载的内容与运来的货物实际情况是否相一致，如货物的实际情况与收据记载的内容不一，则必须修改。如发现货物或集装箱有损伤情况，则一定要在收据的备注栏内加批注，说明货物或集装箱的实际状况。

10.2.5 提货单

提货单是收货人凭正本提单向承运人或其代理人换取的可向港区、场站提取集装箱或货物的凭证，也是承运人或其代理人对港区、场站放箱交货的通知。提货单仅仅是作为交货的凭证，并不具有提单那样的流通性。

在签发提货单时，首先要核对正本提单签发人的签署、签发提单的日期、提单背书的连贯性，判定提单持有人是否正当，然后再签发提货单。提货单应具有提单所记载的内容，如船名、交货地点、集装箱号、封志号、货物名称及收货人等交货所必须具备的项目。在到付运费和未付清其他有关费用情况下，则应收讫后再签发提货单。

在正本提单尚未到达，而收货人要求提货时，可采用与有关银行共同向船公司出具担保书的形式。该担保书通常应保证：

(1)正本提单一到，收货人应立即交船公司或其代理人；

(2)在没有正本提单情况下发生提货而使船公司遭受的任何损失，收货人应负一切责任。

此外，如收货人要求更改提单上原指定的交货地点时，船公司或其代理人应收回全部的正本提单后，才能签发提货单。

10.2.6 交货记录

它是承运人把箱货交付收货人时，双方共同签署的证明货物已经交付，承运人对货物责任已告终止的单证。交货记录通常是在船舶抵港前由船舶代理依据舱单、提单副本等卸船资料预先制作。交货记录中货物的具体出库情况由场站、港区的发货员填制，并由发货人、提货人签名。

10.3 国际集装箱多式联运单据

国际集装箱多式联运经营人在接收集装箱货物时，应由本人或其授权的人签发国际集装箱多式联运单据。多式联运单据并不是多式联运合同，而只是多式联运合同的证明，同时是多式联运经营人收到货物的收据和凭其交货的凭证。根据我国于1997年10月1日施行的《国际集装箱多式联运管理规则》，国际集装箱多式联运单据(简称“多式联运单据”)是指证明多式联运合同以及多式联运经营人接管集装箱货物并负责按合同条款交付货物的单据。该单据包括双方确认的取代纸张单据的电子数据交换信息。

10.3.1 多式联运单据的内容

对于国际集装箱多式联运单据的记载内容，《联合国国际货物多式联运公约》以及我国的《国际集装箱多式联运管理规则》都做了具体规定，根据我国的《国际集装箱多式联运管理规则》的规定，多式联运单据应当载明下列事项：

(1)货物名称、种类、件数、重量、尺寸、外表状况、包装形式；

(2)集装箱箱号、箱型、数量、封志号；

(3)危险货物、冷冻货物等特种货物应载明其特性、注意事项；

(4)多式联运经营人名称和主营业所；

(5)托运人名称；

(6)多式联运单据表明的收货人；

(7)接收货物的日期、地点；

(8)交付货物的地点和约定的日期；

(9)多式联运经营人或其授权人的签字及单据的签发日期、地点；

(10)交接方式，运费的支付，约定的运达期限，货物转运地点；

(11)在不违背我国有关法律、法规的前提下，双方同意列入的其他事项。

当然，缺少上述事项中的一项或数项，并不影响该单据作为多式联运单据的法律效力。《联合国国际货物多式联运公约》对多式联运单据所规定的内容与上述规则基本相同，只是公约中还规定多式联运单据应包括下列内容：

(1)表示该多式联运单据为可转让或不可转让的声明；

(2)如在签发多式联运单据时已经确知，应填写预期经过的路线、运输方式和转运地点等。

10.3.2 多式联运单据的转让

多式联运单据分为可转让的和不可转让的。根据《联合国国际货物多式联运公约》的要求，多式联运单据的转让性在其记载事项中应有规定。

作为可转让的多式联运单据，具有流通性，可以像提单那样在国际货物买卖中扮演重要角色。多式联运公约规定，多式联运单据以可转让方式签发时，应列明按指示或向持票人交付：如列明按指示交付，须经背书后转让；如列明向持票人交付，无须背书即可转让。此外，如签发一套一份以上的正本，应注明正本份数；如签发任何副本，每份副本均应注明“不可转让副本”字样。对于签发一套一份以上的可转让多式联运单据正本的情况，如多式联运经营人或其代理已正当按照其中一份正本交货，该多式联运经营人便已履行其交货责任。

作为不可转让的多式联运单据，则没有流通性。多式联运经营人凭单据上记载的收货人而向其交货。按照多式联运公约的规定，多式联运单据以不可转让的方式签发时，应指明记名的收货人。同时规定，多式联运经营人将货物交给此种不可转让的多式联运单据所指明的记名收货人或经收货人通常以书面正式指定的其他人后，该多式联运经营人即已履行其交货责任。

对于多式联运单据的可转让性，我国的《国际多式联运管理规则》也有规定。根据该规则，多式联运单据的转让依照下列规定执行：

(1)记名单据：不得转让；

(2)指示单据：经过记名背书或者空白背书转让；

(3)不记名单据：无需背书，即可转让。

10.3.3 多式联运单据的证据效力

多式联运单据的证据效力主要表现在它是该单据所载明的货物由多式联运经营人接管的初步证据。由此可见，作为国际多式联运合同证明的多式联运单据，其记载事项与其证据效力是密切相关的。多式联运单据主要对以下几个方面起到证明作用：一是当事人本身的记载；二是有关货物状况的记载；三是有关运输情况的记载；四是有关法律约束方面的记载。

根据《联合国国际货物多式联运公约》的规定，多式联运经营人对多式联运单据中的有关记载事项可以做出保留。该公约规定，如果多式联运经营人或其代表知道，或有合理的根据怀疑多式联运单据所列货物的品种、主要标志、包数或件数、重量或数量等事项没有准确地表明实际接管的货物的状况，或无适当方法进行核对，则该多式联运经营人或其代表应在多式联运单据上做出保留，注明不符之处、怀疑的根据，或无适当的核对方法。如果多式联运经营人或其代表未在多式联运单据上对货物的外表状况加以批注，则应视为其已在多式联运单据上注明货物的外表状况良好。

多式联运经营人如在单据上对有关货物或运输方面加了批注，其证据效力就会产生疑问。多式联运单据有了这种批注后，可以说丧失了其作为货物收据的作用：对发货人来说，这种单据已不能作为多式联运经营人收到单据上所列货物的证明，不能成为初步证据；对收货人来说，这种单据已失去了其应有的意义，是不能被接受的。

如果多式联运单据上没有这种保留性批注，其记载事项的证据效力是完全的，对发货人来说是初步证据，但多式联运经营人可举证予以推翻。不过，根据多式联运公约的规定，如果多式联运单据是以可转让方式签发的，而且已转让给信赖该单据所载明的货物状况的、包括收货人在内的第三方时，该单据就构成了最终证据，多式联运经营人提出的反证不予接受。

另外，该多式联运公约对一些经过协议达成的记载事项，如交货日期、运费支付方式等并未做出法律规定，这就符合合同自由原则，但公约对由于违反此类记载事项带来的责任还是作了规定：如果多式联运经营人意图诈骗，在多式联运单据上列入有关货物的不实资料，或其他规定应载明的任何资料，则该联运经营人不得享有该公约规定的赔偿责任限额，而须负责赔偿包括收货人在内的第三方因信赖该多式联运单据所载明的货物的状况行事而遭受的任何损失、损坏或费用。

10.4 EDI与电子单证

在国际贸易过程中，大量的与贸易、运输有关的合同与文件需要签署、审核、发送、接收与处理。长期以来，这些信息主要是通过纸质形式进行传送与处理的。这种传统的传送方式不仅速度较慢，易出差错，而且费用也较高。随着现代计算机技术的飞速发展以及电子传送技术的广泛应用，使得计算机自动化设备代替许多人工及书面作业，并结合通信网络技术，进行商业、贸易信息的合理化处理与传送，已逐渐形成了今日世界范围内颇为盛行的一项电子应用技术，这就是通常所说的"电子数据交换"(Electronic Data Interchange)，简称EDI。

10.4.1 EDI的优势

所谓EDI，就是指有关当事人按照协议或规定，对具有一定结构特征的标准信息，经数据通信网络，在各自的电子计算机系统之间进行交换与处理。

EDI是国际商业贸易方式的重大变革。由于使用EDI可以减少甚至消除贸易过程中的纸面单证，因而EDI也被通俗地称为"无纸贸易"。目前，在发达国家已建立起了大量的连接各子公司、同行业对手(如银行、航空公司等)及相应合作伙伴(如海关、货运代理、船公司、集装箱经营人等)的EDI系统。在发展中国家，尤其在亚洲，EDI的发展速度也是令人鼓舞的。如今，EDI的应用水平已成为衡量一个企业在国际国内市场上竞争能力大小的重要标志。在有些国家，甚至对不使用EDI的行业和企业采取一定的限制和制裁措施。比如，美国、澳大利亚等国相继规定必须使用 EDI 方式报关才能靠港装卸，否则将推迟受理和另增费用，由此造成的船舶延迟损失由船东自负。另外，有些国家的船公司开辟航线，对挂靠我国港口提出的首要条件就是要有 EDI。

EDI 之所以在世界范围内得到如此迅速的发展，是因为使用 EDI 有着现行的纸面单证处理系统所无法比拟的优势。这些优势主要体现在以下几个方面：

(1)避免数据的重复录入，节约办公费用。同时，提高信息处理的准确性，降低差错率。

(2)改善企业的信息管理及数据交换水平，有助于企业实施诸如“适时管理”(Just-In-Time)或“零库存管理”等全新的经营战略。

(3)确保有关票据、单证的处理安全、迅速，从而加速资金周转。

(4)提高海关、商检、卫检、动植物检验等口岸部门的工作效率，加快货物的验放速度。

10.4.2 EDI 的工作原理

1. EDI 的工作流程

EDI 是指用约定的标准编排有关的数据，通过计算机向计算机传送业务往来信息。其实质是通过约定的商业数据表示方法，实现数据经由网络在贸易伙伴所拥有的计算机应用系统之间的交换和自动处理，达到迅捷和可靠的目的。

EDI 的工作流程可以划分为三大部分：

(1)文件的结构化和标准化处理：用户首先将原始的纸面商业和行政文件，经计算机处理，形成符合 EDI 标准的，具有标准格式的 EDI 数据文件。

(2)传输和交换：用户用自己的本地计算机系统将形成的标准数据文件，经由 EDI 数据通信和交换网，传送到登录的 EDI 服务中心，继而转发到对方用户的计算机系统。

(3)文件的接收和自动处理：对方用户计算机系统收到发来的报文后，立即按照特定的程序自动进行处理。越是自动化程度高的系统，人的干预就越少，如有必要，则输出纸面文件。

2. EDI 的单证处理过程

EDI 技术实现的是结构化标准报文在计算机应用系统之间的自动交换和处理。其单证处理过程可概括地分为以下四个步骤：

(1)生成 EDI 平面文件：用户应用系统将用户的应用文件或数据库中的数据取出，通过映射(Mapping)程序把用户格式的数据转换为平面文件的一种标准中间文件。平面文件是一种普通的文本文件，其作用在于生成 EDI 电子单证，以及用于内部计算机系统的交换和处理等。应用文件是用户通过应用系统直接编辑、修改和操作的单证和票据文件，可直接阅读、显示和打印输出。

(2)翻译生成 EDI 标准格式文件：将平面文件通过翻译软件生成 EDI 标准格式文件。EDI 标准格式文件是按 EDI 标准的要求，将单证文件(平面文件)中的目录项，加上特定的分隔符、控制符和其他信息，生成的一种包括控制符、代码和单证信息在内的只有计算机才能阅读的 ASCII 码文件。EDI 标准格式文件就是所谓的 EDI 电子单证，或称电子票据。它是 EDI 用户之间进行贸易和业务往来的依据，具有法律效力。

(3)通信：这一过程由用户端计算机软件完成。通信软件将已转换成标准格式的 EDI 报文，经通信线路传送到网络中心，将 EDI 电子单证投递到对方的信箱中。信箱系统制定完成投递和转接，并按照 X.400 或 X.435 通信协议的要求为电子单证加上信封、信头、信尾、投递地址、安全要求及其他辅助信息。

(4)EDI 文件的接收和处理:接收和处理过程是发送过程的逆过程。用户首先需要通过通信网络接入 EDI 信箱系统,打开自己的信箱,将 EDI 报文接收到自己的计算机中,经格式检验、翻译和映射,还原成应用文件进行编辑、处理和回复。EDI 单证处理过程,如图 10-10 所示。

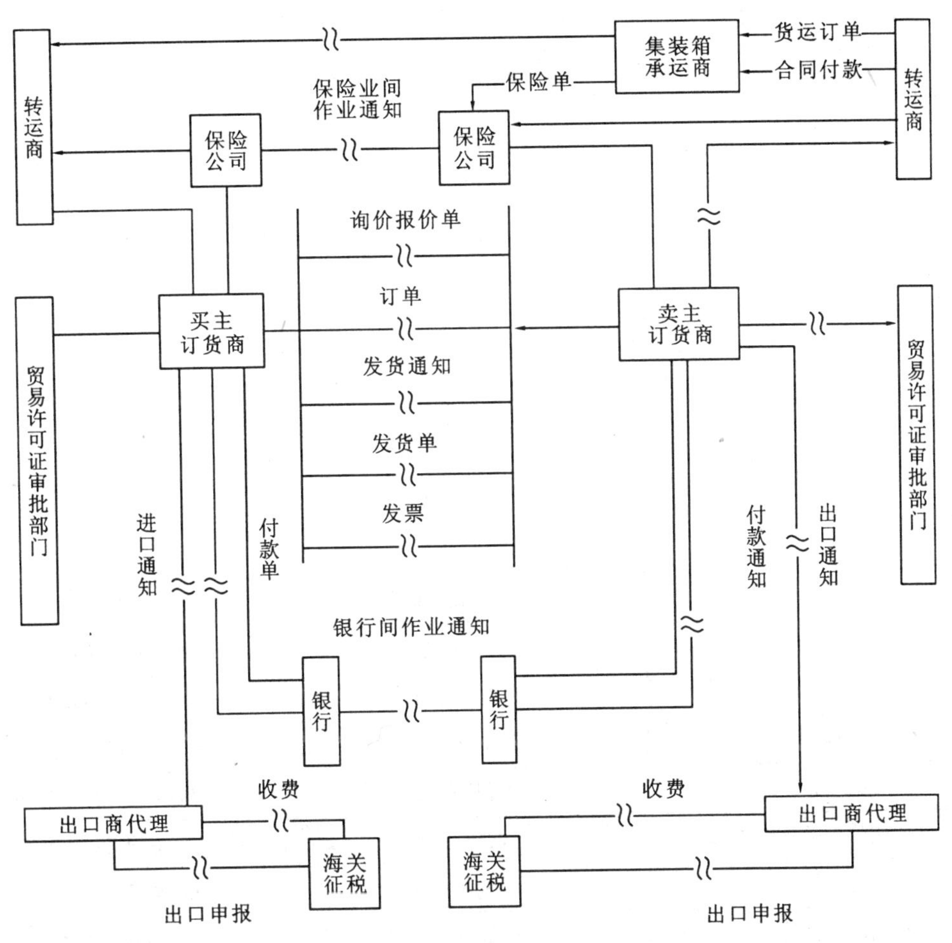

图 10-10　EDI 单证处理

10.4.3　集装箱运输单证与 EDI

集装箱运输的效率和效益,在很大程度上取决于速度。鉴于集装箱船的航速及其他运输工具的运行速度的提高有一定的限度,因此缩短集装箱货物在港站的停留时间就显得十分重要。在集装箱运输的港站以及与货代、船代、运输公司、银行、保险、监管等部门的业务活动中,围绕着集装箱的验收、提取、装卸、堆存、装箱、拆箱、费收、一关三检等,存在着错综复杂的专业环节,伴随着众多的信息、单证的处理要求。因此,实现集装箱运输信息、单证的电子化处理,对提高集装箱运输的效率有着十分重要的意义。

在集装箱运输过程中,集装箱码头是一切有关信息的处理中心。其所处理的信息中,出口信息起源于运输合同,从收货、配箱、装箱、订舱到内陆运输公司向码头集箱。

在这个过程中所形成的出口装载清单信息，经船公司的授权代理加工后送至码头，它是码头出口箱作业的依据。码头生成的船图信息，经理货公司，由船代送至船公司，这也是下一挂港要求船公司必须提供的信息。在进口信息中，进口船图、进口舱单、船期等，由船代送至码头，再根据需要提供给场站，以保证即时疏运。在进出口货箱位移及业务受理过程中的其他信息，如海关申报与答复、海关货物与运输报告等均有大部分与上述信息相同的信息流转。

由此可以看出，集装箱运输的信息交换可以分为以下三部分：

第一部分　船公司、代理与货主：主要包括外贸运输合同及说明、订舱及确认、到货通知、报关、费收、中转及提单等信息。

第二部分　港口及腹地集疏运(公路、铁路、内河运输等)：主要包括拆装箱、空箱调运、场地申请、运输订单、计划及实际的集装箱交接信息等。

第三部分　本港、开来港及下一挂港：主要包括船期及直接影响装卸效率的船图、舱单、装载指示等信息。

综上所述，在集装箱运输体系中，各环节流通的主要单证有54种，见表10-1。

表10-1　集装箱运输各环节流通的主要单证

出口业务	进口业务	其他
出口船期预报	进口船期预报	危险品性能说明书
订舱申请单	进口船图	危险品清单
订舱受理通知书	进口舱单	危险品货物申报单
提空箱通知书	进口集装箱清单	危险品装箱证明书
货物托运单(场站收据)	提单副本	危险品货物准运单
设备交接单	到货通知	危险品船运申报单
集装箱预配清单	装箱单	冷藏箱清单
海关申报单	到货运费发票	港区进(出)场日报
已签认的海关申报单	交货记录	装拆箱日报
卫检报检单	卫检报检单	集装箱卡车申请单
动植物检报检单	动植物检报检单	铁路运箱单
商品检验报检单	商品检验报检单	
装货清单	海关申报单	
装箱单	海关进口货物放行单	
提单	设备交接单	
集装箱清单	集装箱卸货清单	
舱单	理货清单	
船图	集装箱提货动态	
装船清单	拼箱或拆箱动态	
运费发票	空箱回箱动态	

续表 10-1

出口业务	进口业务	其他
运费舱单	隐含汇款凭证、税单	
银行汇票、税单、借款凭证		

案例

分析记名提单的法律效力

原　告：A 外贸公司

被　告：B 货运公司

案外人：C 贸易公司

C 贸易公司与 A 外贸公司订立联营合同出口货物，在国内购买货物时，由 A 外贸公司出资 60 万元人民币，其余货款由 C 贸易公司支付。A 外贸公司作为 C 的外贸代理，负责办理出口、退税、结汇等手续。C 贸易公司与 B 货运公司订立了海上货物运输合同，B 货运公司将签发的记名提单交给 C，提单上的托运人是 A 外贸公司。C 贸易公司找到 B 货运公司称提单丢失，要求登报挂失，并称 A 外贸公司已授权其办理登报事宜。B 货运公司未经核实即将提单登报挂失。货到达目的港，B 货运公司发出电放指令将提单项下货物交给提单上记名的收货人，此后 C 贸易公司的法定代表人携款潜逃。A 外贸公司遂持正本提单向法院起诉，要求 B 赔付货款。其理由是：

(1)提单是物权凭证，正本提单在 A 外贸公司手里，而提单项下的货物却被 B 货运公司无单放货，导致 A 外贸公司无法结汇，造成的经济损失应由 B 货运公司承担。

(2)A 外贸公司是提单上的托运人，B 货运公司登报挂失提单未经托运人确认，提单应为有效，仍然具有物权凭证的作用。

而 B 货运公司不同意赔偿外贸公司的损失，其理由是：

(1)其签发的是记名提单，并将货物交给提单上记名的收货人，并无过错；

(2)A 外贸公司并未与其联系过海上货物运输事宜，托运人一栏是应 C 贸易公司的要求填写了 A 外贸公司，正本提单交给 C 贸易公司，该公司称提单丢失要求挂失和电放，货运代理公司没有理由拒绝。

对案情双方的行为进行分析：

C 贸易公司的法定代表人携款潜逃应属于结算纠纷。A 公司与 C 公司是形成联营合同关系，又是外贸代理合同关系，而买卖合同的收货人未付货款，造成的经济损失应按照买卖合同的结算程序处理。

海上货物运输合同无单放货属于交付纠纷，B 货运公司在 C 要求其登报挂失提单时，应该向提单上的托运人核实，B 货运公司不能证明向提单上的托运人核实过，应该承担举证不能的法律后果。A 外贸公司在承运人无单放货的情况下，能否持正本提单向承运人主张提单项下的货款要从提单的类型，以及该类型提单在海上货物运输过程中的作用来分析。

(资料来源：锦程物流网)

本章思考题

10.1 国际集装箱运输单证系统由哪些单证构成？各有什么作用？

10.2 叙述集装箱运输进出口单证的流程。

10.3 与普通货物运输单证相比，集装箱运输单证的特点有哪些？

10.4 主要集装箱运输单证包括哪些？它们的内容与功能是什么？

10.5 多式联运单据有什么法律效力？

10.6 与普通提单相比，电子提单有什么特点？

参 考 文 献

[1] 吴永富,杨家其. 国际集装箱运输与多式联运. 北京:人民交通出版社,1998.

[2] 蒋正雄,刘鼎铭. 集装箱运输学. 北京:人民交通出版社,1997.

[3] 杨志刚. 国际集装箱多式联运实务与法规. 北京:人民交通出版社,2001.

[4] 真虹. 集装箱运输学. 大连:大连海事大学出版社,1999.

[5] 田聿新. 国际集装箱货物多式联运组织与管理. 大连:大连海事大学出版社,1999.

[6] 林祖乙. 国际集装箱运输. 北京:人民交通出版社,1993.

[7] 于汝民. 集装箱码头经营管理. 北京:人民交通出版社,1999.

[8] 陈戌源. 集装箱码头业务管理. 大连:大连海事大学出版社,1998.

[9] 杨志刚,吴永富. 国际集装箱运输实务. 北京:人民交通出版社,1998.

[10] 姚宗明,林国龙. 集装箱运输管理. 大连:大连海运学院出版社,1993.

[11] 武德春. 集装箱运输实务. 北京:机械工业出版社,2003.

[12] 刘鼎铭,曹振宇. 国际标准集装箱及其应用. 北京:人民交通出版社,1991.

[13] 刘锡蔚. 集装箱船舶积载. 北京:人民交通出版社,1997.

[14] 李玉如. 国际货运代理. 北京:人民交通出版社,2001.

[15] 杨志刚. 国际货运代理业务指南. 北京:人民交通出版社,2001.

[16] 张炳华. 集装箱应用全书. 北京:人民交通出版社,2000.

[17] 金乐闻,武素秋. 国际货运代理实务. 北京:对外经济贸易大学出版社,2000.

[18] 杨运涛,丁丁. 国际货运代理法律指南. 北京:人民交通出版社,2002.

[19] 朱曾杰,等. 现行国际多式联运法规概览. 北京:人民交通出版社,2002.

[20] 贺万忠. 国际货物多式运输法律问题研究. 北京:法律出版社,2002.

[21] 邵津. 国际法. 北京:北京大学出版社,高等教育出版社,2000.

[22] 交通部. 中华人民共和国国际海运条例.

[23] 外经贸部. 中华人民共和国国际货运代理业管理规定.

[24] 交通部,铁道部. 国际集装箱多式联运管理规定.

[25] United Nation,UNCTAD. Multimodal Transport,1995.

[26] Donald F. Wood & James C. Jobnson. Contemporary transportation. New York: Macmillan Publishing company,1993.

[27] Gerhadt Muller. Intermodal freight transportation. Eno Transportation Fouda-tion,ine,Lansdowne,1995.

[28] 王义源. 远洋运输业务. 北京:人民交通出版社,2002.

[29] 宗蓓华. 港口装卸工艺学. 北京:人民交通出版社,2003.

[30] Revicw of Maritime Transport, 2010.

[31] 黄夏衍. 2011年集装箱运输市场上半年回顾及展望. 中国远洋业务,2011.

[32] http://www. cwcct. com. cn.

[33] 潘江．马士基航运集装箱经营战略研究．现代商船，2011(4).

[34] http://www.110.com/zhuanti/jizhuangxiang.

[35] 赵小明，范安．2010 年国际集装箱运输市场分析及未来走势研究．集装箱化，2010(7).

[36] 张帅．集装箱化．2009(11).

[37] 王述芬．价格理论与实践．2011(1).

[38] 李源．2010 年世界船舶市场评述与展望．船舶，2011(2).

[39] 蒲仪．对新形势下铁路集装箱保价运输工作的思考．铁道货运，2011(8).